第二届"一带一路"上海国际论坛论文集
Сборник статей 2-ого Шанхайского Международного Форума «Один пояс, один путь»

"一带一路"与
扩员中的上合组织

«Один пояс, один путь» и расширение ШОС

张恒龙 ◎ 主 编

时事出版社
北京

图书在版编目（CIP）数据

"一带一路"与扩员中的上合组织 / 张恒龙主编 . —北京：时事出版社，2018.10
　ISBN 978-7-5195-0242-3

　Ⅰ.①— … Ⅱ.①张… Ⅲ.①上海合作组织—文集 Ⅳ.①D814.1-53

中国版本图书馆 CIP 数据核字（2018）第 137781 号

出 版 发 行：	时事出版社
地　　　　址：	北京市海淀区万寿寺甲 2 号
邮　　　　编：	100081
发 行 热 线：	（010）88547590　88547591
读者服务部：	（010）88547595
传　　　　真：	（010）88547592
电 子 邮 箱：	shishichubanshe@ sina. com
网　　　　址：	www. shishishe. com
印　　　　刷：	北京朝阳印刷厂有限责任公司

开本：787×1092　1/16　印张：22.25　字数：425 千字
2018 年 10 月第 1 版　2018 年 10 月第 1 次印刷
定价：138.00 元

（如有印装质量问题，请与本社发行部联系调换）

序　一

（在论坛开幕式上的致辞）

李永全[*]

各位朋友们：大家上午好！首先，我代表会议的主办方之一，中国社会科学院俄罗斯东欧中亚研究所向所有与会的代表，来自国外和国内的代表表示敬意，同时也向我们的合作伙伴上海大学、上海合作组织公共外交研究院等单位对于这次会议的组织表示衷心的感谢。

会议的主题非常好，上海合作组织的扩员与"一带一路"。2017年是上海合作组织发展历史中非常重要的年份，《上海合作组织宪章》签署15周年，《上海合作组织成员国睦邻友好条约》签署10周年，上海合作组织完成了首次扩员的任务，印度和巴基斯坦成为上海合作组织的正式成员国。15年来，上海合作组织秉承"上海精神"，在加强成员国政治互信，保证地区安全，促进务实合作和带动人文交流方面发挥了不可替代的作用，为地区的稳定和发展做出了重要的贡献。

上海合作组织扩员是在非常重要的历史时期实现的，"一带一路"倡议、"大欧亚伙伴关系"、"光明之路"政策，还有乌兹别克斯坦最近提出的三年和五年国家经济发展规划，都是在新形势下为应对国际经济形势的新情况提出的。在这种形势下上海合作组织的作用在加强，地域在扩大，同时也在增加。随着上海合作组织的扩员，我们的机遇主要表现在：第一，合作的地域在加大，合作的领域在拓宽，市场规模在扩展。第二，区域经济合作和区域经济一体化具有更加广阔的前景。第三，基础设施建设的延伸的广度和深度将更加鲜明。第四，安全合作有了更多的参与者。第五，人文合作和人文交流将更加丰富多彩，不同文明、不同文化的融合将进一步促进各国人民的相互了解。

与此同时，面临的挑战也在增加，主要表现在：第一，上海合作组织扩员后发展重点和重点合作领域出现模糊迹象，至少在认识上是如此。比

---

[*] 李永全，中国俄罗斯东欧中亚学会会长，时任中国社会科学院俄罗斯东欧中亚研究所所长。

如中亚国家担心扩员以后上海合作组织不再把中亚作为发展的重点。第二，上海合作组织的地域界限更加模糊，是否需要界定上海合作组织的地理边界，暂时成为各国学者的议题。第三，上海合作组织议而不决的缺陷，在扩员以后更加严重。第四，有关国家的矛盾和分歧有可能影响上海合作组织的团结，如此等等。为了有效利用发展机遇，应对挑战，上海合作组织成员国必须团结一致，不断增强政治互信，密切务实合作，实现共同发展和繁荣。为此，各国尤其是新成员国应该切实秉承互信互利、平等协商、尊重多样文明、谋求联合发展的"上海精神"。

在中共十九大上，习近平主席在报告中提出，以共商、共建、共享的原则推动构建"人类命运共同体"，这说明不仅中国面临新时代，世界也面临新时代。我们暂且不谈这个时代的特征，谈谈这个时代到来的背景。世界在变化，大国关系在调整，世界秩序在重新安排，这些变化的基础和原因使美国的独霸地位在动摇，俄罗斯在复兴，中国在崛起，西方旧的自由主义发展模式的潜力已经耗尽，发展不平衡、不平等导致全球发展问题和恐怖主义问题的解决陷入了困境。全球经济危机，贸易保护主义，尤其是发达国家的贸易保护主义有所抬头，全球化进程受阻。但是发达国家和国际资本不是不要全球化，国际资本离开全球化是不能生存的，主要是旧的全球经济规则已经不能满足发达国家的需要，发达国家需要新的、对自己更加有利的规则，可是发达国家已经不能像过去那样垄断规则的制定，全球化的参与者在增加，大家要求更加公平合理的贸易秩序，积极参与新的世界秩序的形成，因此所谓的 TPP 和 TTIP 进程不是十分顺利。在新的世界秩序形成以前，各国和地区纷纷提出了自己应对新形势的方案，并通过区域合作保证各个国家的经济发展。不管未来的世界是什么样，区域合作都将是重要内容和各国发展的重要条件。因此，上海合作组织对成员国和观察员国以及对话伙伴国家的作用会继续提高。

近几年随着"一带一路"倡议的提出，欧亚地区各种合作倡议和发展战略应运而生，我们注意到"一带一路"与欧亚经济联盟的对接倡议以及欧亚伙伴关系的倡议或者最后确定为欧亚经济伙伴关系的倡议都提出以上海合作组织为平台，可以预期上海合作组织在地区发展的作用将日益提高，这也说明学术交流和智库作用将会日益扩大。学者和智库的交流过去为上海合作组织的发展做出了重要贡献，今后也应该继续发挥特长。此次会议是我们在历年召开会议的基础上进行的一次新的尝试，期待与各国朋友和学术界的专家在这次会议上进行更加有成效的交流与合作，期待你们闪光的思想和明智的建议。最后，祝会议圆满成功，谢谢大家！

序 二

（在论坛开幕式上的致辞）

耶里克·阿西莫夫[*]

尊敬的女士们、先生们：大家上午好，首先请允许我对本次会议的主办方表示衷心的感谢，感谢上海大学和中国社会科学院俄罗斯东欧中亚研究所邀请我参加"'一带一路'与扩员中的上海合作组织"会议，可以说阿斯塔纳和"一带一路"的渊源非常深厚，因为正是在2013年中华人民共和国国家主席习近平在首次访问哈萨克斯坦的时候首次提出"一带一路"的倡议。复兴伟大的丝绸之路以及中国的"一带一路"建设目前已经成为各大国际论坛高度关注的一个话题，因为"一带一路"并不仅仅是贸易通道，也是非常综合的交通和物流的基础设施，能够团结全球近半数的人口发展整个地区的经济。目前我们看到陆上丝绸之路和海上丝绸之路都在迅速发展，2013年习近平提出的"一带一路"倡议，其中包括"丝绸之路经济带"倡议，引起了沿线绝大多数国家的高度兴趣和热烈欢迎，其中包括上海合作组织的成员国、观察员国和对话伙伴国。"一带一路"倡议的落实能够提升整个欧亚地区在全球中的地位，也包括中亚地区的全球地位。每年我们看到从太平洋到大西洋的交通通道正在迅速地拓宽，全球到2020年将贸易额提升到1.2万亿的目标正在逐步实施，"一带一路"的实施也可以使我们充分利用伊朗、阿富汗等中东、中亚和南亚地区的市场，我想强调"丝绸之路经济带"和以下的国际组织有非常密切的关系，包括上海合作组织、欧亚经济联盟、欧盟，并能够把三大国际组织连接成为统一的交通体系。目前欧洲经济联盟倡导的是成员国之间的商品服务、资本、劳动力的自由流动，"一带一盟"的对接能够使整个欧亚大陆获得很大的发展，更有利于"一带一路"的实施。

我想特别强调基础设施的发展是哈萨克斯坦的重中之重，我们有"光

---

[*] 耶里克·阿西莫夫，哈萨克斯坦驻上海合作组织秘书处代表。（Ашимов Ерик, Постоянный представитель Республики Казахстан при Секретариате Шанхайской организации сотрудничества.）

明之路"国家发展计划,"光明之路"的主要宗旨是要进一步提升整个哈萨克斯坦的交通基础设施,以放射状道路,以发展重大的交通枢纽为基本原则。这一倡议是哈萨克斯坦经济发展的龙头,也是我们的国家纲领,使哈萨克斯坦成功度过2015—2016年的经济低潮期。"一带一路"能够促进哈萨克斯坦的交通基础设施发展,而除了大规模的交通发展之外,目前我们还成立并签署了《上海合作组织成员国国际道路运输交通便利化协定》,就是说上海合作组织之间的公路运输业在进一步发展,能够进一步改善上海合作组织之间的交通运输能力,目前有很多国家对该协定表现出兴趣,其中包括土库曼斯坦、白俄罗斯、拉脱维亚、蒙古国以及其他的国家。还有一部分非常重要的上海合作组织范围内签订的文件,我认为就是"上海合作组织公路协调发展规划",哈萨克斯坦希望能够尽快协调好该文件的文本,并签署这一规划。同时我们认为"丝绸之路经济带"交通基础设施的发展,离不开货物交通的便利化以及贸易的便利化,包括要消除各种各样的行政壁垒,因此我们应该进一步密切合作,尤其是在创新、科学技术发展以及发展绿色经济领域等方面。

众所周知,哈萨克斯坦成功地举办了2017年阿斯塔纳专题世博会,这一次世博会的主题就是发展绿色能源,在这次世博会上我们也取得了非常重大的成果,我们发现在太阳能、水电、电动汽车、电动巴士等方面也可以开展非常有效的合作,我们呼吁大家今后能够在"丝绸之路经济带"沿线进一步发展绿色能源,我们可以在人才培养以及融资方面都进行积极的合作,希望2017年阿斯塔纳世博会的成果能够为上海合作组织的发展提供新的方向。

尊敬的女士们、先生们,2018年"一带一路"倡议就要五岁了,可以说"一带一路"是一个全球性的中国倡议,能够深刻地改变全球的地缘政治和地缘经济格局,也帮助我们应对最新的一些挑战。目前我们看到已经有100多个国家和国际组织表示支持"一带一路"倡议,并愿意参与"一带一路"的建设,40多个国家和国际组织已经在务实操作的层面加入了"一带一路"的倡议,"一带一路"可以说是一个巨大的机遇窗口,为我们展开了非常广阔的前景,我们获得了独一无二的非常宝贵的机会,可以在整个欧亚大陆建设一个稳定和繁荣的空间,哈萨克斯坦和其他上海合作组织成员国一道积极落实基础设施发展的规划,我们也和各个国家密切合作,以便提升欧亚地区各国的人民生活水平和促进各国的经济增长。在2017年6月份阿斯塔纳世博会上我们看到上海合作组织成员国又增加了两个重要的国家,就是印度和巴基斯坦,我相信拥有八个成员国的全新的上海合作组织的组成能够进一步推动整个地区的一体化进程，也能够为各国之间建立更加密切互利的关系注入新的动力和产生非常积极深远的影响。我们知道上海合作组织非常重要的一个议题就是上海合作组织的扩员，我们认为上海合作组织扩员进程的加快并不是上海合作组织本身的目的，也并不是某一个国家获得某个地位是最关键的，最关键的是所有上海合作组织的成员国和上海合作组织本身都获得充分和全面的发展。另外一个非常重要的是，要进一步发挥上海合作组织观察员国和对话伙伴国的作用，吸收他们参加各种各样经济和文化的项目。

尊敬的朋友们，哈萨克斯坦愿意与所有相关国家一道共同建设互利合作，发展全新的合作模式和合作范式，以促进欧亚空间伟大丝绸之路的复兴，谢谢大家！

（根据现场同传速记稿整理）

目　录

第一篇　上海合作组织扩员进程展望

首次扩员后上海合作组织建设亟待解决的几个问题 / 王海运 / 003
扩员后上海合作组织面临的新形势与新走向 / 冯玉军 / 006
团结与和谐是上海合作组织坚强有力的保证 / 赵常庆 / 009
"一带一路"倡议下的上海合作组织前景 / 阿利·拉利耶夫 / 014
明确上海合作组织扩员方向，确立适当发展定位 / 王宪举 / 023
上海合作组织扩员背景下的核不扩散问题 / 弗拉基米尔·彼得罗夫斯基 / 028
上海合作组织扩员之后的首要职能及其发展 / 肖斌 / 041

第二篇　上海合作组织区域内政治稳定与安全挑战

扩员后的上海合作组织与中亚 / 孙壮志 / 049
区域局势新变化及对上海合作组织的安全影响 / 哈基姆·拉赫纳莫 / 053
论上海合作组织应对新型恐怖主义的地区警务合作 / 张杰 / 062
中亚国家心脏地带"交通枢纽"地位面临的挑战 / 陈晓鹏 / 069
哈萨克斯坦"阿拉木图事件"性质辨析兼谈"反恐"叙事 / 文龙杰 / 072
对中亚国家内政稳定及其安全所面临的挑战因素的粗浅认识 / 王四海 / 083
2030年可持续发展议程视阈下的中亚环境安全 / 马溯川 / 088
塔利班统治时期的阿富汗毒品形势 / 李昕玮 / 113

第三篇　上海合作组织发展的新机遇

上海合作组织扩员后的职能再定位问题 / 许涛 / 123

上海合作组织国家在科技发展领域开发合作关系的潜力／

弗拉基米尔·柯尼亚金宁／125

从乌兹别克斯坦经济改革视角看上海合作组织发展新机遇／

罗拉·萨伊多娃／143

"一带一路"框架下中俄合作的迫切问题：俄罗斯视角／苏楚言／154

新形势下上海合作组织发展面临的机遇与挑战

——从组织外部的国际视角出发／王丰／156

"21世纪海上丝绸之路"与上海合作组织：中国期望及对拉丁美洲的

借鉴意义／法布里西奥·丰塞卡／173

"21世纪海上丝绸之路"：上海合作组织和巴基斯坦经济共赢／

萨义德·默罕默德／213

"一带一路"是打造"人类命运共同体"的路径和桥梁

——兼论池田大作"精神丝绸之路"的思想内涵／来慧洁　马利中／231

第四篇　"一带一路"框架内欧亚地区经济合作

中国与欧亚国家共建"一带一路"简况／于立新／243

"一带一路"倡议框架下中乌合作前景／谢尔盖·扎哈林　李迎迎

斯米尔诺夫·叶甫盖尼／246

"一带一路"与中亚：合作与共赢／吴宏伟／266

"一带一路"背景下白俄罗斯—中国合作：成就与展望／

瓦列里·别林斯基／270

中哈经贸关系的发展趋势与前景展望／刘遵乐／280

中俄经贸合作的成长空间与方向选择／徐坡岭／291

区域合作：上海合作组织与"丝绸之路经济带"建设／章自力　韦进深／296

中国—白俄罗斯工业园的建设情况、问题及建议／李金锋／307

深化合作：推动上海合作组织金融领域的务实合作／许文鸿／323

"一带一路"贸易畅通与上海合作组织贸易便利化研究／方远／335

第一篇

上海合作组织扩员进程展望

首次扩员后上海合作组织建设亟待解决的几个问题

王海运[*]

以 2017 年 6 月上合组织阿斯塔纳元首峰会批准印度和巴基斯坦成为正式成员国为标志，上合组织完成了首次扩员。对于批准印巴两国为正式成员国，各成员国舆论分歧较大。特别是由于印军越界事件发生，负面评论明显增多。但是，主流看法依然是：战略性"利好"远大于战术性"麻烦"，而且战术性"麻烦"大多是可以化解的。

不论如何评论，印巴成为正式成员国已是必须直面的现实，消极埋怨不利于组织的团结与发展。正确的做法应是，以积极有为的举措调动有利因素、化解不利因素。当前亟待思考的问题是，如何用好扩员带来的"利好"、消除扩员带来的"麻烦"，如何确保成员国的团结和组织的健康发展。

一是如何促进新老成员国的团结，增强组织的凝聚力。

要强化"上海精神"的引领作用。"上海精神"承载着成员国的新型国家关系理念，是上合组织的立身之本、凝聚力的核心。新老成员国的一切举动都应当以"上海精神"为准绳、用"上海精神"来检验。青岛元首峰会有必要就弘扬"上海精神"发表专门宣言，进一步阐述其内涵、精神实质以及新形势下的践行举措。

要强化新老成员国的新兴国家意识、发展中国家意识。这也是上合组织的立身之本。要推动所有成员国对在当今国际关系中共同身份、相似地位、相近利益的认同，就构建新型国际秩序凝聚新的共识。

可探讨如何运用"上海五国"解决边境问题的成功经验，缓解成员国间的边界争端。"上海五国"在相互尊重、友好协商基础上达成的两大协定是和平解决边界问题的典范，并且为上合组织的建立奠定了重要基础。有关精神和经验完全适用于解决中印、印巴以及中亚国家之间的边界问题。建议组织力量进行专题研究。

---

[*] 王海运，中国国际战略学会高级顾问，中国驻俄罗斯前陆海空军武官、少将，上海大学兼职教授、博导。

二是如何加强制度建设，构建对成员国行为的约束机制。

要直面成员国相互之间存在的各种矛盾，建立成员国冲突调解、管控机制，避免影响上合组织的凝聚力。在此问题方面，上合组织长时间无所作为，不符合成员国的根本利益。可考虑通过修改充实宪章和条约达成此目的。

要充分利用上合组织宪章、条约制约个别成员国的错误行为。随着成员国的增多，"立规矩、守规矩"问题应当提上上合组织议事日程，否则上合组织将是一团散沙、"清谈俱乐部"。

关于如何暂停严重违反上合组织"规矩"的成员国资格问题，亦应着手探讨。在此问题上，有必要赋予上合组织创始成员国一定的特权。

还要坚决防止组织内部形成小团体。尽管这个问题目前尚不突出，但是不能说不存在隐患。

三是如何确保决策效率和行为能力，避免上合组织"论坛化"危险。

有必要局部改变上合组织"协商一致"的决策原则。"协商一致"是上合组织的基本决策原则，必须坚持。但是，随着成员国的增多，如果继续实行所有问题均需"协商一致"的决策原则，上合组织的确存在"论坛化"的现实危险。有必要在重大问题坚持"协商一致"原则的基础上，在一般性问题上（例如经济合作、人文合作）改行"多数同意"决策原则。

在维护成员国内部稳定、政权安全方面，上合组织应当拥有更大的作为。随着伊斯兰极端势力扩张、域外大国策动"颜色革命"危险上升，成员国在此问题上对上合组织的需求明显增大。可考虑依照国际法基本准则、应成员国合法政府请求，对成员国动乱实施政治、军事干预。这与不干涉主权国家内政原则毫不矛盾。

在国际和地区重大问题上，上合组织应当及时发出更加强有力的声音。例如，在朝核问题上，上合组织应当更加积极地介入。这也是上合组织作为"负责任国际组织"应有的作为。

四是如何明确组织再次扩员的标准，保证组织可持续发展。

上合组织践行"开放性"原则，进一步扩员不可避免，但是一定要避免"大而不强"。进一步扩员必须做到既积极又稳妥，既有序推动、保护地区国家向上合组织靠拢的积极性，又严格执行接收新成员国的条件和程序。

新成员国必须符合上合组织的政治标准和地域标准。应当进一步明确政治标准：必须承认和签署成立宣言、宪章、条约，特别要明确表达对"上海精神"的认同；不应是对上合组织不友好的地区组织的成员国，特别不能是以上合组织主要成员国作为假想敌的军事集团的成员国。地域标准基本上应限定为欧亚大陆中东部地区国家。上合组织不能无限制地扩大。对观察员国也应有一定地域限制，对对话伙伴国可以适当放宽。

由于情况较复杂，接纳伊朗为正式成员国应当慎重。土耳其在退出北约之前，还不能成为上合组织的成员国和观察员国（目前是对话伙伴国）。

五是如何利用扩员的积极效应，促进组织建设。

这是收获扩员"利好"的重要努力方向。可考虑利用印巴的能源需求，促进环里海成员国的南向能源合作，包括油气管道、输电网络、核能和清洁能源发展领域的能源合作；利用巴基斯坦与阿富汗的特殊关系，增强上合组织应对阿富汗乱局、打击伊斯兰极端势力的能力；利用印巴与中亚国家的共同需求，推进交通运输"南北走廊"建设合作。

另外，还有如何发挥上合组织的"一带一路""一带一盟"对接合作平台作用问题，也应作为扩员后上合组织的紧迫任务加紧运作。

总之，扩员后的上合组织发展前景更加广阔，有望在新的全球化时代赢得更大发展机遇、拥有更大作为。关键是，必须趋利避害，充分调动积极因素、化解消极因素，保持内部团结、增强行为能力。

扩员后上海合作组织面临的新形势与新走向

冯玉军[*]

　　中共十九大宣布中国特色社会主义建设迎来了新的阶段、新的时代。其实世界的发展也进入了一个新的时期，特别是在2008年金融危机后这一轮的全球化积累的各种各样的矛盾同时迸发出来，出现了很多的社会治理的难题和全球治理的难题。人类究竟向什么样的地方去，到目前为止还没有一个完整的答案。像李所长在开幕词里讲的那样，自由主义的发展模式已经丧失了全部的潜力，新的一轮的高度集中的发展模式是不是代表了各个国家发展的未来？我们还需要在未来的发展进程当中去看待。

　　上海合作组织我觉得它未来的发展面临着一些新的形势，主要体现在以下几个方面：第一，全球化确实在不同的程度上有所退潮，而且各种形势的地区一体化的进程也遇到了各自的难题。我们都知道欧盟遇到了英国脱欧，内部的主权债务危机，包括西班牙的加泰罗尼亚独立的问题。亚太地区，美国主动停止了TPP的谈判，但是RCEP也好，还是我们所倡导的亚太自贸区的建设也好，未来还很难在很短时间之内就迅速达成成果。在欧洲地区，俄罗斯所主导的欧亚经济联盟确实实现了地理上的扩员，新的成员包括吉尔吉斯斯坦和亚美尼亚，但是能够在多大程度上真正推进欧亚经济联盟地区的资本、技术、商品、人员和投资的自由流动，促进成员国的经济可持续发展，我们也还需要拭目以待。

　　第二个面临的问题，扩员以后组织的差异化更加明显，多样性同样也更加明显，而且组织内部不同国家发展水平之间的差异也越来越大。就组织内部两个主要的国家来讲，中国和俄罗斯我们也都看到，中国现在的GDP已经是俄罗斯的十倍，在这种情况下如何在不同的发展水平的国家内部寻找一个平衡，寻找利益的共同点，我觉得在未来也需要进一步的思考。

　　与此同时，组织内部的竞争和合作同时并存，平行发展。自从印度加入以后，上海合作组织的地理范围和经济发展潜力在增大。但是中印两个国家地缘政治上一些潜在的分歧和矛盾，包括领土问题的争端也在一定程

---

[*] 冯玉军，复旦大学国际问题研究院教授，俄罗斯中亚研究中心主任，上海合作组织研究中心主任。

度上影响着上海合作组织未来的发展。与此同时,中亚国家近来发生了很大的变化,乌兹别克斯坦体现出了更深的开放的程度,它的内部政策和对外政策都在发生令人欣喜的变化,变得更加开放,和邻国和其他的国家进行更多合作。而与此同时最近一个阶段以来围绕吉尔吉斯斯坦大选问题我们也看到,吉尔吉斯斯坦和哈萨克斯坦两个重要的邻国他们之间的矛盾也在上升,所以竞争和合作并存。

第三个面临的问题,多种地区合作方案都在欧亚地区同时在发展。地缘政治和地缘经济的因素相互交织,怎么寻找到这些不同的一体化或者地区经济合作方面的共同点,来保障整个欧亚地区的可持续的发展,也是一个重大的问题。当然"一带一路"和欧亚经济联盟我们签署了对接的协议,但是怎么样真正的发挥各自的优势,避免可能潜在的这些矛盾,还需要我们进一步地去做工作。

第四个面临的问题,地区的安全形势可能进一步的复杂,阿富汗的安全还没有达到一个令人可以放心的程度,特别是随着"伊斯兰国"在叙利亚和伊拉克被打散,这些"伊斯兰国"的成员是否"回流"到中亚地区,"回流"到上海合作组织成员国的内部,对于地区的安全构成新的挑战,也值得我们特别地关注。

在这种新的形势之下,上海合作组织究竟向什么样的方向发展,我有几点不成熟的看法:

第一,我们要对上海合作组织未来的发展保持一个平和的心态,不要操之过急。像欧盟这样的高度一体化的机制都已经遇到了那么多的困难,上海合作组织内部的多元性和它的差异性如此巨大,我们怎么能够期望它在很短时间之内就成为一个高度一体化的地区合作机制,我觉得是不现实的。有的时候强行地推动问题反而会引起成员国内部更大的矛盾,所以说在这一点上我们完全可以慢下脚步,慢慢推动发展,不要操之过急。

第二,明确上合组织的发展方向。上合组织能够走到今天,一个最重要的因素就是成员国在努力寻求它的"最大公约数"。什么是这些成员国的"最大公约数"?有三个:一是安全,二是发展,三是开放。第三个"开放"在今天有着更重要的意义,特别对于中亚国家来讲,在苏联解体26年之后怎么样更多、更紧密地融入世界经济和全球的发展过程当中,有着特殊的意义。所以从这个角度来讲,我认为上合组织要避免的一个重要的误区就是我们成为所谓的"反西方的欧亚大陆的联盟",这一点上要特别清醒。

第三,在务实合作领域考虑上合组织的现实,我们要坚持多轨、多数的地区经济合作的模式。根据具体的项目，具体的领域，采取不同的方式，不要搞太多的完全的高度一体化，让渡主权的东西，这个也是不现实的。在这个领域我们要充分考虑到当前世界新能源革命核心工业革命所带来的机遇，比如在能源领域，我们要把中亚地区包括南亚地区的能源供应问题和水资源的利用问题充分结合起来，采取综合性的手段进行一揽子的解决。现在大家知道中亚有的国家，如塔吉克斯坦、吉尔吉斯斯坦这些上游国家在修建水电站，引起了下游国家的担忧，怎么解决这个问题？中国现在的光伏产业是世界上最为发达的，我们利用塔吉克斯坦、吉尔吉斯斯坦这些高地国家充分的太阳能的资源，利用光伏的技术为它们解决了能源供应的问题，这些国家开发水电站的需求就会下降。与此同时这个进展也会改善上游国家和下游国家的关系。

我非常同意王海运将军刚才讲的，在能源供应领域我们完全可以把中、俄、印、美、欧盟这些地区的共同利益结合起来，比如说土阿巴印天然气管道的建设，不会对中亚天然气管道形成威胁，而且会减少土库曼斯坦对欧洲天然气出口可能会给俄罗斯带来的压力，更为重要的是它在很大程度上可以缓解印度和巴基斯坦的能源供应。而且有了这一条管道之后，印巴之间有了共同的利益，可能会产生出更多的共同利益，改善两个国家的关系，为上合组织未来的发展提供更大的动能。

第四，在安全合作方面，要适当地改变原来过多地重视军事手段的这种方法。对于恐怖主义来讲，大规模的军事行动是不太起作用的，军事演习可以威慑、可以震慑。特别是随着"伊斯兰国"这些成员的"回流"，要加强上合组织内部的交流，做到定点打击。

（根据作者会议发言速记稿整理）

团结与和谐是上海合作组织坚强有力的保证

赵常庆[*]

上海大学举办的本次国际研讨会，为中外专家学者提供了讨论上合组织和中亚地区形势的平台，值得称赞。笔者也想借此平台对上合组织有关问题谈点看法。

一、上合组织成立以来成绩斐然

上合组织自2001年6月15日成立以来，发展基本顺利，在安全、经济、人文合作等领域都取得了很大的成就。十余年来，上合组织作为一个区域性国际组织，其成员国不仅签署了《上海合作组织宪章》，还在友好协商的基础上签署了一系列文件，其中包括《上海合作组织成员国长期睦邻友好条约》，宣示成员国要"世代友好，永不为敌"。2017年9月25日，在北京举行了纪念《上海合作组织成员国长期睦邻友好条约》签署十周年国际研讨会，与会中外来宾都对该条约的重要意义和作用予以高度评价。的确，自上合组织成立以来，特别是该条约签署后，中亚地区的政治和安全形势基本保持稳定，经济合作取得很大的进展，人文合作迈出了一大步，这些都离不开上合组织的作用和贡献。十余年来，上合组织创始国之间也不是没有任何矛盾，并非对所有问题的看法都一致，某些成员国之间关系偶尔也出现过紧张。然而，成员国遵循"上海精神"，通过友好协商问题很快得到了解决，其关系基本处于和谐状态。总之，十余年来上合组织成员国间团结、友好、合作、包容是基本态势，这个好的局面来之不易，是所有成员国共同努力的结果，应该倍加珍惜。

二、扩员后上合组织出现意料不到的情况

2017年6月，上合组织实现了第一次扩员，印度和巴基斯坦两国成为

---

[*] 赵常庆，国务院发展研究中心欧亚社会发展研究所副所长、研究员。

新成员国。扩员意味着上合组织覆盖的区域扩大了，人口增加了，经济实力增强了，国际影响力也会随之提升。正因为如此，2017年上合组织阿斯塔纳峰会宣言强调，"接收印度共和国和巴基斯坦伊斯兰共和国为本组织成员国具有历史意义"，"对发展和提升本组织潜力具有重要意义"。这次峰会宣言还指出，"印度和巴基斯坦已履行2016年签署的关于两国加入上合组织义务的备忘录"，这是"决定批准上合组织成员国元首理事会决议，给予两国成员国地位"的重要原因。

我们注意到，在宣言中有成员国支持恪守"相互尊重领土完整、边界不可侵犯、不侵略他国、和平解决争端、不使用武力或以武力相威胁等原则"的内容，以及"成员国重申恪守《上海合作组织成员国长期睦邻友好条约》的规定，在共同关心的领域进一步发展睦邻友好关系，包括将共同边界建设成为永久和平友好的边界"的内容。人们普遍认为，上合组织扩员对各成员国深化合作应该有利，是值得肯定的事件。扩员是在2017年6月9日通过的，然而墨迹未干就发生了印度军队越界事件。

印军越界事件违反了《上海合作组织成员国长期睦邻友好条约》，打破了上合组织自成立以来成员国间形成的和谐局面，也违背了印度在加入上合组织之前做出的信守上合组织签署的文件，包括《上海合作组织成员国长期睦邻友好条约》的承诺。好在该事件和平解决了，印军退回到本国境内，但事件本身对上合组织的伤害已成事实，其后果和影响恐怕一时难于消除。

这个事件给上合组织带来哪些伤害呢？

首先，印度的作为破坏了上合组织成员国成立十余年来的和谐气氛，使上合组织的形象受损。我们知道，一个国际组织的声望和力量要靠其成员国的团结协力来维护。在印度加入前，上合组织成员国基本做到了这一点。而印度加入不到一个月，上合组织就面临成员间爆发冲突的危险。如果真的爆发冲突，不仅是对上合组织生存的挑战，而且是对地区和世界和平与安全的严重威胁，其后果不堪设想。虽然因中印两国的克制这一情况没有发生，但这一事件已经给上合组织的声誉造成伤害，这是无法回避的事实。

其次，印度制造的这一事件为上合组织维护地区安全、发展和反恐合作带来麻烦。中国国家主席习近平在2017年上合组织成员国阿斯塔纳峰会讲话中强调，成员国要携手维护安全，应对挑战，因为"安全是发展的基石。没有安全，就谈不上发展"①。维护地区安全、发展与反恐需要成员国齐心协力，这一事件不仅造成地区形势一度紧张，还为携手维护地区安全、发展和反恐增加难度。

第三，上合组织的使命之一是为开展经济合作铺路搭桥，通过互利合作达到共同发展。为国际社会包括上合组织所肯定的"一带一路"倡议，就是通过"共商、共建、共享"达到互利共赢，共同发展的目的。上合组织成员国都欢迎这个倡议，积极参与，并准备与本国发展战略对接。印度的做法使国际社会看到，上合组织成员国并非团结一致，即使是在对各方都有利的经济合作问题上也存在分歧和矛盾。印度此举明显是对推动上合组织发展的两个"轮子"之一的经济合作的伤害，无疑也是对上合组织本身的伤害。

第四，这一事件使印度国内一时出现了疑华、仇华和反华情绪，印度的反华宣传恶化了两国关系，使两国刚刚起步的人文合作遇到阻碍。这与上合组织倡导的加强人文合作的精神背道而驰。

三、对上合组织建设提点建议

因利益使然，国际组织的成员国间存在矛盾和冲突并不奇怪。我们说上合组织成员关系处于基本和谐状态，只是"基本"，也不是没有任何问题。例如，乌塔两国因水资源利用问题存在龃龉，乌吉两国因边界问题也发生过小规模冲突。这些矛盾基本是靠当事国自行解决的。上合组织在调解冲突方面并没有起多大作用。一个国际组织对成员国间的矛盾和冲突采取视而不见、袖手旁观的态度，绝对不是正常现象。上合组织对印军越界事件也是如此。笔者认为，一个国际组织应该担负起调解成员国间矛盾和冲突的责任。起码应该做到：一要充分认识调解工作的必要性；二要制定规范成员国行为准则和调解冲突的机制；三要将促成成员国团结和和谐作为上合组织今后发展的重要工作之一。

一个国际组织成员间如产生龃龉或者冲突，不光会影响组织的形象和工作效果，而且易为别有用心者提供离间成员国关系的机会。这就是说，维护成员国团结、和谐十分重要。习近平主席在2017年阿斯塔纳峰会讲话中就呼吁成员国要"保持团结协作的良好传统，新老成员国密切融合，深

---

① 习近平：《团结协作开放包容，建设安全稳定、发展繁荣的共同家园》，在上海合作组织成员国元首理事会第十七次会议上的讲话，新华网2017年6月9日。

化政治互信,加大相互支持,构建平等相待、守望相助、休戚与共、安危共担的命运共同体"①。在实际中,成员国之间的矛盾和冲突有时可以通过双边协商自行解决,有时则很困难。在这种情况下,就需要外部力量的介入,充当调解者的角色。国际组织则是扮演调解者的最佳选择。例如,作为国际组织的非盟在调解成员国矛盾方面经常发挥作用,独联体也在其成员国间发生矛盾时发挥缓冲器的作用。上合组织也应该具有这样的职能。随着上合组织启动扩员进程后规模会越来越大,成员国间产生矛盾或冲突不可避免。因此,应未雨绸缪,需对调解成员国间产生的矛盾和冲突有应对的机制,以促和为基本目标,将冲突解决在萌芽状态。为此,建议上合组织制定规范成员国行为的准则和建立调解成员国矛盾的机制。该机制的工作原则应遵循国际法准则、《上海合作组织宪章》、《上海合作组织成员国长期睦邻友好条约》和"上海精神"。该机制不行使国际法院或者仲裁机构的职能,而是通过协商的途径解决相关问题,以缓解矛盾和促进团结和谐为基本目的。上合组织似应建立一个专门负责调解成员国间矛盾和冲突的机构。世界上有的地区性国际组织就设有这样的机构,例如,非盟就设有和平与安全委员会,可以供我们参考。东盟虽然没有此类机构,但通过召开成员国外长会议的方式解决成员国间出现的争端,例如,柬泰两国因柏威夏寺的归属争端就是通过外长会议加以调解解决的。因此,外长会议也是一种可供选择的调解方式。

另外,在成员国发生矛盾时,未涉事成员国也应该发挥一定的调解作用。以俄罗斯为例,它与中国是战略协作伙伴关系,与印度是特惠战略伙伴关系,跟两个国家关系都很好,都能对上话,想做工作还是可以有所作为的。包括中国在内的成员国也应该如此。只有将上合组织看作是共同的家园,并为之付出努力,一切难题都较容易解决,起码不会久拖不决,甚至形成武装对峙。

四、团结与和谐是上合组织坚强有力的保证

中国有句古话:"家和万事兴。"一个家庭是这样,一个国际组织也是如此,只有成员国团结和谐,齐心共事,各项事情才能办好,上合组织才会坚强有力,在复杂多变的国际形势面前发挥更大的作用。成员国间在一

---

① 习近平:《团结协作开放包容,建设安全稳定、发展繁荣的共同家园》,在上海合作组织成员国元首理事会第十七次会议上的讲话,新华网2017年6月9日。

些问题上存在分歧是正常的，可以通过协商解决，一次不成，可以再次，但不能触及对方的核心利益，跨越红线。无论新老成员国都必须恪守《上海合作组织宪章》和组织通过的各项决议，维护"上海精神"。上合组织的存在与发展对维护地区安全与稳定，对促进经济和人文合作都非常重要，有利于各成员国。新老成员国都应该信守承诺，加强团结协作，消除一切不和谐因素。2017年是《上海合作组织成员国长期睦邻友好条约》签订十周年。各成员国都对该条约寄予高度评价，并以各种方式纪念它。应该说，最好的纪念方式是落实条约精神，尽快解决成员国间存在的矛盾，促进团结和谐，使扩员后的上合组织能以崭新面貌出现在世界上，最大限度地发挥其功能和作用。

中印两国具有很多相似之处。两国都是文明古国，是"和平共处五项原则"的倡导国，现都是上合组织成员国，也是金砖国家重要成员。两国都曾饱受帝国主义的侵略和欺凌，对本国遭受外来侵略都有切肤之痛。目前两国都在努力发展经济，而且都卓有成效。作为正在崛起的两个最大的发展中国家，目前都被国际社会看好，被寄予很高的期望。在这种情况下，中印两国虽然有些历史纠葛，但都属于局部问题，不能因此影响两国关系的大局。两国都制订了国家发展的宏伟计划，不能让安全问题中断国家发展的步伐。须知，没有安全与稳定，任何事情都做不好。中印两国应将《上海合作组织成员国长期睦邻友好条约》确认的"世代友好，永不为敌"作为处理两国关系的目标和准绳。2017年9月中国"盘古智库"几位专家访问印度，得出印度大多数人还是希望与中国友好的印象。而中国也是如此。这为中印两国友好，为两国关系向团结和谐的方向发展构建了民意基础。让团结与和谐成为中印两国和上合组织所有成员国的共同奋斗目标，使上合组织越办越好，成为共同家园。

"一带一路"倡议下的上海合作组织前景

阿利·拉利耶夫[*]

这次提出的上合组织的议题非常丰富,内容非常广泛。而且上合组织的发展前景也受到各方的关切,我的报告主要是谈以下几方面的问题。在全球化的背景下我们看到当前的国际社会不确定性和不可预测性正在迅速增长,在这种情况下通过合作来应对各种各样的挑战和威胁是非常重要的。我们看到在全球发展中心向东转移的背景下,上合组织的作用正在日益凸显,因为上合组织涵盖了非常大的地理范围和相当多的人力资源。首先谈一下上合组织目前面对的问题,我们看到对上合组织的评价是非常不同的,有一些学者或者专家谈到上合组织的行动力和执行力受到制约,而且谈到上合组织"论坛化",也谈到在一些地缘政治的不可预测情况发生下,上合组织发挥的作用比较有限。但是这些并不能说明上合组织的发展潜力就比较低,通过对上合组织目前面临的一些问题的综合分析,我们看到上合组织目前存在的一些问题的主要原因来自成员国之间利益的不一致性。同时我们看到目前上合组织未能顺利实施的一些倡议或者决定,其中主要的原因就是因为上合组织的总体目标和各成员国的目标之间存在一定的差异。毫无疑问,国家利益是每个国家最优先重视的因素,而上合组织成员国之间的利益是不一致的。这个情况要求我们对上合组织成员国的利益分歧进行更加全面的分析,以寻求达成共识。

从长期的前景来看,一体化的进程让我们能够找到一定的斡旋空间,推动上合组织的发展,因为根据《上海合作组织宪章》,上合组织坚持"协商一致"的原则,能够保证在分歧存在的情况下寻求共同的立场和决定。所以各个成员国应该以建设性的目的来对待上合组织的各项决议。首先,上合组织成员国之间有一些双边的矛盾和问题,所以上合组织应该成为协调双边问题的一种工具,以便解决这些分歧,寻找共识。

第二个问题,谈一下上合组织发展潜力。上合组织的独特性体现在政治、经济、文化合作等方方面面,上合组织发展总的利益和集体安全条约组织欧亚经济联盟和"一带一路"都是一致的,为我们开展各方面的合作

---

[*] 阿利·拉利耶夫,吉尔吉斯斯坦国家战略研究所所长顾问。

展开了前景，也提供了基础。而且上合组织的各项法律法规非常完备，也非常灵活，这为我们提供了行事的法律依据。我们看到上合组织空间所包含的成员国，它的文化、传统和宗教都非常丰富，而且在历史上也曾发挥了非常巨大的文明作用，在这一背景下我们建议上合组织应该进一步发展文化和人文合作，以进一步增强互信和相互理解。比方说我们可以采取以下的一些措施来加深上合组织各成员国人民之间的相互理解，比如我们可以组织上合组织青少年夏令营，主要是针对青少年的。第二就是我们可以进一步发展上合组织友谊大学，构建上合组织文明对话这样一个倡议平台等。

第三个问题，谈一下上合组织和"一带一路"之间的关系。习近平在提出"一带一路"倡议的时候强调，"一带一路"的倡议并不是从零开始的一个倡议，主要是要集合目前欧亚大陆上目前现有的各种一体化机制和各种各样的国际组织。我们知道丝绸之路是整个欧亚空间的一个共同的文化遗产，也能够团结沿线的国家，"一带一路"倡议的作用具有历史背景，而且在现代它不仅有经济意义，也有非常巨大的文化、人文、安全以及解决迫切政治问题的作用，必须指出的是，少数跨国的势力企图破坏"一带一路"倡议，而且宣扬各种各样的"中国威胁论"，这里非常重要的是我们要知道"一带一路"倡议是开放的，而且是非强制性的，邀请各国参与共同建设"一带一路"，共同推动"一带一路"的繁荣。而且目前有100多个国家已经表示欢迎或者愿意以不同的形式加入"一带一路"，就说明了它的开放性。以上提出的这些特点就是可以充分证明"一带一路"和上合组织之间可以充分地互动。

第四个问题，作为地缘政治组织的上海合作组织，我们认为当前世界的主要问题是各国之间不信任的上升，以及全球公平公正的缺失，这一趋势影响整个国际秩序的稳定。包括联合国以及欧盟这样的国际组织的权威性都有所下降，现存的地缘政治和地缘经济进程在全球范围以及在欧亚大陆的进程让我们对国际安全发展趋势可以做出以下三点判断：第一，目前我们看到国际恐怖主义和极端主义正在以前所未有的速度和范围在扩张；第二，现存的各种各样的发展倡议和战略都面临各种威胁；第三，全球范围内的不平等现象的加剧以及贫富分化的加剧。在这种情况下必须进一步地构建上合组织全新的安全战略，以便打造安全的欧亚发展空间。在这一背景下上合组织地缘政治的发展潜力非常重要，我们要进一步弘扬和平发展的主要原则。所以这里非常重要的是要理解：上海合作组织的核心凝聚要素就是"上海精神"，"上海精神"主要的宗旨就是互信、相互理解和友好。现在我们看到上合组织的体量非常大，包含30亿人，大概是全球人口的45%，一共有3400万平方公里，这是全球陆地的25%。目前上合组织中中国和俄罗斯是联合国安理会常任理事国，还有四个核大国，俄罗斯、中国、印度、巴基斯坦，中国是世界经济发展的动力和主要的"火车头"，所以上合组织能够成为全球发展和欧亚发展的重要的要素。所以上合组织的主要目的是要建立伟大的和平、友好和安全的空间，这一空间能够让该地区的各国和各族人民和平共处。

最后简单讲一下吉尔吉斯斯坦对上合组织和"一带一路"的看法，我们看到全球化是一个不可逆转的发展潮流，吉尔吉斯斯坦对全球化持开放的态度，但是很遗憾的是我们看到有一些国家出于自身的利益有一些短视的行为，同时我们也看到了全球范围内有各种各样的经济民族主义、保护主义、孤立主义以及双重标准，不仅阻碍了世界经济的发展，也进一步加剧了各国人民之间的相互不信任。因此我们认为上合组织，尤其是主要国家——中国和俄罗斯应该发挥更大的作用。而且我们看到中俄之间的战略合作伙伴关系达到了前所未有的高度，大国和小国之间发展潜力的相互补充性和他们的平等，以及协商一致，能够使上合组织发挥更加具有建设性的作用。

接下来讲一下我的结论，主要有以下三点：第一，上合组织目前现存的和今后可能出的问题都是可以解决的需要有建设性的思维，以合理性和长期考虑为基本出发点。第二，上合组织和"一带一路"是相互补充和能够共同发展促进欧洲大陆一体化的，而且"一带一路"的落地和实施能够依托上合组织这一已经非常具有生命力的国际组织，也能扩大上合组织的组织范围。第三，上合组织巨大的潜力能够让上合组织成长为更加强大，更有权威性的地缘政治多边机制，"上海精神"所弘扬的互信、相互理解和友谊应该是最核心的凝聚要素，这样上合组织能够为形成全新的国际地缘政治结构，确保国际安全、经济发展和文化合作做出巨大的贡献。

（根据现场同传速记稿整理）

【俄文原文】

Потенциал и перспективы ШОС на фоне инициативы 《Один пояс, один путь》

Али Лолиев [*]

В условиях глобализации, роста факторов неопределенности и непредсказуемости, интеграция, без сомнения, является наиболее эффективным форматом сотрудничества в преодолении современных вызовов и угроз, приобретающих транснациональный характер.

На фоне смещения центра мирового влияния на Восток, особого внимания заслуживает Шанхайская организация сотрудничества (ШОС), как наиболее устоявшееся региональное объединение с уникальными по масштабам географическим охватом и человеческими ресурсами в зоне ее ответственности.

О проблемах в ШОС

Вместе с тем, наличие множества мнений о ШОС, начиная от дееспособности Организации с формальным статусом и диалоговой направленностью, и заканчивая мобилизационной площадкой в случае возникновения форс-мажорных геополитических обстоятельств, к сожалению, в определенной степени отражает существующее положение дел.

Однако, нельзя это рассматривать как результат низкого уровня потенциала ШОС.

Системный анализ проблем в ШОС, препятствующих полноценному функционированию и развитию Организации, в большинстве своем, упирается в фактор национальных интересов ее участников.

В то же время, прогностическое моделирование (проигрывание) значительной части предложений и решений, заблокированных или нереализованных в ШОС, указывает на несопоставимость возможной выгоды в масштабе Организации в сравнении с национальным уровнем.

---

[*] Али Лолиев, Советник директора Национального института стратегических исследований Кыргызстана.

Безусловно, национальные интересы являются приоритетом для каждого государства, и, конечно же, они не идентичны. Это обстоятельство создает почву для более глубокого анализа расхождений интересов стран – членов в рамках ШОС и поиска компромисса. Но с точки зрения долгосрочной перспективы, интеграционные процессы создают поле для маневра, позволяющее найти оптимальный путь развития.

Согласно Хартии ШОС, решения в органах ШОС принимаются по принципу консенсуса.

Консенсусная форма принятия решений актуальна в объединениях с общими интересами, стремящихся к единству позиций. И здесь большую ответственность должен осознавать каждый участник, исходя из созидательного целеполагания. Это, прежде всего, касается стран – членов Организации, имеющих двусторонние противоречия. Ими ШОС должна позиционироваться как инструмент по разрешению разногласий, а не как площадка соперничества и взаимных обвинений, несущих в себе угрозу основополагающим принципам Организации.

О потенциале ШОС

Универсальность деятельности ШОС, включающая в себя политическую, экономическую и гуманитарную сферы, отражает ее уникальность.

Созвучность ее интересов с интересами таких интеграционных объединений как ОДКБ, ЕАЭС и инициативы 《Один пояс, один путь》создает предпосылки для широкого спектра перспектив.

Гибкость правовой базы ШОС позволяет ей быстро адаптироваться под реалии текущих интеграционных процессов.

Наличие благоприятствующих условий свидетельствует о высокой вероятности становления ШОС центром притяжения интеграционных инициатив на евразийском пространстве.

Сплетение культур, традиций и религий, а также обмен знаниями исторически способствовали укреплению мира и дружбы между народами.

В этом контексте, особое внимание в ШОС должно уделяться культурно – гуманитарному сотрудничеству, как основе в укреплении доверия и взаимопонимания.

Необходимы связующие элементы, способствующие сближению

народов Организации. К примеру:

— Детские лагери отдыха и развития ШОС (для детей);

— Университет дружбы народов ШОС (для молодежи);

— Диалог цивилизаций ШОС (для экспертного сообщества);

— Инновационные площадки, технопарки, 《 Силиконовая долина 》 ШОС (для специалистов);

— Туристический пояс дружбы ШОС (для взаимообмена культурами) .

Уникальность каждого государства – участника ШОС позволяет найти свою нишу в этом направлении.

ШОС как платформа реализации инициативы 《 Один пояс, один путь 》

Председатель КНР Си Цзиньпин, продвигая инициативу 《 Один пояс, один путь 》, отметил, что концепция не предполагает ее реализацию с 《 чистого листа 》. Должны быть использованы уже существующие инструменты и механизмы. В этом ключе, ШОС с ее разнонаправленной структурой будет как никогда востребованной.

Инициатива 《 Пояс и путь 》, выдвинутая Председателем КНР Си Цзиньпином, имеет историческое значение, сутью которой является возрождение Великого Шелкового пути, объединявшего цивилизации и народы с различной политикой, культурой, традицией и религией.

Великий Шелковый путь всегда способствовал миру, процветанию и развитию вовлеченных народов.

Роль инициативы 《 Один пояс, один путь 》 равным образом исторически предопределена, поскольку несет в себе не только экономический смысл, а также имеет огромный потенциал в культурно – гуманитарной сфере, области безопасности и решении актуальных пол-итических проблем.

Необходимо учесть, что отдельными транснациональными силами предпринимаются попытки дискредитации Инициативы. Привязывая к сугубо узким интересам Китая, искажают ее истинные цели.

И здесь важно отметить открытость и ненавязчивость политики инициатора (Китай), что позволяет странам 《 Пояса и пути 》 определить выгодные для себя направления и самостоятельно принять решение. Факт присоединения к Инициативе более 100 стран мира лишь подтверждает ее очевидную взаимовыгодность.

Упомянутые критерии инициативы 《Один пояс, один путь》 вполне сочетаются с принципами ШОС, что является показателем высокой вероятности их гармоничного сосуществования в интеграционном развитии.

ШОС как пример геополитического образования

К числу главных мировых проблем современности с уверенностью можно отнести рост дефицита доверия и глобальной справедливости. Данная тенденция негативно сказывается на устойчивости мироустройства. Отмечается девальвация авторитета даже таких международных институтов и объединений, как ООН и Евросоюз, что в свою очередь вызывает серьезную обеспокоенность среди мировой общественности.

Наблюдаемые геополитические и геоэкономические процессы в мире, и на Евразийском континенте в частности, формируют новые тренды в сферах международной безопасности:

– Беспрецедентный рост проявлений международного терроризма и экстремизма. Обострение существующих и возникновение новых региональных конфликтов. Неконтролируемая миграция;

– Отсутствие у мирового сообщества эффективных программ и мер противодействия вызовам и угрозам, на которое накладывается кризис ведущих международных институтов и рост противоречий между ведущими державами;

– Рост неравенства и поляризация общества.

Назрела необходимость в создании новой стратегии безопасности евразийского пространства по принципу международного согласия.

На этом фоне ШОС с ее геополитическим потенциалом может восполнить образовавшийся вакуум и стать примером для всего мирового сообщества, проповедуя принципы мира и безопасности. При этом важно понимать, что стержневым интегрирующим элементом должен стать дух Организации, основанный на доверии, взаимопонимании и дружбе.

Характеризуя ШОС в числовом выражении, отметим, что на

сегодняшний день общая численность населения стран – участников достигло более 3 млрд. человек (45% от мирового населения); общая территория стран – членов ШОС составила 34 млн. км² (60% территории Евразии или 25% территории мировой суши); в составе ШОС два государства со статусом постоянных членов Совета Безопасности ООН из пяти (Китай, Россия), четыре ядерные державы из девяти (Россия, Китай, Индия, Пакистан) и одно государство является лидером мировой экономики (Китай). Все это указывает на серьезный сдерживающий потенциал Организации, который имеет первостепенное значение при формировании глобального тренда справедливости и созидательной мировой повестки дня.

В условиях геополитической турбулентности, ШОС имеет возможность выступить объединяющим символом целостности Евразийского континента.

Глобальной целью ШОС должна стать создание Великого пространства Мира, Дружбы и Безопасности, способного предоставить гарантию мирного сосуществования всем народам в зоне своей ответственности.

Позиция Кыргызской Республики

В условиях глобализации, как необратимой тенденции современности, Кыргызстан в отношении интеграционных процессов всегда занимает открытую позицию.

Однако, к сожалению, мировой кризис формирует иную повестку дня, когда приоритет национальных интересов недальновидно затмевает ключевые принципы интеграции. Наблюдаемая, в том числе в зоне ответственности ШОС, политика экономического национализма, протекционизма, изоляционизма и «двойных стандартов» не только отрицательно влияют на мировую экономику, но и провоцируют рост недовольств ущемленных народов, тем самым подрывая доверие к интеграционным форматам.

В этой связи, ключевую роль в нормальном функционировании и развитии ШОС должны сыграть Россия и Китай, учитывая их беспрецедентное стратегическое сближение за последнее время.

Взаимодополняемость потенциалов крупных держав и малых стран, при условии равных прав и равного доступа к ресурсам, будет только способствовать мирному конструктивному взаимодействию в рамках ШОС.

Выводы

Резюмируя изложенное выше, хотел бы выделить следующие моменты:

1. Существующие и потенциальные проблемы в ШОС разрешимы. Для этого важен конструктивный подход к управлению и принятию решений с позиции здравого смысла и дальновидности. Необходимы глубокое изучение и анализ расхождений интересов стран – членов в рамках ШОС и поиск компромиссных путей.

2. ШОС и инициатива 《Один пояс, один путь》 являются взаимовостребованными элементами в развитии большой евразийской интеграции. При этом, успешная реализация идей Инициативы на платформе Организации создаст качественные предпосылки для расширения ее рамок.

3. Высокий потенциал ШОС позволяет ей трансформироваться в авторитетное геополитическое объединение. При этом, шанхайский дух Организации, основанный на доверии, взаимопонимании и дружбе, должен стать ключевым интегрирующим фактором.

Таким образом, ШОС может внести существенный вклад в формировании новой геополитической архитектуры мира в сферах международной безопасности, экономики и культуры, способной переломить негативные тенденции и вывести мировое развитие на трае-кторию глобальной устойчивости.

В завершение, разрешите поблагодарить организаторов Форума, пожелать всем участникам плодотворной работы и продуктивных идей и предложений по итогам нашего мероприятия.

Благодарю всех за внимание!

明确上海合作组织扩员方向，确立适当发展定位

王宪举[*]

2017年6月9日上海合作组织阿斯塔纳峰会决定接纳印度和巴基斯坦为上合组织正式成员国以后，该组织进入一个新的阶段。其中，如何进一步扩员、如何完善"协商一致"原则，成为上合组织能否顺利发展的两个重要问题。

一、需要进一步明确扩员的方向和原则

印度和巴基斯坦于2017年6月成为上海合作组织正式成员国后，上合组织下一个扩员成员应该是哪个国家？要不要给该组织扩员范围规定一定的地理范围？该组织究竟要成为一个怎样的国际和地区组织？

对于这些问题，尚无定论。有的成员国建议下一个接纳的对象是伊朗，有的建议白俄罗斯，有的建议土耳其。至于将来扩员的路线图，有的主张把八个观察员国逐步接纳为正式成员国，有的主张把欧亚大陆所有非西方国家都变为上合组织成员国。而上合组织整体上对此尚无一致意见。

由于此事关系到上合组织的发展战略和发展方向，本文建议上合组织秘书处尽快成立专门工作小组或委员会，加紧研讨，以求达成共识。为此笔者提出以下几点看法以供参考：

第一，除了联合国及其所属组织外，世界上绝大多数国际或地区组织都有一定的地理范围局限，比如欧洲联盟、阿拉伯国家联盟、非洲联盟、东南亚国家联盟、南亚区域合作联盟、中美洲共同市场。这些组织主要致力于解决本地区合作问题。

上海合作组织由"上海五国"演变而来，而"上海五国"开始于中国同俄罗斯、哈萨克斯坦、吉尔吉斯斯坦、塔吉克斯坦的边界谈判。1987年2月，中苏双方在莫斯科开始举行两国的第三次边界谈判。经过

---

[*] 王宪举，中国人民大学—圣彼得堡国立大学俄罗斯研究中心副主任、研究员。

多轮谈判，1991年5月江泽民总书记访问苏联时，两国外长签署了《中苏国界东段协定》。

1991年12月苏联解体后，哈萨克斯坦、吉尔吉斯斯坦和塔吉克斯坦成为中国的新邻国。原中苏西段边界变成了中国与俄、哈、吉、塔四国的边界。1992年9月8日，俄、哈、吉、塔四国代表在白俄罗斯首都明斯克签署了一项关于联合组团与中国继续进行边界谈判的协议。原中苏边界谈判以"五国两方"（即中方与"联方"）的新模式，继续谈判。在平等协商、互谅互让的基础上，1994年，中俄两国签署了《中俄国界西段协定》；1994年至2002年，中国与哈、吉、塔三国先后解决了边界问题；2004年，中俄两国签署了关于《中俄国界东段补充协定》。这标志着长达4300多公里的中俄边界线和3300多公里的中国与中亚三国的边界线最终划定，包括黑瞎子岛和帕米尔地区的划界问题均得到解决。

1996年4月26日，中国同俄、哈、吉、塔四国签署了《关于在边境地区加强军事领域信任的协定》。双方谈判机制演变为"上海五国"机制。1997年，双方又签署了《关于在边境地区相互裁减军事力量的协定》。

2001年6月15—16日，"上海五国"机制的第六次首脑会晤在上海举行。乌兹别克斯坦共和国在完全平等成员身份的基础上参与"上海五国"合作。六国共同成为新的联合体——"上海合作组织"的创始国。由此可见，上合组织的初衷主要是为了解决中国与俄、哈、吉、塔之间的关系，为了包括中、俄部分领土在内的中亚地区的安全、稳定、合作与发展。上合组织应该不忘初衷，坚持初衷，主要做好中亚地区的事情。

第二，由于印度和巴基斯坦正式加入上合组织，该组织正式成员的地理范围扩展到南亚。与此同时，上合组织的人口、经济实力和潜力也大幅增加，优势明显。但是，优势和潜力不会自然而然地成为现实，要把它们变为实际能力或成果，还需要付出相当大的努力。随着扩员，上合组织本身的某些调整是需要的，但是根本宗旨和任务不宜改变。新成员和老成员之间的磨合、相互适应、相互妥协、协商一致，还会有一个较长时间的过程。印巴成为上合组织成员国后，也会带来一些消极因素，把它们之间的一些矛盾和问题带入上合组织。

中亚国家担心，由于印巴两国在领土面积、人口、经济等方面都远超过中亚，又是两个核武器国家，将来上合组织的重心是否会从中亚向南亚转移。哈萨克斯坦总统基金会世界经济与政治研究所首任总统与国内政策中心主任A.阿姆列巴耶夫认为，"印度与最大的伊斯兰国家巴基斯坦的关系非常复杂，这会使得上合组织的发展变得非常不协调。尤其是在阿富汗边境形势不稳定的情况下,中亚国家的对外政策将面临被'边缘化'的风险。""这样,上合组织要么由于本组织积极的行动而处于世界分裂的中心位置,要么变成'外交委曲求全的平台',其活动能力和现实的政治经济影响以及中亚国家所期待的对未来的结构规划将无果而终。"[1]

纳扎尔巴耶夫首任总统图书馆副馆长铁木尔·沙伊梅尔戈诺夫担心,"印巴加入上合组织可能会形成小团体和挑战,将出现政治摩擦,在制定战略时将不得不进行长时间讨论。由于中巴和印俄关系,中亚的作用将被弱化。印巴冲突和阿富汗将使上合组织的注意力吸引到南亚方面。"[2]

中亚学者和专家担心,随着上合组织不断扩员,中亚在该组织中的地位和作用将进一步下降。

由于"伊斯兰国"组织溃败和逃散、阿富汗局势出现新的不稳定因素、宗教极端主义在中亚传播和活动,以及国际金融危机给中亚国家造成的经济困难,近年来中亚地区的政治、安全、社会和经济形势也更趋复杂。而这要求上合组织不是削弱,而是加强对中亚地区的关注和投入。在相当长的时间内,中亚仍应把主要精力和重点放在中亚,而不应继续迅速、急剧、大规模地扩员,否则就会"欲速而不达"。

第三,有学者和专家提出让欧亚大陆所有非西方国家都加入上合组织。笔者认为,要管理好这么庞大的国际组织,很不容易。相反,数十个国家加入上合组织,很容易使它变为"清谈俱乐部"、论坛形式的松散的组织。特别是,上合组织是不结盟、不对抗、不针对第三方的组织,因此,把该组织定性为"欧亚大陆非西方国家联盟"是不妥当的。

第四,应该避免匆忙、急速地扩员,从而导致"扩员后遗症"。在这方面,欧盟的教训值得借鉴。2004 年,欧盟在内部制度和协调仍有缺失的情况下一举吸纳 10 个中东欧国家入盟,导致欧盟工作效率降低、民众对欧洲一体化建设不满,《欧盟宪法草案》在法国和荷兰搁浅。在 2007 年罗马尼亚和保加利亚正式入盟后,欧盟被迫对未来扩大战略进行修改,暂时停止扩员。但是具有 28 个成员国的欧盟已经显得过于庞大,内部在很多问题上争吵不休,各行其是。2016 年,在是否接受来自中东地区难民的问题上,波兰、匈牙利等欧盟新成员与德国等老成员国之间分歧严重,出现分裂。波匈两国根本不执行欧盟关于移民分配的决定,我行我素,使欧盟决定的公信力大打折扣。

---

[1] 《上海合作组织发展报告(2016)》,时事出版社 2017 年版,第 330—331 页。
[2] 在"上海合作组织扩员:机遇与挑战国际研讨会"上的发言,北京,2017 年 9 月 25 日。

由于在政治、经济等方面难以愈合的分歧，英国于 2016 年 6 月 24 日举行关于是否脱离欧盟的全民公决。投票结果，51.9% 的人支持退出欧盟，英国与欧盟现在正进行"离婚"谈判。

第五，印巴成为上合组织正式成员国后，新老成员之间将有一个比较复杂和困难的磨合期，因此，今后若干年暂时不宜再度扩员，而应集中精力处理好印巴加入后的内部调整，如秘书处的扩大、其功能的调整和增加、秘书长的职能需要加强、上合组织的工作语言似应增加英语、会员缴费的比例将有较大变化，等等。而且这些职能调整后，需要有一个稳定期，不宜迅速改变，反复修改。

第六，应该仿效东盟等组织，把上合组织的正式成员国局限在一定的地理范围。为此，建议把上合组织成员国的地理范围设限在"大中亚"范围内，就是中亚加上南亚国家，除了印巴外，还有阿富汗、斯里兰卡、孟加拉国、马尔代夫、尼泊尔。此外，加上中亚和南亚之间的伊朗。

第七，建立不同层次"上合组织＋"的合作机制。众所周知，东盟除了成员国峰会外，建立了"10＋1"（中国）、"10＋3"（中、日、韩）、"10＋5"（中、俄、美、日、韩）等机制，分别讨论东盟与中国、东亚、几个大国之间的关系。上合组织可以效仿这一做法，建立"上合＋欧盟""上合＋日本""上合＋美国"等机制。这样，既可以保持上合组织的稳定性和牢固性，又可以增加其合作的灵活性和广泛性。2017 年 9 月，金砖国家峰会采取了"金砖国家＋"的模式，除了俄罗斯、中国、印度、巴西、南非外，邀请了埃及、墨西哥、印尼、塔吉克斯坦等国领导人与会。用建立新机制的办法，而不是用扩员的办法来扩大与其他国家的合作，扩大自己的影响力，东盟和金砖国家的经验，值得借鉴。

二、需要完善"协商一致"原则

上合组织采用"协商一致"的决策原则。该组织宪章规定："本组织各机构的决议以不举行投票的协商方式通过，如在协商过程中无任一成员国反对（协商一致），决议被视为通过，但中止成员资格或将其开除出组织的决议除外，该决议按'除有关成员国一票外协商一致'原则通过。"

"协商一致"是上合组织对重大问题做出决策的主要方式，十余年来显示了其一定的正确性和优越性，但也反映出一些问题和不足。往往有这样的情况，中亚地区或世界其他地区突然发生重大事件时，一些国家和人民关注上合组织的立场和态度，希望听到它的声音。然而，上合组织却因为不能达成一致而沉默无言，失去了影响力和发挥作用的机会。

随着上合组织扩员，继续实行"协商一致"的难度增大，若不加以调整和完善，可能严重影响该组织的决策效率、行动能力和国际影响力。为此，需要与时俱进地完善这一原则，增加一些新的要素。比如，可以把需要做决策的问题具体分类，事关上合组织发展方向、战略的重大问题，仍然坚持"协商一致"原则，一些相对次要的问题，则可以采用"少数服从多数"的原则。

上海合作组织扩员背景下的核不扩散问题

弗拉基米尔·彼得罗夫斯基[*]

从昨天到今天我们一直在经济、安全这几个话题中进行探讨，因为我们确定了上合组织发展的两个优先方向：一个是经贸，一个是安全。今天我想讲一些上合组织面临的挑战和威胁，尤其是在核不扩散的背景之下。我们知道大规模杀伤性武器不扩散，对上合组织当前来说是一个非常关切的话题，因为就在印度和巴基斯坦加入了上合组织之后，我们这个上合大家庭除了之前两个核大国之外，又增加了两个事实上拥核的国家，印度和巴基斯坦，我们现在必须面对和解决这两个问题。

昨天大家谈到安全合作的时候，在这点上很有共识，也提到我们在安全合作上应该确定一系列的标准，尤其在2016年6月塔什干峰会上确定了以下新成员国加入的标准：要遵守上合组织的宪章，要和上合国家有共同边境，要打击国际恐怖主义，是一个军事不结盟国家，申请加入上合组织的国家不应该和其他国家有军事冲突，没有受到联合国的制裁，没有外国的驻军，也没有外国军队和军事基地，申请国应该和上合组织所有成员国建立外交关系，而且非常重要的是申请国必须遵守国际核不扩散条约的基本义务。

昨天我们讨论过印度和巴基斯坦加入上海合作组织之后有可能发生的各种各样的问题，可以说目前印巴两个国家还没有完全正式加入核不扩散的条约，在2016年6月塔什干峰会的时候乌兹别克斯坦当时还是卡里莫夫总统，当时上合组织的成员国领导人说我们同意要接受印度和巴基斯坦，当时卡里莫夫就问，亲爱的朋友们你们扩员是为了达到什么目的？当时他就提出了，现在印巴已经事实成为上合组织的成员国，但是其实很多问题还没有暴露出来。谈到核不扩散的条约，当然国际核不扩散的基石就是《不扩散核武器条约》（又称《核不扩散条约》），还有1996年9月10日签署的关于全面禁止核试验的条约，也有中亚无核区条约，包括区域性的无核，因为《核不扩散条约》第七条确认各国有权为确保

---

[*] 弗拉基米尔·彼得罗夫斯基，俄罗斯科学院远东研究所研究员，军事科学院院士，政治学博士。

各国领域内建立无核区等,这些都是国际核武器不扩散体制的重要组成部分。因为美国在最近几年提出了各种各样不同的声音,它也谈到《核不扩散条约》是不公平的。我们知道现在的五个核大国——美国、法国、英国、中国、俄罗斯,还有其他一些国家签署了这一条约。自从这个条约生效后,除了五大国之外,其他缔约国都承认了自己的无核国家的地位,这种制度安排旨在由五个核大国来确保全球的和平与安全,但是印度和巴基斯坦认为这个条约并不公平,为什么五大国可以拥有核武器,其他国家却不可以呢?昨天我们也谈到了,还有其他一些国家,例如朝鲜也说了,国际社会为什么不批评印度和巴基斯坦,而要批评朝鲜呢?所以这确实是个问题。我想强调的是,即使在《核不扩散条约》签署之前,上海合作组织也一直强调要坚决遵守和遵循不扩散的义务,因为上合组织所有最基础的法律性文件都强调上合组织,强调无核的原则。我想大家都非常清楚,在2006年上合组织的成员国签署了关于中亚无核区的协定,这是在2006年的9月8号签署的,可以说中亚无核区协议的签署对于整个上合空间的安全具有重大的意义。我们知道之前哈萨克斯坦是有核武器的,而且哈萨克斯坦(歇密巴拉金斯科)也有苏联时期非常重要的一个核试验场。中亚无核区协议的签署改变了整个上合空间的核武器的分布。我们知道目前的《核不扩散条约》还面临一系列新的挑战,我们知道在取消对伊朗的制裁之后,马上就会提出关于接受伊朗加入上合组织的议题,接下来这个情况这么复杂,我们该怎么办?我觉得现实还有当前的情况本身就要求上合组织必须面对和解决这个问题,要寻求一种妥协,比如印度和巴基斯坦拒绝签署《核不扩散条约》,但是为什么不可以请求他们签署中亚无核区条约呢?我们知道五个大国还有其他的大国已经签署了不扩散条约,也可以建议印巴限制自身所有拥有的核武器的数量和研发,至少目前印巴是不肯签不扩散条约的。但是印度和巴基斯坦两个国家都有这样的约定,在相互控制线方面,就是印巴之间有暂停核试验的双边协议,所以可以基于这个双边协议来规范两个国家在上合组织发展核武器方面的一些意愿,我认为各方也有可能同意,比如相互削减拥有的核弹头的数量,因为运载火箭是单独的,核弹头是单独的,或者是分别减少或者是同时减少它们的数量。伊朗的情况就更加有特色,也非常复杂和敏感,目前伊朗还在受制裁,而且经过了多年的谈判在伊朗核问题上各方达成了一定的妥协,我们知道就伊朗核问题也签署了全面的行动计划,我们看到目前在不扩散的国际合作上,之前也许是和平地使用核能,现在出现了更多元的军事利用核武器的倾向，现在游戏规则改变了，因为原子能机构关于核问题的补充议定书的签署就标志着整个核问题的性质发生了改变，我们看到包括美国、以色列等国家要求签署补充记录书，就是在规则之外还要签一个新的规则，伊朗就提出为什么他们跟别的国家不一样，还要专门再签署一个补充议定书，这是他们不同意的。

我想强调的是，在印度和巴基斯坦加入上合组织之后，而且我们目前看到伊朗早晚也会成为上合家庭的成员，我呼吁我们要在区域的层面上推动核不扩散工作，因为在全球层面上说服一个国家或者强迫一个国家签署《核不扩散条约》是有一定的难度的，但是至少在地区层面上我们要寻找一种妥协，能够达成一定的共识。其实务实操作方案有很多种，大家可以选择可以讨论，昨天我们已经谈到了哪些机制或者工具可以用来作为谈判的抓手，比如说亚洲相互信任与合作措施协定，它是整个亚洲地区的安全机制。我们可以充分发挥自己的智慧。比如蒙古国，蒙古国是上合组织的观察员国，2013年蒙古国签署了关于本国无核地位的协议，承认了本国的无核地位，也可以按照蒙古国模式来操作。

在2008年有学者提出了一个想法，我记得当时是吉尔吉斯斯坦议会的议长，他提出召开上合组织各国议长大会，如果说承认这样一个机构的话，那么我们可以在这个会议上通过自己的区域核不扩散公约，所以我的意思就是说，其实操作方案还是很多的，我们要开动脑筋，要开启行动，这并不仅仅是某一个国家或者是几个国家的责任，这个又回到昨天说中俄在上合的分工是不是俄罗斯多负责一下安全、中国多负责经济，并不完全是这样，这是我们共同的责任，我们共同的利益，安全也是我们共同的安全，上合是我们共同的空间。上合组织如果能够解决核不扩散这个问题的话，那么就能够大大提高自己的国际地位和国际影响力。

（根据现场同传速记稿整理）

【俄文原文】

ПРОБЛЕМЫ ЯДЕРНОГО НЕРАСПРОСТРАНЕНИЯ В КОНТЕКСТЕ РАСШИРЕНИЯ ШОС

Петровский Владимир Евгеньевич *

Режим ядерного нераспространения – один из краеугольных камней современного миропорядка. Этот режим, основанный на Договоре о нераспространении ядерного оружия, других договорах и соглашениях, работе Агентства ООН по атомной энергии (МАГАТЭ), отражает консолидированную волю мирового сообщества – поставить заслон на пути распространения ядерного оружия и средств его доставки – как 《горизонтального》(по странам и континентам), так и 《вертикального》(совершенствование технологий создания ядерного оружия).

Договор о нераспространении основан на том, что право обладания ядерным оружием сохраняется за США, КНР, Россией, Великобританией и Францией (они же постоянные члены Совета безопасности ООН). Они обеспечивают гарантии безопасности всем остальным странам – участницам Договора, которые в обмен на это соглашаются на свой безъядерный статус.

Эта система, отнюдь не совершенная, но в существующих международных условиях, наверное, единственно возможная, постепенно охватила практически все страны мира. И все годы своего существования она подвергалась критике как 《несправедливая》: почему одним странам можно иметь ядерное оружие, а другим нельзя? Великие, они же 《официальные》ядерные державы, при всех своих противоречиях и разногласиях, потратили много лет и сил на то, чтобы остановить ядерное нераспространение в различных регионах мира.

С точки зрения формального международного права никто не может заставить суверенное государство вступить в Договор о ядерном нерасп-

---

* Петровский Владимир Евгеньевич, действительный член Академии военных наук, доктор политич-еских наук, главный научный сотрудник Института Дальнего Востока РАН.

ространении или выйти из него. Но если такой путь избирают лишь несколько из почти 200 стран, присоединившихся к режиму ядерного нераспространения, то это воспринимается остальными как нелегитимное поведение и вызов мировому сообществу.

По такому пути пошли Индия и Пакистан, которые, вопреки призывам остальных стран, обзавелись ядерным оружием. Но если кому-то удалось пробить брешь в международном режиме ядерного нераспространения, то это не значит, что в Вашингтоне, Москве, Пекине и других 《ядерных》 столицах согласятся с очередной попыткой сделать это. В этой связи президент России Владимир Путин, выступая на заседании Международного дискуссионного клуба 《Валдай》, отметил, что это может привести к 《вероятному закату системы нераспространения оружия массового уничтожения》 и новому витку гонки вооружений. [1]

Действительно ли нам грозит 《закат》 режима ядерного нераспространения, как его предотвратить, и что могут сделать для этого региональные международные организации, включая Шанхайскую организацию сотрудничества (ШОС)?

Одна из очевидных тенденций последних лет – усиление региональной тенденции в обеспечении режима ядерного нераспространения. Она носит диалектический характер: с одной стороны, универсальный характер Договора о нераспространении ядерного оружия (ДНЯО) требует единых глобальных стандартов верификации и контроля. С другой, статья VII Договора предусматривает право любой группы государств – участников заключать региональные соглашения с целью запрещения или ликвидации ядерного оружия.

Перспективы укрепления режимов нераспространения связаны с инициативами заинтересованных региональных держав по совершенствованию и укреплению существующих элементов режима, который не сводится к ДНЯО, при всей его важности в деле ядерного нераспространения, но также включает в себя механизмы многосторонних инспекций МАГАТЭ, Договора о всеобъемлющем запрещении испытаний

---

[1] Заседание Международного дискуссионного клуба 《Валдай》, 22 октября 2015 г. http://www.kremlin.ru/events/president/news/50548.

ядерного оружия （ДВЗИЯО） и других соглашений по ядерному разоружению, а также создание субрегиональных и региональных зон, свободных от ядерного и других видов оружия массового уничтожения.

В этой связи нельзя не заметить, что для ШОС, вступившей в качественно новый этап своего развития, связанный с присоединением к организации новых членов, возникают новые вызовы в сфере ядерного нераспространения. Помимо 《официальных》 ядерных держав, России и КНР, к ШОС присоединились обладающие де-факто ядерным оружием Индия и Пакистан. После снятия с Ирана международных санкций, связанных с развитием его ядерной программы, вопрос о принятии в этой страны ШОС также переходит в практическую плоскость（при том, что опасения относительно иранских ядерных амбиций еще не развеяны у США и других стран Запада）.

История ШОС показывает, что на протяжении всех лет своего существования организация последовательно выступает за укрепление стратегической стабильности, международных режимов в области нераспространения оружия массового уничтожения, за поддержание международного правопорядка.① Однако эрозия международного режима ядерного нераспространения и новые вызовы в сфере нераспространения для самой ШОС требуют от организации новой стратегии и новых ответов.

В этой связи нельзя не вспомнить о такой продвигавшейся ШОС региональной инициативе в сфере нераспространения, как заключение Договора о зоне, свободной от ядерного оружия, в Центральной Азии （г. Семипалатинск, 8 сентября 2006 года）. Главы государств – членов ШОС поддержали усилия стран, создавших Зону, свободную от ядерного оружия, в Центральной Азии（ЦАЗСЯО）по заключению со странами, обладающими ядерным оружием, Протокола о гарантиях безопасности, и приветствовали принятие соответствующей резолюции на 61 – й сессии Генеральной Ассамблеи ООН, в которой высоко оценивается вклад стран Центральной Азии в консолидацию режима ядерного нераспространения в

---

① 《Декларация пятилетия Шанхайской организации сотрудничества》, http：//www. sectsco. org/RU123/show. asp？ id＝108.

регионе.①

Это первая подобная зона, появившаяся в Северном полушарии, в регионе, полностью окруженном сушей, который граничит с двумя ядерными государствами – Россией и Китаем. Договор стал также первым многосторонним соглашением в области безопасности, которое охватил пять стран Центральной Азии. Это первая безъядерная зона, созданная в регионе, где прежде размещалось ядерное оружие (Казах-стан). Договор о создании ЦАЗСЯО впервые обязал всех ее участников заключить с Международным агентством по атомной энергии (МАГАТЭ) Дополнительный протокол о гарантиях и полностью выполнять обязательства по Договору о полном запрещении ядерных испытаний.②

Кроме того, Договор обязывает страны Центральной Азии отвечать международным требованиям относительно безопасности их ядерных установок. Поэтому эти условия Договора о ЦАЗСЯО служат и антитеррористическим целям, что полностью соответствует уставным целям и задачам ШОС. Создание ЦАЗСЯО можно считать необходимым и важным шагом на пути продвижения глобального режима нераспространения, укрепления региональной безопасности и решения экологических проблем.③

От саммита к саммиту государства – члены ШОС последовательно выражали твердую поддержку ДНЯО, приветствовали многосторонние усилия по его укреплению, изъявляя решимость двигаться в направлении повышения эффективности Договора на основе единства его трех фундаментальных составляющих: нераспространение, разоружение, мирное использование атомной энергии.④ Для достижения этих целей ШОС предпринимала усилия для налаживания взаимодействия и сотрудничества с другими международными организациями и институтами,

---

① 《Бишкекская декларация》, 16 августа 2007 г. http：//www.sectsco.org/RU123/show.asp?id=111.

② 《Безъядерная зона в Евразии》//Независимое военное обозрение, 17 апреля 2009 г. http：//nvo.ng.ru/concepts/2009-04-17/6_eurazia.html.

③ В. Сотников. О создании зоны, свободной от ядерного оружия, в Центральной Азии// М., МГИМО – Университет, 2008. – С. 28.

④ 《Екатеринбургская декларация глав государств – членов Шанхайской организации сотрудничества》, 16 июня 2009 г. http：//www.sectsco.org/RU123/show.asp?id=230.

прежде всего с ООН. Так, в Совместной декларации о сотрудничестве между секретариатами Шанхайской организации сотрудничества и Организации объединенных наций в числе ключевых областей сотрудничества отмечено предотвращение распространения оружия массового уничтожения и средств его доставки. ①

В частности, дальнейшие усилия ШОС в сфере ядерного нераспространения были связаны с призывами ко всем государствам, обладающим ядерным оружием, подписать соответствующие протоколы к Договору о зоне, свободной от ядерного оружия, в Центральной Азии, а также способствовать ее практическому формированию. ②

Соблюдение международных режимов нераспространения оружия массового уничтожения (ОМУ) стало одним из основополагающих критериев приема новых государств в члены ШОС, наряду с принадлежностью государств – претендентов к региону ШОС; наличием общих границ с другими членами ШОС; ведением борьбы с терроризмом; неучастием в военных блоках; отсутствием состояния военного конфликта с другим государством; отсутствием санкций ООН; отсутствием на своей территории военных баз и воинских контингентов третьих стран; наличием дипломатических отношений со всеми государствами – членами; соблюдением прав человека. Эти критерии были исчерпывающим образом сформулированы в принятом на саммите в Ташкенте 11 июня 2010 г. Положении о порядке приема новых членов ШОС. ③

Вышеупомянутые критерии членства определили дальнейшую работу ШОС по подготовке к приему в организацию таких «проблемных» в смысле ядерного нераспространения стран, как Индия, Пакистан и Иран. Это осложнялось тем, что подходы Индии и Пакистана к действующему

---

① Совместная декларация о сотрудничестве между секретариатами Шанхайской организации сотрудничества и Организации объединенных наций, 5 апреля 2010 г. http: //www. sectsco. org/RU123/show. asp? id = 366.

② 《Декларация глав государств – членов Шанхайской организации сотрудничества о построении региона долгосрочного мира и совместного процветания》, 7 июня 2012 г., http: //www. sectsco. org/RU123/show. asp? id = 646.

③ Цит. по: Щербатюк Д. А., 《Вопрос расширения ШОС и перспективы вступления государств – претендентов (2004 – 2012 гг.)》//Наукові праці. Історія, Вип. 215, Т. 227, 2014. – С. 66.

режиму ядерного нераспространения в основном совпадают: обе страны расценивают ДНЯО как 《неравноправный》 договор, закрепляющий ядерную монополию за немногочисленной группой 《избранных》 государств. Индия и Пакистан готовы рассматривать возможность своего присоединения к ДНЯО только в качестве международно‐признанных ядерных держав.

Однако это остается неприемлемым для международного сообщества, включая Россию и Китай, учредителями ШОС, которые являются депозитариями ДНЯО и в силу этого несут особую ответственность за его соблюдение и укрепление. По мнению авторитетных российских экспертов, признание Индии и Пакистана ядерными державами будет означать пересмотр основ ДНЯО и фактический конец этого договора, а также и всего построенного на нем современного режима ядерного нераспространения:

《В случае столь радикального изменения Договора получится, что страны, не подписавшие ДНЯО, не поставившие свою ядерную инфраструктуру под гарантии МАГАТЭ и успешно реализовавшие военные ядерные программы, могут избавиться от всех издержек такого курса и вступить в Договор и режим нераспространения в 《ядерном статусе》, приобретя весомый военно‐политический выигрыш. Это станет соблазнительным примером для всех пороговых ядерных государств и вызовет цепную реакцию распространения ядерного оружия》.[1]

ШОС как международной организации уже пришлось столкнуться с тем, что попытки побудить Индию и Пакистан присоединиться к режиму нераспространения в качестве неядерных стран не приводят к успеху. Однако возможны компромиссы, и ШОС может найти 《золотую середину》 в переговорах о присоединении к ней двух стран: в стремлении добиться международного признания своего ядерного статуса Индия и Пакистан могут пойти на уступки в плане ограничения своих ракетно‐ядерных арсеналов и снижения темпов осуществления ряда стратегических программ.

---

[1] Перспективы присоединения Индии и Пакистана к ограничению ядерных вооружений, под ред. А. Арбатова, В. Дворкина, С. Ознобищева//М. , ИМЭМО РАН, 2012. –С. 55.

Индия и Пакистан отказываются от участия в Договоре о всеобъемлющем запрещении ядерных испытаний (ДВЗИЯО); при этом обе страны соблюдают взаимный добровольный мораторий на ядерные испытания. Индия и Пакистан не участвуют и в переговорах по Договору о запрещении производства расщепляющихся материалов (ДЗПРМ), однако при этом развивают национальные режимы экспортного контроля.

Дели и Исламабад подписали ряд соглашений в области мер доверия, что свидетельствует о 《договороспособности》 сторон. В развитие этого процесса полезно было бы принять комплекс первоочередных мер, направленных на стабилизацию двусторонних отношений, предотвращение конфликта с применением ядерного оружия. Например, оба государства могли бы обеспечить частичную транспарентность ядерных сил, касающуюся их структуры и размещения, в том числе подписать верифицируемое соглашение о неразмещении ядерного оружия в приграничной зоне. Также снижению риска ядерного конфликта способствовало бы достижение взаимных обязательств не развертывать ядерное оружие на спорных территориях. Те же цели могут быть достигнуты путем взаимного снижения боевой готовности ракет (т. е. легализации существующей практики раздельного хранения носителей и ядерных боеголовок) и уведомлений об изменении такого статуса во время учений.①

Иран – еще одна страна – кандидат на вступление в члены ШОС – также имеет свою непростую 《нераспространенческую》 историю. Завершившийся недавно 《марафон》 введенных против Ирана международных санкций показал тенденцию к ужесточению многосторонних инструментов и режимов ракетно – ядерного нераспространения. По сути дела, Иран, выполняя требования ДНЯО и МАГАТЭ, был вынужден пойти на существенные дополнительные меры ограничения своей ядерной программы, чтобы развеять подозрения относительно ее истинной

---

① А. Арбатов, А. Дьяков. П. Топычканов, 《Перспективы присоединения Индии и Пакистана к режиму контроля над ядерными вооружениями》//Московский Центр Карнеги, июль 2014г. – С. 11.

направленности.

Это иллюстрирует современный тренд в укреплении режима ядерного нераспространения: любые работы и программы потенциально двойного назначения для неядерных стран – членов ДНЯО должны иметь убедительное обоснование мирными нуждами. Соглашение о всеобъемлющем плане действий (СВПД) с Ираном от 14 июля 2015 г. создало для этого прецедент. В этой связи обосновывается мнение о том, что многие положения СВПД в части ограничения ядерных программ и установления расширенного режима транспарентности должны использоваться как принципиальная основа для укрепления режима ядерного нераспространения.[1]

Как представляется, решая непростую задачу присоединения «проблемных» в смысле ядерного нераспространения стран – кандидатов, страны – члены ШОС могут взять на вооружение мнение Р. Геттемюллер и Дж. Вольфсталя о том, что «сам по себе режим нераспространения нельзя признать эффективным механизмом для решения проблем распространения ядерного оружия ··· Эти проблемы необходимо решать поэтапно, регион за регионом, а не в качестве проблем одного порядка, выделяемых по принципу неучастия этих стран в ДНЯО. Проблема··· будет решена с помощью региональной политики и дипломатии, а также, возможно, и шагов в военной области, а вовсе не путем проведения заседаний МАГАТЭ в Вене или переговоров в рамках Конференции по разоружению в Женеве. К решению этих проблем должны подключиться высокопоставленные политические лидеры; использование традиционно сложившихся методов работы дипломатов, занимающихся проблемами контроля за вооружениями и нераспространения ядерного оружия, не сможет дать положительных результатов».[2]

Это означает, что ШОС, как на уровне организации в целом, так и

---

[1] А. Арбатов, В. Сажин, 《Ядерное соглашение с Ираном: финал или новый этап?》// Московский Центр Карнеги, 2015. – 1. 11.

[2] Р. Геттемюллер и Дж. Вольфсталь, 《Израиль, Индия и Пакистан: решение проблемы следует искать в сфере региональной безопасности и политики, а не в рамках Договора о нераспространении ядерного оружия (ДНЯО)》, http://www.pircenter.org/media/content/files/10/13539445630.pdf.

на уровне стран – членов, может и должна искать новаторские, нетрадиционные политико – дипломатические методы для решения проблемы. В этой связи, например, уместно использовать опыт и инициативы Совещания по взаимодействию и мерам доверия в Азии (СВМДА), – хотя последнее является консультационно – диалоговым форматом, а не международной организацией.

В Декларации Четвертого саммита СВМДА, прошедшего в июне 2014 г. в Пекине, например, говорится:《Мы приняли к сведению инициативу Республики Казахстан о том, чтобы предложить Генеральной Ассамблее ООН принять Всеобщую декларацию о мире, свободном от ядерного оружия. Мы поддерживаем всеобщее и полное уничтожение ядерного оружия и укрепление во всех аспектах режима ядерного нераспространения на основе принципов недискриминации, равной и неделимой безопасности для всех и ненанесения ей ущерба… В этой связи мы приветствуем подписание 6 мая 2014 г. пятеркой ядерных государств Протокола о гарантиях безопасности к Договору о зоне, свободной от ядерного оружия, в Центральной Азии… Мы приветствуем Декларацию по безъядерному статусу Монголии, подписанную между Монголией и пятеркой ядерных государств в сентябре 2012 г., как конкретный вклад в нераспространение и укрепление доверия и предсказуемости в регионе》. ①

Помимо поддержки вышеуказанной безъядерной инициативы Монголии (государства со статусом наблюдателя в ШОС), могут стать востребованными и иные инициативы. Например, в случае создания Парламентской ассамблеи ШОС (идея предложена в 2008 г. спикером парламента Кыргызстана), можно было бы приступить к разработке Конвенции в поддержку режима ядерного нераспространения, используя основные положения подготовленной ООН Типовой конвенции по ядерному оружию. ②

ШОС уже в краткосрочной и среднесрочной перспективе предстоит

---

① 《Укрепление диалога, доверия и координации во имя новой Азии мира, стабильности и сотрудничества》. Декларация Четвертого саммита Совещания по взаимодействию и мерам доверия в Азии, 21 мая 2014 г. с. 5. http：//www.s – cica.org/page.php? page_id = 183&lang = 2.

② Поддержка режима ядерного нераспространения и разоружения 》//Пособие для парламентариев № 19 – 2012. – С. 164 – 165.

начать решать сложную и нетривиальную задачу укрепления режима ядерного нераспространения на региональном уровне, в сфере своей ответственности. Принятая на Уфимском саммите 《Стратегия развития Шанхайской организации сотрудничества до 2025 г.》 дает четкое направление решения этой задачи:

《Усилия будут направлены на укрепление режимов нераспространения оружия массового уничтожения (ОМУ) и контроля над вооружениями, в том числе неукоснительное соблюдение и укрепление Договора о нераспространении ядерного оружия (1968 г.), содействие вступлению в силу Договора о всеобъемлющем запрещении ядерных испытаний (1996 г.), а также расширению круга государств, присоединившихся к Конвенции о запрещении разработки, производства, накопления и применения химического оружия и о его уничтожении (1993 г.) и Конвенции о запрещении разработки, производства и накопления запасов бактериологического (биологического) и токсинного оружия и об их уничтожении (1972 г.)》.①

В случае успеха (он не гарантирован, но на него есть все основания надеяться) ШОС не только внесет исключительно важный вклад в укрепление режима нераспространения ядерного оружия на глобальном уровне, но и заметно поднимет свою репутацию как влиятельной силы, способной поддерживать и укреплять современный мировой порядок, обеспечивать мир и международную безопасность.

---

① Стратегия развития Шанхайской организации сотрудничества до 2025 года. С. 8 - 9, http://static.kremlin.ru/media/events/files/ru/a3YPpGqLvQI4uaMX43lMkrMbFNewBneO.pdf.

上海合作组织扩员之后的首要职能及其发展

肖 斌[*]

确立首要职能是国际组织发展战略的核心内容，这关系到国际组织为适应未来国际政治环境变化而选择的纲领性目标。自2001年创立以来，上海合作组织在维护地区繁荣与稳定上取得了不少成绩，但是组织发展所面临的问题远远多于成绩，特别是在上海合作组织扩员之后，新老问题相互叠加，需要迫切解决的问题越来越多，其中就包括确定首要职能的问题。

一、扩员后的上海合作组织急需明确首要职能

近年来，上海合作组织的首要职能非常模糊，什么领域都在推进，但落地的多边合作成果非常少，相反上海合作组织的制度成本却不断增加。例如，上海合作组织已建立元首、总理、总检察长、最高法院院长、安全会议秘书、外长、国防部长、公安（内务）部长、经贸部长、文化部长、卫生部长、教育部长、交通部长、民政（紧急救灾）部长、科技部长、农业部长、国家协调员等会议机制。尽管有如此众多的机制，但由于没有像欧盟、北约等国际组织那样，形成单独的议事、决策、实施的机制。国际组织实践表明，成熟的国际组织里面一定是能够自己议事决策，自己能单独发挥作用，而上海合作组织要靠元首确定组织发展目标、合作内容、审定合作方案等等，完全是通过"元首政治"来推进。同样是国际组织秘书处，与欧盟、北约、东盟等成熟的国际组织相比，上海合作组织秘书处在发起、建议、协调、执行等方面的独断空间十分有限，而上述权限是一个成熟国际组织的重要特征。这就是为什么在西方国家眼中，上海合作组织仅仅是一个成员国的元首论坛。如果按照学术文献来分析，与上海合作组织成立之初相比，目前西方国家学界关注上合组织的非常少，几乎可以用个位数来计算，对上海合作组织未来发展也不乐观。美国兰德公司资深分析师德里克·格罗斯曼比较有代表性："印度加入上合组织会让北京陷入

---

[*] 肖斌，政治学博士，中国社会科学院俄罗斯东欧中亚研究所副研究员。

尴尬的境地，中国不得不做更多的外部工作。"[①] 为此在扩员之后，上海合作组织对于自己的组织战略需要有更明确的定位，尤其是要确定自己的首要职能，这对于组织发展至关重要。

二、安全合作是上海合作组织的首要职能

多边主义的常识告诉我们，国际组织的首要职能是建立在各个成员国的共同预期目标之上。因此，确定上海合作组织各个成员国的共同预期目标就显得十分重要。为了回答什么是上海合作组织成员国共同的预期目标，我们需要通过以下三个层次来分析，一是《上海合作组织成立宣言》（以下简称《成立宣言》）和《上海合作组织宪章》（以下简称《宪章》）；二是《上海合作组织成员国元首宣言》（以下简称《元首宣言》）中的高频词；三是成员国官方立场。

（一）《成立宣言》和《宪章》中的高频词

尽管上海合作组织的宗旨包含有政治、经济和人文合作等内容，但是该组织突出其了在安全领域的功能。这是因为各个成员国在签署《成立宣言》的同时，还签署了《打击恐怖主义、分裂主义和极端主义上海公约》（简称《上海公约》）。《上海公约》是成立之初签署的唯一一份国际公约，公约涉及的领域是地区安全。这体现了上海合作组织成员国对地区安全问题的关注，也意味着安全问题对上合组织成员国的重要性。作为上海合作组织的基本文件，《宪章》具有国际条约的性质。《宪章》规定了组织的宗旨、原则、组织机构、职权范围、议事程序以及成员国的权利义务等，《宪章》的签署意味着上海合作组织在国际法意义上正式成立。《宪章》中指出本组织框架内合作的基本方向，其中有120个字是讨论安全问题，87个字是经济合作，64个字是环境保护，22个字是司法合作，28个字是人文交流。

（二）《元首宣言》中的高频词

自上海合作组织成立至2017年阿斯塔纳峰会，上合组织共发布了88份文件，其中包括元首宣言、政府总理声明、外长声明、联合公报、共同倡议、新闻公报、发展纲要等。元首会晤（即首脑外交），是上海合作组

---

① Derek Grossman: *China Will Regret India's Entry Into the Shanghai Cooperation Organization*, July 24, 2017; https://thediplomat.com/2017/07/china-will-regret-indias-entry-into-the-shanghai-cooperation-organization/.

织峰会期间最重要的外交活动，以 17 份《元首宣言》作为分析对象，通过文献计量分析中的词频分析法，寻找《元首宣言》中的高频词来分析上合组织定位。（见图 1）

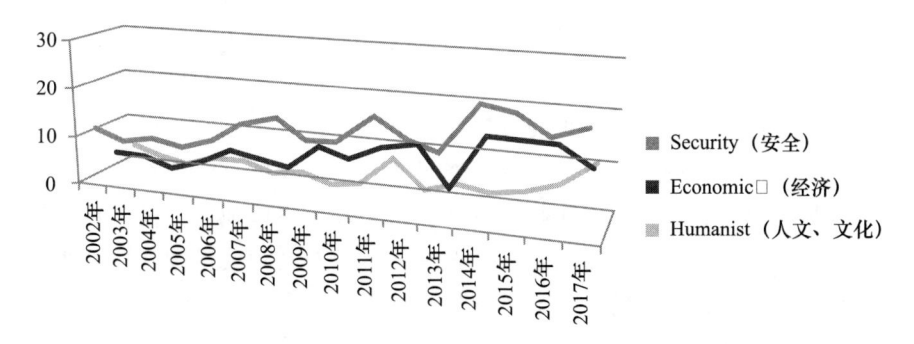

图 1　2002 年至 2017 年上合组织成员国《元首宣言》中的高频词（单位：次）

若取中位数，"安全""经济""人文"（"文化"）在每次《元首宣言》中出现的频率分别为 13 次、8 次和 1 次。"安全"一词出现频率最高的年份是 2014 年，共计 23 次，出现最少的年份是 2003 年和 2005 年。可见，安全问题是上合组织峰会的重心，其次是经济问题，再次是人文（文化）领域。

（三）成员国的官方立场

中国外交部官方网站写道，中国是上海合作组织的创始成员国，始终高度重视并全面参与上海合作组织框架内的各项活动，积极开展同其他成员国、观察员国和对话伙伴的互利合作。（中国）先后提出一系列安全、务实、人文等领域合作倡议，得到各方积极响应与支持，为维护本地区和平、安全与稳定，促进地区国家共同发展与繁荣做出重要贡献。[①] 实际上，中国更倾向于在上海合作组织框架下开展综合安全合作，即包括政治、经济、人文领域。

在俄罗斯联邦外交部网站上关于上海合作组织的信息非常多。起初，安全问题也是俄罗斯参与创建上海合作组织的直接动力。但是，随着上海合作组织的不断发展，俄罗斯对上海合作组织的政策也发生了一些变化。根据《俄罗斯外交构想 2016》中的描述，俄罗斯更多的是把上海合作组织看成是其对外政策工具，在具体功能上没有明确定义，只是根据俄罗斯自

[①]《中国同上海合作组织的关系》，http：//www.fmprc.gov.cn/web/gjhdq_676201/gjhdqzz_681964/lhg_683094/zghgzz_683098/。

身利益的实际需要，在上海合作组织框架下与成员国开展合作。

哈萨克斯坦是上海合作组织的创始成员国之一，根据哈萨克斯坦《外交构想2014—2020》和哈萨克斯坦外交部长凯拉特·阿布德拉赫曼诺夫的公开表态，可以看出在中短期内地区稳定和安全合作是哈萨克斯坦在上海合作组织框架下的优先合作方向。吉尔吉斯斯坦外交部认为上海合作组织的目标是维护和保障本地区的和平、安全与稳定。塔吉克斯坦在其外交构想中写道，加入上海合作组织的目标是加强睦邻友好关系、互信关系和成员国间的友谊；促进本地区的安全、稳定和可持续发展。塔吉克斯坦支持进一步加强上海合作组织深化经济关系，落实基础设施项目，推动环境保护项目合作，提升人文对话，促进区域一体化。与其他成员国相比，塔吉克斯坦对上海合作组织的看法与中国比较相近，核心也是综合安全。乌兹别克斯坦外交部官网介绍道，上海合作组织是加强稳定与安全、发展中亚地区经济合作的多边合作机制[1]在描述乌兹别克斯坦与上海合作组织关系时，外交部官网写道，乌兹别克斯坦支持在上海合作组织框架下各成员国针对地区安全的威胁和挑战，保持社会经济持续发展而推动伙伴关系，落实基础设施和投资项目。从乌兹别克斯坦外交部目前公开的信息看，上海合作组织的首要功能还是维护地区安全。

巴基斯坦是上海合作组织的新成员。巴基斯斯坦政府认为，加入上海合作组织是巴基斯坦对外政策的一个重要里程碑。巴基斯坦将与其他成员国共同分享历史和文化联系，加强经济与战略互补。在更广泛的领域和问题上实现巴基斯坦的利益与目标。在成为上海合作组织正式成员国后，巴基斯坦总理米安·穆罕默德·纳瓦兹·谢里夫（Mian Muhammad Nawaz Sharif）致词，这些年来上海合作组织已成为地区稳定的基石。现在它将注定成为全球政治经济最重要的部分，并在经济上领先。我们全力支持上海合作组织打击恐怖主义和极端主义。在巴基斯坦和海湾研究中心（巴基斯坦智库）的一份圆桌会议报告中，对巴基斯坦成为上海合作组织正式成员国提出了如下建议，利用上海合作组织的潜在作用促进地区联系、解决冲突和提高经济贸易机会。在巴基斯坦官方表述中，我们可以确定巴基斯坦把上海合作组织定位成安全和经济合作组织。

印度在2005年阿斯塔纳峰会成为上海合作组织观察员国，印度非常希望能在上海合作组织中发挥更多的作用，并得到了俄罗斯和哈萨克斯坦的

---

[1] About the Shanghai Cooperation Organization, https://mfa.uz/en/press/sco-uzbekistan/about/5429/? sphrase_id=3990209.

支持。但是，截至2017年8月印度外交部官网没有找到有关上海合作组织的信息。印度总理纳伦德拉·莫迪（Narendra Modi）在2017年6月上海合作组织阿斯塔纳峰会上接受采访时说，我们希望深化印度与上海合作组织在经济、互联互通、反恐等领域的合作。因此，印度官方把上海合作组织定位成经济和安全组织。

总之，尽管存在着侧重点的不同，但安全合作是上海合作组织正式成员国共同的预期，经济合作次之。为此，如果上海合作组织有继续发展的意愿，那么在中短期内需要把安全或综合安全合作确定为组织的首要职能。

三、未来发展

分析上海合作组织的首要职能相对容易，讨论上海合作组织发展是非常困难的工作。因为，上海合作组织发展不仅受到国际体系的影响，而且还受到地区极性和成员国国内政治的影响。在上述因素的作用下，上海合作组织发展存在多种可能性，也就是说强义务多边制度化合作和解体都有可能成为上海合作组织发展的两个选项，或者在这两个选项内往复活动。所以，上海合作组织未来发展存在有多种可能性。不过，从上海合作组织及其成员国目前的表现来看，我们假定上海合作组织不会解体，那么上海合作组织未来发展存在这样几种可能性：一是走向高水平制度化合作，建立诸如北约式的地区安全合作；二是维持现状，即保持中低水平的制度化合作；三是走向低水平的制度化合作。在课题组看来，出现第三种发展趋势的可能性在增大。这是因为，在中长期内美国单极霸权依然是国际体系的特征，即在弱单极体系中，美国依然是国际政治权力中心。在地区极性上，中亚地区极性很可能存在着这种变化，从目前的俄罗斯主导的、俄中美并立的多极，转向美国主导的、俄中美并立的格局。也就是说，美国在未来几年有可能取代俄罗斯成为中亚地区秩序的主导者。地区极性的变化，上海合作组织成员国可能会因此转向与北约或美国建立更为紧密的关系，上海合作组织内部面临着分化问题。在国家层面上，国际体系和地区秩序变化且趋于一致的情况下，即美国单极霸权在国际体系和地区秩序同时发挥作用的情况下，上海合作组织成员国会面临实际收益不足且预期战略收益下降的状况。其余上海合作组织成员国更倾向于选择低制度化的合作，这仅仅是因为中俄两国与其有无法摆脱的地缘关系。综上，在国际体系、地区秩序和国家三个层面的共同作用下，上海合作组织未来发展很有可能朝着低制度化水平方向发展。

　　总之，尽管我们能够确定安全合作是上海合作组织的首要职能，而且阿富汗问题也增加了安全合作的必要性，但是扩员后上海合作组织面临的问题不得不从最初级的工作做起，即提高成员国间政治互信。

第二篇

上海合作组织区域内政治稳定与安全挑战

扩员后的上海合作组织与中亚

孙壮志[*]

一个国际组织的发展，需要成员国拥有共同的利益基础，但是还有一个因素特别重要，就是这个国际组织同样需要拥有发展的土壤和环境。上海合作组织是在"上海五国"机制的基础上发展起来的，是中国、俄罗斯和中亚国家在推进边界地区军事互信，在共同应对安全挑战，包括开展经济合作过程当中产生和成长起来的。未来上海合作组织能够发挥什么样的作用还是要看地区形势的变化，这是该组织在多大程度上具有国际影响力的非常重要的一个基础和条件。

一、扩员后的上海合作组织仍会把中亚作为合作的重点区域

随着印度、巴基斯坦在2017年的阿斯塔纳峰会上成为上海合作组织的正式成员，上海合作组织完成了成立十余年来首次扩员的进程。印度、巴基斯坦两国的加入，对上海合作组织未来的发展肯定会带来一些影响，甚至不少负面的因素，比如两国的矛盾会造成组织内部的凝聚力下降，决策效率降低，甚至中国和印度的边界争议也可能被带到多边场合。但是也要看到一些积极的方面，特别是对于中亚地区的务实合作可能会带来一些新的机会。因为这个地区形势非常复杂，需要上海合作组织这种有影响力的多边机制在安全和经济领域发挥作用。

因此，上海合作组织未来一个时期合作的重点区域还应该是中亚地区，因为上海合作组织成立以后一直把中亚作为开展经济、安全合作的核心区域和重点区域。印度、巴基斯坦的加入，短期内不可能改变这种状况，上海合作组织扩员以后虽然合作领域包括地理区域从中亚扩展到南亚，但是南亚地区的形势更为复杂，包括印巴之间的矛盾很难在短期内弥合，中国与印度还缺乏真正意义上的战略互信，未来上海合作组织合作的重点区域还是会选择中亚。这是由以下几个方面的因素决定的：

---

[*] 孙壮志，中国社会科学院俄罗斯东欧中亚研究所所长、研究员。

第一，印度、巴基斯坦两国与中国、俄罗斯一样，在中亚有现实的利益，比如能源需求、交通运输项目等，中亚如果不稳定，对于印度、巴基斯坦也会造成直接的冲击。另外印度、巴基斯坦从双边关系来说和中亚五国都保持了比较友好的关系，相互交往有地缘和历史的优势，多年来保持了较为密切的经济、文化的联系。这两个国家特别希望在中亚的大国博弈当中占据一个有利的位置。

第二，短期内很难真正扩大上海合作组织合作的地理范围。因为像中国和印度之间，俄罗斯和巴基斯坦之间都有一些矛盾，需要一段时间去解决，所以上合组织未来不可能很快成为南亚地区非常重要的国际机制，所以在一个时期内上海合作组织还是要在中亚地区发挥作用，另外多数中亚国家也没有能力参与中亚以外区域的事务。

第三，扩员以后上海合作组织成员国仍有半数来自中亚，上海合作组织的决策坚持"协商一致"的原则，这也保证了其平等、互利的性质和特征，中亚国家是上合组织的创始成员国，应该在一些重要领域具有优先的权利，本身这些国家对于上合组织的利益诉求比较多，不希望因为扩员被边缘化。

二、特殊时期中亚国家政治社会稳定遭遇了新的挑战

当前中亚国家的社会经济发展进入了一个特殊时期，也给上海合作组织框架内的合作提出了更高的要求。从政治上来说，像陆续出现的政权交接，虽然不会出现破坏总体的政局稳定，但是增加了许多不确定的因素，包括：乌兹别克斯坦新老交替以后还没有完全走出磨合期；吉尔吉斯斯坦2016年的修改宪法的全民公决，2017年举行的总统选举，虽然整个过程比较顺利，但是还有体制和地区冲突的难题没有解决；哈萨克斯坦正在筹划新一轮的政治改革，内部的社会矛盾也有激化的倾向，发生了一些群体性事件；塔吉克斯坦境内的极端组织和反政府力量短期内难以消除，在这种情况下政治上还是面临一些难题。

经济上，现在中亚五国都在推行新的中长期发展规划，比如乌兹别克斯坦新总统米尔济约耶夫上任以后提出了五个优先方向，希望能够保持经济和社会的稳定，但是中亚国家受国内经济改革不顺利，投资环境不佳，加上俄罗斯和几个中亚国家关系非常密切，俄罗斯受到西方的制裁也殃及中亚国家，俄罗斯本身处在经济非常困难的境地，无法给中亚国家提供帮

助。所以，在这种情况下中亚国家特别需要像中国、印度这样新兴的经济体给予更多的投资和经济上的支持。

安全上，中亚地区的安全形势非常严峻，内部的不稳定因素增多，外部压力增大。过去从外部来说主要是阿富汗内战和毒品的威胁，现在加上了西亚"伊斯兰国"这样一些问题，包括在叙利亚、伊拉克参加"圣战"的中亚恐怖分子"回流"，可能会给地区带来新的安全挑战。中亚的费尔干纳地区是乌、吉、塔三个国家交界，治理水平低，失业率高，社会分化严重，长期受到极端主义宣传的影响，世俗政权受到现实挑战，具有暴力倾向的年轻人越来越多，成为恐怖分子产生的温床。像2017年4月发生在圣彼得堡和伊斯坦布尔的一些恐怖事件，恐怖分子是出生在中亚费尔干纳的乌兹别克斯坦族青年；此外，包括10月31日发生在纽约的恐怖袭击，恐怖分子也是来自乌兹别克斯坦的费尔干纳地区。所以说，极端主义对这个地区的影响非常大，年轻人较容易受到恐怖主义思想的蛊惑。

三、扩员以后上海合作组织在中亚面临合作的新机遇

多年以来，中亚国家因为历史积怨、边界争端、资源归属、经济利益等方面的问题造成矛盾重重，不仅经济实力和发展水平逐步拉开距离，而且相互关系复杂，政治和文化联系被人为隔断，难以共同解决地区性的安全难题。面对内外的挑战，中亚国家开展地区合作的意愿表现得更为强烈，乌兹别克斯坦新总统执政以后，与塔吉克斯坦、吉尔吉斯斯坦等其他相邻的中亚国家积极改善关系，缓和了边境地区的紧张局势。2018年3月，中亚五国元首在哈萨克斯坦首都阿斯塔纳举行会晤，商讨解决彼此之间的争议问题，决定加强政策协调，共同抵御今后可能面临的重大威胁。

另外，上海合作组织成立已经17年，机制建设相对成熟，已经成立了几十个相关的合作机制，成员国的合作呈现多领域、多层次稳步推进的特征，法律和人文基础进一步夯实，成员国对国际和地区事务的立场相似，利益相近。印巴两国的加入，不会改变上合组织已经选择的定位和方向，未来将力求保持合作的稳定性。另外，中俄两国在相当长一段时间内对上合组织的发展仍然会发挥主导作用，印度和巴基斯坦的真正融入还需要一个过程。中亚国家也会重视中国、俄罗斯给予的帮助，在核心问题上会继续和中俄两个大国保持一致。

虽然一些负面影响会显现出来，比如成员国决策的时候会更加困难，

联合反恐包括其他的合作可能会遇到一些难题和新的障碍,而且印巴两国之间的矛盾也会造成上合组织的凝聚力与号召力下降,影响其在中亚的行动能力。但是这些问题应该说在过去就存在,作为年轻的区域组织,难免会遇到类似问题,而且成员国的差异确实非常大,面临的国际环境也很复杂,很难有效解决这些问题。这也是任何一个国际组织在发展过程当中都没有办法回避的通病,能否解决还要看国际和地区形势的变化以及成员国利益关系的调整。目前来说,中亚地区形势的变化对于上合组织发展还是比较有利的。

未来上合组织在中亚的稳定发展过程当中可以扮演一个关键的角色,作为一个新兴组织要在中亚地区继续发挥作用,上合组织要继续落实峰会上各成员国领导人做出的决策和签署的合作规划,努力使多边合作具有持续性、稳定性,一步步深化,不能急于求成。另外需要和其他多边机制协调关系。要考虑中亚地区的实际情况,延续过去的合作重点和优先领域,安全上依然针对恐怖主义、极端主义,来自阿富汗的毒品走私和跨国犯罪,发挥已经建立的机构和机制的作用。另外,希望能够在上合组织反极端主义公约通过以后开展更为有效的合作来稳定中亚地区的形势。经济上要继续推进贸易投资便利化,加强交通、能源、金融、农业等领域的合作,借助"一带一路"的相关融资平台可以给中亚国家带来一些实惠,特别经济发展方面的资金支持。人文交流还有很大的空间,目前方式还比较单一,投入不足,重视不够,中亚国家能够积极参与,而具体的合作往往受到各方面条件的限制。

区域局势新变化及对上海合作组织的安全影响

哈基姆·拉赫纳莫[*]

本文主要阐述区域局势新变化对上海合作组织尤其是中国的安全影响。笔者就"安全"的话题进行分享，并认为中亚局势主要有以下几点变化。

我们将2013年的局势和2017年的局势做一下比较，可以发现发生了哪些新的变化。第一个变化是在过去两年阿富汗的中央政权出现了危机，就是民族和解政府的影响力衰弱。我们看到民族和解政府作为一个合法的权力中心，它的影响力正在下降，而且正在失去对阿富汗部分省和地区的控制。目前阿富汗的34个省中有25个省正在发生游击战争，25个省属于非稳定区，占阿富汗领土的65%。第二个变化，目前这种不稳定性或者是不稳定区域正在从阿富汗南部省区向北部扩张，和2013年相比，现在我们看到阿富汗北部已经形成了一个不稳定区。也就是说我们看到不稳定的地域正在扩大，而且已经直接逼近了中亚。特别是土库曼斯坦、塔吉克斯坦和中国与阿富汗的边境地区，这是第二个非常显著的变化。第三个变化，目前"伊斯兰国"的恐怖武装在阿富汗北部的活动正在日趋活跃。第四个变化，主要是不同本地区国家像世界大国中国、印度、伊朗、俄罗斯、土耳其又重新回归或者是在解决阿富汗冲突中的作用正在日渐增长。在过去两年，我们看到这些国家在阿富汗局势的解决中正在发挥着越来越大的作用。阿富汗冲突已经越来越多地具备了多要素的特点。就是说美国已经不仅仅是对阿富汗产生重大影响的唯一大国，根据我们的研究，由一方支持的塔利班现在已不仅仅是阿富汗唯一的势力中心。第五个变化，这也是在整个地区趋势持续紧张的情况下，像美国、俄罗斯等世界大国的阿富汗政策，也对阿富汗局势产生重大的影响，对中亚的政治控制，使得整个中亚包括阿富汗地区，对中国和中亚产生了新的威胁。

"伊斯兰国"势力的扩张并不仅仅是一个政治的变化，也改变了整个

---

[*] 哈基姆·拉赫纳莫，塔吉克斯坦总统下属战略研究中心对外政策分析室主任。

中亚地区的恐怖主义的特点和形势，以及恐怖主义生态和恐怖主义的势力结构。做一下比较可以发现，目前整个中亚和阿富汗地区的国际恐怖主义因为"伊斯兰国"的因素而发生了很多新的变化，以往我们讲到中亚地区的恐怖组织的话，通常是按民族区分的，比如乌兹别克斯坦的分裂势力、塔吉克斯坦、哈萨克斯坦或者维吾尔族或者是伊斯兰运动等，但是"伊斯兰国"已经形成了一个统一的、黑色的跨国恐怖战线，就是说因为"伊斯兰国"的因素整个中亚地区或者整个阿富汗的恐怖主义出现了扩张形势，如果说塔利班的目的主要是推翻阿富汗的现政府，建立自己的政府，"伊斯兰国"的目的更加宏观，它要推进全球的恐怖主义。"伊斯兰国"改变了当前阿富汗在内的中亚的恐怖主义的分布形势，"伊斯兰国"的恐怖活动，针对整个伊斯兰世界，甚至全世界。

在此前"伊斯兰国"的"官方地图"上，中亚和中国的新疆维吾尔自治区都已经被"纳入"。除此之外，因为"伊斯兰国"的因素，阿富汗面临着更高的安全风险。

目前中亚地区因为这些新变化发生了哪些威胁？首先，我们看到因为美国和北约在阿富汗所谓的"反恐行动"所造成的军事后果，使整个地区的安全形势都发生了变化，我们知道目前美国在阿富汗有十个军事基地，而北约也签署了在阿富汗部署军事基地的协议。其次，我们看到阿富汗北部省区不稳定区的扩大直接威胁到了阿富汗与中国的边境，和阿富汗与中亚的边境，这里主要是塔阿边境的戈尔诺巴达赫尚州以及中阿边境，包括瓦罕走廊的安全局势。可以看到已经对中国造成了直接的安全威胁，2017年5月阿富汗的恐怖分子就夺取了阿富汗北部山区的一个非常重要的要点，主要是位于瓦罕走廊上的一个关键控制点。其三，我们看到由于"伊斯兰国"恐怖活动的活跃，在"伊斯兰国"的武装分子中出现了越来越多来自中亚等地的"战士"，他们提出了新的恐怖主义口号和自己的新的恐怖组织，而且在阿富汗建立了一些小的恐怖主义基地，并逐渐扩大这些基地的影响。可以看到，这些武装分子已经第三年不断地扩大自己所控制的地区，他们在阿富汗北部所控制的这些小块的飞地不受阿富汗官方政府的控制，也不受美国和军事基地的控制。最后，我们看到国际恐怖主义和跨国恐怖主义已经不仅仅威胁到中亚的安全，也对中国的国家安全造成了非常现实的威胁。而且我们知道最近几年中国在中亚地区投入了几十亿美元，这里也有一个中国在中亚投资安全的问题。接下来这种安全对中国在中亚投资的经济安全威胁是非常现实的。此外，中国在中亚的外交人员的安全也受到威胁。

应对这些威胁有以下几个途径。第一，我们建议将整个中亚地区的稳定定义或者是确定为国家安全利益不可分割的一部分，并不仅仅是自己的一个相邻地区，也不仅仅是要帮助维护中亚的稳定和安全，因为如果中亚出现巨大的局势动荡的话，那将直接影响中国的安全。第二，我们建议在所有大型的经济项目、能源项目、基础设施项目，就中国在中亚的这些大型项目，在项目进行之前都要进行详细的技术论证，而且针对每一个具体的项目进行安全风险评估，不仅仅是项目实施，包括项目实施和之后项目运营的风险评估。因为我们知道尤其是大型的能源项目，而且这项工作应该邀请中国和中亚的智库进行共同的评估。因为中亚国家也对中亚安全局势是非常关切的，如果没有稳定的话，阿富汗的经济计划也不能实施，虽然这个计划已经制定了20年。我们认为这种技术经济的评估一定要请中亚专家学者一同参与。第三，我们建议巩固周边国家与阿富汗边境的安全，这里我想特别提一下，中阿巴塔四国机制，这里我们要非常谨慎，行事要考虑更加妥当。我们应该关注这四个国家之间国境的安全，而并不是要建立一个新的地区安全的四方机制，因为这样就和集体安全条约组织没有什么差异性了，我们的建议是希望中阿巴塔四国机制聚焦国境安全。因此正是在瓦罕走廊还有巴达赫尚地区，应该是中阿巴塔四国机制关心的最核心地区。第四点建议，要进一步的巩固塔吉克斯坦和阿富汗的边境，当然目前塔阿边境的巡逻和维护还是很严的，但是目前我们在技术装备上还是相对比较落后的，据我们的调查和研究，目前塔阿边境的安全程度，也是整个中国安全和俄罗斯安全的第一屏障。塔阿边境是安全和不安全之间的界限，也是极端政权和世俗政权之间的一个边界，塔阿边境不仅仅是两国的界限，也是文化的界限，更是安全的界限，还是安全的前哨。因此进一步巩固塔阿边境，尤其是整个中亚和阿富汗的边境是非常重要的，也应该是上合组织成员国安全合作的非常重要的内容。

（根据现场同传速记稿整理）

【俄文原文】

Изменение ситуации в Афганистане и ее влияние на безопасность государств ШОС

(тезисы доклада на международной конференции 《Один пояс, один путь》, Шанхай, КНР, 1 – 2 ноября 2017 г.)

Хаким Абдулло[*]

В последнее время наблюдается глубокое изменение региональной ситуации в Афганистане и вокруг Центральной Азии. Это оказывает ощутимое влияние не только на ситуацию и безопасность стран Центральной Азии, но производить сильное влияние на региональную политику, национальные интересы и национальную безопасность больших держав как Россия и Катай.

Продолжается углубление кризиса центральной власти в Афганистане, то есть, ослабления 《Правительства национального примирения》. В результате этого, правительство теряет влияние как легитимный центр власти и управление политической системой страны и теряет контроль над определенными частями территории страны.

Намечается трансформация нестабильности из южных провинций Афганистана на его северные районы. Такую ситуацию можно называть 《изменением географии нестабильности》 в Афганистане. Это означает формирование обширных нестабильных территорий и серьезных террористических угроз непосредственно у границ стран Центральной Азии и Китая (на ее афганской участке.)

Наблюдается активизация террористической группы 《Исламское Государство》 или ИГИЛ в Афганистане, что меняет сущность и масштаб террористической угрозы всему региону (Центральной Азии, России и КНР).

Сравнение ИГИЛ и других террористических групп, которые дейст-

---

[*] Хаким Абдулло, Начальник управления анализа внешней политики Центра стратегическихисследований при Президенте Республики Таджикистан.

вовали до этого времени, показывает, что ИГИЛ это новый уровень международного терроризма, с его особыми отличиями.

Опасность активизации ИГИЛ на севере Афганистана, прежде всего заключается в том, что он может объединить различные террористические группы из числа выходцев Центральной Азии, России и Китая, которые давно существуют в регионе, но раздроблены по национальным принципам как узбекское, таджикское, кавказское, уйгурское и т. д. исламское движения. Таким образом, ИГИЛ может формировать единый черный интернациональный фронт террористов на севре Афганистана;

Если основным приоритетом 《Талибан》 является завоевание власти в Афганистане и смена политического режима в этой стране, то ИГИЛ не признает политические границы государств региона и ставить глобальную цель; полем деятельности ИГИЛ признается весь исламский мир, даже вся планета. Это означает, что появление ИГИЛ на севере Афганистана на много увеличивает возможность непосредственного распространения нестабильности в Центральную Азию и в Китай, так как ИГИЛ не признает границы этих государств.

Если Талибан отличалась крайне негативным отношением к современной, в том числе к информационной технологии, то ИГИЛ как фундаменталистская группа нового поколения самым широким и профессиональным образом использует достижения технологии, в том числе IT – технологии.

Особую озабоченность вызывает повышение уровня и масштаба угроз, исходящих от экстремистских и террористических групп, формировавших из числа граждан стран Центральной Азии, КНР и России. Сегодня можно констатировать постепенный переход, скопление, базирование и активизацию боевиков ИГИЛ из числа граждан Таджикистана, Узбекистана, Кыргызстана, Казахстана, а так же выходцев из Синьцзяно – Уйгурского Автономного Района Китайской Народной Республики и Кавказских и Поволжских регионов Российской Федерации на территории Афганистана.

Возвращение заметного количества опытных и радикально настроенных боевиков таджиков, узбеков, чеченцев, уйгуров и т. д. из Сирии и Ирака в Афганистан, усиливает влияние и идеологию ИГИЛ среди боевиков – выходцев из этих районов. Данное обстоятельство приводить к ИГИЛ – изацию боевиков из Центральной Азии, Китая и России на севере Афганистана.

Данное обстоятельство создает угрозы государственным интересам Китая, безопасности его границ, его региональным проектам, а так же гражданам и представительствам.

Одним из основных последствий военной 《антитеррористической》 операции западных стран в Афганистане стало создание постоянных военных баз США и НАТО в этой стране. Как известно, по Договору о безопасности между США и Афганистаном от 1914 года, сегодня в Афганистане действуют 10 военных баз США. Кроме того, действует Договор с НАТО о размещении военных сил НАТО в Афганистане.

Новая стратегия США по Афганистану, которая объявлена президентом Д. Трамп в 2017 г. не предусматривает сокращение или вывод американских войск из Афганистана, а наоборот, предусматривает их усиление и увеличение.

Постоянная дислокация военных баз США и НАТО в Афганистане серьезным образом меняет военный и геополитический баланс в регионе, а так же существенно увеличивает давление интересам России и Китая.

Само расширение географии нестабильности на северные районы Афганистана создает непосредственную угрозу границам и безопасности Китая. Особенно появление боевиков ИГИЛ в афганской провинции Бадахшан, которая граничит с Горно – Бадахшанской области Таджикистана и с КНР, приводить опасность террористических угроз к границам КНР в зоне Ваханского коридора. Международные террористы и их геополитические координаторы рассчитывают, что в этом направлении находиться чувствительный регион Китая – Синьцзяно – Уйгурский Автономный Район.

Одним из показателей изменения ситуации является активизация уйгурских радикальных групп на севере Афганистана. Очевидно, что активизация, духовное оживление и массовое скопление уйгурских террористических групп в районах, вблизи государственных границ Китая создает реальную террористическую угрозу ее границам и грозит стабильности СУАР и всего КНР.

Если даже боевики международного терроризма не будут нарушать границы Китая, то само распространение нестабильности на Центральную Азию так же считается реальной угрозой для национальной безопасности КНР. Кроме того, за последние годы Китай вложил десятки миллиардов долларов инвестиции в различные проекты в Центральную Азию. По этому, и с политический точки зрения, и с точки зрения экономики и безопасности, дестабилизация Центральной Азии считается серьезным вызовом и угрозой безопасности и интересам КНР.

Активизация сил международного терроризма в регионе может повышать вызовы и угрозы для жизни и деятельности гражданам Китая в регионе, а так же китайским дипломатическим и недипломатическим представительствам в странах региона. При этом, активисты экстремистских групп могут создавать опасность для китайских граждан и объектов не только в Афганистане, но и в странах Центральной Азии, России, Пакистане и т. д.

Указанные изменения так же могут создать реальную угрозу региональным и международным экономическим проектам Китая, включая инфраструктурные проекты в области транспорта, коммуникации, энергетики, промышленности и т. д. Активизация террористических групп и геополитических игроков создает особую угрозу крупным проектам КНР как 《Китайско - Пакистанский экономический коридор》 и реализации инициативы 《Один пояс и Один путь》 в регионе. Анализ среды безопасности вокруг этих проектов показывают, что даже незначительные угрозы безопасности могут оказать серьезное влияние на реализацию этих крупнейших экономических проектов.

Конечно, Китайская Народная Республика имеет огромный потенциал противодействия этим вызовам и угрозам. Для активизации данного потенциала и снижения рисков, КНР необходимо ставить конкретные шаги по следующим вопросам:

— Во внешнеполитическом курсе КНР и в концепции национальных интересов Китая необходимо определить и оценить стабильность Центральной Азии как неотъемлемую часть национальных интересов КНР. Именно такое осознание значения стабильности и безопасности Центральной Азии для интересов КНР может стать базой для направления серьезных усилий и средств для содержания безопасности этого региона.

— При проектировании больших экономических, энергетических и других региональных и международных проектов КНР, необходимо провести тщательную и профессиональную экспертизу каждого проекта с точки зрения рисков и безопасности его реализации и обслуживания. Такую экспертизу экономических и энергетических проектов 《на предмет рисков и безопасности》 можно организовать в сотрудничестве с мозговыми центрами стран региона, или с компетентными экспертами региона в этой области.

— По вопросу сохранения стабильности в районах государственных границ Таджикистана и Китая важную роль может сыграть четырехсторонний формат сотрудничества 《КНР – Таджиикистан – Афганистан – Пакистан》. Данный формат, который формируется по инициативе Китая, может сосредоточить усилия и потенциал этих четырех стран для сохранения региональной безопасности, особенно для урегулирования ситуации на севере Афганистана и снижения рисков и угроз на границах Центральной Азии и Китая.

На данном этапе четырехсторонний договор по безопасности 《Китай – Таджикистан – Афганистан – Пакистан》 должен сосредоточиться конкретно на вопросы укрепления границ, обеспечения безопасности государственных границ четырех стран – участников, особенно в районе таджикско – афганского Бадахшана и Ваханского коридора, где сходятся границы этих 4 – х стран.

— Необходимо содействовать укреплению государственной границы между Таджикистаном и Афганистаном. Конечно, сегодня пограничные силы Таджикистана налаживают большие усилия для охраны государственной границы и пока им удается сохранить стабильность на границах. Но изучение положения таджикско – афганской границы показывает, что это линия нуждается в современном техническом оснащении, а пограничные силы Таджикистана нуждаются в реальной технической и военной поддержке.

Сегодня именно таджикско – афганская государственная граница является передовой линией сопротивления распространению международного терроризма на север, вглубь Центральной Азии, к границам

России и Китая.

По этому, сегодня укрепление государственной границы Таджикистана с Афганистаном непосредственно отвечает национальным интересам КНР, а так же других стран региона. Этот практический шаг имеет большое значение в снижении рисков и предотвращении угроз для всех стран региона.

Таким образом, за последние годы военно – политическая ситуация в регионе, особенно на севере Афганистана потерпела серьезные изменения. Эти изменения создали реальные риски и угрозы для безопасности государственных границ и внутренней стабильности стран Центральной Азии и КНР. По этому, новая ситуация требует объединение усилий и возможностей всех стран региона для предотвращения возможности расширения нестабильности на север, вглубь Центральной Азии и Китая. В этом вопросе КНР может сыграть решающую роль в обеспечении региональной стабильности. Осознавая органическую связь между безопасностью Центральной Азии и национальными интересами Китая, политика КНР в этом направлении может обеспечить не только безопасность самого Китая, но и может спасти весь регион от политической нестабильности и террористических угроз.

论上海合作组织应对新型恐怖主义的地区警务合作

张 杰[*]

近年上合组织地区安全形势变化复杂，对执法安全合作而言机遇和挑战并存。上合组织和"一带一路"核心地区重叠，"一带一路"已经写入党章。中国作为轮值主席国，依托上合组织的平台践行了中国参与全球治理的变局的进程，共商、共建，从全球执法安全合作的参与者向引领者迈进，积极践行中国方案、中国智慧，逐步成就国际警务的引领者。若干机会等待着中国，同时，挑战也更加严峻。恐怖主义的发展形势呈现新特征，影响了上合组织反恐的成果。在许多方面新成员国的节奏还不能完全融入上合组织的执法安全合作进程，滞缓了反恐合作的进程。

具体而言，犯罪活动跨地区流动性今天变得严重起来。尤其恐怖主义、毒品犯罪两大毒瘤在该地区得到发展，显得非常令人担忧。尤其，中亚地区的禁毒局势非常严峻，一般情况下，从阿富汗出境的毒品，途径中亚，通过吉尔吉斯斯坦的巴特肯州、奥什州、贾拉拉巴德州和整个费尔干纳盆地后，沉淀部分数量，大部分销往俄罗斯，从北线进入美国等地。有人认为经过北方路线的所有毒品交易都由"阿富汗"宗教激进主义运动控制，这个极端主义中心不仅拥有庞大的金融资源和广泛的人力资源，还有推翻现行政治制度的政治野心[①]。令人担忧的是"金新月"地区的贩毒路线尚未被世界各国的警察破解。它的组织之严密性和有组织性是国际执法安全合作领域最大的攻破难关。与此同时，恐怖主义和其他有组织犯罪团伙的转换与互助关系不仅在中亚地区存在，在俄罗斯也存在。据美国和其他国家证实，阿富汗地区有30%的恐怖组织涉嫌贩毒。[②]

苏联的解体加剧了中亚地区的复杂性，这一地区的非传统安全形势变得前所未有的脆弱。而最突出的是恐怖主义犯罪和毒品犯罪。同时，

---

[*] 张杰，女，法学博士，中国人民公安大学教授，主要研究执法安全合作、海外安全保护、跨国非传统安全问题等。

① 昙华：《俄高官建议在吉尔吉斯新建军事基地》，俄斯新闻网，6月21日报道，http://www.sina.com.cn，2010年6月22日13：46，中国网。

② 中国新闻网，http://news.cntv.cn/world/20120629/103665.shtml，2012年6月29日。

阿富汗地区的动荡没有停止，毒品走私自塔利班垮台后得到了前所未有的发展。当时，中亚与阿富汗地带上合组织成员国境内有大量极端组织和分裂组织与本·拉登有合作关系，有的还在扩散他的思想，其中包括贩毒组织。这使当地的贩毒组织和恐怖组织一样拥有了丰富的政治斗争经验[①]。

跨境民族众多对恐怖主义犯罪有组织化倾向的发展构成一定的影响。多民族构成的犯罪团伙的组织摆脱不了跨国民族众多因素带来的分化组织内部凝聚力的负面影响，例如，一个单一民族构成的犯罪团伙很快会和其他中亚国家的同民族或同血缘人联合起来。犯罪组织基于本地区跨境民族众多的特点，以民族为依据进行了犯罪分工。他们在组织中将所从事的犯罪活动按照不同种族进行了犯罪行为的分工。

恐怖组织的领导机构比较严密，21世纪初期中亚的有组织犯罪尚处在自我静态发展阶段，专业化较弱，影响力尚在局部，然而中亚地区不同犯罪的相互交织与相互转化关系，使有组织犯罪潜在危险性巨大。[②]

恐怖主义犯罪的威胁性源于其犯罪主体的多民族性，它引起组织的头目的重视，可能会促进有组织性的自我规制。多元化的民族构成，因极端主义思想上的一致，反而使多元化民族构成的犯罪团伙在阿富汗等地区出现，甚至包括非同根民族的加入。

总体来看，中亚地区的恐怖主义犯罪有向松散型发展的意思，恐怖组织的活动和发展方式更适合松散型的特点。同时，松散性，在政府控制力薄弱的中亚及其周边的阿富汗地区，恰恰满足了非本地区的民族加入犯罪团伙。松散式的活动，不同于"独狼式"活动，前者因此而形成了对本地区之外的族裔的强大包容性，建立团伙的可能性在增强。例如，阿富汗某官员巴兹·达瓦尔2017年12月10日公开说，有迹象表明最近外籍武装人员向阿富汗聚集，包括阿尔及利亚籍（其中三人在叙利亚和伊拉克待过）、法国籍武装人员（包括两名女性）、塔吉克斯坦人，来自乌兹别克斯坦、俄罗斯车臣地区的人正进入阿富汗。

也就是说，民族的差异和民族的多元化没有对恐怖组织的发展构成割裂作用。究其原因，是恐怖主义的目标趋同导致极端思想的人的合作意愿增强，个体活动也因此而更易走到一起：出现了不同族裔、不同肤

---

① Шавкат Арифханов, *Центральная Азия*, 2010, Ташкент, стр. 103.
② 张杰：《中亚有组织犯罪发展的潜在危险性分析》，《新疆大学学报（哲学人文社会科学版）》2008年3期，第93—97页。

色、不同国籍、不同经历、不同组织背景，甚至国籍国经济发展水平完全不同的人，在没有特定恐怖组织的指挥下走到一起，策划、制造暴恐事件。

随着中亚地区有组织犯罪从萌芽走向初级阶段，恐怖主义和毒品走私行为的有组织性得到发展，有组织犯罪与恐怖组织相互交织，有组织犯罪很快得到发展。

另外，值得严重观察的趋向是中亚地区的恐怖主义活动发生了外溢。传统上认为中亚地区的恐怖主义策源地是费尔干纳山谷，同时，它也受到了来自中亚之外的恐怖主义活动的渗透。然而，2017年发生了一系列重要的案件，吸引了世界的眼球，俄罗斯、欧洲、美国等地均发生中亚移民制造暴恐事件的事实，中亚地区以哈萨克斯坦为主的国家受到了"萨拉菲主义"的大量渗透，当然，这种思想又随着移民渗透至中国境内。

更加值得关注的犯罪动向是：一些跨国案件往往是重大恐怖主义案件的案源；一种犯罪活动的治理效果已成为有效打击他类犯罪的前提。

总之，地区恐怖主义的发展出现了复杂化倾向，应对恐怖主义犯罪，移民与非法移民因素不可被忽视；同时，多种犯罪交织在一起，使得恐怖主义犯罪的隐蔽性、可持续发展性在提高。地区安全问题一体化、国家内外安全一体化的倾向均凸显。非传统安全变化在地区范围内乃至世界范围内越来越具有趋同性。

各国为打击上述犯罪而开展的国际警务合作近十几年来取得了一定成果，但面临的问题和挑战依然不小，例如，合作的随意性、见招拆招地应对形势、运动式执法、专项行动的治理理念等需要迫切改变，即一方面需要将着手与有着良好警务关系基础的合作关系进行制度化、固化，即便是和经济上不够发达、法制上不够健全的国家合作，也应该摒弃运动式的合作，加强常态化合作，不给犯罪世界留有幻想的余地。

上海合作组织属于具有警务功能的组织。上合组织框架下的警务合作是国际警务合作的一种，同时，地区警务合作的目的之一互换情报信息，实施跨国抓捕与遣返、统一逮捕等。一般而言，中国与中亚国家的合作关系顺畅，较少采用非常严格的引渡等措施，通过警察外交建立的互利互惠的合作基础和通道往往起到关键作用，加速对犯罪嫌疑人的抓捕。中国与上合组织国家的警务部门建立的良好警务关系而扩展的警务资源空间。2018年6月的上合组织青岛峰会明确了地区安全的问题，尤其是反恐与禁毒等领域的合作将是下一阶段合作的重点方向。

然而，国际反恐警务合作的不畅与误区具有普遍性：

在实际合作中，依然存在浮于协议的表层，而较少进行操作和应用。从而使得法律基础失去了它的应用。这主要是因为国家参与国际反恐合作的国内单位过于多头，出现问题在国内尚可协调，但在境外，与对方国家各部门的职能不完全一致；国外一些职能部门并不十分了解中国反恐体系和反恐职能部门在权限等方面的分配与内涵。在与中国提供相关信息、交流合作的过程难免出现错位。

反恐警务合作制度的建立的关键在于建立什么样的协调与合作的制度。首先要弄清三个问题：

第一，合作的最初动力是什么？谁愿意一起"做游戏"？随着各国对公共安全的重视程度提高，反恐警务合作作为维护地区非传统的公共安全的手段，已日趋被重视。警察是服务于政治需要的国家机器，反恐合作也是服务于国际政治、外交、社会的需要。国家的反恐合作的意愿固然重要。然而，当今时代，各国都不能不站在全球立场考虑现实问题，不再简单思考个人、群体、特定群体的利益，于是产生了公共经济学，并出现了公共安全理论，它给国际警务合作带来了全新的衡量标准，即警察考虑保护公民免受刑事犯罪、恐怖袭击活动伤害，不仅是关于本国公民的，恐怕还要考虑"世界公民"的。一国境内刑事犯罪分子逃跑到他国也会被认为是对社会构成某种危险的行为人。传统上，国际警务合作中，请求国往往竭力使被请求国确认此人具有犯罪行为或对本国社会有潜在危险，以提高被请求国与己合作的动力。然而，今天，警务合作的最初动力从非开放时代的以自我利益为标准发展到了开放时代以公共利益为标准的时代。这是将国际警务合作发展的最高境界和目标。事实上，进入中国的毒品的源头，很大一部分来自"金三角"地区，而非"金新月"地区的。在 2018 年上合组织青岛峰会上，公安部领导提出建议成立上合组织框架内的禁毒常设机构。① 这传递了作为以维护地区安全为目标的上合组织的重要国家，中国将受到毒品犯罪困扰的地区各国之命运视为安全命运共同体，并积极加强应对"金新月"毒品外溢的风险。如前文所述，犯罪世界在克服差异、加强联合，那么，治理犯罪的各方也势必让渡利益，加强合作，以求应对。

---

① "2011—2017 年上半年，上合组织各成员国共缴获的海洛因和大麻植物在欧亚大陆占比 38%，大麻脂在欧亚地区缴获总量的 26%。这些数字背后拯救了可能因毒品而失去生命的上百万人，他们中很多人都是年轻人。"郭媛丹：《公安部禁毒局副局长魏晓军：上合应成立禁毒常设机构》，环球网，2018 年 6 月 8 日。

第二，愿意一起"做游戏"的各方，由谁来制定"游戏规则"？各国反恐事务本来是彼此高度分散的。恐怖分子跨越国界的活动，使执法者的联系密切起来。恐怖分子从单打独斗到联合，促使反恐警务合作方式从双边到多边，从多边到地区组织，再从地区组织到国际组织合作形式的不断升级，并约定共同遵守某种制度。参与反恐警务合作的最小单位体是权力高度分散后的警察，其分散在彼此相互竞争又相互独立的、具有不同恐怖主义犯罪形势的国家之中。这些分散的最小单位或若干单位的集合体，通过与另一个单位的集合体（他国警察）的合作，就范跨国恐怖主义组织、团伙和个人。这里难道不需要一个在全球范围内的（或者某地区、若干国家间）至高无上的并得到共同遵守的权威"游戏规则"吗？[①] 当"游戏规则"被多数人认可并自愿遵守时，就变成了国际警务合作的制度。

在没有达成自愿遵守（制度）程度以前的合作属非制度性的，时而有人不遵守，并不是所有成员国都做好了遵守规则的准备。当本国利益与组织整体利益发生冲突时，警察个体或若干警察集合体，一般首先遵守本国利益。上合组织作为具有地区警务合作功能的组织也服从该逻辑，国家强力部门打击恐怖主义犯罪的先决条件是满足作为主权国家强制机器的功能。主权国家利益并非等同于世界利益。因此，通过经济、人文、社会的手段建立并密切彼此关系，构建经济利益等共同体的过程，即一个将利益共享的过程，正因为全球化使地区关系更密切，国家中警察也因此越来越具有共同性、世界性。

这就引起第三个矛盾，是走警务合作的政治化道路还是走警务合作制度化道路，更有利于消减利益分配矛盾的障碍？

显然，理智的答案是后者。但实践中无法回避现有国际警务合作的政治化、外交化途径。政治化因素的干扰，不是削减了利益分配的矛盾，而是加剧了利益因素对国家行为的干扰，干扰了制度化合作的纯洁。这是没有制度化维系的反恐警务合作迟早要面临的。有制度的约束才有利益的割舍与放弃。没有制度约束，随意性强的非制度性合作，会给警务合作"政治化"的延续带来更多机会。所谓的警务合作政治化来自两个层次的内涵。

其一是来自自身的。因为不熟悉合作方强力部门机构设置及体系、相关人员，无畅通途径遣返嫌犯，所以"特案特办"，在短时内走非程序化的办案途径，高度集中投入人力、物力和财力，尤其是财力的投入，短期

[①] 张宇燕、李增刚：《国际经济政治学》，上海人民出版社2008年版，第180—201页。

见效快。如果"特案特办"的案件量过多，长期则有害，是警务合作惰性的助长剂，本质上暴露了国际警务合作行政命令化危机。"特案特办"是把警务层面的合作过于行政命令化，非依法性合作，失去了"执法合作"中的执法本质，变成了部门资源的人为分割，逃避"市场"规律的做法，具有政治化倾向。

还有，要防止过度的警务外交现象的出现，即以迎来送往警务代表团作为对外警务交往的主要工作内容，疲于应付。过度关注警务外交而忽视实绩，表现在每年侦办案件、抓捕与遣返的潜逃罪犯的数量、遣返资金、法律条约的完善情况的成果收获并未随警务外交的成本投入而随之增长。过度的警务外交将导致警务合作政治化和外交化的倾向，用外交手段顶替司法程序，没有把警务合作对遣返嫌犯、收缴回资金的目标作为开展合作的长久支撑。短期可能获益，长期上看还是要着眼于相对稳定的制度建设。

其二是来自外部的。国际合作中，由于政治制度、意识形态的不同，一些西方国家打着"保护人权和司法独立"的旗号，向恐怖分子提供难民身份、给与政治避难或居留权资格，将纯粹的刑事案件上升到政治与人权事件，使简单的刑事案件政治化。刑事案件政治化的外部因素不仅存在于反恐案件中，也存在于其他刑事案件中。刑事案件政治化现象已植入某些国家执法者、司法者，甚至恐怖主义行为者的思维逻辑中。这应是国家、执法、司法各层面抵制的陷阱，而不应成为治理非传统安全问题的工具。否则，世界距离法制社会的线段永远无法缩短，而国际警务合作又焉能逃掉如此命运？当今世界，还有相当的司法者不得不留恋于以政治化手段解决恐怖主义案件的问题，如此以往，任何努力不复存在，都将是历史的倒退！合作本身是一种利益的让渡，国际合作一定是在考虑利他的前提下做出的行动。没有利益或权限让渡的国际化是很难出现的。

另外，外部的因素还包括双重身份下的约束：约束是一种制约，尤其是在不同组织中拥有身份的成员国越多，对于组织本身而言，成员国的自我约束就会越高。尤其当不同组织具有相同成员和相似功能时，成员国的自我约束力就会更加。

不同的国际组织、地区组织间可以强化约束关系，它可以给组织带来更大的协调性。如，上合组织与集体安全条约组织都在反恐的实践中扮演着重要的维护地区非传统安全的角色，两个组织也彼此建立了合作的关系，他们有着共同的成员国，这增长了两个组织在反恐领域协调的积极性。例如，上合组织和集体安全条约组织的秘书处2007年10月5日签署的备忘录中强调了在打击恐怖主义、贩运毒品、非法贩运武器、打击跨国有组织犯罪等领域进行合作。2009年3月，地区反恐怖机构执委会官员同独联体反恐怖中心、集体安全条约组织官员在莫斯科交流了有关通报反恐情报信息的方法，商讨了举行联合反恐演习、科技研讨会等事务，并达成经常性交换反恐领域的科技文献、信息分析简报、期刊杂志和其他文件的事宜①。再如，俄罗斯既是上合组织成员国，也是集体安全条约组织成员，在未来若干年该国要举行若干大型活动，涉外安保任务艰巨，根据集体安全组织的条约各成员国都有义务为集体安全条约保证期职权范围内的安全事务的维护，那么上合组织的成员国查找情报和信息，将恐怖主义活动情报信息共享，以保证集体安全成员国俄罗斯在未来举行大规模国际赛事时的安全。组织与组织间的合作关系构成对成员国的多重履行责任义务的约束。各国际组织在纷纷兴起时代治理犯罪的功能相互重叠、交叉。双边警务关系在向多边的、国际组织体系，甚至国际组织间的新型警务关系体系迈进。国际组织间的新型警务关系有成为世界新型国际关系的趋向。

从上合组织内部看，它迎来了印度和巴基斯坦两个新的成员国，这为上合组织注入了活力。上合组织和"一带一路"核心地区重叠，执法安全合作为"一带一路"建设的安全进行护航。中国在上合组织框架内开展警务合作是促进公安工作国际化、国际警务国内化的重要舞台；同时，2017年中国公安部代表当选了国际刑警组织的主席，这也表示了世界对中国的警务作为的期待。在世界警务合作组织兴起的时代，国际组织间的国际关系正在迎来新的发展时期，中国作为上海合作组织和国际刑警组织的两大组织的重要的纽带国家，促进国际组织间的执法安全问题的合作，在更多层次和多元的范围内和世界分享中国方案、中国智慧，更有助于实现中国在世界警务中向引领者角色转变。

---

① 《3月10日至12日上海合作组织地区反恐怖机构执委会官员》，http://www.ecrats.com/cn/news/1993。

中亚国家心脏地带"交通枢纽"地位面临的挑战

陈晓鹏[*]

本文主要对影响中亚交通枢纽作用发挥的因素进行了考察,主要分为以下四大部分:第一,问题的提出,首先考察了从 2013 年之前其他大国和国际组织对中亚交通的开发及其结果。第二是特殊的研究视角,就是以中亚国家为中心的研究视野。第三是交通开发所面临的影响因素及挑战。第四部分是总结及其政策建议。

大国和国际组织对中亚交通的开发,包括美国的"新丝绸之路"战略,美国的"新丝绸之路"战略下的交通设施建设,包括塔吉克斯坦—阿富汗友谊大桥,乌兹别克斯坦边境到阿富汗的铁路。此外还有亚银的中亚区域经济合作机制,事实上阿富汗战争下西方的主要建设项目,都是通过这些平台进行融资的。但是我们看到这些计划并没有使中亚国家的贸易量出现根本的改观,这是欧盟统计的中亚各国 2008—2009 年的铁路货运量,可见这些数字是非常不正常的,比如塔吉克斯坦的过境贸易量为 0,而吉尔吉斯斯坦的进口、出口和过境贸易量偏小,即使处在中亚中央地位的乌兹别克斯坦,其出口、进口和过境贸易量也是相对小的。但是 2013 年习近平主席在哈萨克斯坦提出了"丝绸之路经济带"倡议,再次把中亚地区的交通建设列入了议程。

本文特殊的研究视野,传统的研究视角是以自身的需要来俯视中亚地区,忽视了中亚内部因素的考量。根据这些研究,笔者认为中亚本身的地理位置和脆弱的国力,使中亚国家不得不与大国合作,实现发展。这种意识带来两个后果:第一,如果中亚国家拒绝合作,很明显这些国家会受到外部其他国家博弈的影响,因此中亚的许多地区是被人为地地缘政治化的;第二,如果域外大国给予该地区足够的援助,该地区一定能够实现政治稳定,也就是说大国认为在中亚地区的投入和回报在一定程度上是成正比例关系的。但是本研究认为如果中亚国家是中亚地区的主人,本地区的

---

[*] 陈晓鹏,中国科学院地理科学与资源研究所。

发展水平和彼此关系在一定程度上又决定了地区基本的政治和经济面貌，也就在一定程度上影响了大国介入中亚地区的形式。建设和援助是通过中亚地区特殊的经济和政治环境起作用的，在援助建设的同时我们也要自问一下中亚地区究竟能不能、会不会或者愿不愿意成为一个洲际的交通枢纽。

中亚交通开发所面临的影响因素主要有四类：第一类是地区与国家之间的双边关系，第二类是地区国家是否和平稳定，第三类是地区国家交通基础设施水平，第四类是邻国贸易和相关部门的管理水平。首先看一下双边关系，本研究总结了2007—2012年中亚国家587宗双边关系事件，对中亚关系进行定量评价，作为近邻，中亚国家的关系非常复杂，有的关系已经恶化到敌对的状态，比如哈萨克斯坦与乌兹别克斯坦、吉尔吉斯斯坦、塔吉克斯坦之间的关系经历了非常大的波动。而乌兹别克斯坦和塔吉克斯坦的关系已经降到了谷底。而乌兹别克斯坦与塔吉克斯坦的关系也是长期在低位徘徊，主要是乌兹别克斯坦与塔吉克斯坦、吉尔吉斯斯坦两国因为水资源问题发生了非常严重的争端。中亚国家利用互相依赖的水资源、电力和天然气供应，对彼此施加政治压力。这其中可以看见在2008—2012年之间乌兹别克斯坦曾经18次中断对塔吉克斯坦的天然气供应和电力供应，以及对塔吉克斯坦关闭了交通。

而地区国家是否和平稳定也是需要考虑的因素。在地区内，乌兹别克族、吉尔吉斯族和塔吉克族之间的矛盾由来已久，2011年的骚乱就是吉尔吉斯斯坦族和塔吉克斯坦族的民族冲突导致的。而在吉尔吉斯斯坦针对中国人的袭击事件，最频繁时差不多一个季度发生一起。

中亚国家的交通基础设施尚可，理论上是可以满足中亚国家需要的。但是近期地区交通基础设施建设都不是以盈利性和可操作性为依据的，而是带有明显的战略色彩，这进一步削弱了国家战略之间的相互依赖和互联互通的前提，某种程度上是不经济的重复建设，无法促进地区的发展。比如说哈萨克斯坦、土库曼斯坦、伊朗的铁路就是为了防止乌兹别克斯坦垄断整个地区的南向交通而修建的，同样塔吉克斯坦、阿富汗到土库曼斯坦铁路也是为了绕过乌兹别克斯坦修建的。第二个是建立了不经过其他国家的完整和独立的交通网络，乌兹别克斯坦的铁路表现得比较明显，比如说因为乌兹别克斯坦联系该国中部和费尔干地区的铁路原本必须经过塔吉克斯坦，但是在2014年之后乌兹别克斯坦修建了从安得连到帕普的铁路，就是为了绕过塔吉克斯坦。

中亚国家贸易和相关部门的管理水平，首先各国的通关和清关的时间和经济成本过大，根据世界银行《营商环境报告》的贸易前沿指数的排名，中亚国家在排名中处于下游。

第二是过境费用总体过高，以及地区之间彼此的歧视性收费，如果一辆货车经过乌兹别克斯坦时要支付400美元的过境费，而乌兹别克斯坦对通往阿富汗的货车和油罐车也要额外征收高达370美元和160美元的费用。

另外一个就是腐败，最主要表现在走私活动上，中国与中亚国家海关的统计差异很大，例如对同一年份的贸易的统计差距，可以看见两国对同一年份的贸易额的统计差距是非常巨大的，达到了5—12倍，这种差距很大程度上是不能通过两国统计方法不同来解释的，唯一能合理解释的就是该国的海关出现了非常严重的走私行为。而腐败行为造成了贸易和交通成本的上升，比如独联体国家商会发现从吉尔吉斯斯坦开往俄罗斯的货车被沿途各种关卡截停42次，其中25次是被哈萨克斯坦的警察临时叫停索要贿赂。而国际道路运输联盟通过分析指出，在中亚1.1千米—1.5千米的平均运输成本中，灰色成本达到了30美分，可见，中亚国家自身的政策法规和复杂的关系影响了中亚地区交通枢纽地位的发挥。

对于上合组织新要求，笔者认为上海合作组织不仅要维护和发展大国之间关系，而且要维护和发展中地区所有国家间的关系，成为地区国家之间的黏合剂，所以上合组织在未来要承担一个调停的作用，帮助中亚国家融入更健康的国际环境，为地区国家加入ICSID、WTO提供专家建议。

哈萨克斯坦"阿拉木图事件"性质辨析兼谈"反恐"叙事

文龙杰[*]

一、枪击、恐袭与应对恐袭

2016年7月18日,一名歹徒闯入哈萨克斯坦阿拉木图市内务厅阿拉木图区分局,袭击执勤警员后夺取了警员佩枪,逃跑时与警方交火。随后其劫车前往位于阿拉木图的哈萨克斯坦国家安全委员会,并在那里再次与警方开枪互相射击。上午11点钟左右哈当地网络就开始出现了相关消息。哈官方通讯社的第一条相关消息是11点20分,题目是《阿拉木图发生不明枪击,有人员受伤》。[①] 事件发展很快,11点30分左右时,歹徒就被控制住了。但当时哈官方以为,还有一名歹徒驾车逃逸,所以哈萨克国际通讯社(简称哈通社)的标题是《其中一名枪手在阿拉木图被捕》。[②]

在整个过程中,歹徒逃跑时为抢夺车辆枪杀了两名平民[③],在与警方交火中的过程中又有数名警员重伤,18日当天有3名警员伤重身亡[④]。案发后阿拉木图安保立即升级,哈内务部长亲自从首都前往阿拉木图督战。基于还有歹徒在逃的判断,当天12点20分,阿拉木图进入反恐模式,升

---

[*] 文龙杰,中国新闻社哈萨克斯坦分社首席记者。

① В Алматы неизвестный открыл стрельбуесть пострадавшие, 2016.07.18, http://www.inform.kz/ru/v-almaty-neizvestnyy-otkryl-strel-bu-est-postradavshie_a2926362.

② В Алматы задержали одного из стрелявших, 2017.07.18, http://www.inform.kz/ru/v-almaty-zaderzhali-odnogo-iz-strelyavshih-video_a2926399.

③ 其中一人为利用私家车载客营利的司机,此人系退役军官,另外一人为其乘客。在笔者与哈民众交谈时发现,由于部分报道中只简略提到了"退役军官"或"军官"字眼,民众因不知详情而产生了"事态严重"的印象。这与2016年6月的"阿克托别事件"不无关系,在该事件中哈军营受到了袭击。

④ В Алматы в теракте погибли пять человек, 2016.07.18, http://www.inform.kz/ru/v-almaty-v-terakte-pogibli-pyat-chelovek-saltanat-azirbek_a2926628.

级为红色警戒①，关闭了银行、购物中心和剧院等易遭袭击的人员密集场所②，机场安保升级③。哈萨克斯坦在事件发生后宣布加强与吉尔吉斯斯坦边境的安检。④ 位于哈西部的曼吉斯特州加强了警戒，⑤ 该州首府阿克套都接到指令关闭了市内的两家武器商店。⑥ 哈国防部宣布加强对武器、弹药的监控。⑦ 这明显是担心出现6月的"阿克托别事件"。此外，由于担心事态会朝更加严重的方向发展，阿拉木图血库号召大家献血，称"尽管目前存量未出现不足，但多备下一点并无坏处"。⑧ 以上种种均显示，所有政策和举措都是围绕应对恐怖袭击展开的，这表明哈官方当时确实认为这是一起恐怖袭击。

---

① В Алматы введен красный уровень террористической опасности, 2017.07.18, http://inform.kz/ru/v-almaty-vveden-krasnyy-uroven-terroristicheskoy-opasnosti_a2926403.

② В Алматы закрыты некоторые отделения банков, торговые центры и кинотеатры, 2016.07.18, http://www.zakon.kz/4806432-v-almaty-zakryty-nekotorye-otdelenija.html.

③ Аэропорт Алматы работает в штатном режиме, усилены меры безопасности, 2016.07.18, http://www.inform.kz/ru/aeroport-almaty-rabotaet-v-shtatnom-rezhime-usileny-mery-bezopasnosti_a2926506.

④ На границе с Кыргызстаном усилена охрана после перестрелки в Алматы, 2017.07.18, https://tengrinews.kz/sng/granitse-kyirgyizstanom-usilena-ohrana-perestrelki-almatyi-298858/.

⑤ 因为曼吉斯特州位于西部。哈萨克斯坦此前的恐怖袭击多发生在西部及北部。这是因为，一方面这些地区人口密度小，国家的治理鞭长莫及，比如单位面积的警力分配严重不足；另一方面，与宗教极端思想在这些地区易于传播有关。以往的看法认为，哈萨克斯坦南部属于受伊斯兰文化影响较深的河中地区，穆斯林较多，宗教氛围浓厚，存在宗教极端主义的传播土壤。此说法有一定道理。但事实上，也存在这样一种情况，正是由于这些地区有一定宗教基础，宗教极端主义与当地原有的宗教派别的学说、思想相抵牾，反而难以在当地打开局面。因此，倒是在原来伊斯兰程度较弱的西部、北部较易打开局面。中国学者安维华对中亚伊斯兰教的分布及信仰程度进行研究后发现，在中亚存在一个以河中地区为中心的伊斯兰教条带地区，包括今天乌兹别克斯坦的撒马尔罕、布哈拉、塔什干、费尔干纳盆地、浩罕等地区，塔吉克斯坦的库利亚布、库尔干秋别、杜尚别、戈尔诺-巴达赫尚、苦盏等地区，哈萨克斯坦南部的奇姆肯特、克孜勒奥尔达州，吉尔吉斯斯坦的奥什州、贾拉拉巴德州，以及土库曼斯坦的塔沙乌兹地区、查尔朱等地。详见安维华：《中亚五国穆斯林民族与地区分布及信仰虔诚度的差异》，《东欧中亚研究》1997年第3期。

⑥ Полиция Мангистау перешла на усиленный режим работы, 2016.07.18, https://www.lada.kz/aktau_news/society/40434-policiya-mangistau-pereshla-na-usilennyy-rezhim-raboty.html.

⑦ Минобороны РК усилило охрану объектов хранения оружия и боеприпасов, 2016.07.18, http://www.inform.kz/en/minoborony-rk-usililo-ohranu-ob-ektov-hraneniya-oruzhiya-i-boepripasov_a2926428.

⑧ Алматинцев призвали пополнить запасы крови после перестрелки, 2016.07.18, https://tengrinews.kz/kazakhstan_news/almatintsev-prizvali-popolnit-zapasyi-krovi-perestrelki-298873/.

二、报复：真相大白

18 日下午 16 时左右，被误认为是歹徒同伙的一名平民"落网"。阿拉木图解除红色反恐警戒，降为黄色。① 18 点，哈通社报道了内务部长哈斯莫夫在国家安全会议上对事件过程的详细通报，弄清了与警方交火的只有一人，18 日下午逮捕的另一名"歹徒"实际上受歹徒挟持为其驾车的司机。哈国家安全委员会主席则在会上介绍了歹徒的个人情况，此人名为鲁斯兰·库列克巴耶夫，1990 年出生于哈西南部，曾因暴力抢劫、非法持枪两次入狱，在狱中服刑时接受了"萨拉菲主义"。②

同时，阿拉木图的反恐级别马上下调了，结束了前述种种行动营造出来的反恐紧张状态。可以说，哈萨克斯坦政府此时已经弄清楚了事情的原委。次日，针对哈民众对政府"迟缓"发布事实有所微词，时任总理马西莫夫 19 日召开新闻发布会向民众解释为何信息发布较迟，他明确说，"官方之所以在发布信息方面表现得比较迟缓，主要是尚未弄清事实真相，开始也是误以为还有同伙在逃。是在找到逃掉的被劫持司机及其汽车后才获悉原委。"③ 马西莫夫的这番话也证明了前述判断。其实，这一时间点也有可能还要提前，歹徒在落网后可能就已经和盘托出了，不过没有另一名"歹徒"的证词加以证实，哈警方恐不敢轻易就相信歹徒的口供。

如果说还不能完全确定，哈萨克斯坦政府此时已经知道，"阿拉木图事件"本质上是一起刑事案件，本质上和恐怖主义、宗教极端主义并没有多大关系的话。哈内务部长哈里莫夫 18 日的讲话基本就可以令这一判断板上钉钉了。哈内务部长 18 日晚又飞到阿拉木图去召开了一个新闻发布会，指出"歹徒业已招供"，其动机是因两次入狱而对国家强力部门产生仇恨

---

① В Алматы《красный》уровень террористической опасности изменен на《желтый》, 2016.07.18, http：//www.inform.kz/ru/v‑almaty‑krasnyy‑uroven‑terroristicheskoy‑opasnosti‑izmenen‑na‑zheltyy_a2926609.

② КНБ: В теракте в Алматы подозревается ранее судимый салафит, 2016.07.18, http：//www.inform.kz/ru/knb‑v‑terakte‑v‑almaty‑podozrevaetsya‑ranee‑sudimyy‑salafit_a2926617.

③ Калмуханбет Касымов объяснил задержку официальной информации по теракту в Алматы, 2016.07.19, http：//www.inform.kz/ru/kalmuhanbet‑kasymov‑ob‑yasnil‑zaderzhku‑oficial‑noy‑informacii‑po‑teraktu‑v‑almaty_a2927067.

情绪，18 日的行为是对权力机关的报复。①

既然其动机是因仇恨而进行报复，那就肯定不是恐怖袭击而是普通刑事案件了。在何为恐怖主义这个问题上，人们的认识并不完全相同，但对其核心要素的认知并无争议。根据美国陆军手册，美国的官方定义是，通过暴力或以暴力相威胁来达到政治、宗教或意识形态目的，其实现手段包括威胁、强制或灌输恐惧。② 中国官方的定义是，恐怖主义是指通过暴力、破坏、恐吓等手段，制造社会恐慌、危害公共安全、侵犯人身财产，或者胁迫国家机关、国际组织，以实现其政治、意识形态等目的的主张和行为。③ 学界的代表性定义是，恐怖主义一般是指为了达成宗教、政治或其他意识形态上的目的而故意攻击非战斗人员（平民）或将他们的安危置之不理，旨在制造恐慌的暴力行为的思想。④

各家定义虽有区别，但有三个基本因素不可或缺：行为实施前设定政治、意识形态乃至宗教目的，行为实施中使用非和平手段，行为结束后引起恐慌效果。其中又以具有政治、意识形态乃至宗教目的最为根本，是后两者的出发点和落脚点。而这一点则恰恰是 2016 年 7 月 "阿拉木图事件" 中所没有的。基于此，可以做出判断，"阿拉木图事件" 在事实上并不属于恐怖袭击。

三、"反恐" 叙事

但要注意的是，尽管 "阿拉木图事件" 在事实上是一起刑事案件，但却曾被哈官方定性为了恐怖袭击。并在官方定性的基础上，由学者继续阐述发挥，通过恐怖主义话语建构出一套 "恐—反恐" 的二元叙事来。

（一）叙事的建立

首先是官方权威定性。7 月 18 日下午，哈内务部部长在哈斯莫夫在国

---

① Глава МВД озвучил мотивы террориста, устроившего перестрелку в Алматы, 2016. 07. 18, http://www.inform.kz/ru/glava-mvd-ozvuchil-motivy-terrorista-ustroivshego-perestrelku-v-almaty_a2926665.

② US Army Operational Concept for Terrorism Counteraction (TRADOC Pamphlet No. 525 – 37, 1984). Ghali Hassan, "Pre-emptive" Terrorism, Global Research, July 05, 2005, http://www.globalresearch.ca/pre-emptive-terrorism/638.

③ 《中华人民共和国反恐怖主义法》，http://www.gov.cn/zhengce/2015-12/28/content_5029899.htm。

④ Marja Lehto. *Indirect responsibility for terrorist acts: redefinition of the concept of terrorism beyond violent acts*. Martinus Nijhoff Publishers. 2009, p. 83.

家安全会议上对事件过程向总统做了详细通报，哈总统纳扎尔巴耶夫在获悉事实原委后，将事情定性为了"恐怖袭击"。① 这是建构反恐叙事的第一步，也是最基础的一步。

其次是学者作为知识权威②进行阐发。7月19日，哈萨克斯坦总统战略研究所所长叶尔兰·卡林19日在国家新闻发布中心召开了新闻发布会。哈总统战略研究所的官方智库背景，以及作为一名学者在国家新闻中心举办新闻发布会所具有的"仪式性"，都证明了这一举动的不俗。

——是"恐"。卡林在发布会上用专业术语将18日发生在阿拉木图的事件称为"独狼式"恐怖袭击。并强调，"独狼式"的恐怖袭击比有组织的恐袭更加难以防范，因此要加强警戒。③

——要"反恐"。卡林说，在哈萨克斯坦，无论政府还是社会，都对恐怖主义的潜在威胁估计不足，18日的"阿拉木图事件"给人们提供了一个大教训。对于整个中亚，尤其是哈萨克斯坦而言，渗透、蛰伏在社会当中的极端团体及其思想所存在的威胁，一直以来都被社会忽视了。正是这种忽视，导致了社会秩序开始遭到挑战。政府应引以为戒，向社会做好反恐宣传。④

在卡林的阐发下，"反恐"叙事初具形状。

（二）来自"非恐"叙事的辩难

一种叙事的建立要迎接其他竞争叙事的辩难，在彼此的交锋中或修补完善，或被攻破进而消弭。起决定作用的除了叙事体系本身的圆融无碍之外，更重要的是要有权力的加持。"反恐"叙事亦不例外，它要应对"非恐"的诘难。例如，作为反对派的阿米尔扎·科萨诺夫（Амиржан Косанов）认为，事情的性质可能是一场普通的社会抗议。⑤ 还有一篇流传

---

① Н. Назарбаев назвал события в Алматы террористическим актом, 2016.07.18, http://www.inform.kz/ru/n-nazarbaev-nazval-sobytiya-v-almaty-terroristicheskim-aktom_a2926588.

② 在现代国家出现之前，这一职能往往由祭祀、史官、国师或者钦天监一类人负责。

③ 《叶尔兰·卡林：独狼式恐怖袭击事件危害性更加严重》，哈通社，2016年7月19日，http://inform.kz/cn/article_a2926888.

④ Эксперт предложил проводить разъяснения по общей антитеррористической подготовке населения, КазИнформ, 2016.07.19, http://www.inform.kz/ru/ekspert-predlozhil-provodit-raz-yasneniya-po-obschey-antiterroristicheskoy-podgotovke-naseleniya_a2926826; Ерлан Карин: Угроза экстремизма и терроризма - это долгосрочный тренд, КазИнформ, 2016.07.19, http://www.inform.kz/ru/erlan-karin-ugroza-ekstremizma-i-terrorizma-eto-dolgosrochnyy-trend_a2926811.

⑤ Что происходит в Казахстане. Мнения экспертов, 2016.07.18, http://ru.tsn.ua/svit/chto-proishodit-v-kazahstane-versii-674566.html.

颇广题为《哈萨克斯坦与乌兹别克斯坦：为什么是"恐怖主义"和"宗教极端主义"，而不是普通的"匪徒为患"》①的文章也指出，"阿克托别事件"和"阿拉木图事件"都不是恐怖袭击：

"对行人进行扫射、炸毁杂志编辑部、枪击同性恋酒吧，这些发生在欧洲和美国的事情表明。恐怖分子通过对平民制造血腥事件，来恐吓平民，进而借此来恐吓当局。这是典型恐怖袭击事件所要达到的目的。但类似的事件并未在中亚发生。"②

该文抓住了"阿拉木图事件"中的行为主体是为了复仇，而不是要达到其他目的这一"恐袭论"的要害。对此，卡林又不断以接受媒体采访的形式加以驳斥，对"反恐"叙事体系进行修补和完善。③ 卡林首先承认，"阿拉木图事件"中的肇事者的确是出于仇恨。但他强调，与2011年塔拉兹事件相同，此类复仇事件的一个重要特点是不针对具体个人，而是针对护法机关，以图引起巨大社会轰动。

"恐怖行动与普通犯罪的主要区别在于，前者旨在通过行为引起尽可能大的社会轰动。从这一点上来说，'阿拉木图事件'就可被定性为恐怖事件。如果'阿拉木图事件'针对的执法机关的某个具体个人，则可被认

---

① Дмитрий Аляев,《Казахстан и Узбекистан: Почему "терроризм" и "религиозный экстремизм", а не просто "бандитизм"? - Д. Аляев》, 25.07.2016, http://www.fergananews.com/articles/9036.

② Дмитрий Аляев,《Казахстан и Узбекистан: Почему "терроризм" и "религиозный экстремизм", а не просто "бандитизм"? - Д. Аляев》, 25.07.2016, http://www.fergananews.com/articles/9036.

③ Карин: Террористам в Казахстане 《светит》 слишком мягкое наказание, 2016.07.19, https://www.zakon.kz/4806628 - karin - terroristam - v - kazakhstane - svetit.html; Ерлан Карин: Угроза экстремизма и терроризма - долгосрочный тренд, 2016.07.19, http://forbes.kz/process/erlan_karin_ugroza_ekstremizma_i_terrorizma_-_dolgosrochnyiy_trend; Карин: Казахстану надо настраиваться на долгую борьбу с терроризмом, 2016.07.19, http://meta.kz/novosti/kazakhstan/1077502 - karin - kazakhstanu - nado - nastraivat - sya - na - dolguyu - bor - bu - s - terrorizmom.html; Ерлан Карин:《В Казахстане нет организованных террористических группировок》, 2016.07.21, https://kapital.kz/gosudarstvo/52164/erlan - karin - v - kazahstane - net - organizovannyh - terroristicheskih - gruppirovok.html; Нам повезло с террористами, пока это одиночки — эксперт, 2016.08.12, http://365info.kz/2016/08/nam - povezlo - s - terroristami - poka - eto - odinochki - ekspert/; Ерлан Карин, политолог:《Сокращать в университетах социально - гуманитарные дисциплины - большая ошибка》, 2016.08.29, https://vlast.kz/politika/18992 - erlan - karin - politolog - sokrasat - v - universitetah - socialno - gumanitarnye - discipliny - bolsaa - osibka.htmlЕрлан Карин о терроризме в Казахстане и методах борьбы с ним, 2016.09.21. http://forbes.kz/process/opasnost_infantilizma_1/? utm_source = forbes&utm_medium = headertop&utm_campaign = 124628.

定为是刑事案件。"①

卡林认为这是此类复仇事件之所以为恐袭的明证。尽管在"普""恐"之辩中，卡林明确主张是"恐"非"普"。但卡林也清楚，自己的理论存有缺陷，所以他策略性地提出，"恐"与"普"二者之间不是非此即彼，认为普通刑事案件最终将会转变为恐怖袭击。卡林称，他通过分析研究2003年至2013年间哈萨克斯坦境内19个不同组织的活动，以及该时期内具有轰动效应的事件。其中一个组织显现出以下特征：该组织成员起初像一个普通犯罪组织，长时间从事抢劫和勒索勾当。经过一段时间后，该组织在其领导人的影响下变得极端化，开始用宗教思想来为自己的犯罪行动提供合理解释。该组织先是杀人，然后攻击警察机构。这意味着，该组织成员已然可以平静地从事恐怖主义行动，因而也会更加轻率地从事犯罪行动。这些恐怖分子不仅仅针对国家机关，也针对普通平民，例如出租车司机、无辜的路人、商业人士等。而"阿拉木图事件"中的肇事者与该组织成员十分类似。②

卡林的另一策略是与其他学者寻找最大的公约数。那就是，哈萨克斯坦目前面临的恐怖主义和极端主义尚不具备完善的组织基础和系统的思想基础，整体上还是一种"零零散散"的状态。但对于哈萨克斯坦而言，恐怖主义和极端主义的威胁将长期存在。"零零散散"与"小而不彰"使这一话语体系更具弹性，既避免了民众因高度紧张而对社会稳定造成影响，也不至于因下一起恐袭未"如期而至"而对恐袭话语体系产生怀疑。这样一来，"反恐"叙事就渐甄完善了。

四、"反恐"叙事的功用

一种叙事的产生，自然有其相应的社会功能。其令所有介绍该叙事的人，按照这一叙事所隐含的逻辑进行思考。从而令这一叙事的主导者可凭此证明维持或改变现行制度的正确性。比如，"东方—西方"叙事证明的是"西方/中心"优于"东方/边缘"，这一叙事体系令人相信，西方与东

---

① Карин：Террористам в Казахстане《светит》слишком мягкое наказание，2016.07.19，https：//www.zakon.kz/4806628 - karin - terroristam - v - kazakhstane - svetit. html.

② Эксперты снова подняли вопрос о содержании террористов в отдельных колониях，http：//www. kazpravda. kz/news/obshchestvo/eksperti - snova - podnyali - vopros - o - soderzhanii - terroristov - v - otdelnih - koloniyah/.

方的差别并非地理意义，而是进步对应落后，那么现行的制度如果符合"弃东向西"就是正确的，不符合的话就要朝这一方向改变。"传统—现代化"叙事证明的是"现代化/文明"优于"传统/愚昧"，人们一旦按照这一叙事思考，就会自然而然地去追求文明的现代化，而摒弃未开化的传统。现行制度如果是"辞旧迎新"就是正确的，否则就要据此改变。在"恐—反恐"的叙事下，一个事物一旦被归入"恐"便失去了存在的正当性或者说合法性，而"反恐"则是应受到支持的，哪怕为此让渡自己的权利和自由。

"阿拉木图事件"中的歹徒针对的并非是平民①，而是哈萨克斯坦权力机关。《哈萨克斯坦与乌兹别克斯坦：为什么是"恐怖主义"和"宗教极端主义"，而不是普通的"匪徒为患"》② 指出，攻击人员众多、难以防备的地铁、剧院和学校等公共场所比守卫森严的国家安全机构要更容易得手，且会产生更大的恐怖效果。歹徒为什么没有这么做呢，如果说不是因为他的恐怖主义训练不到家，那就肯定根本不是恐怖分子。③ 实际上，这种行为是一种针对政府的示威。如哈反对派阿米尔扎·科萨诺夫所言，事情的性质可能是一场普通的社会抗议。④

而此事一旦被归入恐怖袭击之后，它的行为正当性不但完全丧失了，进而会失去人们对其原本应该会有的同情。既然不存在"抗议"了，人们自然也不会去关注他为什么要通过这种行为向政府抗议。

哈萨克斯坦政府还因此以"反恐"之名获得了对"秩序"进行强调和整肃的正当性，借此完成对社会的渗透、控制和监控⑤。首先发生在言论

---

① 尽管事件中有平民因此而丧生，但这些平民并非其目标。
② Дмитрий Аляев，《Казахстан и Узбекистан：Почему "терроризм" и "религиозный экстремизм"，а не просто "бандитизм"？ – Д. Аляев》，25.07.2016，http：//www.fergananews.com/articles/9036.
③ Дмитрий Аляев，《Казахстан и Узбекистан：Почему "терроризм" и "религиозный экстремизм"，а не просто "бандитизм"？ – Д. Аляев》，25.07.2016，http：//www.fergananews.com/articles/9036.
④ Что происходит в Казахстане. Мнения экспертов，2016.07.18，http：//ru.tsn.ua/svit/chto – proishodit – v – kazahstane – versii – 674566. html.
⑤ 西方政治学研究一个国家发生革命（混乱）的可能性时一般认为：第一，革命不容易发生在一个有着较高效率的官僚集团的国家（官僚集团内的程序政治会增强国家精英的团结、国家决策的合理性和国家镇压机器的有效性）；第二，革命不容易发生在一个对社会精英有着很强吸纳能力的国家；第三，革命不容易发生在一个对社会有着很强渗透力（不仅仅指由国家所控制的交通和通讯工具，还指警察机构对社会的监控能力）。参见赵鼎新：《当前中国会不会发生革命？》，观察者网，2013 年 1 月 14 日，http：//www.guancha.cn/ZhaoDingXin/2013_01_04_118142.shtml.

领域，其先声为对"阿拉木图事件"发生过程中造谣者的追责。哈总统纳扎尔巴耶夫在 7 月 18 日当天就"阿拉木图事件"召开的国家安全会议上强调，要严惩事件中造谣生事者。① 次日，哈内务部长哈里莫夫又表示，将对事件中在互联网平台散布不实信息的个人进行追责，并透露，"已启动调查程序，建议那些传谣的博主和记者尽快聘请律师准备应讼。"② 卡林也出来解释，"不管是恐怖主义袭击还是刑事案件，我认为，在阿拉木图和阿克托别都存在相应的威胁"，民众应为此做好斗争准备。③ 政府应注意控制信息的传播，否则会授人以柄，犯罪分子会制造舆论混乱令增加政府的工作难度，令政府处于一种被动的不利地位。④

不久，阿斯塔纳检察院发布消息，日前收到了信息和通讯部 18 份申诉，指出国内多家网站发布的信息违反了国家相关法律法规。经调查核实，共有 94 家网站涉嫌宣传恐怖主义和极端主义信息，严重危害国家安全、社会和平秩序和宗教法律政策，被依法予以关停处理。⑤ 哈政府又对加紧媒体控制的措施是明显的。此外，在 6 月底，也就是"阿克托别事件"发生后，哈萨克斯坦外交部要求一切外国在哈媒体必须在外交部进行注册。⑥

当然受到压缩的不仅是民众的言论，还包括其他个人空间。哈内务部 18 日"阿拉木图事件"发生当天通告，红色警戒状态期间，警方有权对任何个人物品及车辆进行检查，并封闭相关道路、限制交通工具通行；警方

---

① Нурсултан Назарбаев: За провокации через Интернет будем строго наказывать, 2016.07.18, http：//www.inform.kz/ru/nursultan-nazarbaev-za-provokacii-cherez-internet-budem-strogo-nakazyvat_a2926623.

② Глава МВД: Я бы посоветовал блогерам и корреспондентам, распространявшим ложную информацию, обратиться к адвокатам, 2016.07.19, http：//www.inform.kz/ru/glava-mvd-ya-by-posovetoval-blogeram-i-korrespondentam-rasprostranyavshim-lozhnuyu-informaciyu-obratitsya-k-advokatam_a2927010.

③ Ерлан Карин: Угроза экстремизма и терроризма – это долгосрочный тренд, КазИнформ, 2016.07.19, http：//www.inform.kz/ru/erlan-karin-ugroza-ekstremizma-i-terrorizma-eto-dolgosrochnyy-trend_a2926811.

④ Эксперт предложил проводить разъяснения по общей антитеррористической подготовке населения, 2016.07.19, http：//www.inform.kz/ru/ekspert-predlozhil-provodit-raz-yasneniya-po-obschey-antiterroristicheskoy-podgotovke-naseleniya_a2926826.

⑤ 《94 家网站因涉嫌发布极端主义信息被关停》，哈通社，2016 年 7 月 26 日，http：//www.inform.kz/cn/94_a2929647.

⑥ Правила аккредитации представительств иностранных средств массовой информации и их журналистов, МИД Республики Казахмтана, 2016.06.29, http：//www.mfa.kz/index.php/ru/press-tsentr/akkreditatsiya-zarubezhnykh-smi/perechen-neobkhodimykh-dokumentov-dlya-akkreditatsii.

可对任何建筑进行搜查；警方将有权对私人通讯工具进行监听和检查；机场、火车站及重要道路均将提高安全检查级别。① 次日，哈国家安全委员会主席茹马康诺夫（Жумаканов）立刻宣布，加强对恐怖主义犯罪制裁的法律草案已经专门成立的工作组审查通过。提高了对极端主义和恐怖主义判处有期徒刑的最高期限和最低期限，没收恐怖主义分子和极端主义分子的财产，加强对武器流通的监控，指纹和基因注册，发展极端宗教流派信徒康复中心，建立人民监控一体化监控体系。②

不过，借助这种叙事结构完成国家治理并非哈萨克斯坦的首创，"始作俑者"恐怕还是在地球彼端的美国。如有学者批评的那样：所谓"反恐战争"，就是美国政府炮制出来用以挟持民意达到其战略目的话语。美国及其盟友利用恐怖主义作为一种"宣传和控制意识形态的工具"，对外"实现西方帝国主义的扩张"，对内"成为不断征用民众资源和挤压民众生存空间的推动力"。③

五、恐怖主义话语

自福柯的《知识考古学》（1969年）后，"话语"成为政治学、社会学和文化批评等领域的一个重要概念。福柯认为，话语在建构它所关涉的话题，因此不同的话语体现了不同的"真理体制"，而不是表达了对现实的客观描述。④ 哈罗德·品特曾发问，语言的结构和事实的结构（指真正发生过的事实）能否真正地相应？事实是否还能超脱于语言之外，独立、执着、客观而不受语言的描绘所左右？我相信正是我们使用语言的方式使自己陷入了一个可怕的圈套，在这圈套中"自由""民主""基督教精神"

---

① 《阿拉木图市进入红色警戒状态》，哈通社，2016年7月18日，http：//www.inform.kz/cn/article_a2926413。

② КНБ предлагает ужесточить ответственность за преступления экстремистского и террористического характера，2016.07.19，https：//primeminister.kz/ru/news/all/knb – predlagaet – uzhestochit – otvetstvennost – za – prestupleniya – ekstremistskogo – i – terroristicheskogo – haraktera – 12513。

③ Ghali Hassan, "Pre – emptive" Terrorism, Global Research, July 05, 2005, http：//www.globalresearch.ca/pre – emptive – terrorism/638。

④ ［英］彼得·伯克著，姚朋、周玉鹏等译：《历史学与社会理论》，上海世纪出版社2010年版，第106页。

等词语仍然被用来替可耻的政策与野蛮的行径做托词。① 今天，可为托词的不只是"自由""民主"和"基督教精神"之类"妙语"了，"恐怖主义"也已成为一些政治家的宣传宠儿。

---

① 文出2005年诺贝尔文学奖获得者哈罗德·品特于1990年5月31日在英国广播公司所作的演讲《啊，超人》，引自陆建德：《代序·永不停息的叛逆者》，载乔姆斯基：《宣传与公共意识》，上海译文出版社2006年版，第1页。

对中亚国家内政稳定及其安全所面临的挑战因素的粗浅认识

王四海[*]

本文针对中亚国家内政稳定以及所面临的安全挑战因素谈几点粗略的感性认识。

近五年来,世界形势在发生着深刻的变化,上合组织目前面临新的良好的发展环境。世界的目光目前都在关注着中国,中国提出主导的"一带一路"倡议正在有序向前推进和展开。中国是经济全球化的受益者,也是贡献者,中国的发展是世界的机遇,自然也是上合组织的发展机遇。中国推行的倡议与战略不是你输我赢,而是合作共赢,是努力构建人类命运共同体。中国共产党第十九届代表大会刚刚胜利闭幕,新时代中国再次扬帆启航,新时代欧亚大陆上中亚充满了希望。

笔者对中亚内政稳定与安全持乐观积极的态度,因为在中亚国家工作和调研的时候,笔者实地看见的以及所感受到的全都是积极的一面。笔者认为,研究中亚国家内政稳定与安全挑战因素,要从历史、现在、未来三个空间维度出发,应该从全球、地区、单一的国家三个空间角度去判断。笔者认为中亚国家目前在内政稳定和政治安全方面面临着很多积极因素:

第一,上海合作组织是最主要的因素之一,笔者认为是第一主导因素。近年来中亚国家在政治、安全、经济、社会构建等多方面对上合组织的依赖性和需求越来越强,就连非上合组织成员国土库曼斯坦近年来对上合组织也越来越靠近。

第二,中亚国家独立26年以来均找到了适合自己国家发展的现实道路与路径,目前中亚每个国家比历史上以往任何时候都重视"和平、稳定与发展",自身不喜欢内乱,也不愿意看见或者说是不允许周边国家发生内乱。

第三,中亚国家彼此之间的合作越来越紧密。自2016年开始,乌兹别

---

[*] 王四海,教育部区域与国别研究备案基地——楚天—土库曼斯坦研究中心主任、上海大学兼职教授。

克斯坦、土库曼斯坦、哈萨克斯坦加强了彼此间的合作，彼此间的各种交流合作越来越密切。目前在中亚地区出现了很多多边政府间组织，其在区域交通运输、贸易、能源、经济、环境、文化与体育等领域展开通力合作，尤其是在里海、咸海等问题的解决上中亚国家表现出前所未有的"抱团"迹象。中亚国家开始"抱团"，这一点应该是中亚政局稳定的积极因素。

第四，来自中国方面的积极因素。中国"一带一路"倡议的推进，中国与俄罗斯及中亚国家间的能源、矿产、高科技等领域的合作已经成为了中亚国家经济发展与社会建设的强劲动力及内政稳定的有力保障。

第五，俄罗斯因素。近年来，俄罗斯在保障中亚地区的和平、稳定、安全方面正扮演着积极的角色，俄罗斯的义利观基本被一些中亚国家所接受。

第六，稳定的中俄关系。背靠背的中俄关系，目前正处在历史最好水平，这也是中亚内政稳定最有力的因素。谈到"稳定的中俄关系"对区域及世界的重要意义，在此笔者想引用一位俄罗斯政治学者的观点。1992年的春天，在亚速海海边，那时笔者才20几岁，根本不懂什么国际政治，来自罗斯托夫大学的一位政治学老教授，用俄语对笔者说了一句话，令笔者至今记忆犹新："Если Китай и Россия как два гиганта спокойно спят, то мир будет мирным"（如果中国和俄罗斯两个巨人在那儿和平地安睡，那么世界就将是和平的）。目前在笔者看来，中亚地区稳定与否，中国因素、俄罗斯因素应当是主导因素。

第七，土库曼斯坦因素。土库曼斯坦，作为一个中立国家，其对中亚地区的和平与稳定的作用越来越明显。近年来，土库曼斯坦在推动中亚区域稳定与持续发展上做出了很多努力，联合国对其在中亚和平与稳定方面所起到的积极作用给予了高度肯定，并抱有更大期待。

第八，中亚国家发展的辛酸历史，及独立26年以来所经历的各种教训，让中亚人民认识到和平、合作与发展的重要性。塔吉克斯坦打了八年多内战，塔吉克人民打醒了，他们再也不想打仗了，内战耽误了国家的发展。吉尔吉斯斯坦，在西方的鼓动下，多次的"颜色革命"没有能让国家兴盛起来，反而使得国家成为了名副其实的"寄生虫"型国家。现今，吉尔吉斯斯坦国民终于认清了"花花绿绿"的西方民主的实质。

第九，中亚五个国家均制定出了本国的五到八年的发展战略，这让我们有理由相信未来五年应该是稳定的。

第十，中亚国家的政治领袖、民族精英们对西方的价值观和民主模式等的认识更加理性、理智与现实,对中国的主张与行为的认识更积极。

接下来,谈一下中亚国家所面临的安全挑战因素。

现在我们学术界,包括智库似乎放大了中亚所面临的安全挑战因素,对目前中亚安全形势的认识太过于悲观,赵常庆老师也提到了这一点,笔者认为中亚安全形势并没有那么严重。

目前,在中亚安全所面临的比较关键的挑战因素上,笔者认为恰恰并不是智库学者之间天天争执的这些,而是来自自然与环境方面的因素比较多。

从自然、环境角度审视,目前中亚面临的最大自然风险因素,首先是地震。土库曼斯坦、哈萨克斯坦、乌兹别克斯坦、塔吉克斯坦、吉尔吉斯斯坦都属于多震国家。土库曼斯坦、乌兹别克斯坦历史上均发生过大地震。尤其是土库曼斯坦,目前土库曼斯坦的科佩特山前断裂带已进入活跃期、西里海岸近年地震频发。塔吉克斯坦、吉尔吉斯斯坦为山地国家,构造活跃的天山造山带横贯两国,发生大地震几率很大。近两年全球地震带非常活跃,地震对一个国家重大工业目标的破坏性、危害性极其恶劣。中亚国家很多的工业设施与民用设施都地处地震带上,地震的威胁是不能不考虑的因素。

第二个因素,是自然环境与资源合理使用方面的问题。中亚严重缺水,工农业与民用用水问题日趋尖锐。目前,中亚两大生命河流——阿姆河与锡尔河的流域面积逐渐缩小,两河国家调用水的矛盾比历史上任何时期都突出。目前,阿姆河已流不到咸海,锡尔河也基本上流不到咸海,咸海已近干枯。咸海正在地球彻底消失,咸海干枯给周边自然环境生态造成的破坏是毁灭性的,咸海周边国家正在遭受着咸海"白色沙尘暴"的困扰。个别中亚国家对自然矿产的过度开采,也给周边环境与生态造成了严重后果。里海的生态与环境,因里海油气等资源的开发,现也正在经受严峻的考验。位于塔吉克斯坦东部帕米尔地区的高山悬湖——萨雷兹湖(地震形成的堰塞湖)溃堤的风险与日俱增。帕米尔高原为地震活跃带,一旦发生大地震,萨雷兹湖出现问题,受害的不仅是塔吉克斯坦,还有下游沿岸的阿富汗、乌兹别克斯坦、土库曼斯坦共计500万—600万人口,这将是新世纪人类历史上的一场生态大灾难。咸海生态问题、里海生态问题、萨雷兹湖安全问题等这类问题,不是凭一个国家之力能够解决的,必须多国联手解决。中亚所有的自然、环境问题包括气候的问题,需要中亚国家乃至上合组织成员国联手共同致力解决。基于这点认识,笔者在这里呼吁,并提出希望与建议,希望上合组织在规避中亚自然风险因素的问题上能发挥积极作用，希望能够成立相关的合作机制委员会，尤其是希望上海合作组织能源俱乐部能够尽早成立并积极发挥作用。

另外，再谈谈人为因素。

第一，对中亚国家的"不良认知"因素。笔者认为一个国家的政权倒塌的结果，往往是军事、内外各种意识形态等诸多因素联合作用的结果。目前，中亚国家的执政者们都面临着外来"意志"干扰问题。信息化的网络时代，来自外部的不良"舆情""声音"或者"意志"等，不但不能营造与构建互信合作的基础，相反足可以摧毁一个国家的政权。任何一种对某个中亚国家不客观、不真实的认知，都是对其安全的一种挑战。比如说，目前国内某些人在没有去过土库曼斯坦的前提下，对土库曼斯坦发表一些所谓"客观描述"或者"主观评价"性质的网文，把土库曼斯坦写得既不客观，也不真实。笔者对土库曼斯坦研究多年，在土库曼斯坦工作过，也多次去过这个国家，笔者所看到的土库曼斯坦并不是像大家想象的那样。笔者呼吁，我们学者做学问与研究，应该有正义感，应该做到客观与公正地去认识一个国家，这对为"一带一路"倡议构建国际公众基础尤为关键。

第二，恐怖分子（三种势力）对中亚的威胁。笔者在中亚国家工作或者调研的时候，对来自恐怖分子威胁的感觉没有像媒介渲染得那么严重。最近看到的一些媒体资料，有一篇是费尔干纳通信社的报道，该报道给出的信息是：来自域外的IS作战分子共计约5600—6000人（来自33个国家），其中约有1500人来自乌兹别克斯坦、1300人来自塔吉克斯坦、约有40人来自土库曼斯坦。也就是说，这三个国家的恐怖分子百分之百全部"回流"到中亚，其也形成不了"规模"。

第三，塔利班因素。就目前形势判断，塔利班没有"攻击"或者"进犯"中亚国家的明显政治诉求，对中亚构成的挑战没有那么严重。对待塔利班要一分为二评判，塔利班对土库曼斯坦的内政稳定也曾经起到过积极的作用，塔利班的主张中也有积极因素。塔利班私下跟个别中亚国家的关系特别友好，笔者相信塔利班跟中亚一些国家之间可能私下也有一些默契，塔利班对中亚的威胁也许并不像学界渲染得那么严重。

最后，再强调一点，笔者最担忧的反而是来自南亚方面的因素。今天很多人提到了南亚这块，笔者对来自南亚方向的因素有一种不好的感觉。

中亚是"床上叠床、屋上架屋"的地区，中亚是最不稳定的地区也是最稳定的地区。在笔者看来，上海合作组织今后的发展规模与前景等问题目前并不是最重要的问题，重要的是上海合作组织应该成为"和平、稳定、发展"的一个符号，上海合作组织应该为成员国家的政治稳定与经济发展营造出有利的国际环境。

2030年可持续发展议程视阈下的中亚环境安全[*]

马溯川[**]

从安全的角度上论述中亚的环境治理，是基于环境问题成为整体国家安全和全球安全的重要的组成部分，而联合国及其环境规划署等专门机构在全球环境领域发挥着不可替代的重要作用。从1972年斯德哥尔摩、1992年里约热内卢到2002年约翰内斯堡的三次人类环境与发展大会，人类应对环境问题的全球性努力都与联合国的努力分不开。2015年9月，193个联合国会员国在可持续发展峰会上正式通过成果性文件——《改变我们的世界：2030年可持续发展议程》（以下简称"2030年议程"）。这一涵盖17项可持续发展目标（简称SDGs）和169项具体目标的纲领性文件旨在推动未来15年内实现三项宏伟的全球目标：消除极端贫困、战胜不平等和不公正以及保护环境、遏制气候变化。2030年议程是新时期，认知全球环境安全问题，以及中亚环境安全问题的重要切入点。

一、中亚环境安全的文献综述

环境安全是地球生命系统赖以生存的环境（空气、森林、湿地、海洋、土壤、水等）不被破坏与威胁的动态过程。就人类而言，生存状态包括三部分：一要住好（要有良好的人居环境）；二要吃好（食品要安全）；三要工作好和休息好（要有安全的环境）。[①] 20世纪70年代后，资源和环境危机导致了环境安全研究的兴起。权力现实主义关注国际集体行动中参与国权力结构问题，提出一国在集体行动中的地位将决定该国国际合作行为。环境安全是一个国家具有支撑国家生存发展的生态系统，以及应对内外重大生态安全的能力，20世纪80年代初，有学者将环境问题纳入国家

---

[*] 本文系国家社会科学青年基金项目"总体国家安全观视域下的西北边疆战略安全研究"（项目批准号17CZZ011）的阶段性成果。

[**] 马溯川，西安交通大学人文学院博士生，武警工程大学理学院副教授。

[①] 蒋明君主编：《环境安全学导论》，世界知识出版社2013年版。

安全的范畴，同时，各国纷纷把维护生态安全列为国家安全战略的重要目标。[①] 全球环境安全问题体系涵盖气候变化、水环境危机、贸易与环境等诸多方面，目前全球环境问题如全球气候变化、生物多样性、土地荒漠化、臭氧层破坏、水资源紧张等生态环境问题影响广泛，遍及全球，也在一定程度上影响到各国的政治、经济、科技甚至生活方式等各个方面。当今中亚需要处理的问题有：自然生态空间过度挤压问题、土地沙化、退化以及水土流失问题、水资源严重短缺问题、生物多样化面临挑战问题、城乡人居环境恶化问题、气候变化可能造成重大影响问题。

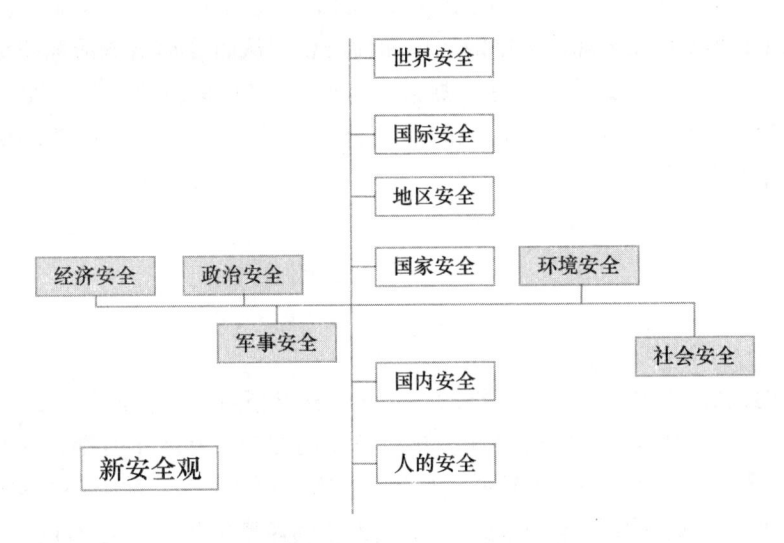

图1 新安全观的构成图

环境安全方面的研究分为哲学层面上理论建构环境安全学研究以及生态文明建设与可持续发展研究；国际治理层面上的国际关系、国家安全以及环境外交研究；管理学层面上环境管理体系构建研究、西方国家环境政策比较研究；环保技术层面现代环境标准、环境生物学、全球变暖以及荒漠与生态环境研究。

中亚环境安全方面研究3000余篇相关论文，地质学关注成矿域问题、矿产问题、岩土问题、油气资源合作、湖泊沉积问题、增生造山；环境科学与资源利用关注咸海治理、大气环境观察、干旱地区生态环境问题及治理、沙尘传播与治理、生态环境退化问题、中亚五国的环境问题及政策现

---

① 《总体国家安全观干部读本》，人民出版社2016年版，第162页。

状；生物学关注生物现状、林业发展、生物多样性保护问题；中国政治与国际政治关注地缘环境特点、全球化对环境影响、协作合作模式研究等等。其中研究比较深入的方面：荒漠化问题研究是环境土壤学的研究内容（胡孟春），以及咸海的问题，咸海危机是"丝绸之路经济带"建设在中亚遇到的最为突出的环境问题（徐海燕）。

2030年议程跟全球环境治理的特殊性关系，自2015年该议程通过之后，研究聚焦在国际问题方面，提出促使中国的区域合作更加"绿色化"（董亮、张海滨）；重点强调"南南合作和发展中国家在国际发展治理中的地位得以提升（黄海波）；发展中国家若能把握住2030年议程实施的主导权，对于增强其在全球治理中的地位和话语权，从而推动全球治理朝更加公平、合理的方向变革将具有重要意义（孙新章）；提出"一带一路"倡议与2030年议程的对接（曹嘉涵）。结合2030年议程落实在中亚环境安全方面尚无研究。

二、中亚环境安全的现状

（一）国内关注性低

按照钱纳里划分的经济发展阶段，可以看出环境和社会经济的发展息息相关，同样具有明显的时段性。在经济发展的初级和起步时期，由于工业水平不高，社会经济水平较低，人类排放的废弃物不多，大自然能够实施自然调节，此时人类对自然的干预不大，自然环境能够保持原有的面貌。在经济发展的起飞和加速时期，此时工业水平开始加速发展，但是人们只注重经济的发展，单纯地认为发展就是经济的增长，从而忽略了对环境的保护，简单粗放型"资源—产品—排放"的单一的经济增长模式，只通过成本、利润、产值等要素来分析人类生产活动的得失，很少顾及经济增长导致的资源代价和环境代价。加之技术水平的限制，大量的废弃物没有经过处理便排入到自然环境之中，造成环境污染。在加速发展时期随着城市化和人口增长的压力，环境急剧恶化，已经严重威胁到人类的生存。在此阶段，虽然人类在物质上取得了丰厚的成果，但却失去了比物质更宝贵的东西，如清洁的水源、新鲜的空气、优美的环境等等。在经济发展到成熟阶段以后，传统的发展模式已经使人类面临人口、资源、环境的多重压力和危机，特别是工业化社会的发展模式造成严重的环境污染和生态恶化，导致加大了发展的代价、经济成本和产业的负担，人类已经不可能再通过高消耗的方式取得经济和社会的发展。人们逐渐认识到传统发展模式的不足和缺陷，认识到自然环境的重要性,开始致力于人类与环境的协调发展,在生产方式上由资源型发展模式逐步转变为技术型发展模式,即依靠科技进步、节约资源和能源,减少废物排放,建立经济、社会、资源、环境协调发展的新模式,走可持续发展的道路,相应的自然环境开始恢复。① 而中亚现在的发展阶段只在起飞时期,对于环境保护的认识有限,关注程度不高。

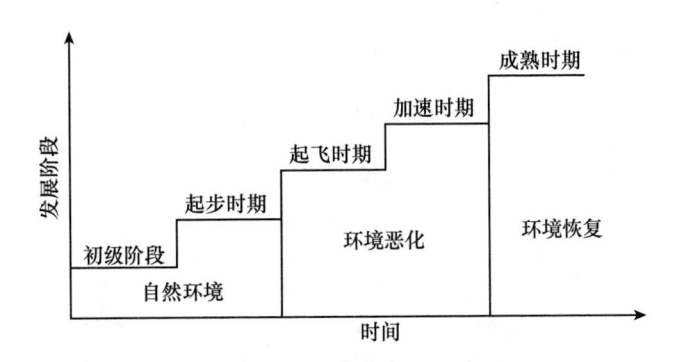

图2 经济发展阶段和环境之间的关系

(二)中亚环境安全问题复杂

按照2030年议程的目标分析中亚环境安全存在的问题,自然条件比较恶劣,人口密度大,对资源的利用不合理利用,造成了生态环境的不断恶化,具体问题见表1中亚各国环境安全问题。

表1 中亚各国的环境安全问题

阿富汗	水资源:由于气候干燥,地表水资源分布不均,战争对灌溉系统的破坏,使得阿富汗水资源短缺。近年来,受战争影响,水污染问题越来越严重,阿富汗大多数家庭无法获得安全饮用水
	大气环境:阿富汗民众面临的最大问题是空气污染,这与阿富汗人取柴生火以及使用劣质汽车燃料有很大关系。战争结束后,联合国环境规划署在阿富汗的主要大中城市收集空气样本,结果显示这些地区的灰尘以及颗粒物浓度很高
	固体废物:阿富汗存在的主要问题是垃圾的收集和分类不科学、缺乏具体的固体废物分类标准、随意丢弃和堆放生活垃圾和工业垃圾、可用于废物填埋的基础设施陈旧、填埋技术不科学等

---

① 唐德善、张伟、曾令刚:《水环境与社会经济发展阶段关系初探》,《人民长江杂志》2003年11月。

续表

阿富汗	土壤污染：阿富汗面临的主要环境问题是沙漠化和土壤流失，沙漠化不断扩大还造成土壤流失，减少可耕地，对以农业为主的阿富汗影响极大，一部分农牧民沦为生态难民
	核污染：污染主要来源于数次战争中武器的试验和使用。可以说，阿富汗战场成为新型武器的试验场。这些武器中或多或少含有生化和辐射成分，在近几年或未来几十年中，对环境和民众都有极大影响
	生态环境：受近30年战乱和严重自然灾害的影响，阿富汗的生态系统和生物多样性受到了严重的威胁，其中，森林的乱砍滥伐和野生动植物的濒临灭绝最为严重①
乌兹别克斯坦	农业用地恶化：人口密度最高，而播种面积仅占全国总面积的10%，人均播种面积仅为0.17公顷。苏联时期，大规模的开荒导致土地高度盐碱化，甚至已经盐碱化的土地和不适于土壤改良的土地也被开垦。高种植比重导致土壤肥力下降、耕地贫瘠化、土壤中水分的物理性质降低，土壤风化和侵蚀程度也在逐年加剧。同时，土壤还受到破坏性化学制品、有毒物质、矿物肥料、工业物资等的污染，而目前尚未建立起有毒物质工业处理系统
	空气污染：来自各种工业废料和未经消毒处理的生活垃圾、开采矿藏飞灰和废渣污染了空气，还有一些铀矿石的加工废料造成了放射性污染。这种化工污染在城市中尤其明显，一些化工厂向大气中排放的氟化氢、一氧化碳、二氧化硫等有毒物质严重污染了空气。每年大约有400万吨的有害物质进入大气
	水资源：由于境内有大面积的沙漠，在沙漠地区经常发生自然尘暴，同时人为的荒漠面积也在扩大。水资源（包括地表水和地下水）严重不足，由于境内有大面积的沙漠，在沙漠地区经常发生自然尘暴，同时人为的荒漠面积也在扩大。水资源（包括地表水和地下水）严重不足，同时污染严重。在大力发展工农业生产的过程中，水资源的浪费和污染问题也越来越突出，大量水资源用于灌溉或被工业废料所污染，造成河流水质不断恶化。境内主要河流——阿姆河、锡尔河、泽拉夫尚河水量减少，含盐量增加，使河流三角洲地区的土壤盐碱化，同时使下游地区的卫生环境变坏，疾病流行。咸海危机是目前中亚地区最严重的生态问题②

---

① 李菲、李自国：《阿富汗环境概况》，社会科学文献出版社2016年6月版。
② 谢静：《乌兹别克斯坦共和国环境概况》，社会科学文献出版社2014年12月版。

续表

白俄罗斯	人口不多、环境压力并不大的国家。该国水资源丰富，水体虽然遭受了一定程度的污染，但总体并不严重。土地资源丰富，人均农业用地面积高达 0.92 公顷，水土流失、土地荒漠化、草场退化都不明显，森林资源还有所增加，生物多样性保持较好。大气污染主要来自机动车辆，但随着采用更加严格的欧洲排放标准，该国空气质量有望持续改善。但白俄罗斯是转型国家，发展经济、再工业化是国家的优先方向，因此环境的压力将始终存在，并在某些领域可能恶化
吉尔吉斯斯坦	水资源：水资源非常丰富，但其大部分淡水资源都以高山冰川和深层地下水的形式存在，分布极不均匀，且缺乏开发的资金和技术手段，加之跨界河流的水分配政策、低效使用和污染等因素，使该国仍有部分地区存在缺水问题。过度、不合理的水资源开发利用，也使大量的工业和生活废水、农药、化肥、盐碱等随灌溉余水和农田洗盐水进入水体，成为重要的污染源。此外，全球气候变化、人口过快增长也对水资源供应产生长远而持久的负面影响。通过调整用水方式和农作物种植结构、控制人口过快增长、采取先进的节水和管理技术、兴修水利和开发地下水等措施，可不同程度地改善当前的用水状况。对水体的污染，如直接把固体废物倾倒入河流中，不仅影响水生生物的生存和水资源的利用，也对下游的生态造成影响。废物堆或垃圾填埋地，经雨水浸淋，其渗出液和滤沥会污染土地、河川、湖泊和地下水
	土地退化：主要表现为耕地退化、草地退化、林地退化引发的土地沙漠化、石质荒漠化和次生盐碱化等。该地区因长期过度放牧、土壤侵蚀与污染、灌溉土地盐碱化和沙漠化以及砍伐森林等原因，土地退化严重，大面积农田都受到土壤盐碱化的影响，严重影响吉经济、社会和环境生活
	核污染：目前吉的铀矿均处于关闭状态，一般认为有33—35个，但吉紧急情况部的统计结果则是有25个尾矿和50个放射性物质填埋场（共掩埋放射性物质约220万立方米）。据测算，这些核尾矿和填埋场地区的放射剂量约为100—200毫伦/小时，部分地区可能达到2000—3000毫伦/小时。长期的铀工业活动不仅使吉部分国土受到放射性污染，而且核废料还会随着河流流向中亚其他地区，对水体、土壤、植物和人畜造成危害。对于吉来说，处理核污染的重要性远远超过发展核工业
哈萨克斯坦	水资源：地表水资源分布不均衡，加上对水资源的不合理利用等，造成部分地区水资源短缺。同时，随着经济发展，水污染问题开始凸显
	大气污染：除了核试验对大气环境造成的污染外，哈大气环境方面存在的主要问题就是工业污染严重

续表

哈萨克斯坦	固体废物：由于哈长期以来一直以发展重工业为国策，因此面临着严峻的工业废物及生活垃圾的管理问题
	土壤环境：哈目前面临的最大环境问题是土壤荒漠化
	核辐射：废物利用和放射性废料的掩埋问题还没有得到解决
	生物多样性：滥伐盗伐林木和偷猎滥捕动物
土库曼斯坦	生物多样性保护、野生动植物保护、荒漠化防治、空气污染以及固体污染物
塔吉克斯坦	水资源：中亚地区水资源丰富的上游国家，境内降雨丰富，水资源约占中亚地区水资源的60%以上，水资源人均拥有量居世界第一位，跨界水资源利用和开发主要集中在农业领域和水电工程领域。塔水资源浪费严重，农田水利灌溉设备陈旧落后，种植以高耗水植物棉花、水稻为主，存在大水漫灌现象。因工业污染、采矿以及城市生活污染，塔水源污染严重，存在严重的水质型缺水，城乡居民卫生饮用水问题长期未得到解决
	空气污染：塔的空气污染源主要来自采矿、冶金、化工以及汽车尾气污染等，其中最大的工业污染源塔吉克铝厂每年向大气排入2.2万—2.3万吨的污染物，包括200吨以上严重危害环境和人体健康的氟化氢，给邻国乌兹别克斯坦造成生态灾难，已引起乌国的强烈反对
	污染物问题：塔缺少垃圾处理场和垃圾填埋场，随着人口的增加，城市垃圾和工业废弃垃圾越来越影响到塔的生态安全。塔土地受农业和采矿废物污染较为严重，尤其是部分地区铀矿的开采对土壤污染十分严重。塔现有多个放射性废料堆放场所，但由于资金和技术有限、防护设施尚不完善，核辐射对周边居民的健康造成了严重的威胁
	生态系统退化：山地生态系统的退化是塔面临的最为严峻的生态难题。塔生态环境退化主要分布在靠近乌兹别克斯坦的西南部，东南部以及西北部的河谷区域。近年来，由于水资源浪费和污染、盐碱化以及过度砍伐放牧等原因，塔境内生物多样性出现锐减，荒漠化程度不断加剧，植被生长退化的总面积呈现持续增加的态势

1. 水资源安全问题迫切

第一，中亚五国的水资源分配不平衡：水资源严重不足的阿富汗，由于气候干燥，地表水资源分布不均，战争对灌溉系统的破坏，使得阿富汗水资源短缺。近年来，受战争影响，水污染问题越来越严重，阿富汗大多数家庭无法获得安全饮用水；以及水资源充沛的吉尔吉斯斯坦，但其大部分淡水资源都以高山冰川和深层地下水的形式存在，分布极不均匀，且缺乏开发的资金和技术手段，水资源也相对短缺。中亚地区为干旱、半干旱地区，整体水资源安全困境很迫切。

第二，严峻的咸海问题：咸海危机是目前中亚地区最严重的生态问题：从20世纪60年代开始，咸海日益干涸。裸露在湖床上的盐尘被风刮到1000多公里以外的地方，农田、草原和城镇被吞噬，空气和水源被严重污染。咸海地区的沙漠吞没了200万公顷耕地和周围15%—20%的牧场，乌的农业因此受到严重影响。随着生态环境的不断恶化，咸海地区居民的健康状况明显下降，发病率逐年上升，30%的人患有各种由咸海生态恶化带来的疾病，99%的孕妇患贫血症，高血压症则是当地最为普遍的疾病，咸海沿岸新生儿死亡率达8%，远远高于其他地区。

第三，水污染问题：过度、不合理的水资源开发利用，也使大量的工业和生活废水、农药、化肥、盐碱等随灌溉余水和农田洗盐水进入水体，成为重要的污染源。此外，全球气候变化、人口过快增长也对水资源供应产生长远而持久的负面影响。苏联时期咸海地区大力发展化学工业，而这些化学工业又缺乏生态保护设施，大量有毒物质被排入河流或渗入地下，最终流入咸海，对咸海造成严重污染。

第四，河流水系上下游矛盾由来已久：针对咸海内陆河阿姆河和锡尔河的上下游关系协调问题，其中的利益冲突不断。

2. 粮食安全问题

吉尔吉斯斯坦和塔吉克斯坦地形多山，面临着耕地面积不足的问题，乌兹别克斯坦和土库曼斯坦虽然拥有一定数量的平原，但临近沙漠地带，年降水量严重不足。哈萨克斯坦虽然拥有优良的自然条件，耕地面积居世界前列，但由于种植方式不合理，农业现代化水平有限，近年来也频频因为旱灾而大量减产。如表2所示，中亚五国的粮食摄入能力和利用率方面都存在问题。

表2　2007—2012年中亚五国全球饥饿指数（GHI）[1]

国别	2007年	2008年	2009年	2010年	2011年	2012年
哈萨克斯坦	5.87	<5.00	<5.00	<5.00	<5.00	<5.00
吉尔吉斯斯坦	7.33	<5.00	<5.00	<5.00	<5.00	<5.80

[1] 马骏、龚新蜀：《中亚国家粮食安全问题研究》，《世界农业》2014年第8期，第24页。

续表

国别	2007 年	2008 年	2009 年	2010 年	2011 年	2012 年
塔吉克斯坦	29.83	25.90	18.50	15.80	17.00	15.80
土库曼斯坦	10.10	6.40	6.30	6.30	6.20	6.90
乌兹别克斯坦	13.60	11.20	7.50	7.10	6.30	6.90

3. 荒漠化安全问题

土地退化主要表现为耕地退化、草地退化、林地退化引发的土地沙漠化、石质荒漠化和次生盐碱化等。该地区因长期过度放牧、土壤侵蚀与污染、灌溉土地盐碱化和沙漠化以及砍伐森林等原因，土地退化严重，大面积农田都受到土壤盐碱化的影响，荒漠化导致了沙尘暴和盐尘暴，危害人类健康。

4. 工业、生活污染物安全问题

主要分为三个方面的污染物：一是工业污染物，土地受农业和采矿废物污染较为严重，尤其是部分地区铀矿的开采对土壤污染十分严重，目前最严峻的问题是清除"历史遗留污染"，包括主要由前阿尔加工厂废弃的泥渣收集器造成的伊列克河硼污染和铬污染、铁米尔套电冶股份公司排放的固体废弃物以及托古扎克镇的化学污染。持久性有机污染物（以下简称POPs）是"历史遗留污染"的类型之一。在含 POPs 的固体废弃物堆存量方面，哈萨克斯坦在中东欧国家中排名第二。二是城市污染物，主要是生活污染物，垃圾的收集和分类不科学、缺乏具体的固体废物分类标准、随意丢弃和堆放生活垃圾。三是核污染，核废料还会随着河流流向中亚其他地区，对水体、土壤、植物和人畜造成危害，阿富汗还存在大量武器污染。

5. 空气安全问题

空气污染源主要来自采矿、冶金、化工等工业排污严重，铝厂每年向大气排放大量包括氟化氢；使用劣质汽车燃料，汽车污染占到了整个污染量的70%—80%，排放出的污染物含将近 200 种化学成分和危险物质，包括一氧化碳、氮氧化合物、碳氢化合物、铅等；以及使用柴火取暖做饭等渠道。

6. 跨界环境安全问题

作为乌兹别克斯坦共和国国家安全的重要内容，被视为中亚区域生态安全体系的重中之重，乌现在的首要问题是在高风险环境，尤其是咸海地区提供本地化、复杂的生态系统恢复技术。环境面临高度威胁的区域是乌兹别克斯坦和吉尔吉斯斯坦接壤的东部边境以及锡尔河上游。在迈利苏尾矿有大量铀矿石,山体滑坡将排放废物带入纳伦河,然后在卡拉苏,流经费尔干纳山谷。在苏姆萨尔、塞卡夫塔城镇附近有危险性较小的放射性废物站。阿姆河水受到流经土库曼斯坦和阿富汗的农田径流和石油的污染。在铁尔梅兹,盐度面积达到600毫克/升,苯酚含量超过标准限值的2—3倍。位于塔吉克斯坦共和国境内苏尔汉河盆地北部,电解铝厂排放的废物造成空气污染。据报道,乌每年产生超过40万吨的污染物。大气中含有300万—400万吨氟化氢和二氧化硫,空气污染严重。环境问题的及时解决有助于识别和避免可能产生的社会、经济、政治冲突,从而缓解社会紧张或国与国之间的冲突。

(三) 中亚环境安全的国内处境困局

1. 环境治理能力有限

环境治理机构发展滞后、环境治理法律法规落后,以及环境援助有限,援助主要来源于联合国环境规划署资金与所需款项,有限的经费使得联合国环境规划署只能集中力量应对最为重要的环境治理议题,其中包括环境援助机制以及环境补偿机制的构建。

2. 环境技术和专家人才缺乏

在2030年议程的制定中,如美国联合国协会、华盛顿全球发展研究中心(Center for Global Development)、纽约大学国际合作中心(Center for International Cooperation)、哥伦比亚大学地球研究所等,当然还有大量非政府组织和跨国公司。因为"合作的程度有赖于知识的数量",专业知识影响到集体行动的成败,而专家通常扮演了权威的角色,2030年议程的指标制定工作完全交给技术专家,但是行业专家大部分是发达国家的利益占位和立场视角。[①] 无论减缓还是适应环境治理变化,都需要大量的资源保障,特别是需要先进的技术手段。现在清洁能源领域,中亚和西方发达国家的差距比较大,只有绿色技术的发展,才能够很好实现技术转移,把这些行动看作是开发和提供未来技术的机会。

3. 环境文化建构初期,民众观念未改善

生态文明层面是一种新的社会文明形态,往往环境治理中容易弱化甚至忽视非物质层面的文化、观念或者话语在社会发展中起到极其重要的

---

① 潘亚玲:《论美国制度霸权与规范霸权的护持战略》,《复旦大学学报(社会科学版)》2016年第58(6)期,第154页。

作用。

任何国家和地区的环境治理模式，都可以作为一种社会实践，为我们探索新型现代性的可能性提供了一个鲜活的案例。旧式现代性日益加剧人与自然、人与社会、人与人之间的紧张关系，表现出明显的不可持续性。如果任由其发展，终将进一步加剧人类社会所面临的困境。而对旧式现代性的完全否定，不仅是不现实的，或许也是错误的，我们必须以生活实践的延续为中心，探索出新的文明发展道路。中亚的实践或许可以告诉我们：发展中国家建设环境文化构建路径应该更加困难，需要借助教育、国际环境组织等机构进行有计划、有目标的建构；环境文化跟当地文化进行结合；加快当地居民的环境意识，并开展相关的环境教育工作。

4. 传统安全和非传统安全交织

从古至今，中亚就是东西方交流的中枢地带，同时也是各方势力角逐的战略要地，传统安全问题一直持续存在，而非传统安全近些年也愈演愈烈，包括恐怖主义①、能源安全、贩毒②等跨国犯罪，国际犯罪集团利用极端势力和恐怖活动搅乱着中亚的边境防卫。

（四）中亚环境安全国外形势困局

1. 特朗普时期的美国放弃政治正确，回归保守

特朗普执政后，让美国正式撤出《巴黎协定》、退出 TPP，全面否定相关环境条款。特朗普代表美国战略的收缩，包括在环境治理层面上，特朗普政府似乎认为，应对气候变化的行动是浪费金钱、给美国的就业带来威胁，短期内投入和回报不成正比。

2. "黑天鹅"层出时期的欧洲持续分裂，力不从心

欧盟是全球环境治理的"道德模范"，在全球环境治理领域一直发挥领导者的角色。但是，现在的欧洲自从英国脱欧、意大利宪改公投，再到

---

① 据经济与和平协会2014年底发布的《全球恐怖主义指数报告》中，威胁世界的四大恐怖组织活跃地区中有三个都跟中亚地区相关——活跃于伊拉克和伊朗的"伊斯兰国"、阿富汗的塔利班和"基地"组织。恐怖主义是危害"丝绸之路经济带"沿途许多国家政治稳定与经济发展的毒瘤，也是区域合作的主要障碍。目前中亚国家均有恐怖分子在境外参加"圣战"，中亚国家普遍担心，这些恐怖分子将"回流"制造恐怖事件。而且极端思想在中亚国家蔓延，尤其青年人面对宗教知识匮乏，物质资料引起欲望不断提高，很容易被极端宗教思想蛊惑蒙蔽，为极端主义和恐怖主义所利用。2013年前5个月，塔吉克斯坦就发生32起极端主义和恐怖主义事件。

② 中亚国家和俄罗斯不仅是阿富汗毒品过境国，而且是阿富汗的毒品的消费国，吸毒人数不断增加。联合国毒品和犯罪问题办公室（UNODC）2013年11月13日发表的通报指出："2013年阿富汗的罂粟种植面积扩大了1/3以上。2013年阿富汗的鸦片产量将达到5500吨，比上一年增加50%。"有数据显示，阿富汗地区的毒品产量已占全球的90%，而中亚与俄罗斯则是阿富汗毒品的主要输出地。

法国大选中出现的勒庞提出法国脱欧2016年一系列所谓的"黑天鹅"事件导致国家尤其是主要西方大国参与全球治理的意愿下降。

3. 新兴国家介入全球治理的诉求增加

当今，全球格局正在发生权力转换，随着新兴发展中大国崛起，美国和欧洲等在全球治理方面逐渐收缩，全球治理缺乏新的领导动力，传统大国的倡议和议程设置能力都有所下降，因此，在2012年"里约+20"联合国可持续发展峰会上，除了中国、意大利等少数国家的政府首脑发言和主办国巴西表现较为积极外，整体缺乏有效的领导力。

4. 中国是国际环境治理体系的新建设者

习近平主席在华盛顿州联合欢迎宴会上的演讲所指出，中国是现行国际体系的参与者、建设者、贡献者。我们坚决维护以《联合国宪章》宗旨和原则为核心的国际秩序和国际体系。世界上很多国家特别是广大发展中国家都希望国际体系朝着更加公正合理的方向发展，但这并不是推倒重来，也不是另起炉灶，而是与时俱进、改革完善。这符合世界各国和全人类的共同利益。全球环境治理制度化不健全和领导力缺失，全球治理机制、领导和组织方式也在不断发生变化，我们中国需要夺取话语权、建设权和领导权。2015年后的议程为中国政府将中国国内问题与全球议程进行关联提供了一个独特的机会。尤其是，将能实现国内和国际两个大局有机结合起来，既助推建设中国生态文明，构架国家安全体系，又能提供全球环境公共产品，承担起相关国际责任。

5. 联合国环境治理平台话语权低

全球治理是"个人和机构管理他们共同事务行为的总和，包括公共和私人管理，也是各种组织、政策工具、融资机制、规则、程序和范式的总和，治理过程的基础不是控制，而是协调；治理既涉及公共部门，又包括私人部门；治理不是一种正式的制度，而是持续的互动"。[①] 在全球环境领域，联合国及其环境规划署等专门机构发挥着不可替代的重要作用。从1972年斯德哥尔摩、1992年里约热内卢到2002年约翰内斯堡的三次人类环境与发展大会，人类应对环境问题的全球性努力都与联合国的努力分不开。近年来，从哥本哈根世界气候变化大会到2015年巴黎世界气候变化大会，超过150个国家的政府首脑或领导人参会，这些都充分表明了联合国及其专门机构在全球环境领域能够发挥独特而重大的

---

① 全球治理委员会：《我们的全球之家》，牛津大学出版社1995年版；转引自俞可平：《全球治理引论》，《马克思主义与现实》2002年第1期，第1—4页。

作用。然而，联合国在相当程度上受到某些大国的把控和制约，加上近来的财政危机和信任危机，联合国的相关决议对世界各国尤其是大国的约束性还相当有限。联合国在全球环境治理领域的中心地位和权威角色还远远没有树立起来。

三、中亚环境安全共建命运共同体：机遇与挑战

《改变我们的世界：2030年可持续发展议程》的环境目标是国际多边协商的结果，是国际社会提供环境治理的平台，表3为2030年议程的主要目标摘选，根据其中的总目标和分目标，结合中亚环境安全问题，梳理共建环境命运共同体的主要路径。

表3 全球实施千年发展目标在环境方面的主要目标[①]

目标	分目标
目标6. 为所有人提供水和环境卫生并对其进行可持续管理	到2030年，人人普遍和公平获得安全和负担得起的饮用水
	到2030年，人人享有适当和公平的环境卫生和个人卫生，杜绝露天排便，特别注意满足妇女、女童和弱势群体在此方面的需求
	到2030年，通过以下方式改善水质：减少污染，消除倾倒废物现象，把危险化学品和材料的排放减少到最低限度，将未经处理废水比例减半，大幅增加全球废物回收和安全再利用
	到2030年，所有行业大幅提高用水效率，确保可持续取用和供应淡水，以解决缺水问题，大幅减少缺水人数
	到2030年，在各级进行水资源综合管理，包括酌情开展跨境合作
	到2020年，保护和恢复与水有关的生态系统，包括山地、森林、湿地、河流、地下含水层和湖泊
	国际合作：到2030年，扩大向发展中国家提供的国际合作和能力建设支持，帮助它们开展与水和卫生有关的活动和方案，包括雨水采集、海水淡化、提高用水效率、废水处理、水回收和再利用技术
	支持和加强地方社区参与改进水和环境卫生管理

---

① United Nation. The Millennium Development Goals Report 2015 [R]. 2015.

续表

目标	分目标	
目标7. 确保人人获得负担得起的、可靠和可持续的现代能源	到2030年，确保人人都能获得负担得起的、可靠的现代能源服务	
	到2030年，大幅增加可再生能源在全球能源结构中的比例	
	到2030年，全球能效改善率提高一倍	
	国际合作	到2030年，加强国际合作，促进获取清洁能源的研究和技术，包括可再生能源、能效，以及先进和更清洁的化石燃料技术，并促进对能源基础设施和清洁能源技术的投资
		到2030年，增建基础设施并进行技术升级，以便根据发展中国家，特别是最不发达国家、小岛屿发展中国家和内陆发展中国家各自的支持方案，为所有人提供可持续的现代能源服务
目标9. 建造具备抵御灾害能力的基础设施，促进具有包容性的可持续工业化，推动创新	发展优质、可靠、可持续和有抵御灾害能力的基础设施，包括区域和跨境基础设施，以支持经济发展和提升人类福祉，重点是人人可负担得起并公平利用上述基础设施	
	到2030年，所有国家根据自身能力采取行动，升级基础设施，改进工业以提升其可持续性，提高资源使用效率，更多采用清洁和环保技术及产业流程	
	在所有国家，特别是发展中国家，加强科学研究，提升工业部门的技术能力，包括到2030年，鼓励创新，大幅增加每100万人口中的研发人员数量，并增加公共和私人研发支出	
	国际合作	向非洲国家、最不发达国家、内陆发展中国家和小岛屿发展中国家提供更多的财政、技术和技能支持，以促进其开发有抵御灾害能力的可持续基础设施
目标11. 建设包容、安全、有抵御灾害能力和可持续的城市和人类居住区	到2030年，确保人人获得适当、安全和负担得起的住房和基本服务，并改造贫民窟	
	到2030年，向所有人提供安全、负担得起的、易于利用、可持续的交通运输系统，改善道路安全，特别是扩大公共交通，要特别关注处境脆弱者、妇女、儿童、残疾人和老年人的需要	
	到2030年，在所有国家加强包容和可持续的城市建设，加强参与性、综合性、可持续的人类住区规划和管理能力	
	到2030年，大幅减少包括水灾在内的各种灾害造成的死亡人数和受灾人数，大幅减少上述灾害造成的与全球国内生产总值有关的直接经济损失，重点保护穷人和处境脆弱群体	

续表

目标	分目标	
目标 11. 建设包容、安全、有抵御灾害能力和可持续的城市和人类居住区	到 2030 年，减少城市的人均负面环境影响，包括特别关注空气质量，以及城市废物管理等	
	到 2030 年，向所有人，特别是妇女、儿童、老年人和残疾人，普遍提供安全、包容、无障碍、绿色的公共空间	
	国际合作	到 2020 年，大幅增加采取和实施综合政策和计划以构建包容、资源使用效率高、减缓和适应气候变化、具有抵御灾害能力的城市和人类住区数量，并根据《2015—2030 年仙台减少灾害风险框架》在各级建立和实施全面的灾害风险管理
		通过财政和技术援助等方式，支持最不发达国家就地取材，建造可持续的、有抵御灾害能力的建筑
目标 12. 采用可持续的消费和生产模式	各国在照顾发展中国家发展水平和能力的基础上，落实《可持续消费和生产模式十年方案框架》，发达国家在此方面要做出表率	
	到 2030 年，实现自然资源的可持续管理和高效利用	
	到 2030 年，将零售和消费环节的全球人均粮食浪费减半，减少生产和供应环节的粮食损失，包括收获后的损失	
	到 2020 年，根据商定的国际框架，实现化学品和所有废物在整个存在周期的无害环境管理，并大幅减少它们排入大气以及渗漏到水和土壤的机率，尽可能降低它们对人类健康和环境造成的负面影响	
	到 2030 年，通过预防、减排、回收和再利用，大幅减少废物的产生	
	鼓励各个公司，特别是大公司和跨国公司，采用可持续的做法，并将可持续性信息纳入各自报告周期	
	根据国家政策和优先事项，推行可持续的公共采购做法	
	到 2030 年，确保各国人民都能获取关于可持续发展以及与自然和谐的生活方式的信息并具有上述意识	
	国际合作	支持发展中国家加强科学和技术能力，采用更可持续的生产和消费模式
		开发和利用各种工具，监测能创造就业机会、促进地方文化和产品的可持续旅游业对促进可持续发展产生的影响
		对鼓励浪费性消费的低效化石燃料补贴进行合理化调整，为此，应根据各国国情消除市场扭曲，包括调整税收结构，逐步取消有害补贴以反映其环境影响，同时充分考虑发展中国家的特殊需求和情况，尽可能减少对其发展可能产生的不利影响并注意保护穷人和受影响社区

续表

目标	分目标	
目标 13. 采取紧急行动应对气候变化及其影响①	加强各国抵御和适应气候相关的灾害和自然灾害的能力	
	将应对气候变化的举措纳入国家政策、战略和规划	
	加强气候变化减缓、适应、减少影响和早期预警等方面的教育和宣传，加强人员和机构在此方面的能力	
	国际合作	发达国家履行在《联合国气候变化框架公约》下的承诺，即到 2020 年每年从各种渠道共同筹资 1000 亿美元，满足发展中国家的需求，帮助其切实开展减缓行动，提高履约的透明度，并尽快向"绿色气候基金"注资，使其全面投入运行
		促进在最不发达国家和小岛屿发展中国家建立增强能力的机制，帮助其进行与气候变化有关的有效规划和管理，包括重点关注妇女、青年、地方社区和边缘化社区
目标 15. 保护、恢复和促进可持续利用陆地生态系统，可持续管理森林，防治荒漠化，制止和扭转土地退化，遏制生物多样性的丧失	到 2020 年，根据国际协议规定的义务，保护、恢复和可持续利用陆地和内陆的淡水生态系统及其服务，特别是森林、湿地、山麓和旱地	
	到 2020 年，推动对所有类型森林进行可持续管理，停止毁林，恢复退化的森林，大幅增加全球植树造林和重新造林	
	到 2030 年，防治荒漠化，恢复退化的土地和土壤，包括受荒漠化、干旱和洪涝影响的土地，努力建立一个不再出现土地退化的世界	
	到 2030 年，保护山地生态系统，包括其生物多样性，以便加强山地生态系统的能力，使其能够带来对可持续发展必不可少的益处	
	采取紧急重大行动来减少自然栖息地的退化，遏制生物多样性的丧失，到 2020 年，保护受威胁物种，防止其灭绝	
	根据国际共识，公正和公平地分享利用遗传资源产生的利益，促进适当获取这类资源	
	采取紧急行动，终止偷猎和贩卖受保护的动植物物种，处理非法野生动植物产品的供求问题	
	到 2020 年，采取措施防止引入外来入侵物种并大幅减少其对土地和水域生态系统的影响，控制或消灭其中的重点物种	
	到 2020 年，把生态系统和生物多样性价值观纳入国家和地方规划、发展进程、减贫战略和核算	

---

① 确认《联合国气候变化框架公约》是谈判确定全球气候变化对策的首要国际政府间论坛。

续表

目标	分目标
目标 15. 保护、恢复和促进可持续利用陆地生态系统，可持续管理森林，防治荒漠化，制止和扭转土地退化，遏制生物多样性的丧失	国际合作	从各种渠道动员并大幅增加财政资源，以保护和可持续利用生物多样性和生态系统
		从各种渠道大幅动员资源，从各个层级为可持续森林管理提供资金支持，并为发展中国家推进可持续森林管理，包括保护森林和重新造林，提供充足的激励措施
		在全球加大支持力度，打击偷猎和贩卖受保护物种，包括增加地方社区实现可持续生计的机会

（一）"一带一路"愿景规划与2030年议程

"一带一路"倡议（The Belt and Road Initiative），其中"一带"即"丝绸之路经济带"，从中国西安出发，一路向西跨越高原峡谷，穿越沙漠盆地，经过河西走廊，深入中亚腹地，通联欧洲。"一路"即"21世纪海上丝绸之路"，从中国东南沿海，沿马六甲海峡，过印度洋，直抵大西洋岸边。"一带一路"倡议大开大合，覆盖从中亚到欧洲，从印度洋到地中海的区域。从2013年9月，习近平主席分别提出"丝绸之路经济带"和"21世纪海上丝绸之路"的战略构想之后，2013年11月，"一带一路"写入中共十八届三中全会决定，上升为具有总纲性质的国家战略，沿线国家不断掀起合作热潮。伴随经济合作，其他领域合作的重要性也逐渐凸显。支持"一带一路"沿线国家和地区的可持续发展，一定要处理好经济发展与文化融合、社会责任和环境保护的关系。"一带一路"沿线的环境保护是一个容易被忽略、又绝不容忽视的问题。

区域治理为中国在全球治理中发挥关键性作用提供了难得的着力点，联合国环境署还会将环境治理的网络向各国和地区延伸，设立地方性的环境治理网络体系，从而使地方性、区域性的环境治理，使中国的区域协作更加"绿色化"。具体有如下四个着力点：

一是基础设施着力点。"一带一路"是全球生态环境问题最为突出的地区之一，沿线发展中国家正面临严重的环境安全问题，应对能力十分薄弱。随着基础建设项目建设的不断推进，这些国家的环境安全问题将进一步凸显。自"一带一路"倡议提出以来，国际社会对中国将以何种模式进行产能转移高度关注。"一带一路"倡议主要关注的是"设施联通"和

"贸易畅通"，在基础设施建设与国际产能合作中能否做到资源节约与环境友好，从而避免在沿线国家复制高污染、高排放、高能耗的发展模式，是中国面对的严峻考验。"一带一路"倡议的实施只有坚持可持续发展理念，才能更好地回应国际社会的关切。[1]

二是资金平台着力点。2030年议程中提到，"国际公共资金对各国筹集国内公共资源的努力发挥着重要补充作用，对国内资源有限的最贫困和最脆弱国家而言尤其如此。国际公共资金包括官方发展援助的一个重要用途是促进从其他公共和私人来源筹集更多的资源。官方发展援助提供方再次做出各自承诺，包括许多发达国家承诺实现对发展中国家的官方发展援助占其国民总收入的0.7%，对最不发达国家的官方发展援助占其国民总收入的0.15%至0.20%的目标。"比如说中亚或者"一带一路"沿线的绿色创新机制和绿色金融机制，上合组织已经实践了很多，包括独联体（CIS）框架内的环保合作、欧亚经济联盟（EEU）框架内的环保合作、亚洲开发银行"中亚区域经济合作机制"（CAREC）框架内的环保合作、联合国"中亚经济专门计划"（SPECA）框架内的环保合作、南亚区域合作联盟（SAARC）框架内的环保合作、南亚合作环境规划署（SACEP）的环保合作。[2] 要充分实现合作互赢，中国综合国力的增强也面临提供更多环境公共产品的压力，如最近中国提出在南南环境合作中增加资金援助等。中国还兼具对在拉美、非洲等地的企业宣传环保理念，推动与国际环境保护标准接轨等责任。在具体的项目方面，在2015年的联合国可持续发展峰会上，中国已经宣布了一系列推进国际发展合作、帮助发展中国家实现可持续发展的重大举措，包括设立"中国—联合国和平与发展基金""南南合作援助基金""气候变化南南合作基金"；增加对最不发达国家投资；免除对有关最不发达国家、内陆发展中国家和小岛屿发展中国家截至2015年到期未归还的政府间无息贷款债务；未来5年为发展中国家在减贫、农业合作、促贸援助、生态保护和应对气候变化、医疗设施、教育培训等方面提供"6个100"项目支持；设立国际发展知识中心、南南合作与发展学

---

[1] 曹嘉涵：《"一带一路"倡议与2030年可持续发展议程的对接》，《国际展望》2016年第8(3)期，第39页。参见2030年议程中目标9"建造具备抵御灾害能力的基础设施，促进具有包容性的可持续工业化，推动创新"。

[2] 中国—上海合作组织环境保护合作中心：《上海合作组织区域和国别环境保护的研究(2015)》，社会科学文献出版社2016年版，第23页。

三是产业发展着力点。2030年议程中明确提出工业化能力升级,目标9中"2030年,所有国家根据自身能力采取行动,升级基础设施,改进工业以提升其可持续性,提高资源使用效率,更多采用清洁和环保技术及产业流程"创新能力急需增加。部分中亚国家并不满足现有的产业分工模式,已经提出新的经济发展战略,比如说哈萨克斯坦开始实施《2010—2014国家加速工业创新发展纲要》、吉尔吉斯斯坦《2013—2017年稳定发展战略》和乌兹别克斯坦《关于促进外资吸引补充措施的总统令》中都明确提出推进本国工业化进程、融合全球价值链体系。(见表5)

表4 中国和中亚国家经济发展水平比较(2013年)

国家	GDP(亿美元)	工业占GDP比重(%)	出口占GDP比重(%)
中国	9181	43.9	26.2
哈萨克斯坦	2230	37.8	39.5
塔吉克斯坦	85	26.7	20.2
土库曼斯坦	406	48.4	—
乌兹别克斯坦	565	32.4	27.2
吉尔吉斯斯坦	72.3	25.7	47.2

资料来源:亚洲开发银行和国际货币基金组织。

表5 中亚国家产业发展战略的主要考虑

国家	优势产业	未来产业
哈萨克斯坦	石油化工、采矿、冶金、建筑装备制造等	基础产业:石油天然气工业、采矿冶金、装备制造、机械加工等
塔吉克斯坦	石油天然气开采、冶金和深加工、交通运输和通信、电力工业	主导产业:高附加价值化工产业、绿色环保材料、新型元器件、仪器仪表、高附加值的机械制造业、核电、风电等新能源产业及其航天技术、港口贸易、新型材料、冷轧技术产业等
土库曼斯坦	采矿业、冶金、水电、化学工业、轻工业	
乌兹别克斯坦	石油天然气开发、冶金工业、机械制造工业、电力、化学工业	
吉尔吉斯斯坦	采矿业、电力、煤炭、机械制造	未来产业:科技、教育、金融、贸易、生物制药、特色旅游等

① 董亮、张海滨:《2030年可持续发展议程对全球及中国环境治理的影响》,《中国人口·资源与环境》2016年第26卷,第12页。

第四个着力点是生态文明层面文化输出者。新自由主义的代表人物罗伯特·基欧汉和朱迪斯·戈尔茨坦1993年的《观念与外交政策》认为，观念因素同物质因素一样都能够影响外交政策，观念可以作为解释政治结果的重要因素。中国自主推进社会体系的整体变革，通过切实的制度建设创造一种新的社会文明形态——生态文明，因应日趋严峻的环境危机和气候变化，在一些方面取得进展的同时，也面对着一些重要挑战。这样一种社会实践或许可以为我们探索新型现代性的可能性提供了一个鲜活的案例。2030年议程中倡导"到2030年，确保所有进行学习的人都掌握可持续发展所需的知识和技能，具体做法包括开展可持续发展、可持续生活方式、人权和性别平等方面的教育、弘扬和平和非暴力文化、提升全球公民意识，以及肯定文化多样性和文化对可持续发展的贡献"，旧式现代性日益加剧人与自然、人与社会、人与人之间的紧张关系，表现出明显的不可持续性。如果任由其发展，终将进一步加剧人类社会所面临的困境。而对旧式现代性的完全否定，不仅是不现实的，或许也是错误的，我们必须以生活实践的延续为中心，探索出新的文明发展道路。

（二）上海合作组织与2030年议程

上合组织成立之初就将环境保护作为组织内重要的合作领域，并在历年来的各种文件，包括其组织宪章、元首宣言与联合公报、总理联合公报、合作纲要、合作备忘录等中都提及了环境保护与生态恢复问题。

1. 制定环保条约

2004年塔什干峰会通过的《塔什干宣言》提出"将环境保护及合理、有效利用水资源问题提上本组织框架内的合作议程，相关部门和科研机构可在年内开始共同制定本组织在该领域的工作战略"等有关内容；2005年制定联合制定《上海合作组织环境保护合作构想草案》，具体合作内容有：（1）建立信息交流渠道，加强协调；（2）提高环境监测水平；（3）开展环境保护和国际环保合作人才的交流与培训；（4）采取有效措施，保障生态安全；（5）保护生物多样性，防治土地荒漠化，并减缓其他环境恶化趋势；（6）采取有效措施防治水污染；（7）加大环境保护领域的投资力度；（8）对放射性尾矿聚集场所进行生态恢复，防止其污染环境和损害人体健康；（9）研究在上合组织框架内建立环保产品服务和技术市场的可能性；（10）开展环保科学技术合作，等等。上合组织成员国政府首脑（总理）理事会批准通过了《上海合作组织成员国多边经贸合作纲要》的落实计划，提出了上合框架下利用自然和环境保护领域的具体内容，包括：（1）实施"中亚跨境沉积盆地和褶皱层的地质和地壳运动"项目；（2）在环境保护和改善咸海流域生态状况方面扩大和深化合作，建立地质生态监控系统，为进行地质生态绘图制定地质信息系统，建立咸海地区的地质生态监控体系；（3）就建立信息保障网络、通报边境地区的紧急状态提出建议，并为完善上海合作组织成员国专业部门和机构的机制能力举办培训班；（4）在防止跨界河流污染扩大领域开展合作；（5）各方在保障生态安全领域相互协作，包括上海合作组织成员国自然保护部门间就国家环保和合理利用自然方面的政策问题交流信息和经验。

2. 多次部长级别环保专家会议

2005年，六国环境部门决定在俄罗斯举办第一次上合组织环境部长会议，促进相互间的理解与对话；2005—2008年，召开五次环保专家会议；中国国务院总理温家宝提出成立"中国—上海合作组织环境保护合作中心"。2030年议程中主张"高级别政治论坛会议将参考多利益攸关方论坛的总结。可持续发展问题高级别政治论坛将在充分吸纳任务小组专家意见的基础上，审议科学、技术和创新促进可持续发展目标多利益攸关方论坛其后各次会议的主题"。这种环保专家会议模式得以延续。

3. 双边、多边环境合作

2012年，上海合作组织在北京召开了第十二次元首峰会，中国积极推动与各方的环境保护合作，"利用创新技术走可持续增长的道路，实现人与自然和谐共存"，中哈、中乌、中吉签署文件，加强环境方面的合作；2012年12月上海合作组织成员国总理第十一次会议上，中方愿依托该中心同成员国开展环保政策研究和技术交流、生态恢复与生物多样性保护合作，并依托中国—上海合作组织环境保护中心，建立信息共享平台。2030年议程中提到"2030年，在各级进行水资源综合管理，包括酌情开展跨境合作"，但是，目前上合组织框架下环境治理和合作未开展实质性合作，基于各国的环境保护方面的困境较多，协作的意愿强烈，环境治理与合作将成为上海合作组织今后重要议题。

表6　环保专家会议

	时间	地点	会议成果
第一次环保会议	2005年	俄罗斯	开始联合制定《上海合作组织环境保护合作构想草案》，确立了由俄方牵头汇总《上海合作组织环境保护合作构想草案》，并在俄罗斯举办第一次上合组织环境部长会议的基调

续表

	时间	地点	会议成果
第二次环保会议	2006年	北京	由于各方在水资源保护与利用等问题上的分歧较大，会议未取得实质性成果
第三次环保会议	2007年	北京	谈判过程中删除了有关开展环境联合监测、联合预警、建立统一区域环境标准以及水资源一体化管理和跨界水资源利用等表述，构想草案初步达成一致
第四次环保会议	2008年	北京	乌兹别克斯坦代表在会上全力突出跨界水资源利用、维护下游国家用水权利等敏感问题，坚持水资源合理利用是开展上合组织环保合作的先决条件，谈判陷入僵局，后提交协调员会议审议，乌方仍坚持本国立场，遵照协商一致原则，协调员会议请环保专家会议继续协调
第五次环保会议	2008年	北京	会议就构想草案进行了讨论，但由于乌方仍坚持要将跨界水资源利用放入文件，会议最终未达成共识。由于构想草案谈判迟迟未取得实质性进展，各国立场差异较大，上合组织环保合作陷入停滞阶段
第六次会议	2014年	北京	在环保范围内各成员国共同磋商了《上海合作组织环境保护合作构想草案》，并保留异议，再次形成了商谈文本，在压力和合作意愿下，各方做出一定让步与妥协，最终签署纪要

注：笔者整理数据。

（三）其他国家及国际组织与2030年议程

国际政治经济格局变化的一个后果是，原本相对简单的"南北矛盾"正逐渐向"南北矛盾""南南矛盾"并行发展的方向演变。中国的发展中国家地位遭到质疑且被要求承担更多国际责任，有时期望甚至远超过中国的能力。尽管中国相对其他发展中国家而言发展速度较快，但依然属于发展中国家的一员，在国际社会中的基本利益依旧与大多数发展中国家相同，根本立场也始终是一致的，特别是与新兴国家之间并不存在根本利益冲突，因此在2030年议程的落实上应该也可以实现抱团合作。[①]

各国积极加入国际环境组织，需要依托联合国大会、经社理事会、联

---

① 黄梅波、吴仪君：《2030年可持续发展议程与国际发展治理中的中国角色》，《国际展望》2016年第1期。

合国环境规划署、全球环境基金、联合国可持续发展委员会、联合国区域委员会及联合国其他机构,尤其是联合国环境规划署①。并且紧跟环境组织专业化发展趋势,培养环境外交专业人才。

有超过 500 个多边环境协定在联合国注册,包括 61 个与大气有关的多边环境协定、155 个与生物多样性有关的多边环境协定、179 个与化学及有害物质和废物有关的多边环境协定、46 个与土地有关的公约、196 个与水资源问题相关的公约。中国不仅批准了《联合国气候变化框架公约》《京都议定书》以及《巴黎协定》等一系列应对气候变化的重要文件,而且采取了切实的自主减缓和适应气候变化的各种行动。自 1992 年联合国环境与发展大会以后,中国政府率先组织制定了《中国 21 世纪议程——中国 21 世纪人口、环境与发展白皮书》,并较早成立了多个政府部门组成的国家气候变化对策协调机构,在研究、制定和协调有关气候变化的政策等领域开展了多方面的工作。从 2001 年开始,国家气候变化对策协调机构组织了《中华人民共和国气候变化初始国家信息通报》的编写工作,并于 2004 年底向《联合国气候变化框架公约》第十次缔约方大会正式提交了该报告。2007 年,中国成立了"国家应对气候变化及节能减排工作领导小组",并制定发布了《中国应对气候变化国家方案》。自 2008 年始,中国政府连续发布《中国应对气候变化的政策与行动》国家报告,向国内外公开中国应对气候变化的进程。在中国,中国共产党的全国代表大会对于国家的内政和外交有着巨大影响。2007 年的中共十七大报告第一次列入了气候变化议题,指出要"加强应对气候变化能力建设,为保护全球气候做出新贡献"。2012 年,中共十八大报告进一步指出要"坚持共同但有区别的责任原则、公平原则、各自能力原则,同国际社会一道积极应对全球气候变化",更加明确了中国应对气候变化的基本路径。②

四、结语

自然的演变史、文明的进化史就是人类不断地攫取资源、再造资源、

---

① 联合国规划署一直是联合国系统内负责全球环境事务的牵头部门和权威性机构,扮演着首席协调者、重要知识的提供者、国际环境条约谈判的推动者等诸多身份,长期致力于全球环境相关问题的调查、资料收集、分析汇总、权威信息发布,对全球诸多类型的环境问题进行了长期的跟踪研究和持续关注。

② 哈耶克主编,郇庆治译:《全球视野下的环境管制:生态与政治现代化的新方法》,山东大学出版社 2012 年版,第 34 页。

破坏环境、重建环境的历史。在此过程中，人类从自然环境中取得各种物质资源，转换成人们所需要的产品，同时也把转换过程中产生的废物排入环境。由于技术条件限制，这些废弃物所造成的环境损害不能完全消除，因而降低了环境质量，并影响到企业周围地区的工农业生产和人民生活。人类对自然的认识和改造是一个逐步的过程，在研究水环境与经济发展关系时，我们可以借鉴一些发达国家的经验和教训，使我们的工作更好地与实践相符，少走弯路。这正是中国在提出"丝绸之路经济带"方案的最大战略目标：各国共同构建利益共同体和命运共同体。互利共赢和共知共识是形成利益共同体的基本条件，利益共同体原则就是"编织更加紧密的共同利益网络"，强调利益融合，周边国家"得益于"中国的发展，中国也从周边国家的共同发展中获得"裨益和助力"；命运共同体的最大价值在于，每一个国家在追求本国利益时都要兼顾他国利益和利益关切，同时经济利益和地区安全休戚相关，每一个国家在追求经济利益时都要兼顾地区安全利益。

参考文献

[1] 高瑞泉、山口久和：《城市知识分子的二重世界》，上海古籍出版社2005年版。

[2] 周自力：《安康农村扶贫开发模式与措施研究》，西安理工大学，2008年。

[3] 卢盛峰、卢洪友：《政府救助能够帮助低收入群体走出贫困吗？——基于1989—2009年CHNS数据的实证研究》，《财经研究》2013年第1期，第4—16页。

[4] 孙璐：《扶贫项目绩效评估研究》，中国农业大学，2015年。

[5] 刘沛栋：《基本消费支出视角下的"支出型贫困"研究——以江苏省为例》，《社会保障研究》2014年第6期，第89—95页。

[6] 杨学琴：《社区居民抑郁状态及早期干预有效性研究》，北京中医药大学，2012年。

[7] 马丁·耶内克、克劳斯·雅各布、耶内克等：《全球视野下的环境管治：生态与政治现代化的新方法》，山东大学出版社2012年版。

[8] 约阿希姆·拉德卡、拉德卡、王国豫等：《自然与权力：世界环境史》，河北大学出版社2004年版。

[9] 王琰：《环境社会学视野中的空气质量问题——大气细颗粒物污

染（PM2.5）影响因素的跨国数据分析》，《社会学评论》2015 年第 3 期，第 53—67 页。

［10］于宏源：《国际环境合作中的集体行动逻辑》，《世界经济与政治》2007 年第 5 期，第 43—50 页。

［11］董亮：《国际环境政治研究的变迁及其根源》，《教学与研究》2016 年第 5 期，第 103—112 页。

［12］钟其、虞伟：《中外环境公共治理比较研究》，中国环境出版社 2015 年版。

［13］王宏斌：《治理主体身份重塑与全球环境有效治理》，《经济社会体制比较》2016 年第 3 期，第 137—143 页。

［14］周亚敏：《欧盟在全球治理中的环境战略》，《国际论坛》2016 年第 6 期，第 24—29、77—78 页。

［15］黄新焕、叶琪：《全球环境治理体系的构建与战略选择》，《经济研究参考》2016 年第 16 期，第 4—11 页。

［16］蔺雪春：《绿色治理：全球环境事务与中国可持续发展》，齐鲁书社 2013 年版。

［17］文件：《改变我们的世界：2030 年可持续发展议程》。

塔利班统治时期的阿富汗毒品形势

李昕玮[*]

毒品问题长期困扰着阿富汗,但国际社会对该问题形成关注主要是在"9·11"事件之后。实际上在苏联入侵阿富汗时期毒品便已成为阿富汗当地军阀获取军费的主要手段之一,塔利班统治阿富汗时期,对毒品的态度经历了放任到严禁的转变,但实际上塔利班的禁毒举措并未真正根除阿富汗毒品经济产生发展的基础,并随着反恐战争的爆发和塔利班政权的垮台而宣告失败。

一、阿富汗塔利班的发展历程

塔利班于20世纪90年代正式登上政治舞台,1994年一支从巴基斯坦开往阿富汗运输物资的车队在坎大哈遭到了当地军阀的围困,一群武装起来的宗教学校学生解救了车队,不久后又袭击了强抢民女的当地军阀,之后这支武装便以"塔利班"作为自己的名号[①]。绝大多数塔利班成员来自巴基斯坦普什图地区宗教学校,大部分是难民,这些宗教学校中盛行的是逊尼派迪欧班迪教派,且宗教学校毛拉们文化水平多数不高,对伊斯兰教经典理解浅薄,最终使塔利班形成了糅合普什图部落习惯与极端保守的伊斯兰主义的意识形态观念。

塔利班的兴起是当时阿富汗国内外因素共同作用的结果。首先,苏联撤军之后各派武装势力并未致力于国家的和平与稳定,而是为争抢势力范围相互争战,使得国家滑入内战的深渊,甚至产生了所谓"毒品军阀",他们没有为国家带来和平与稳定的政治抱负,而是为维护自身利益与势力范围而相互争战。如1990年3月毛拉纳西姆·阿洪扎达被刺杀之后,赫尔曼德河流域各游击队派别之间为争抢毒品势力范围爆发战争[②],使当地局

---

[*] 李昕玮,贵州凯里学院助教,博士。

[①] 何明:《塔利班政权的兴亡及其对世界的影响》,华东师范大学出版社2005年第1版,第14页。

[②] 沙伊斯塔·瓦哈卜、巴里·扬格曼著,杨军、马旭俊译:《阿富汗史》,中国出版集团中国大百科全书出版社2010年6月第1版,第229页。

势陷入动荡。军阀之间的腐败、暴力和不团结使包括宗教学校学生在内的青年及普通民众极为不满。其次，作为精神导师的穆罕默德·奥马尔在塔利班发展史上起到了重要作用。奥马尔本来是一名阿富汗南部边境地区的普通毛拉，在反对纳吉布拉政权的战斗中受伤，一只眼失明。1992年左右回到坎大哈建立宗教学校[1]，1994年塔利班运动兴起之后成为精神导师和领导层核心。奥马尔自身的毛拉身份对于普通阿富汗民众十分具有感召力，并且奥马尔及其塔利班武装提出的"铲除军阀、恢复和平、重建国家"[2]的口号对陷入内战的阿富汗民众吸引力极大。第三，外部势力对塔利班的支持也起到重要作用。1993年之后希克马蒂亚尔逐渐丧失了普什图人的支持，巴基斯坦将主要由普什图人构成的塔利班看作新的支持对象，巴基斯坦曾经有人如此评价，塔利班"是巴基斯坦情报部门和内务部门供养的孩子"[3]。同时美国认为塔利班是阿富汗摆脱内战状态的希望所在，更重要的是美国认为塔利班是 UNOCAL 石油管道安全保障的希望所在[4]，1996—1997年间美国同塔利班的代表之间已有接触。

在内外因素的共同作用下，塔利班势力扩展极快。到1994年年底塔利班已经夺取了阿富汗南部地区12个省份的控制权，几乎把整个普什图人地区置于一个统一、极端保守主义政权的统治之下[5]。1996年9月塔利班攻克贾拉拉巴德，并攻入喀布尔，控制了阿富汗70%的领土，并在之后两年内打下了阿富汗余下的大部分领土，可以说阿富汗在达乌德政权倒台之后首次实现了和平局面[6]，到2001年11月为止塔利班实际控制了阿富汗绝大多数领土。

---

[1] 沙伊斯塔·瓦哈卜、巴里·扬格曼著，杨军、马旭俊译：《阿富汗史》，中国出版集团中国大百科全书出版社2010年6月第1版，第230页。

[2] 何明：《塔利班政权的兴亡及其对世界的影响》，华东师范大学出版社2005年第1版，第29页。

[3] 何明：《塔利班政权的兴亡及其对世界的影响》，华东师范大学出版社2005年第1版，第22页。

[4] Sean Duffy: Shell game: the U.S-Afghan opium relationship, the University of Arizona, 2011, http://arizona.openrepository.com/arizona/bitstream/10150/202706/1/azu_etd_11722_sip1_m.pdf, p.254.

[5] 沙伊斯塔·瓦哈卜、巴里·扬格曼著，杨军、马旭俊译：《阿富汗史》，中国出版集团中国大百科全书出版社2010年6月第1版，第231页。

[6] 沙伊斯塔·瓦哈卜、巴里·扬格曼著，杨军、马旭俊译：《阿富汗史》，中国出版集团中国大百科全书出版社2010年6月第1版，第236页。

二、塔利班对毒品的态度

塔利班对毒品的政策并非一成不变。1994年塔利班兴起之初曾表示要禁绝毒品，在坎大哈、尼姆鲁兹等南部省份摧毁罂粟种植田，因为塔利班指挥官认为种植鸦片并不符合伊斯兰教义[①]。但很快塔利班对毒品贩运的实际态度便有所改变，因为他们需要得到部族势力的支持，根据美国缉毒局1996年的文件，一些关键性的部族势力是在奥马尔允诺不打击鸦片制贩的前提下才支持塔利班的[②]。除此之外塔利班还同一些"毒品军阀"形成了合作关系，毒品贩运集团需要塔利班武装来维护其在"生意"的安全，而塔利班也可以从中获利。1996年塔利班开始向其控制区内的贩毒组织以"天课"的方式征收赋税[③]。在阿富汗南部地区，农民以借贷的形式从坎大哈银行获得资金用于种植罂粟，收获后将10%的鸦片或者是现金交给塔利班当局"完税"，剩余部分再卖给经销商还贷，而在塔利班控制区下的海洛因加工厂则需要向塔利班政权缴纳20%的税收，同时也享受坎大哈银行的贷款[④]。这样塔利班便避免了亲自参与毒品制贩所带来的同伊斯兰教法相矛盾的问题，而声称只是向控制区内的商业征税，且税赋完全按照伊斯兰教规定执行。1996年联合国资料显示塔利班控制区生产了3100吨鸦片，而该年度阿富汗全年鸦片产量为3200吨[⑤]。

1999年10月奥马尔宣布将罂粟种植面积削减1/3，他声称："所有的阿富汗农民都要将自己的罂粟种植面积削减1/3，违反者将受到严厉惩罚。"[⑥] 2000年奥马尔颁布禁毒令，并于该年度冬季鸦片播种季生效。根据联合国毒品与犯罪问题办公室的数据，塔利班实施严格禁令之后，2000—2001年阿富汗鸦片产量一度为零[⑦]。国际学界认为塔利班实施严厉禁毒令的

[①] Александр Князев：《К истории и современному состоянию производства наркотиков в Афганистане и их распространения в Центральной Азии》，Бишкек – Илим，2003，p. 10.

[②] Gretchen·Peters：*Seeds of Terror*，ST. Martins Press，2009，p. 82.

[③] Александр Князев：《К истории и современному состоянию производства наркотиков в Афганистане и их распространения в Центральной Азии》，Бишкек – Илим，2003，p. 12.

[④] Александр Князев：《К истории и современному состоянию производства наркотиков в Афганистане и их распространения в Центральной Азии》，Бишкек – Илим，2003，p. 11.

[⑤] Александр Зеличенко：《История афганской наркоэкспансии 1990 – x》，2003，http：//bookz. ru/authors/zeli4enko – aleksandr/afgan_drugs/1 – afgan_drugs. html，p. 29.

[⑥] Александр Князев：《К истории и современному состоянию производства наркотиков в Афганистане и их распространения в Центральной Азии》，Бишкек – Илим，2003，p. 12.

[⑦] Gretchen·Peters：*Seeds of Terror*，ST. Martins Press，2009，p. 87.

原因主要是树立自身形象和抬高世界鸦片和海洛因市场价格，巩固其垄断地位，鸦片价格在半年内升高了10倍，2000年7月一公斤海洛因在阿富汗的市场价格为579美元，6个月后便高达4564美元①。

国际学术界及情报机构认为塔利班统治时期尽管颁布了禁毒令，但实际上并未真正落实。美国国务院于2001年称，"没有任何证据表明塔利班或者是北方联盟切实在其控制领域内铲除海洛因和吗啡加工厂，或者是停止其控制区内的毒品贩运。"② 值得注意的是，各方基本都承认塔利班在其控制区内对鸦片种植的管控力度。美国中央情报局的数据显示，塔利班提出禁毒令的一年之内阿富汗鸦片产量从预计的4042吨骤降至81.6吨，且绝大多数是北方联盟控制区生产的③。

表1　阿富汗鸦片产量统计数据④（1996—2001年）　　（单位：吨）

	1996年	1997年	1998年	1999年	2000年	2001年
美国政府	2099	2184	2340	2861	3656	74
UNODC	2248	2804	2102	4581	3276	0

应该说塔利班的禁毒令在打击阿富汗鸦片种植方面确实取得成效，使鸦片产量从2000年的世界垄断地位骤降。到2001年"9·11"事件爆发前，一公斤鸦片价格已经达到了746美元⑤，而在阿富汗边境地区一公斤鸦片的价格曾经是28美元⑥。美国的另一份数据则表明在禁令实施前后，阿富汗边境地区一公斤鸦片价格从44美元上涨到350—400美元之间⑦；且根据联合国麻醉品管制局公布的数据，在禁令颁布前阿富汗海洛因的储量便已经足够供应欧洲市场四年以上。一名奎达的毒贩在接受采访时说，"这不是宗教禁令，

---

① Александр Князев: 《К истории и современному состоянию производства наркотиков в Афганистане и их распространения в Центральной Азии》, Бишкек - Илим, 2003, p. 14.

② Tim Golden: The World: A War on Terror Meets a War on Drugs, The New York Times, 25. 11. 2001, http://www.nytimes.com/2001/11/25/weekinreview/the - world - a - war - on - terror - meets - a - war - on - drugs. html。

③ Ibid.

④ Gretchen Peters: Seeds of Terror, ST. Martins Press, 2009, p. 87.

⑤ Gretchen Peters: How opium profits the Taliban, 2009, http://www.usip.org/sites/default/files/resources/taliban_opium_1.pdf, p. 14.

⑥ Gretchen Peters: Seeds of Terror, ST. Martins Press, 2009, p. 100.

⑦ Raphael F. Perl: Taliban and the Drug Trade, 2001, http://fpc.state.gov/documents/organization/6210.pdf, p. 2.

这是极好的生意：低价买进，高价卖出。"① 并且塔利班的禁毒令并未针对海洛因和吗啡加工厂，1998年的一份美国中央情报局报告中称，该年度塔利班官员命令在其控制下的赫尔曼德、坎大哈和乌鲁兹甘省新建六座海洛因加工厂，同时在赫尔曼德省和楠加哈尔省还有60座海洛因加工厂，当联合国毒品与犯罪问题办公室官员到访时，塔利班指示暂时关闭这些加工厂②。塔利班通过鸦片禁令一方面垄断了海洛因和吗啡原材料，另一方面则并未损害更为赚钱的海洛因、吗啡加工业，同时还可以塑造自身禁毒的良好形象以符合宗教教义以及国际趋势。

从塔利班运动兴起到建立政权，直至垮台，塔利班的毒品政策实际是矛盾的。一方面颁布禁毒令使塔利班能符合沙里亚法要求，并顺应普通阿富汗人结束毒品经济的民意，并且向国际社会展现出一定的合作可能。但另一方面因于毒品经济体系已经在阿富汗根深蒂固，不得不在实际上维护毒品贩运集团和"毒品军阀"的利益，塔利班成员阿卜杜勒·拉希德声称："我们不能强迫民众种植小麦。如果我们强迫他们停止种植罂粟，将会引发针对塔利班的反抗。"③ 但实际上塔利班的禁毒令并未也不可能打击到毒品制贩问题的根本，因为作为一个政治和武装组织，塔利班需要资金，通过对其控制区内的毒品制贩活动征税能获利丰厚。但更重要的是塔利班需要获得有实力的军阀势力的支持，而这些军阀基本都是"毒品军阀"，因此最终在塔利班和这些军阀之间形成了合作、"共赢"的局面：塔利班不干涉合作军阀的毒品制贩，并为其提供保护；而军阀一方面为塔利班提供支持，使其能顺利夺取权力，另一方面也通过"天课""十一税"等赋税为塔利班提供资金支持。

塔利班在其统治期间，实际上形成了毒品军阀—塔利班—国际有组织犯罪集团之间的利益链条，具体而言就是塔利班并不大规模直接参与毒品制贩，而是通过收税和提供保护的方式获取利润，同时与控制区内的毒品军阀密切合作，甚至一些毒枭直接参加塔利班，比如哈吉·巴希尔·努尔扎伊、贾拉鲁丁·哈卡尼等人。同时国际贩毒集团同塔利班构建密切联系，比如1999—2001年期间同塔利班联系最为密切的是阿尔巴尼亚贩毒集团④，并迅

---

① Gretchen Peters: *Seeds of Terror*, ST. Martins Press, 2009, p.100.
② Gretchen Peters: *Seeds of Terror*, ST. Martins Press, 2009, p.91.
③ Sean Duffy: Shell game: the U.S‒Afghan opium relationship, the University of Arizona, 2011, http://arizona.openrepository.com/arizona/bitstream/10150/202706/1/azu_etd_11722_sip1_m.pdf, p.256.
④ Александр Князев: 《К истории и современному состоянию производства наркотиков в Афганистане и их распространения в Центральной Азии》, Бишкек‒Илим, 2003, p.11.

速顶替原有的意大利和土耳其有组织犯罪集团,成为欧洲毒品市场的主要供应商。美国中央情报局的报告显示,2000 年在塔利班控制区内国际贩毒集团通行无阻[①]。整体而言,塔利班将毒品看作普通商品,以国家管理的模式,通过税收和"外贸管理"的方式获取利润。虽然表面上颁布了禁毒令,但实际上却进一步固化了毒品经济在阿富汗社会和经济生活中的作用。

三、"北方联盟"对毒品的态度

塔利班统治时期并未控制阿富汗全境,约 30%的领土(主要是北部地区)属于"北方联盟"的控制之下。北方联盟实际是在阿富汗"伊斯兰国"旗帜之下联合的军事派别,相互之间存在很多矛盾,但共同对抗塔利班统治,主要由塔吉克族、哈扎拉族和乌兹别克族等构成,领导人为拉巴尼,但实际上最具实力的是艾哈迈德·沙阿·马苏德,另外杜斯塔姆、法希姆、伊斯梅尔汗等人也颇具实力。北方联盟主要控制的是巴达赫尚、卡皮萨、塔哈尔等北部省份。在这一阶段北方联盟同样也参与了毒品制贩。

苏联解体之后在阿富汗北部出现了一批新成立的国家,当时中亚各国边境管控能力薄弱,政治局势不稳(在塔吉克斯坦甚至爆发了内战),社会问题严重,这使阿富汗毒品迅速找到了新的贩运方向,形成了毒品贩运"北方路线"。北方联盟控制下的巴达赫尚省具有种植罂粟、贩运的传统历史,且当地生产的鸦片因吗啡含量高而成为"世界上最好的鸦片"。有说法称"北方联盟将其控制下的阿富汗东北部变为毒品向中亚以及更远贩运的重要枢纽"。[②] 特别是奥马尔颁布禁毒令之后,巴达赫尚省和塔哈尔省迅速成为阿富汗最大的鸦片生产区[③],尤其是巴达赫尚省的鸦片产量在 2000—2001 年间飙升了 158%[④]。

北方联盟的领导人拉巴尼、马苏德都曾经表示过禁毒的意向。1999 年 5

---

① Raphael F Perl: Taliban and the Drug Trade, 05.10.2001, http://fpc.state.gov/documents/organization/6210.pdf, p.3.

② Anthony Davis: Afghan drug output wanes – but only under Taliban, Jane's Intelligence Review, 22.10.2001, http://www.readabstracts.com/Military – and – naval – science/Pakistan – in – quandary – over – new – sanctions – against – the – Taliban.html.

③ Sean Duffy: Shell game: the U.S – Afghan opium relationship, the University of Arizona, 2011, http://arizona.openrepository.com/arizona/bitstream/10150/202706/1/azu_etd_11722_sip1_m.pdf, p.259.

④ Frank Shanty: *The nexus international terrorism and drug trafficking from Afghanistan*, Pentagon Press, 2012, p.29.

月 28—29 日拉巴尼访问吉尔吉斯斯坦时曾经同阿卡耶夫总统表示："从阿富汗蔓延的毒品、恐怖主义和极端主义已经威胁到邻国的安全，双方应当致力于共同对抗这些威胁。"[1] 马苏德于 1999 年 4 月在接受吉尔吉斯记者采访时也表示："我们反对任何形式的毒品生产和贩运。"[2] 但这些表态并未产生实际作用。美国国务院 2001 年的报告中同样指责北方联盟未能切实打击其控制区内的海洛因和吗啡生产及贩运。

四、总结

总体而言，在塔利班时期，阿富汗鸦片产量曾经出现过急剧变化，但实际毒品经济体系不仅没有得到改变，反而进一步固化于阿富汗政治、经济和社会体系之中，同时还形成了阿富汗国内毒品贩运集团与极端组织互利共生的模式，使毒品问题更加难以解决，并在塔利班政权垮台后进一步发展，最终形成了阿富汗的"毒品—武装组织"共生的政治经济网络，成为危害阿富汗安全与稳定的一大毒瘤。

---

[1] Александр Князев：《К истории и современному состоянию производства наркотиков в Афганистане и их распространения в Центральной Азии》，Бишкек – Илим，2003，p. 10.

[2] Александр Зеличенко：《История афганской наркоэкспансии 1990 – x》，2003，http：//bookz. ru/authors/zeli4enko – aleksandr/afgan_drugs/1 – afgan_drugs. html，p. 15.

第三篇

上海合作组织发展的新机遇

上海合作组织扩员后的职能再定位问题

许 涛[*]

上海合作组织从 2001 年成立至今已走过 17 年历程（准确计算应以"上海五国"机制形成作为"上海进程"起点，其实已超过 20 年），而这一时间跨度恰恰是 21 世纪全球政治格局和国际关系体系发生急剧变化的时期。在这一重要的历史时期中，哈萨克斯坦、吉尔吉斯斯坦、中国、俄罗斯、塔吉克斯坦、乌兹别克斯坦六国通过经营上合组织这一地区合作平台，确立和巩固了冷战后在国际社会中应有的地位和影响，保障了本地区的稳定与安全，为各成员国实现各自的发展目标营造了良好的环境。

在进入 21 世纪第二个十年后，全球化发展的速度和形式以出乎人们预期的程度给全世界和本地区国家关系及各国社会带来前所未有的冲击，全球性金融危机、以乌克兰危机为标志的后冷战博弈、以"伊斯兰国"为标志的极端主义，以及民粹主义和极右思潮普遍兴起，都成为各国必须面对和亟待解决的难题。针对这一形势，上合组织在完成 21 世纪初的地区战略目标后，作为欧亚重要国际组织的合作职能也需要做出必要调整。

一是政治上：由地缘政治互信伙伴向命运共同体转变。20 世纪 90 年代，中国因坚持中国特色社会主义道路而受到西方围堵和制裁。俄罗斯与中亚各国刚刚告别苏联时代，新获得的主权和国际法地位需要国际社会认可。在这一背景下，六国超越政治制度、意识形态、文化传统上的差异，在政治互信的基础上结成非同盟的战略伙伴关系，成功拓展生存和发展所必需的国际空间。目前这一任务已基本完成，在新的全球性挑战面前需要深化政治合作，即转向对打造"命运共同体"的认识和推动。

二是安全上：由传统安全领域向非传统安全领域转变。从"上海五国"时期开始，基于国家关系和国家安全上的信任，上海合作组织的多边合作事业从解决地区军事安全入手，并成为示范和推动其他领域合作的标杆。根据地区形势的变化和成员国发展的需求，促使 20 多年的安全合作由传统领域向非传统领域转型。21 世纪前 20 年的国际政治实践也在证明，非传统安全

---

[*] 许涛，国务院发展研究中心欧亚社会发展研究所研究员，中国现代国际关系研究院研究员，上海大学兼职教授。

因素的威胁将成为未来各国各地区面临的主要挑战，对上海合作组织及其成员国也不例外。这一转型在上海合作组织发展历程中成功地实现了，但仍在继续和完善。在全球化的大背景之下，上述非传统安全因素的跨国、跨地区存在与发展方式，要求成员国间更密切的合作。

三是经济上：由经贸便利合作向协调区域一体化转变。以区域一体化应对全球化冲击带来的风险，是当今世界各国各地区普遍的做法。上海合作组织在这方面有较成熟的经验，并形成了初步的合作机制。上合组织成立之初的经济合作，主要目的是为了摆脱苏联经济体系断裂后造成的困境和走出独立建国初期的经济发展低谷，维持各国居民正常物质生活水准，防止出现社会动荡。当这一任务基本完成后，目前有效应对全球化对地区经济格局的冲击需要经济合作水平和方式的升级。

四是几点看法：

首先，上合组织一向倡导的"上海精神"不变。"互信互利，平等协商，尊重多样文明，谋求共同发展"，是上合组织发展的凝聚力所在，首次扩大成员国队伍后更需坚持这一精神。

其二，上合组织一向坚持的"三不原则"不变。"不结盟，不对抗，不针对第三方"是上合组织对国际社会的承诺，也是对外基本原则。这将意味着，不论成员国发生怎样的变化，都不能使其变成军事联盟、国家联盟或反西方同盟。

其三，健全吸收新成员国机制的同时，也应完善对不履行《上海合作组织宪章》等基本文件精神成员国的组织约束措施。上合组织是一个开放性地区国际组织，首次扩员后吸收新成员程序应制度化，同时也应对违反宪章条文和原则的现有成员国制定相应组织措施，拟可分成不同惩戒等级。这样才能对国际社会有个交待，对成员国有个交待。

上海合作组织国家在科技发展领域开发合作关系的潜力

弗拉基米尔·柯尼亚金宁[*]

现在的全球化到底进展怎么样？有这么一个概念，第一次世界大战就是铁路的战争，就是两个大型的铁路规划的冲突，也就是德国和英国的冲突，跨太平洋、跨大西洋的，现在的跨太平洋的合作主要是信息上的、数字上的合作，现在整个世界在寻找新的一种全球化的语言，这种全球化主要是在数字世界里。在欧洲经济委员会说过，所有的问题都归结为我们怎么来建立一个统一的数字的空间，这是最主要的一点，其他的问题都从属于这一个主要的任务。

我们有很多合作的可能，首先是在科技方面合作，在下图中（参见原文）有一个大球，这就是每个国家在主要科技方面的一些参与程度，欧洲他们在自己的投资方面已经很靠近美国这个水平，而中国在这方面的投入是美国之后的第二个大国，俄罗斯和印度是其后最大的，他们之后就是巴基斯坦和伊朗。如果我们想要打造新型经济的话，一定要集中考虑这个市场上所有的参与各方的力量、实力应该是相当的，这是一个非常重要的任务，这是一个为了未来的竞争。当然我们也要致力于在新的全球化体系中占有一席之地。

在这个图（参见原文）里我介绍了美国、韩国、日本、中国和英国在科技研发上的投入增长的一个曲线图，可以看到在过去的 2016 年任何一个国家在研发上的投资都没有下降，是只升不降，包括联合国教科文组织对此进行的调查显示，我们看到研发投入对研发的争夺，这就是对未来的争夺。

接下来介绍能够推动上海合作组织内部形成统一议程的四个因素。第一，各个国家都通过了自己的国家治理或者是这种方案，以便应对当前的全球威胁，这种合作的基础、前提是我们首先要承认目前我们面对的是相似的威胁，这是基础，是制定共同议程的基础。从第二个图表

---

[*] 弗拉基米尔·柯尼亚金宁，俄罗斯西北战略研究中心主任。

（参见原文）可以看到，这是学术交流和学术发表的一个分布图，主要是在媒体上发表，我们知道在当代世界对创新行业的投资分布是不均匀的，核心增长是非常迅速的，比边缘和半边缘和边缘地区增长以几倍的速度，更高的速度在增长。如果我们不能够抓住这一轮竞争的要点，那么我们就会被科技竞争所淘汰。

接下来一个要素，几乎所有的上海合作组织的成员国，我指的是学术大国和科学大国都启动了相似的组织方面的改革，就是学术组织的改革，比如全球性的大学。俄罗斯提出了自己的国家研究型大学的计划，我们知道中国刚刚通过了"双一流"的项目，类似的项目就是印度目前也在启动类似的一流高校的建设项目，我们的高校要在今后的十年占据所有的大学排行榜的更优势的位置，甚至向榜首冲击。我们知道中国的科学院体系的研究正在进行改革，我们看到俄罗斯的科学院体系的整个学科体系也在进行非常艰难的改革和转型，这个过程在主要大国也是比较相似的，包括在研发方面的投入，我们看到目前已经通过了战略性的计划，在这些计划里面各个主要国家列在这个发展高等教育的措施都是比较相近的。第四个方面是基础研究的改革，我们正站在一个新时代的门口，我们会看到对整个世界的理解和世界经济的前景都是全新的，完全不同的，没有任何一个国家，包括美国都不能够单打独斗地再继续成为唯一的霸主。我们制定了自己的战略和长期的发展战略，我们有七个主要的挑战。2018年的议程，就是俄罗斯向上海合作组织提出的议程，其中也包括这七大挑战。像数字经济，抗生素的本地化和新一代的提升，对于中国来说今后十年这种生物医药、生物科技也是非常关键的一个竞争领域。

接下来谈一下合作的水平，大家看一下左边的图（参见原文），是印度和中国、俄罗斯在学术合作中的数据，我们看到目前的合作水平也就是占全球的前20名，我们应该努力向全球的前10名来进发，这里也指出一个非常合作的主要方向。

最后一点，说实话这里面没有什么特别新的东西，其实就是把现有的一些要素进行了整合和重新排列，下面这个图（参见原文）可以看到的是，俄罗斯的大学在KOS的排名里的排名数据，实际俄罗斯的大学在2012年才开始进入这个排行榜，在2013年才有了相对比较好的表现，这里我们看到增长是非常的明显，俄罗斯的高校在几十个将近100个数据中都有所提升。这里面可以看到，俄罗斯高校在QS里面的排名主要也要考虑一个国际发表的要素，我们也在迅速地做出应对，俄罗斯也设置了比较相似的国内议程,如果说我们启动了类似的这种组织形式上的改革,那么我们在这个领域上也一定要与国际的高校进行合作,否则核心会迅速膨胀,而边缘会比较落后。

(根据现场同传速记稿整理)

【俄文原文】
Потенциал развития кооперационных связей стран 《Шанхайской организации сотрудничества》 в сфере развития науки и технологий

В. Н. Княгинин[*]

Являющиеся членами или кандидатами на членство в Шанхайской организации сотрудничества (ШОС) Китай, Россия, Индия, а по ряду позиций Пакистан и Иран входят в группу стран, осуществляющих значительные бюджетные и частные инвестиции в сектор науки и технологий. Каждая из названных стран имеет свою исследовательскую специализацию. Например, Иран входит в число мировых лидеров в сфере нанотехнологий. Российская Федерация имеет наивысший индекс научной специализации по WoS (specialisation index, SI) в физических науках, в математике и химии. Неплохие показатели российской науки в сфере клинической медицины[①]. Особняком в ряду стран ШОС стоит КНР. В марте 2016 года Всекитайское собрание народных представителей (ВСНП) приняло 13-й пятилетний план народнохозяйственного и социального развития КНР на 2016–2020 годы. Согласно тому плану, к 2020 году капиталовложения Китая в научные исследования возрастут до 2,5% ВВП, коэффициент вклада научно-технического прогресса в экономи-

---

[*] В. Н. Княгинин, вице-президент ЦСР и председатель правления ЦСР 《Северо-Запад》.
[①] Индикаторы науки: 2017: Статистический сборник. – М.: НИУ ВШЭ, 2017; Коцемир М., Кузнецова Т., Насыбулина Е., Пикалова А. Выбор научно-технического сотрудничества России // Форсайт. 2015. Т. 9. № 4. С. 59.

ческий рост страны поднимется до 60%①. Учитывая объемы ВВП Китая речь идет об астрономических инвестициях в науку и технологические разработки. Это позволяет Китаю осуществлять финансирование НИКР по широкой тематике.

Страны ШОС последовательно и поступательно расширяют свое место на глобальном рынке исследований и разработок. По данным Министерства образования и науки Российской Федерации, с 2004 по 2014 год число публикаций российских ученых в базе Web of Science увеличилась на 27%, а в базе SCOPUS – на 45%. Число публикаций в расчете на 100 исследователей за указанный промежуток увеличилось в указанных базах соответственно на 36% и 56%. Темпы прироста числа публикаций в расчете на 100 исследователей за 2 последних года в 2 раза превысили соответствующий показатель за период 2004 – 2014 годов. В 2012 – 2014 годах удалось Российской Федерации удалось переломить тенденцию падения удельного веса публикаций российских исследователей в общемировом числе публикаций в базе Web of Science. Китай, Индия, Иран и др. включаются в число 《новых лидеры мирового уровня》 в сфере исследований и технологий из – за быстрого роста научных публикаций, патентной активности, больших показателей высокотехнологического экспорта②.

Распределение стран мира по объему финансирования исследований и разработок и численности ученых в пересчете на 1 миллион населения

---

① Ли Янь. Шесть изменений, которые произойдут после реализации в Китае плана на 13 – ю пятилетку и окажут влияние на весь мир // http://russian.people.com.cn/n3/2016/0312/c31521 – 9028983.html.

② Это было отнесено к числу 《ключевых факторов, оказывающих влияние на политику и управление в области науки, технологий и инноваций》 в докладе ЮНЕСКО о развитии науки в мире за 2015 год (Доклад ЮНЕСКО по науке: на пути к 2030 году. Резюме. – Париж: UNESCO, 2015. С. 3 – 11). К аналогичным выводам приходят различные исследователи, анализирующие рост 《новых лидеров в науке》 (Chan – Yuan Wonga, Lili Wangb. Trajectories of science and technology and their co – evolutionin BRICS: Insights from publication and patent analysis // Journal of Informetrics. Volume 9, Issue 1, (January 2015)).

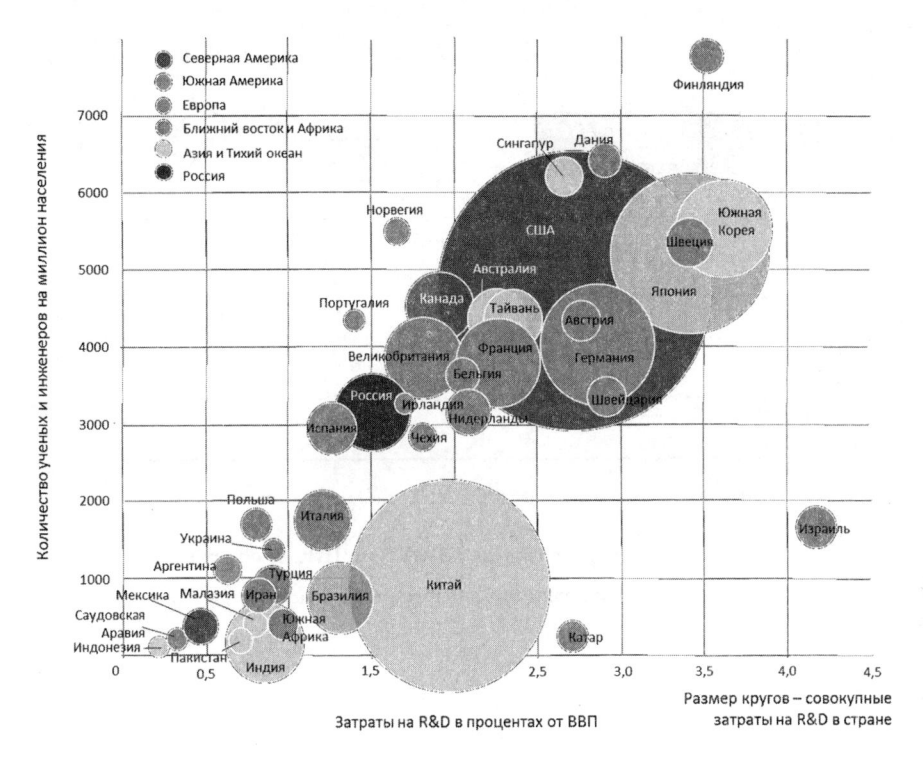

Источник: Фонд 《ЦСР》 по данным Battelle, R&D Magazine, International Monetary Fund, World Bank, OECD.

В то же время для стран ШОС имеется значительный комплекс задач в сфере науки, технологий и инноваций, связанный с повышением эффективности исследований и разработок, продуктивности науки, обеспечения восприимчивости экономики к инновациям.

Одной из главных задач в секторе НИОКР для стран ШОС является достижение значимых темпов роста научной и инновационно - технологической сферы, обеспечивающих продвижение в НИОКР, сопоставимое с темпами роста исследований и разработок в развитых странах. В настоящий момент глобальные валовые расходы на НИОКР (после некоторого торможения 1980 - 1990 - х годов) растут выше темпов роста ВВП. Это происходило даже в течение глобального экономического кризиса конца 2000 - х - начала 2010 - х годов. Эксперты ЮНЕСКО характеризуют данный тренд как повышение так называемой 《глобальной интенсивности НИОКР》. Если в 2007 году валовые расходы на НИОКР составляли 1,57%

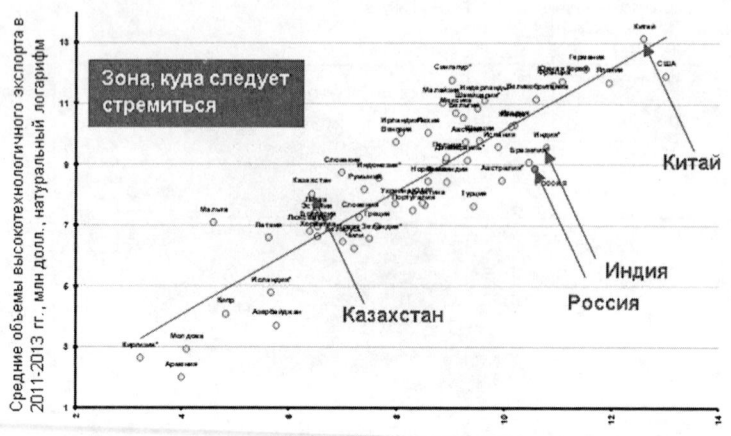

Соотношение расходов на НИОКР по ППС и объема высокотехнологичного экспорта по странам мира

Источник: ЦМАКП.

Соотношение расходов на НИОКР по ППС и среднего числа цитирований по странам мира

Источник: ЦМАКП.

ВВП, то уже к 2013 году они достигли 1, 70%[1]. Причем в индустриально

---

[1] Доклад ЮНЕСКО по науке: на пути к 2030 году. Резюме. – Париж: UNESCO, 2015. С. 10 – 12.

развитых странах в ситуации экономи-ческого кризиса доля бюджетного финансирования научных исследований и технологических разработок сокращалось, однако внебюджетные инве-стиции в них существенно увели-чивались. Государственное финанси-рование науки и технологий сосредоточилось на создании технологической базы для новой промыш-ленной революции и создании стимулов для небюджетных инвестиций в связанные с данной революцией научно－технологические проекты и программы. В конце 2000－х－начале 2010－х большинство индустриа-льно развитых стран заявили, что международная конкуренция в сфере науки и технологий будет расти, и этим странам необходимо добиться победы в такой конкуренции, чтобы обеспечить свое глобальное экономическое лидерство в условиях новой промыш-ленной революции[1]. Именно это сильнее всего будет определять научную повестку в мире в ближайшие 20－30 лет.

Следует учесть, что исследования и разработки конвертируются в передовые технологии и первенство в НИОКР является важнейшим условием обеспечения экономической конкурентоспособности страны. Поэтому развитые страны согласованно форсируют в настоящий момент исследовательские и технологические программы развития. В частности, в США в последние годы были приняты многочисленные президентские исследовательские инициативы в сфере передовых материалов и произв-

---

[1] Например: в США был опубликован специальный доклад американской академии наук 2008 года 《Растущий подъем грядущего шторма》 (Rising Above the Gathering Storm: Energizing and Employing America for a Brighter Economic Future / Committee on Prospering in the Global Economy of the 21st Century: An Agenda for American Science and Technology. － Washington: The National Academies Press. 2007); тогда же в Германии федеральное министерство образования и науки заявило о необходимости достижения страной глобального лидерства в НИОКР (Strengthening Germany's role in the global knowledge society. Federal Ministry of Education and Research, 2008 // https: // www. bmbf. de/pub/Internationalisierungsstrategie－English. pdf); в Японии была принята специальная научно－технологическая стратегия, направленная на обеспечение новой промышленной революции (Towards a Comprehensive Strategy of Science and Technology for the Medium－to－Long, 2009 // http: //www. mext. go. jp/english/science_technology/1316764. htm); и др.

одственных технологий, а также наук о жизни[①]. В Германии в 2011 году правительством в рамках 《Hightech – Strategie 2020》 был сформирован специальный 《проект будущего》 (Zukunftsprojekt) 《Индустрия 4.0》, основанный на концепции 4 – й промышленной революции, связанной с преобразованием всех технологических объектов и процессов в кибер – физические системы[②]. Помимо 《Индустрии 4.0》 в Германии были приняты специальные программы и стратегии развития передовых производственных технологий: национальная стратегия развития исследований и разработок в биоэкономике до 2030 года; пакет стратегий развития высоких технологий до 2020 года (Die neue Hightech – Strategie Innovationen für Deutschland); комплексная программа 《цифровая повестка》 (《Digitale Agenda》), в рамках которой Германии до 2017 года предстоит тотальная дигитализация ее основных производственных, социальных и управленческих процессов; и др. Однако 《Индустрия 4.0》 часто называется ядром высокотехнологичных стратегий Германии буду-щего[③]. Великобритания реализует собственный план развития передовых производств, в том числе программу развития 《Восемь великих технологий》, в которых у Британии есть технологические заделы и эффективная научная экспертиза[④]. В 2013 (вторая версия 2015) году Франция в рамках программы 《Новая французская индустрия》 (《La Nouvelle France Industrielle》) утвердила комплекс приоритетных проектов и программ будущих индустрий и технологий[⑤]. В 2015 году в национа-

---

[①] Materials Genome Initiative for Global Competitiveness / Executive Office of the President National Science and Technology Council. – Washington, June 2011; Capturing Domestic Competitive Advantage in Advanced Manufacturing: Executive Report of the AMP Steering Committee. – Washington: Executive Office of the President President's Council of Advisors on Science and Technology, 2012; A national strategic Plan for advanced Manufacturing. – Washington: Executive Office of the President President's Council of Advisors on Science and Technology, 2012; Amended Announcement of Federal Funding Opportunity for the Advanced Manufacturing Technology Consortia (Amtech) Program: The National Institute of Standards and Technology (2013 – NIST – AMTECH – 01) // http: //www.nist.gov/ampo/upload/2013_AMTech_FFO.pdf; и др.

[②] http: //www.bmbf.de/foerderungen/17740.php и http: //www.bmbf.de/de/9072.php.

[③] Industrie 4.0: Smart Manufacturing for the Future. – Berlin: Germany Trade & Invest, 2014, p. 2.

[④] Growth Review Framework for Advanced Manufacturing. Department for Business, Innovation and Skills. – London: BIS, 2010.

[⑤] http: //www.economie.gouv.fr/nouvelle – france – industrielle.

льную стратегию развития науки во Франции до 2020 года (Stratégie nationale de recherche. France – Europe, 2020), в которую включила в качестве одной из главных целей 《Обновление промышленности》 и развитие соответствующих НИОКР①. В Японии принят пятый пятилетний план развития науки, технологий и инноваций (2016 – 2020). Он будет первым планом, который будет реализовывать развитие науки, технологий и инноваций как единого комплексного института 《наука – технологии – инновации》 (STI). При формировании этого плана Япония исходила из того, что наступает 《новая эра промышленной революции, науки, технологий и инновационной политики》②.

Таким образом, требования к показателям роста сектора НИОКР стран ШОС определяются необходимостью демонстрировать свою эффективность и продуктивность в исследовательских разработках в таких масштабах, чтобы не попасть под действие 《эффекта Мэтью》 (The Matthew effect), согласно которому ядро растет быстрее полупериферии и периферии научно – технологической системы. Глобальные центры НИОКР стягивают на себя ресурсы всего мира – квалифицированные кадры, знания, значимые научные события и проекты, в конце концов, финансы. Страны ШОС должны сформировать собственные глобальные центры и сети НИОКР, причем не только в кооперации с развитыми странами, но и между собой.

Есть ряд обстоятельств, позволяющих рассчитывать на широкую кооперацию стран ШОС в научно – технологической и инновационной сфере.

Во – первых, признание того, что у развивающихся экономик помимо общих глобальных вызовов, лежащих в основании научно – технологической и инновационной повестки дня, есть общие вызовы, связанные с задачами решения сложнейших схожих экологических, экономических, социальных и политических проблем. Признание общн-ости этих вызовов стало базой формирования Шанхайской организации сотрудничества. Наука и технологии – важнейший инструмент ответа на эти вызовы. В

---

① http：//cache. media. enseignementsup – recherche. gouv. fr/file/Strategie _ Recherche/26/9/strategie_nationale_recherche_397269. pdf.

② http：//www. keidanren. or. jp/en/policy/2015/026. html.

настоящий момент общепризнанно, что для ответа на большие вызовы требуется международная кооперация в НИОКР. Ни одна страна в одиночку не в состоянии эффективно сгенерировать ответ на 《большие вызовы》. Международное сотрудничество, как правило, предполагает совместное планирование НИОКР и создание для этого специальных организационных и программных институтов[1]. Европейский Союз окончательно принял модель grand challenges для управления общеевропейскими исследованиями и разработками еще в 2000 - е годы. В 2009 году была принята 《The Lund Declaration from 2009》, которая гласила: сообщества ученых должны формулировать ответ на grand challenges - глобальное поте-пление, устойчивая энергетика, поставки воды, пищи, старение населения, пандемии, безопасность, здравоохранение. Европа, отвечая на эти вызовы, должна была быть превращена в эко - эффективную экономику. Реагируя на это, Еврокомиссия перестроила рамочные программы исследований и разработок ЕС[2]. Аналогичной дорогой в науке, технологиях и инновациях должны идти страны ШОС. Тем более, что у них уже накоплен определенный опыт в международной кооперации в этой сфере. Например, создан Сетевой Университет ШОС (с российской стороны партнером выступает Российский университет дружбы народов).

Во - вторых, кооперации стран ШОС в науке, технологиях и инновациях может способствовать то обстоятельство, что международное сотрудничество способствует интенсивности роста сектора НИОКР, расширению тематики и увеличению мобилизуемых научно - технологических проектных ресурсов. Сетевая интеграция может быть одним из наиболее важных механизмов, обеспечивающих первенство стран ШОС в

---

[1] Многочисленные примеры организационного обеспечения кооперации в ИР на международном уровне: The international dimension of research and innovation cooperation addressing the grand challenges in the global context: Final Policy Brief / Cecile Hoareau McGrath, Veronika Horvath, Ben Baruch, Salil Gunashekar, Hui Lu, Shelly Culbertson, Paulina Pankowska, Joanna Chataway. - RAND Europe, May 2014. p. 7; и др.

[2] Exploring the future of research: Trends and drivers in doing and governing research (RIF project - Research and Innovation Futures 2030, Deliverable D1. 1) . - European Commission, 2012. pp. 66 - 67 // http: //www. academia. edu/2577247/Exploring_the_future_of_research. _Trends_and_drivers_in_doing_and_ governing_research_RIF_project_Research_and_Innovation_Futures_2030_Deliverable_D1. 1_.

НИОКР и способом преодоления действия 《эффекта Мэтью》 в науке[①]. Но пока потенциал взаимодействия стран ШОС в рамках приоритетов науки и технологий реализуется явно недостаточно.

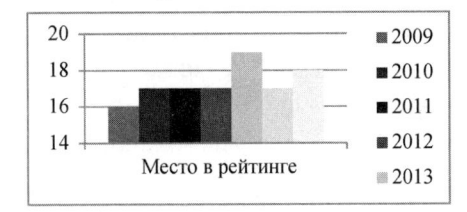

Место России в рейтинге стран – партнеров Китая, 2009 – 2015 гг.

Источник: 《Семантих Хаб》 по данным Scopus, 2016.

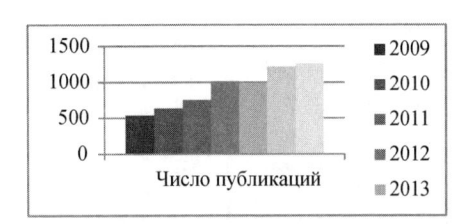

Число совместных российско – китайских научных публикаций, 2009 – 2015 гг.

Источник: 《Семантих Хаб》 по данным Scopus, 2016.

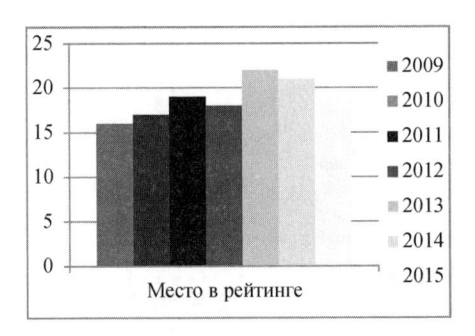

Место России в рейтинге стран – партнеров Индии, 2009 – 2015 гг.

Источник: 《Семантих Хаб》 по данным Scopus, 2016.

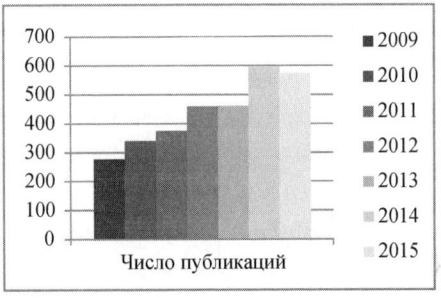

Число совместных российско – индийских научных публикаций, 2009 – 2015 гг.

Источник: 《Семантих Хаб》 по данным Scopus, 2016.

В – третьих, кооперация стран ШОС в науке и технологиях может быть облегчена тем, что перед сектором НИОКР и образования стоят во многом схожие задачи и запущены близкие по приоритетам и организационным формам программы реструктуризации (организационного развития).

---

① Matjaž Perc. The Matthew effect in empirical data // Interface. Journal of the Royal Society. 2014. Volume 11, issue 98.

Программы	Россия	Китай	Индия
Глобальные университеты, ТОП глобальных рейтингов	Программа 《5 – 100》（21 университет, 2013 – 2020）	《Double World – Class Project》（42 университета, 2015 – 2050）	Программа Higher Education Financing Agency（HEFA）（20 университетов, 2017/2018 – 2022/2023）
Реформа гос. научных лабораторий и центров	Создание государственных научных центров（1993）, реформа Российской академии наук（2013）	Knowledge Innovation Program（1998）, Pioneering Action Initiative（2013）	《Decade of Innovations》（2010 – 2020）; Science and Technology Policy, 2013
Крупные программы НИОКР	Национальная технологическая инициатива（2014）, Стратегия научно – технологического развития РФ（2016）	The National Basic Research Program（с 1997 г.）, Medium and Long – term National Plan for Science and Technology Development（2006 – 2020）	Science and Technology Policy, 2013; 12 – й пятилетний план（2013 – 17）

В – четвертых, есть признаки новой научной революции – смены научной парадигмы и отхода от стандартных моделей в физике, в биологии, математике, искусственном интеллекте. Потребность в большом количестве революционных гипотез и системах их подтверждения. Для этого необходимо разворачивать скоординированные исследовательские программы, формировать международные сети крупных исследо-вательских инфраструктур, подобные тем, что уже существуют в Европе[1]. В КНР Китайская академия наук в еще в 2000 - е разработала и приняла свою дорожную карту развития больших исследовательских инфраст-руктур, рассчитанную до 2050 года и охватывающую почти 50 действующих или проектируемых больших инфраструктурных исследо-вательских объектов[2]. В Российской Федерации в настоящий момент в стране функционирует несколько комплексов больших исследовательских инфраструктур, созданы и действуют около 400 центров коллективного пользования, в том числе с уникальными, даже по мировым меркам, стендами и установками[3]. Россия участвует в нескольких международных коллаборациях, связанных с созданием и эксплуатацией исследовательских инфраструктур.

---

[1] В европейской стратегии Europe 2020 Strategy в качестве одного из основных инструментов социально - экономического развития обозначены Pan - European research infrastructures. Европейский Совет в 2002 году учредил European Strategy Forum on Research Infrastructures 2012 (ESFRI), который в 2004 году получил мандат на подготовку первой Дорожной карты развития европейской исследовательской инфраструктуры (2004 - 2006), обновленной в 2008 и 2010 годах. Сейчас ESFRI - консультативная межправительственная группа, занимающая центральное место о в управлении европейскими исследованиям. С 2015 года ESFRI перешел к 10 - летнему циклу планирования научного развития (https: //ec. europa. eu/research/infrastructures/index _ en. cfm? pg = esfri) . (A Vision for Strengthening World - class Research Infrastructures in the ERA, 2010: 11, 29ff; European Strategy Forum on Research Infrastructures 2012). Активно занимается формированием совместной политики в сфере megascience и крупных исследовательских инфраструктур (Large Research Infrastructures - LRIs) ОЭСР. Это он делает, начиная с первого the OECD Megascience Forum 1992 года (впоследствии он был преобразован в регулярный the Global Science Forum (GSF)) . Задача форума - содействие международной кооперации в этой сфере. ОЭСР объектом своего внимания сделал крупные исследовательские инфраструктуры, прежде всего, в следующих секторах: nuclear physics, high - energy physics, astronomy и astrophysics, radio astronomy, study of condensed matter, neutron science, high - intensity lasers, proton accelerator - based facilities, structural genomics, grid computing и astroparticle physics. Форумы ОЭСР посвящены совместному прогнозированию и планированию, а также улучшению качества управления совместным финансированием и эксплуатацией LRIs, кооперационными исследовательскими проектами с их использованием (Large Research Infrastructures: Report on Roadmapping of Large Research Infrastructures (2008); Report on Establishing Large International Research Infrastructures: Issues and Options (2010) / OECD Global Science Forum // www. oecd. sti/gsf) .

[2] Large Research Infrastructures Development in China: A Roadmap to 2050 / Editor Hesheng Chen. - Berlin, Heidelberg: Science Press Beijing and Springer - Verlag, 2010.

[3] Материалы Заседания Совета при Президенте РФ по науке и образованию 29 октября 2012 года.

Этапы развития науки

	1930 – 50 «Big Science»	1960 – 1980 «Полезное знание»	1990 – 2000 – е От S&T к STI	2010 – е: Science 2.0①
Миссия науки, научная парадигма	«Классическая миссия науки», крупные космические, «ядерные» проекты, «Pipeline Model for Science Investment» (линейная модель НИОКР)	Миссия науки – создавать новые виды деятельности и обеспечивать экономическую конкурентоспособность. Критика деления на фундаментальную и прикладную науку.	«Новая миссия» науки: решение сложных социальных проблем за счет комбинирования и использования ключевых технологий и социальных инноваций	Постклассическая парадигма (наука не только для понимания, но и преобразования мира), трансляционная наука, открытая наука, цифровизация, Big Data, AI.
Ведущие научные дисциплины	Физика, математика и химия	«Структурные науки»: математика, кибернетика, системный подход, а также «ключевые технологии»: ИКТ, биотехнологии и пр.	Теория сложности, нанотехнологии, компьютерное моделирование – междисциплинарные исследования	Математическое моделирование, искусственный интеллект, междисциплинарные исследования

① Science 2.0: Постепенно научные дисциплины замещаются «исследовательскими (цифровыми) платформами», а в сфере экспериментов и построения моделей наука заменяет аналоговые системы цифровыми. В рамках 7 – й рамочной программы исследований и разработок ЕС (FP7) для того, чтобы отразить масштаб трансформации организации современной науки и перестройки научного мышления был введен специальный термин «наука 2.0» (science 2.0), подчеркивающий что это – поколенческий переход (Exploring the future of research: Trends and drivers in doing and governing research (RIF project – Research and Innovation Futures 2030, Deliverable D1. 1) . - European Commission, 2012 // http: // www. academia. edu/2577247/Exploring_the_future_of_research. – Trends_and_drivers_in_doing_and_governing_research_RIF_project_Research_and_Innovation_Futures_2030_Deliverable_D1. 1_) .

续表

	1930–50《Big Science》	1960–1980《Полезное знание》	1990–2000–е От S&T к STI	2010–е: Science 2.0
Организация науки	Крупные исследовательские инфраструктуры и организации, корпоративные исследовательские лаборатории	Крупные корпоративные и государственные лаборатории (НИЛ)	Закат НИЛ, рост университетских НИОКР, формирование сетей и консорциумов	Проектные исследовательские группы и сети. Научные платформы
Ключевые события	Понятие фундаментальной науки (1934), НИОКР/R&D (1940–е). NSF (1950).	Спутник (1957), DARPA и NASA (1958), рекомендации ОЭСР по централизации управления наукой (1963)	Появление новых отраслей на базе науки: новая химия, синтетическая биология, материаловедение и пр.	Проблема эйнштейновского типа: 《темная материя》. Проблема нового типа: искусственный интеллект

Кооперация России в науке и технологиях со странами ШОС четко укладывается во внешнеполитические приоритеты страны, а также соответствует научным приоритетам, закрепленным в 《Стратегии научно – технологического развития Российской Федерации》（СНТР）, утвержденной Указом Президента России от 01. 12. 2016 г. № 642[1]. В СНТР прямо закреплена необходимость расширения международного сотрудничества в сфере науки, технологий и инноваций.

В качестве《больших вызовов》в СНТР закреплены:

1）Экологические риски.

2）Исчерпание возможностей экономического роста России, основанных на экстенсивной эксплуатации сырьевых ресурсов.

3）Качественное изменение характера глобальных и локальных энергосистем.

4）Демографический переход, рост угроз глобальных пандемий.

5）Новые внешние военные и невоенные угрозы безопасности России.

6）Продовольственная безопасность нового поколения.

7）Необходимость освоения внутренних и внешних пространств.

Соответственно приоритетами научно – технологической политики России в долгосрочной перспективе определены:

1）Переход к передовым цифровым, интеллектуальным производственным технологиям, роботизированным системам, новым матер-иалам и способам конструирования, создание систем обработки больших объемов данных, машинного обучения и искусственного интеллекта.

2）Переход к экологически чистой и ресурсосберегающей энергетике, повышение эффективности добычи и развитие глубокой переработки углеводородного сырья, формирование новых источников, способов транспортировки и хранения энергии.

3）Переход к персонализированной медицине, проблема резистентности бактерий к антибиотикам.

4）Переход к высокопродуктивному и экологически чистому агро –

---

[1] Распоряжением Правительства РФ от 24. 06. 2017 № 1325 – р утвержден 《План мероприятий по реализации Стратегии научно – технологического развития Российской Федерации на 2017 – 2019 годы》.

и аквахозяйству, создание безопасных и качественных, в том числе функциональных, продуктов питания.

5) Противодействие техногенным, биогенным, социокультурным угрозам, терроризму и идеологическому экстремизму, а также киберугрозам и иным источникам опасности для общества, экономики и государства.

6) Связанность территории Российской Федерации за счет создания интеллектуальных транспортно – логистических и телекоммуникационных систем, освоение и использование космического и воздушного пространства, Мирового океана, Арктики и Антарктики.

7) Развитие гуманитарных и социальных наук.

Особым образом в СНТР были определены приоритеты в сфере развития фундаментальной науки. Тем более, что в 2020 году завершает действие 《Программа фундаментальных научных исследований в Российской Федерации на долгосрочный период (2013 – 2020 годы)》 (утверждена распоряжением Правительства РФ от 27.12.2012 № 2538 - р).

Ключевыми проектами и программами, обеспечивающими интеграцию науки, технологий и инноваций в России в настоящий момент выступают Национальная технологическая инициатива (закрепила перспективные для России новые рынки B2C, а также комплекс 《сквозных технологий》, подлежащих первоочередному развитию)[1] и программа 《Цифровая экономика Российской Федерации》, определившая основные направления перехода страны к цифровой экономике, в том числе необходимость создания цифровых научных платформ[2]. В высшем профессиональном образовании самой значительной для развития международной кооперации в исследованиях и разработках в настоящий момент является программа повышения конкурентоспособности российских университетов среди ведущих мировых научно – образовательных центров (《проект 5 – 100》)[3]. Кроме того, в 2017 году запущен Прио-

---

[1] Постановление Правительства РФ от 18.04.2016 № 317, 16.10.2017 № 1251.
[2] Утверждена распоряжением Правительства РФ от 28.07.2017 № 1632 – р.
[3] Утверждена Министерством образования и науки в 2013 году.

ритетный проект Правительства РФ《Экспорт образования》（2017 - 2025）. Его участники—39 вузов. Главная цель данного проекта—повысить привлекательность и конкурентоспособность российского образования на международном рынке образовательных услуг.

从乌兹别克斯坦经济改革视角看上海合作组织发展新机遇

罗拉·萨伊多娃[*]

上合组织主要的三个发展方向：第一是成员国发展战略之间的对接以及各个国家的优势互补。第二是在关键的领域和大型的合作项目上的互动，尤其是基础设施、投资以及融资和人文交流。第三是在"一带一路"倡议下的长期发展规划，主要的目的是为了打造长期合作和互利的伙伴关系机制。中国和乌兹别克斯坦以及其他上海合作组织成员国共同推动的基础设施项目，以及中亚走廊的建设，主要是中国、中亚和西亚，以及"新欧亚大陆桥"。"丝绸之路经济带"以及"21世纪海上丝绸之路"，包括了欧亚大陆的绝大部分地区，这是一个非常巨大的中国倡议，它涵盖了全世界大部分的人口。丝绸之路的精神首先是和平的合作，我们不能忘记这一点，这也是我们所有意愿最基本的出发点，包括丝绸之路精神，还包括开放、包容、相互理解和互利。我每次都会强调上海合作组织，谈到丝绸之路我们也会回顾伟大的古丝绸之路，因为女性对丝绸的情感是非常深厚的，是非常有情节的，因为丝绸是人类，尤其是中国人发明的非常重要的一种材料，所以我每次讲到上海合作组织都不由自主回忆起丝绸所代表的文化，因为我们知道"丝绸之路经济带"的五大基础原则就是政策沟通、设施联通、贸易畅通、资金融通和民心相通，是我们最主要的合作方向，上海合作组织的合作包括基础设施、工业、贸易投资、开发能源、人文合作、金融合作、环保。

我想和大家分享一下乌兹别克斯坦当前的一些主要的发展方向和发展趋势，乌兹别克斯坦通过了2017—2021年五大优先发展方向、规划，在这个规划之内，我们将全力推动经济社会发展，一共将实施13339个项目，要正确地使用2.1万亿苏姆的投资建设十个经济特区，建设五个小工业区，建设标致和雪铁龙的商业汽车生产基地，还有其他的和世界各国的合资企业已经通过了22份经贸、投资、技术包括金融合作的路线图，这些合作包

---

[*] 罗拉·萨伊多娃，乌兹别克斯坦司法部高级法律顾问中心国际法与人权法教研室主任，法律学博士。

括和欧盟的合作以及世界 20 个国家的合作。

除此之外，2017 年到 2021 年乌兹别克斯坦还继续分阶段地实施各种各样的投资项目，这个投资的总额要达到 100 亿美元，在今后我们的工业品的生产将翻一番。加工工业在 GDP 中的比例要从 80% 提升到 85%，当然与此相应的我们也在进行全方位的政治体制改革，为此很多相关部委的工作任务和具体的分工也做出了调整，涉及 16 个部委，还有 20 个国家级的机构要进行相应的机制改革。其实今天我们也谈到了中亚面临的各种各样的安全威胁，其中有一项就是极端主义和恐怖主义，所以乌兹别克斯坦在社会治理上也在积极推进区域极端化工程，首先是要对年轻人进行预防宗教极端主义、加强民族主义和爱国主义及社会包容的教育，所以年轻人教育也是我们关注的重点。米尔济约耶夫总统在联合国的倡导下参与联合国的青年发展项目，提升青年在国家政治生活中的参与程度，保护儿童权力，以及母婴保护等。可以说，在人权保护，包括青年教育方面我们取得了非常重要的进展，对乌兹别克斯坦来说，青年工作是非常重要的一项社会治理任务，因为青年是我们的未来，未来国家建设和国家发展的重任就在我们今天的青年人身上。目前乌兹别克斯坦正在积极建设经济特区，其实此前乌兹别克斯坦已经有三个大型的经济特区，目前经济特区的数量已经增长到七个，这些经济特区主要有制药工业，还有先进的制造业，以及高新技术产业，主要依托乌兹别克斯坦优质的草药资源，还有先进的加工工业。除此之外，这些经济特区还非常具体地完成当地的经济社会发展任务，在这里不得不提到我们的一个非常重要的口号，也是由米尔济约耶夫总统亲自提出的，他说民富才能国强，所以这就是我们目前国家建设的总体的一个指导精神。我们在每一个经济中心都要建几十个甚至上百个小型企业，我们现在的金融体系，尤其在重视小微信贷的推广业务，包括支持各种各样的个人企业以及农户经济等提供优惠的税收条件，包括提供减税或者免税的优惠等，以便为社会创造更多的福祉。同时这里我们不能不提到另外一项非常重要的工作，就是人民和国家的这种互动，我们知道官僚主义在很多国家也都是存在的，在过去几年确实是影响了国家的发展，尤其是在政企合作方面，米尔济约耶夫总统提出了另外一个口号，他说不是人民应该为政府部门服务，而是政府部门要为国家服务，这也是我们调解政企关系的一个非常重要的准绳，主要是为普通的老百姓还有企业家可以带着任何问题求助于国家部门，包括税务的问题，还有各种各样的问题。正是这样一种精神和这样一个指导思想，要求我们的政府部门一定要为人民提供相应的服务，这方面联合国也给了我们很多的协助，包括如何正确地使用人力资源，同时要保护人权，除此之外乌兹别克斯坦当然也是一个非常重要的出口国家，我们每年会生产 1900 万吨的蔬菜和水果，而其中 60 万吨用于出口，目前是每年出口 60 万吨，当然说明我们有非常大的出口潜力和出口空间，我们首先的出口对象国就是上海合作组织成员国。我们的食品出口市场主要是哈萨克斯坦、吉尔吉斯斯坦、俄罗斯、阿富汗等国家。

接下来谈一下乌兹别克斯坦和中国的关系，在乌兹别克斯坦有 700 多家中资企业，中乌两国之间的贸易额正在迅速增长。

最后再强调一点，我们有很多还没有充分展开的发展潜力，我们知道中国现在是世界第一大出境游的国家，我们可以在旅游方面开展更加富有成效的合作，因为乌兹别克斯坦有非常丰富的旅游资源，包括上海合作组织其他成员国也具有这方面的优势。最后，我希望我们的工作和我们的合作都非常平滑顺利，就像我们最珍爱的丝绸一样。

（根据现场同传速记稿整理）

【俄文原文】

Новые возможности развития ШОС в ракурсе экономических и правовых реформ в Узбекистане

Саидова Лола Абдувахидовна[*]

Как известно, развитие интеграции ШОС происходит по трём направлениям первое – это согласование стратегий развития разных стран, определение основных направлений взаимодополнения преимуществ и общего процветания; второе – разработка сотрудничества в ключевых отраслях, в том числе определение ряда крупных совместных проектов в сферах инфраструктуры, инвестиций, финансовой поддержке, гуманитарных обменов. И наконец третье – предложение долгосрочного

---

[*] Саидова Лола Абдувахидовна, Заведующая кафедрой международного права и прав человека Центра повышения квалификации юристов при Министерстве Юстиции Республики Узбекистан, доктор юридических наук.

планирования ОПОП создание совместного механизма долгосрочного сотрудничества и взаимовыгодной сети партнёрства.

Китай совместно с Узбекистаном и другими странами ШОС продвигает крупный транспортно – коммуникационных проектов экономический коридор《Китай ЦА – Западная Азия》и новый Евразийский континентальный мост. Для реализации проектов《экономического пояса Шёлкового пути》и《Морского шелково пути XX – века》, охватывает большую часть Евразии, где проживает 63% населения планеты, предположительный экономический масштаб 21 трлн. $

Дух Шёлкового пути это прежде всего мирное сотрудничество, открытость, толерантность, взаимопонимание и взаимная польза. Она исходит из 5 связывающих элементов – политической координации, взаимосвязи инфраструктуры, бесперебойной торговли, свободным передвижением капитала и укрепление близости между народами. В программе действия приоритетными направлениями сотрудничества являются развитие инфраструктуры, промышленности, торговли инвестиций, освоение ресурсов, финансирование гуманитарных обменов, защита окружающей среды и сотрудничество на море заинтересованы все страны ШОС.

В Узбекистане успешно реализуютя стратегия действий по 5 приоритетным направлениям развития страны в 1917 – 1921 годах.

В частности в области развития и либерализации экономики проведены реформы налоговой системы, в том числе предусматривающие предоставление добросовестным налогоплательщикам хозяйствующим субъектам налоговых каникул.

В рамках региональных программ социально – экономичсекого развития реализовано 13.339 проектов, освоены кредиты на 2.1 триллион сумов, созданы 10 свободных экономических зон, 5 малых промышленных зон, строится завод по производству лёгких коммерческих автомобилей《Peugeot》и《Ситроен》.

Утверждены 22《дорожных карт》в торгово – экономических, инвестиционных, технологических и финансово технических сферах с ЕС и 20 зарубежными странами.

В Узбекистане планируется поэтапное внедрение современных рыночных механизмов валютного регулирования. Это предусмотрено третьим направлением 《 Развитие и либерализация экономики 》《 Стратегии действий по пяти приоритетным направлениям развития Республики Узбекистан в 2017 – 2021 годах 》. Для реализации мер, указанных в третьем направлении, предусматриваются также обеспечение стабильности национальной валюты и цен, расширение доходной базы местных бюджетов, расширение внешнеэкономических связей, внедрение современных технологий для производства экспортоориентированной продукции и материалов, развитие транспортно – логистической инфраструктуры. В числе предусмотренных планов также повышение инвестиционной привлекательности для развития предпринимательства и иностранных инвесторов, улучшение налогового администрирования, внедрение современных принципов и механизмов регулирования банковской деятельности, развитие многопрофильных фермерских хозяйств, ускоренное развитие индустрии туризма. Согласно официальным данным, включает также меры по защите частной собственности, финансового рынка, модернизации сельского хозяйства и других отраслей. Развитие фондового рынка предусматривает размещение акций (IPO) отдельных национальных предприятий на зарубежных авторитетных фондовых биржах.

В 2017 – 2021 годах планируется реализовать отраслевые программы, предусматривающие в общей сложности 609 инвестиционных проектов на сумму $ 10 млрд. В результате в последующие 5 лет производство промышленных товаров увеличится в 1,5 раза, его доля в ВВП — с 33,6 до 36%, доля перерабатывающей отрасли — с 80 до .85%.

Пересмотрены задачи и функции 16 министерств, ведомств, преобразованы 20 гос. и другие организации в целях совершенствования управления процессами реформ.

О динамике двух стран:

В стране осуществляются меры по противодействию радикализации общества, прежде всего среди молодёжи, и по профилактике религиозного экстремизма, этнической и расовой нетерпимости.

Свободной экономической зоны СЭЗ новый указ в августе 2017 года по мерам усиления координации СЭЗ. За ними закреплены коммерческие банки для финансирования.

Вышел Указ Президента от 03.05.2017. о создании сразу 7 новых свободных экономических зон — СЭЗ «Нукус – фарм», СЭЗ «Зомин – фарм», СЭЗ «Косонсой – фарм», СЭЗ «Сирдарё – фарм», СЭЗ «Бойсун – фарм», СЭЗ «Бустонлик – фарм», СЭЗ «Паркент – фарм». Целью создания этих зон является обеспечение комплексного и эффективного использования производственного и ресурсного потенциала Республики Каракалпакстан, Джизакской, Наманганской, Сырдарьинской, Сурхандарьинской и Ташкентской областей в части выращивания лекарственного растительного сырья в особых природных условиях для последующего его переработки.

Эти зоны несколько иного типа, нежели рассмотренные ранее. Они создаются для решения конкретной отраслевой задачи.

Экономические реформы: создано Госкомитет по инвестициям, который призван полной реализации инвестиционного климата в Узбекистане.

Принято постановление «О мерах по дальнейшему упрощению системы микрокредитование субъектов предпринимательства и широких слоёв населения.»

Узбекистан ежегодно экспортирует более 19 млн. тонн плодоовощной продукции из них 600 тыс. тонн экспортируются. Настоящее время в Республике работают 160 тыс. коммерческих хозяйств, которые обеспечивают внешние и внутренние рынки качественными плодами и овощами 975 тыс. тонн продукции охвачено хранилищами из них 502 тысяча тонн холодильными. Принята новая программа сельского хозяйства на 2016 – 2020 годы, предусматривающая структурные преобразования в сельском хозяйстве.

Основными рынками сбыта узбекской продукции являются Казахстан 67% от общего экспорта, Россия 17%, Афганистан 5%, Кыргызстан 2% и другие страны 9%. Узбекистан может расширить и географию экспорта и количество плодоовощной продукции например Китай, Японию и в Корею в ЕС и другие регионы мира.

Расширятся в ШОС круг взаимного диалога обмена мнениями между правоохранительными органами. Например, в октябре этого года в Ташкенте прошла встреча министерств юстиции стран участниц ШОС где были выработаны предположения по сотрудничеству по оказанию правовой помощи и созданию совместных правовых организаций для оказания правовй поддержки в сфере введения бизнеса, инвестиций, создающихся логистических инфрастукрур. Также в Ташкенте на днях завершила свою работу встреча руководителей судебных органов стран участниц ШОС где, также осуществлён полезный диалог по вопросам изучения передового опыта развития Судебной системы стран участн-иков ШОС.

Центральная Азия – главный приоритет внешней политики Узбекистана. В последнее время наблюдается тенденция интенсификации процессов интеграции в Центральной Азии. Основной толчок этим процессам дал Узбекистан, новое руководство которого провозгласило приоритетом укрепление отношений с соседями. Сегодня мы видим положительные результаты этой политики.

В свете возросшей активности нашей страны в региональной политике актуализируется вопрос о реальном процессе интеграции ЦА с практическими шагами.

Новый курс Узбекистана в отношение ЦА представляет особый прагматический и смелый шаг.

За три года существования инициативы Китай инвестировал $ 50 млрд в странах, расположенных вдоль 《Одного пояса, одного пути》, а товарооборот между Китаем и этими странами составил $ 1 трлн, то есть четверть от общего оборота внешней торговли Китая. Китайские предприятия приняли участие в строительстве 56 зон экономического и торгового сотрудничества в 20 странах, принеся около $ 1, 1 млрд. налоговых поступлений и 180 тыс. новых рабочих мест. Товары, услуги, технологии и капитал из других стран также непрерывно поступают на рынок Китая. Можно с уверенностью констатировать, что инициатива 《Один пояс, один путь》 закладывает надежную базу для совместного прогресса и процветания разных стран, способствует продвижению перебалансировки экономической глобализации к всеобщему и толерантному направлению.

Следует отметить, что основополагающие принципы двусторонних отношений заложены в Совместной декларации об установлении стратегического партнерства от 2012 года, Совместной декларации о дальнейшем развитии и углублении двусторонних отношений стратегического партнерства от 2013 года, а также Совместном заявлении от 2016 года, предусматривающем установление отношений всестороннего стратегического партнерства. В целом за минувшие годы между нашими государствами подписан 231 документ разного характера.

За прошедшие годы КНР стала одним из ключёвых экономических партнеров нашей страны, крупным инвестором и заинтересованным участником осуществляемых в Узбекистане программ по структурному преобразованию и модернизации экономики.

По итогам 2016 года объем - взаимного товарооборота составил 4,2 миллиарда долларов США. На рынке Поднебесной большим спросом пользуются произведенные в Узбекистане текстильная продукция, пластмассовые изделия, продукция аграрного сектора, экспорт которых стабильно растет. На территории нашей страны функционирует более 700 компаний и предприятий с участием китайского капитала.

В целях дальнейшего укрепления правовых механизмов защиты и гарантий деятельности частного предпринимательства, внедрения новых инструментов их государственной поддержки, расширения доступа субъектов предпринимательства к кредитным ресурсам, стимулирования на этой основе создания новых рабочих мест и дальнейшего совершенствования деятельности финансово - банковской системы республики.

Создать Государственный фонд поддержки развития предпринимательской деятельности при Кабинете Министров Республики Узбекистан (далее - Фонд) в форме государственного учреждения, определив его основной задачей предоставление субъектам малого предпринимательства финансовой поддержки:

а) выделяемых ресурсов коммерческим банкам, в том числе за счет привлеченных иностранных кредитных линии, для последующего кредитования субъектов малого предпринимательства на цели, указанные в настоящем постановлении;

- б) поручительства субъектам малого предпринимательства по кредитам коммерческих банков в размере до 50 процентов включительно от суммы кредита, но не более 500 тысяч долларов США или в их эквиваленте;

в) компенсации на покрытие процентных расходов по кредитам коммерческих банков, сумма которых не превышает 1 миллиона долларов США в эквиваленте:

в национальной валюте, с процентной ставкой, не превышающей ставки рефинансирования, — в размере до 40 процентов от ставки рефинансирования Центрального банка Республики Узбекистан;

в иностранной валюте — в размере до 40 процентов от установленной коммерческими банками процентной ставки, но не более чем на 3 процентных пункта.

Осенью 2013 года председатель КНР Си Цзиньпин впервые представил инициативу《Один пояс и один путь》в целях укрепления взаимовыгодного международного сотрудничества, сопряжения национальных стратегий развития Китая и других стран, продвижения содействия общего процветания. Инициатива объединяет проекты создания《Экономического пояса Шелкового пути》и《Морского Шелкового пути XXI века》, охватывает большую часть Евразии, где проживает 63 % населения планеты, а предположительный экономический масштаб – $ 21 трлн.

Инициатива не является сольной мелодией Китая, она – настоящий хор всех стран. В ее основе – дух Шелкового пути, воплотивший в себе такие актуальные понятия, как мирное сотрудничество, открытость и толерантность, взаимопонимание и взаимная польза. Основная идея заключается в пяти связующих элементах – политической координации, взаимосвязи инфраструктуры, бесперебойной торговле, свободном передвижении капитала и укреплении близости между народами. В программе действия обозначены приоритетные направления сотрудничества в области инфраструктуры, промышленности, торговли и инвестиций, освоения ресурсов, финансов, гуманитарных обменов, защиты окружающей среды и сотрудничества на море, в которых заинтересованы почти все участники – страны инициативы.

При содействии предпринимателей КНР в нашей стране налажен выпуск, электротехнической продукции, мобильных телефонов, строительной техники. Компанией《Huawei》реализовано 20 проектов по развитию телекоммуникационных сетей города Ташкента и регионов Узбекистана. Производимые совместно с корпорацией ZTE модемы, смартфоны и другая аппаратура пользуются высоким спросом на внутреннем и внешнем рынках.

Все четыре ветки газопровода Центральная Азия — Китай пролегают по территории Узбекистана. Национальная нефтегазовая корпорация КНР активно участвует в геологоразведывательных работах и разработке перспективных углеводородных месторождений в нашей стране. На Мубарекском газохимическом комплексе совместно ведется глубокая переработка природного газа.

Совместно с китайскими партнерами подписаны договоры на сумму около 3 миллиардов долларов по развитию сферы гидроэнергетики.

Туризм для нас перспективная отрасль интеграции.

Постановление Президента Республики Узбекистан 《О первоочередных мерах по развитию сферы туризма на 2018 – 2019 годы》.

Все знают, что сегодня наша страна превратилась в одно из важных направлений и маршрутов мирового туризма. Узбекистан привлекает туристов многочисленными объектами культурного наследия, а также прекрасными природными условиями. К ним относится, например, более 7 300 исторических и культурных памятников, 11 национальных парков и заповедников, 106 музеев, 52 театра, 187 парков культуры и отдыха.

Как видно, в этой сфере еще сохраняются незадействованные резервы. Здесь уместно отметить, что одно из государств — членов ШОС — Китай считается ведущей страной по выезду туристов в зарубежные страны. Так, в 2016 году из этой страны 135 миллионов туристов совершили путешествие в другие страны, в результате чего общий объем расходов по международному туризму достиг 261 миллиарда долларов. Если хотя бы один процент этих средств привлечь в туристский рынок Узбекистана, то доля туризма в экономике нашей страны вырастет в несколько раз.

Шанхайская организация сотрудничества в борьбе как с 《тремя силами зла》 (терроризмом, экстремизмом и сепаратизмом), так и с новыми вызовами и угрозами — незаконной торговлей наркотиками, трансграничной организованной преступностью, киберпреступностью - создала комплекс механизмов и договоренностей, способных регулировать процессы безопасности в регионе. И сегодня, отвечая на новые вызовы, необходимо выработать новые механизмы, усилить взаимодействие стран—членов организации в данной сфере.

"一带一路"框架下中俄合作的迫切问题：俄罗斯视角

苏楚言[*]

在 2016 年中俄关系又达到了新的高度，我们庆祝了《中俄睦邻友好合作条约》签署 15 周年，以及中俄全面战略协作伙伴关系建立 20 周年。2016 年双方把中俄双边贸易额下降的趋势扭转为增长，2016 年中俄贸易额增长了 2.2%，这是与 2015 年相比，我们的双边贸易额达到 695.3 亿美元，目前双边贸易的主要目标指标还是要将双边贸易扩大到 1000 亿美元，到 2020 年将双边贸易额扩大到 2000 亿美元。两国的各个部门的领导一共签署了 80 多份政府间和部门间协议，指导中俄两国在各个方面的全方位合作。但是两国合作的主要领域还是经贸、石油天然气、电力合作、交通合作，民用航空以及军事技术合作。中俄合作非常重要的一个内容还包括"一带一盟"的对接和"丝绸之路经济带"的推进，当然我的一个短短的文章没有办法涵盖俄中双边贸易所有的领域。目前鉴于俄罗斯的交通发展还相对比较滞后，所以这里我聚焦一下中俄在基础设施合作方面一些主要的项目以及中方可能参与的形式，我具体介绍十个大项目，第一就是欧洲—中国西部的公路项目，还有一个项目主要是连接中国、哈萨克斯坦、俄罗斯联邦、白俄罗斯的高速公路也叫子午线公路项目，这个项目主要从俄罗斯的奥伦堡州的俄哈边境口岸一直到欧洲西部的白俄罗斯和俄罗斯的边境。欧洲到中国西部的交通公路的总长度达到 8445 公里，子午线项目总长度 1956 米，是双向两车道的公路，这个可以为中国和欧洲之间的公路运输提供一条新的路线的选择，这样从上海到汉堡之间的运输周期会缩短到 10—15 天。第三个项目是莫斯科到北京的欧亚高铁项目，运行速度大概是每个小时希望最高时速可以达到 400 公里，希望喀山到北京之间运行的时间能够从现在的 14 小时节约到 3.5 小时。第四个项目就是跨西伯利亚大铁路和东方发射场之间的公路项目。第五个项目主要是俄罗斯亚速海边的塔曼陆地港的项目，这个项目主要用于发展俄罗斯亚速海和黑海地区港口运

---

[*] 苏楚言，广东外语外贸大学博士后。

输能力。第六个项目就是俄罗斯远东地区的滨海二号项目，主要要建设一个大型的扎诺毕纳港，包括像长春、回春、扎诺毕纳港线路以及进一步发展东北亚交通基础设施改变的状况。第七个项目就是摩尔曼斯克交通枢纽建设项目，这个里面我们计划提供摩尔曼斯克港的货物吞吐能力，使它的货物吞吐能力达到每年有100万个标准集装箱的数量。第八个项目是北方航道项目，项目的宗旨主要是要发展俄罗斯北方地方的铁路网，主要是要把俄罗斯的北部和斯维尔德洛夫州网连接起来，以便向北方航道提供更多的货物。第九个项目主要是莫斯科州的白鹤海关物流基地的建设，这个项目主要是要加强从俄罗斯南部地区以及来自韩国的海路集装箱在俄罗斯边境的处理能力，以及要进一步提升后贝加尔斯克到满洲里口岸进入俄罗斯境内的货物在莫斯科州进行清关的能力。第十个项目主要是位于车里雅宾斯科州的南乌拉尔运输物流基础设施物流中心的建设。这是俄罗斯要发展的十个主要交通基础设施项目。

与此同时，俄罗斯该计划进一步发展运输终端以及国际公路建设、铁路建设，增加俄罗斯到中国的双向运输能力。在上述的交通基础设施项目内，中国计划增加对中国东北地区的一些投资，以及俄罗斯远东发展的一些投资，其实除了上述项目还有很多有可能再继续合作的项目，但是鉴于篇幅有限，一篇文章也不能涵盖全部的内容，我想强调梅德韦杰夫总统曾经提出了要实施俄罗斯的"冰上丝绸之路"这样一个交通基础设施项目，主要是为了发展俄罗斯北方航道的运输能力，目前我们在进行这方面的一些论证和项目草案的起草。除此之外中俄双方还在卫星导航这个方面进行非常富有成效的合作，我们目前正在协商北斗导航系统之间的合作对接协议。

最后，我想强调俄中的合作并不仅仅限于"一带一路"，俄罗斯和中国对发展多极世界具有共识，都有意愿共同应对各种各样的挑战，要促进社会的和谐发展，打击极端主义和恐怖主义，要进一步地扩展太空和北极，要应对各种各样现代的威胁，历史上两个国家都一直有非常长的共同的边界，也有非常强大的实力，我们应该为了两国人民的福祉和全世界的发展进一步共同的合作。

（根据现场同传速记稿整理）

新形势下上海合作组织发展面临的机遇与挑战

——从组织外部的国际视角出发

王 丰[*]

一、前言

自 2001 年成立以来，上合组织经历了不平凡的发展历程。在这一过程中，各成员国之间的团结互信不断增强，政治经贸联系日益紧密，上合组织现已成为维护地区安全、促进地区发展、推动国际秩序向更加公正合理方向发展的重要建设性力量。有统计显示，仅在 2015 年，上合组织国家的国内生产总值（GDP）就占世界的 21.7%；贸易总额超 6 万亿美元，占世界贸易额的 18.3%，是上合组织成立之初的 7 倍。上合组织成员国间不断加强利益融合，形成了你中有我、我中有你的利益共同体。2017 年底，上合组织正式成员国的国内生产总值（名义）超过 16 万亿美元，经济发展和各成员国间贸易日益活络。另一方面，上合组织在打击国际恐怖主义，维护地区和平稳定方面也取得了显著成果。例如，在北京奥运会期间，上合组织各成员国在组织机制框架下建立密切协作，在安保方面给中国提供有力支持，保证了奥运会顺利进行。在军事合作领域，上合组织成立以来先后举行了以"和平使命"为代表的数十次规模不等的联合军事演习，演习规模不断扩大，水平不断提高，形式也由以双边为主发展到双边和多边并举。这些演习加强了成员国军事力量在传统和非传统安全领域开展国际合作的力度，展现了成员国维护地区安全和稳定的决心。

表 1 上合组织正式成员国基本情况

国家	面积 （万平方千米）	人口 （亿）	名义 GDP （万亿美元）	人均 GDP （美元）	（PPP）GDP （万亿美元）
中国	963.41	14.03（2016）	11.94（2017）	8481	23.2（2017）

---

[*] 王丰，国家开发银行青岛分行。

续表

国家	面积 （万平方千米）	人口 （亿）	名义GDP （万亿美元）	人均GDP （美元）	（PPP）GDP （万亿美元）
俄罗斯	1707.52	1.44（2017）	1.56（2017）	10885	3.938（2017）
哈萨克斯坦	272.49	0.18（2016）	0.13（2016）	7138	0.46（2016）
塔吉克斯坦	14.31	0.09（2016）	0.007（2017）	819	0.028（2017）
吉尔吉斯斯坦	19.995	0.06（2016）	0.007（2017）	1106	0.023（2017）
乌兹别克斯坦	44.88	0.33（2017）	0.068（2017）	2154	0.22（2017）
印度	328.73	13.24（2016）	2.44（2017）	7153	9.49（2017）
巴基斯坦	88.19	2.07（2017）	0.304（2017）	5374	1.06（2017）

数据来源：国际货币基金组织（IMF）、www.worldatlas.com、www.pbscensus.gov，笔者整理。

当前，上合组织发展既面临难得机遇，也面临严峻挑战。一方面，虽然国际金融危机已经逐渐淡去，但其对各国经济发展所造成的影响仍然存在，世界经济复苏进程仍艰难曲折。另一方面，国际和地区热点问题频发，恐怖主义、极端主义、分裂主义有所抬头，贸易保护主义与反全球化逐步升温，地区矛盾与冲突时有发生。面对这些挑战与威胁，任何一个国家都难以独自应对。站在新的历史起点上，上合组织肩负实现和平与发展的责任更加重大，必须加强合作，联合自强。从内部来看，各成员国应坚持上合组织的宗旨和原则，牢牢把握发展大方向，主动顺应历史发展潮流，不负时代赋予上合组织的使命。从外部来看，各成员国还应清醒认识到，推动上合组织进一步发展壮大，促进上合组织在国际和地区舞台上扮演更加重要的角色还需要对国际形势有全面把握，对内外部环境有准确判断，对未来发展所面临的各种挑战有充分估计。

本文通过回顾上合组织创设的背景与意义，列举上合组织发展过程中的标志性事件、签署的重要文件，力求全面阐述其自成立以来的发展历程，并在此基础上围绕上合组织的未来这一主题，以美国、欧盟等域外势力对上合组织发展的态度与政策为切入点，详细分析其所面临的外部机遇与挑战。最后，本文结合上合组织发展所取得的成果，对其未来发展方向予以展望并提出政策建议。

二、上合组织成立的历史背景与发展进程

(一) 上合组织成立的历史背景

20世纪90年代,国际局势发生了深刻复杂变化。面对40余年冷战的深刻教训,回首20世纪战乱频发的历史沧桑,各国人民热切祈盼人类迈入和平与发展的新世纪。中、俄、哈、吉、塔毗邻而居,地域广袤,实现睦邻互信和友好合作不仅有利于增进五国人民的福祉,也有利于维护地区乃至世界的和平与安宁。五国从建立边境地区军事互信入手,把相互合作逐步扩大到维护地区安全和稳定等广泛领域,从而使1996年4月成立的"上海五国"机制取得了令人瞩目的成功。"上海五国"机制,不仅是上合组织的原型与基础,同时也是当代国际关系中一次重要的外交实践。它首倡了以相互信任、裁军与合作安全为内涵的新型安全观,丰富了由中俄两国始创的以结伴而不结盟为核心的新型国家关系,提供了以大小国共同倡导、安全先行、互利协作为特征的新型区域合作模式。它所培育出来的互信、互利、平等、协商,尊重多样文明,谋求共同发展的"上海精神",不仅是五国处理相互关系的经验总结,而且对推动建立公正合理的国际政治经济新秩序也具有重要的现实意义。

进入21世纪以来,尽管国际局势风云变幻,但和平与发展的时代主题没有变,世界多极化和经济全球化的发展趋势没有变,人类面临着难得的发展机遇没有变。然而,不可否认的是世界仍很不太平,一些热点地区和国家、民族、宗教矛盾还在激化,个别地区冲突不断升级,恐怖主义、极端主义、分裂主义活动远未消除,环境、贫困、贩毒、难民等全球性问题还在进一步加剧。为了共同抓住机遇、应对挑战,各国加快了区域合作的步伐。正是在这样的背景下上合组织应运而生,上合组织的成立不仅符合各成员国人民的共同愿望,也反映了当今国际关系发展的一个必然趋势。

(二) 上合组织的发展进程

2001年6月15日,由中、俄、哈、吉、塔、乌六国发起的上合组织(SCO)正式在中国上海成立。上合组织的成立宣言表明,该组织将严格遵循《联合国宪章》的宗旨和原则,致力于加强成员国的相互信任、睦邻友好,加强成员国在政治、经贸、科技、文化、教育等广泛领域的有效合作,共同维护和保障地区的和平、安全与稳定,推动建立民主、公正、合理的国际政治经济新秩序。作为一个刚刚成立的重要地区性国际组织,如

何把上合组织发展好、建设好就成为各成员国的共同责任，也是当时各成员国面对的重要课题。

2002年，上合组织成员国元首第二次峰会在俄罗斯圣彼得堡举行，六国元首签署了《上海合作组织宪章》《关于地区反恐怖机构的协定》《上海合作组织成员国元首宣言》三个重要文件，为上合组织的机制化和法律化建设奠定了基础。2003年莫斯科峰会期间，六国元首讨论了在新形势下如何抓住机遇、应对挑战、加强协调、扩大合作、促进地区和平与发展等重大问题，并达成广泛共识。2004年塔什干峰会上，六国元首正式启动上海合作组织地区反恐怖机构，签署、批准了《塔什干宣言》、反毒合作协议等多份重要文件，并决定采取新举措，推进安全和经济方面的务实合作，建立成员国外交部间协作机制等。塔什干峰会标志着成立三年的上合组织正式结束初创阶段，进入了全面发展的新时期。会上，蒙古国被吸收为上合组织观察员。2005年阿斯塔纳峰会期间，六国元首签署了《上海合作组织成员国元首宣言》等重要文件，并决定给予巴基斯坦、伊朗、印度观察员地位。2006年六国元首齐聚上合组织发源地——上海，围绕弘扬"上海精神"、深化务实合作、促进和平发展的主题，提出了上合组织发展的远景规划，签署了《上海合作组织五周年宣言》等重要文件，为上合组织的下一步发展确定了方向和任务。2007年，在比什凯克峰会上，成员国元首签署了《上海合作组织成员国长期睦邻友好合作条约》，把成员国人民"世代友好、永保和平"的思想以法律形式确定下来。2008年，各成员国元首就上合组织发展和合作重点方向、相互关系准则、对外交往基本立场等达成新的重要共识。会议通过了《杜尚别宣言》《上海合作组织对话伙伴条例》等重要文件。2009年，在上合组织首脑峰会上，六国元首签署了《叶卡捷琳堡宣言》和《反恐怖主义公约》等重要文件。2010年上合组织批准了《上海合作组织接收新成员条例》和《上海合作组织程序规则》。2011年峰会期间，六国元首签署《上海合作组织十周年阿斯塔纳宣言》，对上合组织未来十年的发展方向做出战略规划。2012年北京峰会期间，与会领导人就深化成员国友好合作以及重大国际和地区问题深入交换意见并达成新的重要共识。成员国元首签署了《上合组织成员国元首关于构建持久和平、共同繁荣地区的宣言》等十个文件。各成员国元首一致同意接收阿富汗为上合组织观察员国、土耳其为上合组织对话伙伴国。

表2　上合组织国家元首峰会举办情况一览表

时间	主办国家	主办地点
2001年6月14日	中国	上海
2002年6月7日	俄罗斯	圣彼得堡
2003年5月29日	俄罗斯	莫斯科
2004年6月17日	乌兹别克斯坦	塔什干
2005年7月5日	哈萨克斯坦	阿斯塔纳
2006年6月15日	中国	上海
2007年8月16日	吉尔吉斯斯坦	比什凯克
2008年8月28日	塔吉克斯坦	杜尚别
2009年6月15—16日	俄罗斯	叶卡捷琳堡
2010年6月10—11日	乌兹别克斯坦	塔什干
2011年6月14—15日	哈萨克斯坦	阿斯塔纳
2012年6月6—7日	中国	北京
2013年9月13日	吉尔吉斯斯坦	比什凯克
2014年9月11—12日	塔吉克斯塔	杜尚别
2015年7月9—10日	俄罗斯	乌法
2016年6月23—24日	乌兹别克斯坦	塔什干
2017年6月8—9日	哈萨克斯坦	阿斯塔纳
2018年6月	中国	青岛

数据来源：公开资料，笔者整理。

2013年，习近平主席第一次作为中国国家元首出席上合组织成员国元首峰会，并发表题为《弘扬"上海精神"促进共同发展》的重要讲话。峰会批准了《〈上海合作组织成员国长期睦邻友好合作条约〉实施纲要（2013—2017）》，中方在峰会上宣布成立上合组织睦邻友好合作委员会。2014年杜尚别峰会期间，成员国元首签署并发表了《杜尚别宣言》，签署了《上海合作组织成员国政府间国际道路运输便利化协定》，批准《给予上海合作组织成员国地位程序》和《关于申请国加入上海合作组织义务的备忘录范本》修订案。2015年，元首理事会在俄罗斯乌法举行，各成员国批准了包括《上合组织至2025年发展战略》在内的一系列文件，签署《上合组织成员国边防合作协定》，通过关于启动接收印度、巴基斯坦加入上合组织程序等决议，发表成员国元首关于世界反法西斯战争胜利70周年的声明、关于应对毒品问题的声明以及会议《新闻公报》。在2016年塔什干峰会上，成员国元首发表《上合组织成立十五周年塔什干宣言》和《新闻公报》，批准《〈上合组织至2025年发展战略〉2016—2020年落实行动计划》等文件，见证签署印度、巴基斯坦加入上合组织义务的备忘录，有关部门授权代表签署了《上合组织成员国旅游合作发展纲要》。

2017年阿斯塔纳峰会期间，与会各方围绕上合组织发展现状、任务和前景以及国际和地区重大问题等交换意见，达成广泛共识。习近平主席在会上发表《团结协作，开放包容，建设安全稳定、发展繁荣的共同家园》的重要讲话。成员国元首签署并发表《阿斯塔纳宣言》，发表《新闻公报》《上海合作组织成员国元首关于共同打击国际恐怖主义的声明》，签署《上合组织反极端主义公约》，批准给予印度、巴基斯坦上合组织成员国地位等七份决议。峰会期间，各方授权代表还签署了《2017—2018年落实〈上合组织成员国旅游合作发展纲要〉联合行动计划》《上合组织秘书处与红十字国际委员会谅解备忘录》。此外，本次峰会决定中方担任2017—2018年上合组织主席国，习近平主席宣布中方于2018年6月主办下次峰会。①

表3 上合组织总理会晤举办情况一览表

时间	主办国家	主办地点
2001年9月14日	哈萨克斯坦	阿尔玛塔
2003年9月23日	中国	北京
2004年9月23日	吉尔吉斯斯坦	比什凯克
2005年10月26日	俄罗斯	莫斯科
2006年9月15日	塔吉克斯坦	杜尚别
2007年11月2日	乌兹别克斯坦	塔什干
2008年10月20日	哈萨克斯坦	阿斯塔纳
2009年10月14日	中国	北京
2010年11月25日	塔吉克斯坦	杜尚别
2011年11月7日	俄罗斯	圣彼得堡
2012年12月5日	吉尔吉斯斯坦	比什凯克
2013年11月29日	乌兹别克斯坦	塔什干
2014年12月14—15日	哈萨克斯坦	阿斯塔纳
2015年12月14—15日	中国	郑州

① http://www.fmprc.gov.cn/web/gjhdq_676201/gjhdqzz_681964/lhg_683094/jbqk_683096/.

续表

时间	主办国家	主办地点
2016年11月2—3日	吉尔吉斯斯坦	比什凯克
2017年11月30—12月1日	俄罗斯	索契

数据来源：公开资料，笔者整理。

三、域外（美欧）国际形势的变化及其对上合组织发展所产生的影响

（一）美国因素及其对上合组织发展的影响

对上合组织而言，外部国际环境往往对其开展各项工作和未来发展产生重要影响。在所有区域外因素中，由于众所周知的原因，美国对上合组织的政策和态度一直备受关注。冷战结束以后，国际局势发生显著变化，苏联解体和东欧剧变使得以美国为首的西方国家得以全面主导世界经济、科技、军事发展趋势。此后，在长达十余年的时间里，美国及其领导的国际和区域同盟组织在没有"重大阻力"的情况下全面拓展其海外利益并在全球范围内输出西方意识形态。

早在上合组织成立之初，一些西方观察家就认为它的意义在于建立一个类似可以对抗北约的同盟组织，而这一组织的主导权由中、俄两国控制。这一带有冷战色彩的思维模式构成了西方对于上合组织发展抱有戒心的原始动力。然而，2001年美国发生了"9·11"恐怖袭击事件，此后小布什政府集中精力应对恐怖主义和宗教极端势力，为争取国际社会，特别是中、俄等国对其军事打击阿富汗的支持与配合，当时美国政府并没有对刚成立的上合组织进行过度抨击和打压，以此显示其对带有反恐怖、反宗教极端势力性质的国际组织和活动的积极态度。在这一过程中，上合组织也与美国保持了密切的情报交流甚至是军事合作，比如塔吉克斯坦、乌兹别克斯坦、哈萨克斯坦等上合组织成员国就曾将本国的军事基地租借美国用于其打击阿富汗塔利班势力。从这个角度上讲，联合打击国际恐怖主义是促使美国对上合组织采取容忍态度的重要背景。此外，美国没有对上合组织进行打压的另一个背景因素是当时美国的综合国力远超上合组织成员国的总和，因此认为其对美国国家利益并不构成现实和迫近的威胁，也就是说，在这一时期上合组织不具备"挑战"美国全球战略和影响力的能力。与此同时，上合组织自成立开始就强调其"非军事同盟"和不针对第

三国的战略定位，没有显示出对抗美国及其盟友的意愿，这也令美国难以在国际社会制造舆论打压上合组织发展。

　　冷战结束以后，美国国家安全战略由冷战时期的全球范围内应对军事大国的挑战调整为应对区域性军事威胁。正是在这种安全战略的指引下，美国与其盟友发动了伊拉克战争，除掉了其在中东地区多年的政治宿敌。到了奥巴马执政时期，随着阿富汗、伊拉克战争的基本结束和"基地"组织作为一个完整恐怖组织的消亡，美国对于反恐的热情逐渐降低，国家对外战略再次调整。此时，美国安全战略虽仍以应对区域性军事威胁为主，但随着潜在对手综合实力的快速上升，其应对手段和级别也有所增强。在亚太方向，2012年奥巴马政府提出了所谓"亚太再平衡"战略，全面强化在亚太地区的军事部署，意图联合日本、韩国、澳大利亚等国构建东亚版"北约"，以此制衡中国在该地区的影响力。在欧洲方向，美国继续推行自冷战结束以后开始实施的所谓"颜色革命"，采用经济利诱和安全保障承诺等手段拉拢和策动苏联势力范围内的东南欧国家"离俄亲美"。美国等西方国家在国家安全战略中对于反恐斗争的热情度降低客观上为恐怖主义卷土重来创造了可乘之机。近年来一些新兴恐怖组织不仅在中东、北非地区，而且在全球范围内开展恐怖活动，包括美、英、德、法等国在内的西方主要国家都接连遭受恐怖袭击，引发全世界的高度关注。另外，处于欧亚大陆交叉路口的叙利亚国内冲突爆发以来，危机已经由最初的国内矛盾演变为夹杂着恐怖主义、宗教极端势力、民族对立、部落冲突甚至大国地缘政治角力等诸多复杂因素混合的国际政治、军事斗争。在这一背景下，美国等西方国家深感仅靠北约或西方力量无法应对日益繁重的反恐形势，需要借助其他地区性大国和国际组织的力量一道打击国际恐怖组织和宗教极端势力，而上合组织自成立以来在反对国际恐怖主义领域的成功经验恰恰证明了其宗旨与存在的意义，并引起美国等西方国家的重视和某种程度上的肯定。另一方面，美国等西方国家对于上合组织发展、壮大的猜疑也在与日俱增。这种猜疑集中表现在对于上合组织内部军事合作与交流的态度。比如，2005年中俄联合举行代号为"和平使命"的军事演习，在实战演练科目中，俄罗斯军方出动了包括图-22M和图-95两型战略轰炸机引起了西方，特别是美国的注意。美国方面认为针对恐怖主义的演习没有必要使用重型轰炸机。尽管中俄双方都表示演习不针对第三国，但西方观察家普遍认为中俄举行军演意在制衡美国在这一地区的影响力。

　　2017年特朗普就任美国总统，其上任以来大幅修正美国多年来奉行的国际协调主义政策，在外交实践中一方面对传统的"民主、自由、人权"

等西方价值观输出采取淡化处理，另一方面则在新版国家安全战略中重提大国竞争，并明确把俄中两国视为美国战略对手。此外，特朗普政府全面推行商业化色彩浓厚的实用主义路线，在处理对外关系上鼓吹"美国至上"。在这一背景下，美国在贸易领域加速推进保护主义政策，先后退出自奥巴马政府时期开始推动的跨太平洋战略合作伙伴关系协定（TPP），威胁重启北美自由贸易协定（NAFTA）谈判，并消极对待跨大西洋贸易与投资协定（TTIP）磋商，给贸易全球化蒙上了一层阴影。与此同时，美国在国际政治舞台上"选择性地"退出已经获得国际社会普遍认可的协定和组织，其中包括旨在减少温室气体排放的《巴黎协定》和已有70余年历史的联合国教科文组织（UNESCO）等。这些行动背后折射出特朗普政府对于当前国家政治、经济、外交运行状况的高度不满和深度不安，预计未来特朗普政府还将颁布和出台一系列旨在体现其"美国至上"政策的规定或措施。

特朗普政府对外政策的变化难免会影响未来美国对上合组织发展的态度，而笔者认为这种影响主要反映在两个层面上。首先，特朗普对外推行新保守主义和实用主义路线，其实质是在维护美国利益基础上重新审视与其他国家间的关系。从特朗普上任后的一系列行动可以看出，美国现政府已经在相当大的程度上放松了对于意识形态领域的坚持，弱化了通过输出美国价值观和民主制度来实现美国海外利益的外交策略，转而积极推动以获取商业利益为主的新对外政策。在此情况下，如果说过去美国政府关心上合组织是由持何种价值观或社会制度的国家组成的话，那么现在美国更关心上合组织会给美国在中亚、东欧、南亚等地的利益，特别是经贸利益带来何种影响。近期来看，一方面，如果上合组织能够为美国带来商业机会或者至少不损害美国的利益，则很难想象美国政府，至少是白宫方面会采取比以往更加明显的措施遏制或反对上合组织。另一方面，作为上合组织主要成员国的中俄两国均被特朗普政府视为战略竞争对手，后者在新版军事战略中凸显对抗中俄两国的战略意图。受此影响，上合组织未来在军事合作与接纳新成员等方面可能会受到来自美国的压力。此外，由于美国对于俄罗斯的制裁措施短期内没有废除的迹象，不排除对俄制裁措施波及上合组织经贸合作的可能性。

（二）欧盟因素及其对上合组织发展的影响

欧盟也是对上合组织未来发展有重要影响的域外势力。在上合组织发展过程中，前者也给予了很大关注。上合组织中虽然没有欧盟的正式成员，但很多成员国都处在欧洲或与欧盟成员接壤。德国前外长施泰因迈尔

（现任总统）曾概括欧盟有意愿与上合组织合作的背景。第一，欧洲接近于一个包括阿富汗、伊朗等国在内的不稳定地区。第二，这一地区迄今为止开展了有效遏制宗教激进主义的斗争。第三，中亚地区具有丰富的能源资源。俄罗斯欧盟问题专家安东年科认为，施泰因迈尔提到的利益将引导欧盟必须与当地无可取代的重要组织，即上合组织建立关系。安东年科在解释上合组织对欧盟具有重要意义的原因时指出：首先，上合组织在中亚地区的经济发展中起着非常重要的作用，而欧盟在中亚地区有着非常清晰的利益。如果中亚地区的发展一旦出现问题，那么欧盟将要面对非常麻烦的挑战，其中包括威胁能源管道的恐怖主义网络以及大量非法移民的增长，这是欧盟所无法应对的局面。上合组织实际上是推动未来经济增长相当有用的管理手段与工具，另外，地缘闭锁的中亚地区离开了中国、印度、伊朗和俄罗斯无法取得国际贸易通道。就此而言，美国、欧盟、日本所起的作用只是第二位的。一旦上合组织能够真正对当地的经济一体化进程做出安排，包括逐渐地建设自由贸易区，推动商品、人力、技术和资金的自由流动，这对于欧盟将是一个何等巨大的机会。其次，上合组织在安排能源事物方面具有巨大的潜能。其成员包括石油输出国组织之外最大的两个产油国家：俄罗斯和哈萨克斯坦，同时又包括了当今世界最大的能源消费国中的两个：中国和印度。欧盟将在很长一个时期中继续有赖于来自俄罗斯的石油和天然气进口，在将来也许与中国在油气资源领域形成竞争关系。因此，在欧盟与上合组织之间形成对话的空间十分巨大。第三，中国和俄罗斯都是欧盟的重要伙伴，当欧盟希望加强同上述两国关系的时候，欧盟与上合组织之间的对话无疑就变得格外重要。这两个伙伴之间的关系，特别是当中俄两国都把上合组织看作他们各自对外政策的首要任务之一。同时，中国与俄罗斯都没有把欧盟看作是对上合组织的一个挑战，欧盟与上合组织并非是命中注定要在这一地区成为利益相悖的竞争者。最后，上合组织与欧盟都把处理地区安全事务作为自己的核心工作，这两个机构在摧毁恐怖主义网络的合作中有着诸多的共同利益。比如两者都希望实现阿富汗局势的稳定，上合组织把阿富汗局势视为甚为关键的挑战，建立了有关阿富汗问题的工作小组；而欧盟的一些成员国则参与了北约名义下在阿富汗的军事行动。此外，伊朗目前是上海合作组织的观察员国，可以设想上海合作组织有可能在伊朗核问题上发挥积极作用。[①]

[①] 冯绍雷：《欧盟与上海合作组织：竞争对手或合作伙伴》，《国际问题研究》2007年第6期。

另外，特朗普当选总统后美欧关系发生微妙变化。在经济贸易领域，美国与欧盟就贸易全球化、能源与环境等问题矛盾日益突出，特朗普政府奉行"美国第一"政策促使欧盟国家不得不减少对美国在经贸领域的依赖。在传统安全方面，特朗普政府与北约的欧洲盟友围绕防务费用分摊、防卫义务调整以及对俄安全合作问题上也存在一定分歧。受此影响，欧洲主要国家脱离美国影响力的倾向逐渐增强。另一方面，英国正式决定脱离欧盟引发了欧洲国家对于欧盟未来发展方向的深度忧虑，进一步鼓励了欧盟内部既有的分离势力。2017 年欧洲多国举行领导人换届选举，尽管德国、法国新任领导人均支持欧洲一体化进程，但东南欧国家与欧洲传统大国之间围绕预算、移民、贸易等问题仍存在较大争议，预计欧盟内部将就未来发展走势展开新的博弈。此外，近年来随着来自中东、北非、西亚地区的难民和移民数量的逐渐增多，欧盟还面临日益严峻的恐怖主义、极端主义渗透的威胁。在此背景下，未来欧盟若想继续在欧洲乃至国际事务中发挥重要作用不仅需要处理好其平台内部的纷争和矛盾，还需要妥善处理与美国等传统政治盟友及中、俄等新兴政治、经济大国之间的关系。上合组织作为涵盖人口最多，覆盖亚、欧两大洲并包含中、俄、印三个具有全球影响力大国的国际组织对于欧盟推行其政治、经济、安全战略，维护其在上述地区的影响力而言，其重要意义不言而喻。正是基于这一判断，欧盟将更加积极主动地推动与上合组织的对话与合作。与此同时，由于乌克兰危机导致的俄欧在安全领域互不信任以及欧洲大国对于中国未来发展的疑虑，欧盟在个别领域，特别是传统安全方面可能会对上合组织的发展表现出戒心。

四、上合组织扩员与参与国际合作进程分析

关于上合组织扩充成员国和参与国际合作，早在成员国 2001 年发表的《上海合作组织成立宣言》第七条中就有明确论述，"上合组织奉行不结盟、不针对其他国家和地区及对外开放的原则，愿与其他国家及有关国际和地区组织开展各种形式的对话、交流与合作，在协商一致的基础上吸收认同该组织框架内合作宗旨和任务、本宣言第六条阐述的原则及其他各项条款，其加入能促进实现这一合作的国家为该组织新成员。"这表明上合组织自诞生之日起就不是一个封闭性的国际组织，其本着各成员国"协商一致"的原则，以认同上合组织理念为基础吸收和接纳潜在的新成员。

在 2004 年塔什干峰会上，上合组织进一步明确了对于参与国际合作的

态度和步骤,各国元首一直认为"本组织愿积极和建设性地参与建立旨在团结广泛的国际力量,以应对全球和地区范围内的新威胁和新挑战的新的安全架构"。为此,上合组织将与其他国家和国际组织,首先是与联合国进行协作,为所在地区乃至世界的安全和稳定做出贡献。与此同时,为促进亚太地区的互联互通,上合组织各成员国元首还倡议"亚太地区的国际组织和论坛,通过相互签署协议,包括在对等原则基础上相互给予观察员地位,逐步建立起多边组织的伙伴网络"。此后的 2005 年,上合组织迎来了巴基斯坦、伊朗和印度作为组织观察员。在《阿斯塔纳宣言》中,各成员国首脑认为给予巴基斯坦、伊朗、印度本组织观察员地位,将增加本组织在各领域开展多边、互利合作的潜力。成员国首脑还认为 2004 年底上合组织获得联合国大会观察员地位并于 2005 年与东盟和独联体签署谅解备忘录是上合组织国际声望日益提高的重要标志。在 2007 年上海峰会期间,上合组织承诺将积极利用各种形式和方法,扩大成员国在国际舞台上的合作,并与观察员国和有关国际组织举行定期磋商。各成员国首脑还"责成国家协调员理事会着手就本组织扩员程序提出建议。该程序应完全符合《上海合作组织宪章》规定的目的和任务,确保构成法律基础的全部条约文件的有效性,应有助于增强上合组织凝聚力,并保证在所有层面上协商任何问题时始终遵循协商一致原则"。在 2009 年签署的《叶卡捷琳堡宣言》中,上合组织"成员国对国际社会与本组织建立联系的愿望不断加强表示满意,欢迎白俄罗斯共和国和斯里兰卡民主社会主义共和国在对话伙伴框架内与本组织开展合作"。"愿加强与联合国、独联体、东盟、欧亚经济共同体、集体安全条约组织、经济合作组织、联合国亚太经社会以及其他国际和地区组织的务实合作,在此基础上建立广泛的伙伴网络"。与此同时,上合组织各成员国"愿与国际社会开展对话,以密切各国联系,推动建立更加公正的国际秩序,巩固全球稳定和经济发展"。在 2010 年 6 月塔什干峰会上,上合组织批准了接纳新成员的规则与程序。此后,阿富汗、土耳其、亚美尼亚、阿塞拜疆、柬埔寨、尼泊尔等国均积极寻求成为上合组织非正式成员国。除此以外,越南、埃及、以色列、马尔代夫、乌克兰、叙利亚、孟加拉国以及伊拉克等国家也不同程度地表达了对于成为上合组织对话伙伴的积极意愿。

  2017 年 6 月上合组织成员国元首理事会第 17 次会议在阿斯塔纳举行。此次会议上正式确认了印度和巴基斯坦上合组织成员国地位,由此实现上合组织首次扩员。目前,上合组织成员国已由六国扩大为八国,涵盖人口超过 30 亿,占全球总人口达到 2/5,成为世界上人口最多、面积最大的地区合作组织，覆盖面和影响力进一步增强。《哈萨克斯坦商业报》以"开启了新的历史"来形容上合组织16年来的首次扩容。中国国家主席习近平指出，"我们要保持团结协作的良好传统，新老成员密切融合，深化政治互信，加大相互支持，构建平等相待、守望相助、休戚与共、安危共担的命运共同体。"俄罗斯总统助理乌沙科夫称，"扩员将明显提升上合组织在国际事务中的声望。"《巴基斯坦观察家报》撰文分析称，上合组织接受巴基斯坦和印度成为正式成员国，使该组织成为"继联合国后，当今世界上最大的国际组织之一"。[①]

表4 上合组织成员架构（截至2017年10月）

地位	国家或国际组织
成员国	中、俄、哈、吉、塔、乌、印、巴共计八国
观察员国	阿富汗、白俄罗斯、伊朗、蒙古国共计四国
对话伙伴国	亚美尼亚、阿塞拜疆、柬埔寨、尼泊尔、斯里兰卡、土耳其共计六国
应邀嘉宾	东盟（ASEAN）、独联体（CIS）、土库曼斯坦、联合国（UN）

数据来源：公开资料，笔者整理。

五、上合组织未来发展前景展望与政策建议

（一）上合组织未来发展前景展望

上合组织的成立是所有成员国基于21世纪的挑战和威胁，为实现本地区的持久和平与可持续发展而做出的战略抉择。这一决定推动了区域合作迈入新的历史阶段，对于成员国间建立和保持和平与稳定，建设合作和开放的区域环境具有重要意义。在国际和地区局势风云变幻的情况下，上合组织已成为成员国深化睦邻友好合作和伙伴关系的重要机制，成为国际社会开展文明对话的样板，成为推动国际关系民主化的积极力量。在过去的发展过程中，成员国坚定遵循互信、互利、平等、协商、尊重多样文明、谋求共同发展的"上海精神"，树立了合作共赢的新型国际关系典范。

当前，国际和地区形势深刻复杂变化，不稳定、不确定因素增多。上合组织也面临着新机遇与新挑战。机遇方面，虽然国际形势正在经历大调整、大变革，但和平与发展的时代主题并没有发生根本性变化，各国人民

[①]《人民日报》2017年6月12日第三版。

对于美好生活的追求构成了世界向前发展的原始动力。正是基于这一事实，上合组织各领域的发展，特别是成员国间经贸、人文领域的合作与交流将不断向前发展。此外，上合组织成员国均是发展中国家，都肩负着繁重的经济建设任务，都有责任带领本国人民朝着更加幸福、更加美好的生活愿景迈进。习近平主席曾指出，"地区一体化和经济全球化是时代潮流，各国和各国人民应该从这一进程中受益。"发展好、建设好、维护好各成员国的社会经济基本面不仅有利于促进各成员国共同繁荣，也对打击"三股势力"、遏制跨国有组织犯罪有着重要意义。在这一过程中，基础设施、基础产业、支柱产业的建设与发展是摆在所有成员国经济发展面前的重中之重。在这一方面，上合组织开发银行、亚洲基础设施投资银行等多边金融机构可以并已经在发挥积极作用。未来随着上合组织进一步扩员和对资金、技术、人才需求的增加，相信各成员国间经济、金融领域的合作势头将得到加强。中国自2013年正式提出了覆盖亚非欧三大洲的"一带一路"倡议，上合组织的所有成员国都是"一带一路"沿线国家。2017年5月，"一带一路"国际高峰论坛在北京召开，众多上合组织成员国领导人参加了会议。在7月的阿斯塔纳峰会上，如何实现上合组织与"一带一路"建设的互动发展也成为一项重要议题。俄罗斯、哈萨克斯坦等上合组织成员国也有"欧亚经济联盟""光明之路"等发展战略。在此背景下，上合组织成员国通过各自发展战略对接将更好地增强该组织在推动成员国经济、社会长远发展方面的作用。另一方面，美国特朗普政府在全球范围内推行"美国第一"政策并威胁退出多边贸易框架，这一举动客观上加重了各国对于贸易保护主义抬头的担忧。而上合组织维护贸易全球化的主张将使该组织及其成员国在国际社会上获得更多的支持和参与。这些对于未来上合组织发展而言都是难得机遇。

挑战方面，从外部来看，上合组织的发展壮大势必会带来以美国为首的西方国家的高度关注。不可否认的是，随着贸易全球化、全球产业分工调整以及国际政治多极化发展，美国全球领导能力和意愿正在发生变化，上合组织的发展将在一定程度上重塑国际和地区战略格局，并对原有的地区地缘政治平衡产生影响。客观上讲，美国对于任何有可能对其全球战略和利益产生潜在影响的政治实体都保有警戒心态，但如果上合组织在壮大过程中能够尝试与美国及其盟友保持沟通与协调，或者淡化其对美国利益的冲击或影响，那么双方在一些领域仍能保持合作。这需要双方在参与国际事务中有共同的目标或追求，比如在全球范围内打击恐怖主义、宗教极端势力和跨国有组织犯罪等非传统安全领域。在军事安全和地缘政治方面，双方仍然会不可避免地出现不同看法。需要指出的是，上合组织并不是一个紧密的军事组织，更不是一个以对抗某一个特定国家或国际组织为目的而成立的同盟。在这一点上，上合组织与北约组织存在着本质区别。从内部来讲，随着上合组织实现首次扩员，新加入的成员国如何能够与创始成员国和睦相处以及当成员国中出现严重分歧时如何解决等问题也对上合组织未来发展提出了挑战。上合组织的宗旨是加强各成员国之间的相互信任与睦邻友好；鼓励各成员国在政治、经贸、科技、文化、教育、能源、交通、环保及其他领域的有效合作；共同致力于维护和保障地区的和平、安全与稳定；建立民主、公正、合理的国际政治经济新秩序。中国有句俗语"团结就是力量"，上合组织成员国只有"心往一处想，劲往一处使"才能精诚合力，众志成城，共同推动上合组织向着更加强大，更加有影响力的方向发展，才能更好推动全球治理更加体现公平、正义。所有上合组织成员国都应铭记这一点。

（二）对上合组织未来发展的政策建议

自成立以来，上合组织走过了从草创期到各领域协调发展、优势互补的成功之路。这得益于各成员国为上合组织发展所做出的积极贡献，得益于各成员国人民的理解与支持，得益于国际社会对于上合组织发展的期待与配合。作为上合组织的创始成员国和联合国常任理事国，中国一直为上合组织的规划和发展做出自身的努力，不断提出中国方案，贡献中国智慧。习近平主席在2017年阿斯塔纳峰会期间对上合组织未来发展提出五点建议。第一，巩固团结协作。要深化政治互信，加大相互支持，加强立法机构、政党、司法等领域交流合作，构建平等相待、守望相助、休戚与共、安危共担的命运共同体。中方倡议制定《上海合作组织成员国长期睦邻友好合作条约》未来五年实施纲要。第二，携手应对挑战。中方支持落实《上海合作组织反极端主义公约》，主张加强地区反恐怖机构建设，倡议举办防务安全论坛，制定未来三年打击"三股势力"合作纲要。呼吁各方支持阿富汗和平和解进程，期待"上海合作组织—阿富汗联络组"为阿富汗和平重建事业发挥更积极作用。第三，深化务实合作。中方和有关各方正积极推动"一带一路"建设同欧亚经济联盟建设等区域合作倡议以及哈萨克斯坦"光明之路"等各国发展战略对接，上海合作组织可以为此发挥重要平台作用。中方倡议逐步建立区域经济合作制度性安排，支持建立地方合作机制，并积极开展中小企业合作。第四，拉紧人文纽带。中方愿同各方继续做好上海合作组织大学运行工作，办好青年交流营、中小学生夏令营，并主办上海合作组织国家文化艺术节等活动，启动实施"中国—

上海合作组织人力资源开发合作计划"。中方倡议建立媒体合作机制,将主办本组织首届媒体峰会。第五,坚持开放包容。中方支持上海合作组织同观察员国、对话伙伴以及其他国家开展合作,赞成本组织继续扩大同联合国等国际和地区组织的交流。

回顾过去,展望未来,面对国际形势新变化所带来的机遇和挑战,上合组织今后仍将大有作为、大有可为。为此笔者从理论和实践两个方面提出如下建议。从理论层面上来讲:第一,要全面弘扬"上海精神",继续坚持以平等互信为基础,以互利共赢为原则,以对话协商为手段,以共同发展为目标,全面推进上合组织未来的发展。第二,要认真回顾和总结上合组织自成立以来所走过的发展历程,提取其中值得借鉴的经验,继续发扬和深化其中的成功之处,改进和提高其中的不足之处,为在组织内部形成"上合智慧"、在组织外部上推广"上合模式"做出有益尝试。第三,要紧跟世界形势发展步伐,特别是密切关注主要大国和热点地区在政治、经济、科技、军事领域的新情况、新变化,在各成员国认真研判和充分讨论的基础上,围绕这些新情况、新变化及时创新工作思路,提出上合组织的应对措施和发展战略。从实践层面上讲:首先,要强化各成员国"官、产、学"之间的沟通,特别是各成员国政府及民间智库的交流与合作,增信释疑、排忧解难,更好地促进成员国间发展战略的融汇对接。第二,要进一步提高组织机构的运作能力,特别是强化上合组织常设机构的运作效率,适当扩大职能范围并增加财政预算。目前,中方已经为此做出了积极贡献,习近平主席在 2017 年阿斯塔纳峰会期间宣布向秘书处追加捐款 1000 万人民币,用于改善工作条件和开展活动,显示了中方在支持上合组织运作方面的积极作为。第三,上合组织目前已成为重要的地区性国际组织,而且随着未来的发展壮大将更加体现和突出这一特点。在此背景下,加大组织机构中人才,特别是青年人才的吸收和培养力度,使之为上合组织全面发展提供新鲜血液和不竭动力就显得尤为重要。习近平主席曾指出,青年兴则国家兴,青年强则国家强。任何国家、任何国际组织都迫切需要有理想、有本领、有担当的青年才俊。期待未来上合组织在人才招纳和使用过程中更加体现"青年因素",更加体现"五湖四海",做到"不拘一格降人才",做到"物尽其能、人尽其才"。

此外,上合组织未来发展还应体现所谓"变"与"不变"的原则。"变"就是要紧跟时代步伐,动态调整各领域合作方略,确保上合组织永葆生机活力。当前,国际关系正在经历大变革、大调整。任何国家、任何国际组织都必须不断调整自身的发展战略以适应不断变化的新世情,以抓住转瞬即逝的新机遇，以应对日益复杂的新挑战，以处理层出不穷的新问题。所谓"不变"就是指各成员国促合作、谋发展要紧密围绕互信、互利、平等、协商、尊重多样文明、谋求共同发展的"上海精神"这个中心思想。"知者行之始，行者知之成"，习近平主席指出，实践证明，"上海精神"催生了强大凝聚力，激发了积极的合作意愿，是上合组织成功发展的重要思想基础和指导原则。同时，"上海精神"具有超越时代和地域的生命力和价值，为所有致力于睦邻友好和共同繁荣的国家提供了有益借鉴，也为国际社会构建以合作共赢为核心的新型国际关系实践注入了强大动力。

"21世纪海上丝绸之路"与上海合作组织：
中国期望及对拉丁美洲的借鉴意义

法布里西奥·丰塞卡[*]

引 言

"21世纪海上丝绸之路"是中国"一带一路"的一部分，旨在扩大中国与中亚、南亚与东南亚各国的贸易与投资，从而进一步扩大与中东、东非和欧洲各国的贸易投资。在这方面，上海合作组织在改善中国和中亚各国间的关系和建立互信机制方面做出了巨大贡献，其中国经验为有效实现"一带一路"制度化创造了重大机遇。自2013年提出以来，"一带一路"受到了广大中国人乃至全球众多学者和记者的关注。本文分析了实施中国"一带一路"的主要动机和"一带一路"与上海合作组织的关系，强调在中国外交政策中，包容是国家间睦邻友好的新核心之一。本文还阐述了其他有关制度变革的重要观点。

本文第一部分从理论着手，解释了该倡议的出台动机和实施过程。为了讲好"中国故事"、进行国际组织改革，不仅要牢记日益增长的中国力量，即人们所理解的物质积累，还要记住中国和平崛起和中华民族伟大复兴等重要概念的运用和演变。第二部分介绍了上海合作组织的发展历程。上海合作组织在建立互信机制和与中亚、南亚国家关系制度化方面，为中国外交提供了宝贵的经验。中国重视发展与世界大国的关系，也极其重视与邻国的外交关系。"一带一路"与这一战略不谋而合。因此，印度和巴基斯坦加入上海合作组织将为该组织成为"一带一路"特别是"21世纪海上丝绸之路"的支柱机构创造重大机遇。但上海合作组织及"一带一路"的建设过程并非一帆风顺，例如新德里拒绝支持该倡议，且上海合作组织需要更多的南亚成员国。

在分析完"一带一路"对上海合作组织的影响后，本文第三部分聚焦"一带一路"扩展至拉丁美洲的潜在利益，以及此进程中可能遇到的困难。

---

[*] 法布里西奥·丰塞卡，中国台湾政治大学国际事务学院拉美研究中心研究员、博士。

2017 年 9 月，中国外交部长王毅访问巴拿马，与拉美国家建立正式外交关系。他表示拉丁美洲是"21 世纪海上丝绸之路自然延伸的重要方向"（MOFA, 2017）。过去 20 年里，中国成为大多数拉美国家和加勒比地区国家的第一或第二大主要贸易伙伴，该地区也成为中国新兴经济原材料最大供应商之一，中国与该地区经济关系有所加强。尽管中国和拉美地理位置相距甚远，但拉美已超过上海合作组织成员国，一跃成为中国更大的供应商。同时，无论是国有还是私营的中国企业，都获得了在该地区投资的经验，只是他们的投资仍然受当地国家和部门高度控制（Pérez Ludeña, 2017）。这表明，通过"一带一路"建设来带动中国与上海合作组织成员国间的贸易具有巨大潜力，将拉美纳入"21 世纪海上丝绸之路"版图也是自然而然的步骤。本文结尾部分就此得出了一些初步的结论。

一、"一带一路"理论思考

过去 40 年，中国走向经济现代化的道路坎坷曲折。中国一度高度务实，借鉴其他国家成功的经验，不断试验，直到找到正确的道路。作为主要的新兴大国，中国融入国际体系的道路大抵如此。自 1971 年加入联合国之后，中国政府在外交政策上奉行渐进路线，先在小范围进行试验，等到认为自己有足够能力发挥积极作用时，才更加积极地参与到国际事务中来。在与国家利益息息相关的事务上表现更为明显。这种模式源自邓小平的战略思想。他认为在国际舞台上要低调行事，即要隐藏国家实力，不被他国视为威慑力量（The Economist, 2010）。

国际关系理论中的"霸权稳定"理论认为，霸权或主导力量能够通过提供公共物品维持其参与国际事务的地位并获得国际认可，也可以让其他一些主要国家和"搭便车"的其他国最终获利（Kindleberger, 1973; Eichengreen, 1996）。第二次世界大战后，美国等战胜国通过创建各种组织机构来提供国际公共产品，联合国和布雷顿森林体系是其中最重要的两个组织。在地区层面，美国和苏联也推进了机构建设，旨在通过提供他国所需物品巩固自己的领导地位。在这个意义上，国际组织不仅成为巩固大国力量的重要手段，而且有助于扩大不同国家及地区间的合作。国际关系学中的新自由主义理论也支持这一观点（Keohane, 1984）。

尽管如此，国际关系学中的建构主义认为，思想和观念等因素在国际事务中同样重要。建构主义承认现实世界是社会建构的，因此现实世界受决策者和不同历史轨迹的影响（Wendt, 1992; Campbell, 1998）。20 世纪

80年代经济自由主义浪潮袭来，经济全球化深化，国际体系中非国家实体增加；但是，国家仍然是国际关系研究中最重要的单位，也是最有能力对整个系统产生影响的单位。因此，如结构现实主义所述，在一个主权国家仍占主导地位的系统中，主要以物质能力积累的权力至关重要。

正如Barkin（2003：338）所说，在这个意义上，无论是所谓的现实主义建构主义支持者，还是奉行建构主义假设研究政治的行为，都表明现实主义能对全球制度变迁做出一定解释，但却不适合用于解释上述转型。正如Sterling-Folker（2002：75）所言："要解释现实社会，有必要采用现实主义与建构主义结合的方法，而这种方法能够解决特定社会内容的演变。"因此，了解包括"21世纪海上丝绸之路"在内的中国"一带一路"背后体制变革的内容，对更好地了解其所面临的挑战及其为拉美各国提供的机会具有重要作用。

自1949年以来，人们坚信只有中国共产党才能带领中国人民实现中华民族的伟大复兴。毛泽东逝世后，尽管后继领导人奉行不同的经济发展政策，实现中华民族伟大复兴的目标始终如一。中国在经济上实行改革开放，以实现更高层次的发展。中国共产党领导人确立的目标是，到2049年步入发达国家行列。尽管中国国内外都存在着许多挑战，但是中国的官员和外交家们为实现国家终极目标已采取了不同措施（Wang, 2014）。在这层意义上来看，中国不仅最终成功加入了第二次世界大战后的发展体制，而且乘着全球化的东风，已成为自由经济国际秩序中最大受益国之一。

在胡锦涛担任中国共产党最高领导人的时期，"和平崛起"成为国家口号，向世界展示中国不使用暴力改变国家秩序的决心，并强调发达国家和发展中国家合作共赢的意愿（Wang, 2008）。尽管如此，各国并未无条件接受这一信息。有些国家对中国的真正意图保持怀疑，认为如同美国的周期性选举一般，中国崛起有其"政治目的"（Fonseca, 2014）。与此同时，由于西方和其他国家媒体和政治家的不断传播，中国是世界强国的形象已随处可见。

在这种形势下，西方过去十年所发生的变化深刻影响着中国政策制定者。在习近平主席成为中国共产党的最高领导人之后，中国对创建新的国际机构产生了极大的兴趣；他们创建亚洲基础设施投资银行（AIIB）和金砖国家新开发银行（NDB）。尽管国际货币基金组织和世界银行等部分现有机构拒绝中国代表在新建机构中拥有更高的话语权，但中国政府提出，这些新成立的机构与已有全球机构相辅相成，而非关系对立、非此即彼。

在这种情况下,"21世纪海上丝绸之路"作为"一带一路"的一部分,应该推进实施。

二、上海合作组织和"一带一路"的发展

(一)上海合作组织——"一带一路"的制度支柱

冷战结束后,中国面临与中亚新独立国家和俄罗斯划定边界的新战略思考。中国和俄罗斯政府都期望多极化世界的到来,并且期望双方都能在其中发挥重要作用(Wohlforth, 2009: 55-56)。尽管如此,美国入侵科威特以及后来对非洲和巴尔干半岛不同程度干预,表明世界有朝着单极化方向发展的趋势。这让其他各国意识到:实现世界多极化是一个漫长的过程。自1994年以来,中国领导层就表达了重建丝绸之路的想法。他们提出"丝绸之路"这一概念,作为发展中国和中亚邻国间稳定关系的第一步,并借此保持新疆地区的稳定(Xing, 1998)。此类互信机制不断成立:首创于1996年的"上海五国"于2001年发展成为上海合作组织;尽管乌兹别克斯坦并非中国邻国,但它也成为该组织的一员。

美国将反恐怖主义作为目前的外交政策重点。由于上海合作组织中的许多成员国都毗邻阿富汗,在美国干涉阿富汗后,上海合作组织成员国将合作重点放在安全问题、尤其是关注激进的伊斯兰团体上。这足以表明中国政府对上海合作组织的重视:中国把上海合作组织视作其维护西部地区安全的重要伙伴;但促进该地区的经济发展却十分困难。过去很长时间里,中亚各国都是俄罗斯帝国的一部分,后来是苏维埃共和国的一部分。其经济仍停留在向市场经济的过渡阶段,并高度依赖于相互之间的贸易和与俄罗斯的贸易。另一方面,自改革开放以来,中国政府奉行出口导向增长模型,这就需要打开西欧和北美洲发达市场。而自2001年加入世界贸易组织后,中国在这方面取得了重大突破。

中国注重经济增长和物质财富积累,使得中国与发达国家间的关系成为中国外交政策的重要领域。中国与世界主要强国、特别是与美国之间的交流互动,是21世纪头十年其外交决策的中心(Xu & Wang, 2016)。在那十年里,中美经济相互依存。美国成为中国制造的最大消费国;中国不但通过收购国债成为美国政府最大债权国,而且吸引其他各金融机构向美国养老基金投资(Fonseca, 2014)。与此同时,跨国企业和外国来华投资促进了中国产业的现代化,先进技术和管理经验进入中国,帮助中国国有和私营企业成为国内乃至全球的有力竞争者。

中国多样化的产业需要不断供应国内无法获得的原材料。中国企业开始在海外和世界不同地区投资以寻找自然资源，用于国内生产制造，满足国内消费和出口至第三市场的需要。通过商品进口、工业产品出口，中国最终成为世界大多数国家主要或最大贸易伙伴国之一，中亚国家也不例外。在过去的20年中，中国与上海合作组织成员国间的双边贸易呈指数增长态势（参见表1），中国成为各成员国第一或第二大贸易伙伴。大多数成员国与中国的商务往来至少占其对外交易总额的10%。1995—2015年，上海合作组织各成员国与中国的双边贸易总量占国家对外交易总额的比例从4.25%上升到13.7%（参见表2）。

表1　1995—2015年中国与上海合作组织成员国之间的贸易往来

（单位：百万美元）

	1995年		2005年		2015年	
	出口	进口	出口	进口	出口	进口
哈萨克斯坦	75	315	3897	2909	8427	5840
吉尔吉斯斯坦	107	123	867	105	4285	57
俄罗斯	1665	3799	13211	15890	34810	33217
塔吉克斯坦	15	9	144	14	1797	50
乌兹别克斯坦	48	71	230	450	2236	1267
印度	765	397	8934	9766	58262	13396
巴基斯坦	788	223	3428	833	16481	2477
总计	3463	4937	30711	29967	126298	56304

数据来源：世界银行—世界综合贸易解决方案，2017年。

密切关注中亚各国、特别是吉尔吉斯斯坦和塔吉克斯坦的经济动向十分重要。两国都在努力增加对中国的出口。除了对中国出口激增外，双边贸易已出现逆差，使得两国担心与中国的贸易赤字日益增加（参见表1）。同样，自然资源丰富的上海合作组织成员国、特别是中亚各国增加了对中国的出口。必须承认，这些国家虽然地理位置优越，但不能保证他国不会超越它们成为中国更大的出口国。2015年，上海合作组织成员国对中国的进口总量与南美南方共同市场对中国的进口总量持平。与中亚和南亚国家相比，拉美国家已成为中国更重要的贸易伙伴（参见表3、表4）。但是，如后文所言，这种形势可能会在不久的将来发生改变。

表 2　中国—上海合作组织成员国双边贸易，
占其对外贸易总额的百分比（1995—2015 年）

	中国与该国的双边贸易占总额的百分比（%）			该国与中国的双边贸易占总数的百分比（%）		
	1995 年	2005 年	2015 年	1995 年	2005 年	2015 年
哈萨克斯坦	0.14	0.47	0.36	3.17	7.96	14.29
吉尔吉斯斯坦	0.08	0.07	0.09	8.76	6.56	13.89
俄罗斯	1.50	2.07	1.76	3.50	6.38	13.75
塔吉克斯坦	0.01	0.01	0.04	n. a.	n. a.	n. a.
乌兹别克斯坦	0.04	0.05	0.09	n. a.	n. a.	n. a.
印度	0.41	1.33	1.68	1.58	7.19	9.66
巴基斯坦	0.35	0.29	0.44	n. a.	6.04	16.91
上海合作组织（总计—平均）	2.53	4.29	4.46	4.25	6.83	13.70

数据来源：世界银行—世界综合贸易解决方案，2017 年。

2008—2009 年，美国和西欧处于经济危机之中，而这却是中国对外经济关系建设的关键时期。当时，发达国家面临经济困难，这不仅增强了中国领导人对其经济模式可行性的信心，而且促使他们采取行动、寻找恢复经济快速发展的新突破口。大型经济刺激计划、进出口多元化、西方投资者逐步退出中国市场或暂停投资，使中国一跃成为仅次于美国和日本的全球第三大外商直接投资者（Pérez Ludeña, 2017）。具有竞争力的中国公司开始从事邓宁（Dunning, 1981）所说的四种不同类型的外商投资，即（1）自然资源采集型；（2）战略资产采购型；（3）第三个市场准入型；（4）成本降低型。虽然中国越来越强调发展国内市场和提高劳动力工资，但是第四种类型的投资对许多公司、尤其是私营企业更具吸引力。作为新兴经济体，中国的经济地位特殊，外商直接投资是其经济重要组成部分，主要集中在前三种类型上。

这种经济形势也导致了中国外交政策的重大变化。自习近平担任中国共产党最高领导人以来，中国与周边国家关系得到加强，中国将它们与美国等主要大国同等对待（Xu & Wang, 2016：36）。可以看到，自 2009 年以来，中国领导人在处理地区问题时表现得更加自信。比如，在南海争端中，中国勇敢地站了出来，坚定地维护了自身权益，让许多邻国感受到威慑力。在某种程度上，这促使奥巴马政府采取了以亚洲政策为核心的应对措施，投入更多的人力和物力增强美国的存在感，并向东亚传统盟友保证兑现对该区域和平与安全的承诺。与邻国发展良好关系的需求，促使中国推动实施"一带一路"倡议，以便更好地保护其不断增加的海外投资，帮助中国树立注重双赢、与全球伙伴开展经济合作的大国形象。

表3　中国与具体区域的对外贸易进程（1995—2015年）

（单位：百万美元）

地区	1995年 出口	1995年 进口	2005年 出口	2005年 进口	2015年 出口	2015年 进口	2015年（占总额的百分比）X	2015年（占总额的百分比）M
全球	148779	132083	761953	659953	2281856	1681671	100	100
东亚	84853	61102	314815	338923	910369	754073	39.90	44.84
北美	26262	18800	174956	56253	440599	176825	19.31	10.51
欧洲&中亚	22426	26810	175184	100354	438234	311159	19.21	18.5
拉美&加勒比海	3123	2967	23268	26665	130946	103802	5.74	6.17
南亚	2511	685	15961	10725	94333	16972	4.13	1.01

数据来源：世界银行—世界综合贸易解决方案，2017年。

（二）"21世纪海上丝绸之路"的挑战

在过去40年中，大量投资基础设施建设项目促使中国经济快速增长。国家经济刺激计划还包括：加快各级基础设施的建设和现代化、提高国内企业竞争力、改进技术手段、鼓励企业在国内外做大做强。"一带一路"倡议为这些公司提升业绩提供了平台。"一带一路"也向其他国家的企业开放，强调竞争与创新，允许企业向他人学习。"一带一路"鼓励沿线新兴国家和发展中国家投资，这将有助于经济增长和社会稳定（Huang，2017）。

批评者注意到，上述投资仍集中在自然资源的开采和基础设施出口上，尚无更好的替代品来实现经济的可持续增长。未来，这种状况可能给一些国家带来负面影响。尽管这些国家基础设施支出有所提高，但国内普惠制度不健全或根本不存在。这使得某些项目最终以"白象"告终，国家无法进一步吸引国内外投资，也很难通过必要的手段来率先履行自己的义务。斯里兰卡和尼泊尔的案例表明，"一带一路"未来将面临挑战（Parameswaran，2017）。

中国在 2013 年 10 月宣布,"21 世纪海上丝绸之路"着重于港口、旅游中心和石油码头的创建和现代化建设,其中包括打通贯穿南海、马六甲海峡、南太平洋、印度洋、非洲东部海岸的红海和地中海东部的通道。总体而言,各国积极接受此倡议。但此倡议的制度化过程缓慢,表明项目建设绝非易事。不同于其他大国和发达经济体,中国对专门负责集中国际合作和援助的机构没有主导权。有多个机构在不同层次上实施类似项目时,项目的连续性很难保持、也难以追踪其成败。政策的透明度和部门职能重叠的问题也是个问题(Lancaster,2007)。在这种情况下,"一带一路"朝正确方向迈出了一步。亚洲基础设施投资银行的成立,将大多数"一带一路"受益国纳入其中的做法,解决了"21 世纪海上丝绸之路"和丝绸之路项目基金问题。这些机构也是"一带一路"的金融支柱。

"一带一路"的另一重要制度支柱是上海合作组织。在所谓的"上海五国"举行首次会晤后的 20 年里,上海合作组织扩大互信机制,在处理多边关系上让中国政府信心倍增。上海合作组织的关切点仍是安全问题,但其关注领域不断扩大,经济问题成为新关注点,中国成为该集团最大贸易伙伴之一后更是如此。由于上海合作组织的大多数成员都加入了"一带一路"倡议,且从 1994 年中国宣布复兴丝绸之路以来一直都是中国重要的合作伙伴,通过该组织实施"一带一路"部分项目水到渠成。但是对上海合作组织来说,"21 世纪海上丝绸之路"问题更为复杂。

2017 年夏天,印度和巴基斯坦正式加入上海合作组织。近来,该组织成员国不断增加,上海合作组织成为"一带一路"倡议的一个天然支柱。尽管如此,印度加入的背后有俄罗斯的支持,而中国则鼓励巴基斯坦加入,秘密协议和洽谈过程漫长,都清晰地表明了该组织扩张进程背后的复杂性,在合作伙伴关切的优先事项上更是如此(Grossman,2017)。许多印度领导人仍然对"一带一路"背后中国的"意图"保持警惕,没有正式认可"一带一路"。"珍珠链"理论在印度越来越受欢迎,人们用它来分析中国在印度洋沿岸国家投资面临的挑战、特别是与新德里的老对手——伊斯兰堡双边合作上的挑战(Dabas,2017)。

在中俄关系中,上海合作组织已成为双方建立信任的重要内容。和中俄关系情况大不相同,中、印两国在区域多边组织平台上完成此类活动的机会很少。金砖国家制度化将在其中起积极作用。金砖国家新开发银行和应急储备安排(CRA)是推进中印经济合作的重要一步。双方以及其他金砖国家都有兴趣制定政策、保持经济快速增长、强化自身新兴大国形象、推动建立多极秩序雏形。

即便如此,最近莫迪在厦门金砖国家首脑会议上的发言等事件表明,中印合作仍有很长的路要走,且需要克服各种困难(Panda,2017)。因此,作为实施"一带一路"的制度支柱,上海合作组织在吸纳更多南亚国家前必须进行紧张的谈判;在"21世纪海上丝绸之路"的背景下,情况可能会更复杂。虽然在上海合作组织内,柬埔寨、尼泊尔、土耳其和斯里兰卡是对话伙伴,伊朗是观察国,他们都于2008年申请成为上海合作组织成员国,但组织扩张和支持实施"21世纪海上丝绸之路"是当代中国外交面临的重大挑战之一,也是未来中印关系的重要组成部分。以上分析了"21世纪海上丝绸之路"实施背景。下面我们来探讨其对另一个新兴区域——拉丁美洲的影响。

三、"21世纪海上丝绸之路"对拉丁美洲的影响

(一)"21世纪海上丝绸之路"机遇

2017年5月,"一带一路"国际合作论坛(BRF)在北京召开。阿根廷总统毛里西奥·马克里和智利总统米歇尔·巴切莱特出席该会议,彰显了"一带一路"倡议扩张至拉丁美洲的潜力。过去十年,随着中国逐步成为拉丁美洲部分国家重要的投资和信贷来源,拉丁美洲对中国经济发展的重要性日益显现。南美洲巩固了其作为中国重要的自然资源供应商的地位,此区域供应约占中国总进口的6%,远远超过中国从上海合作组织所有成员国的进口总额(3.32%,参见表3)。因此,如果我们将"一带一路"视为中国与国际合作的重要一步,拉丁美洲自然应纳入此进程。此外,加强太平洋两岸的合作具有重要意义。

21世纪初,自然资源价格高涨,拉美地区大部分国家对自然资源出口依赖度较高,许多拉美国家经济快速增长。因此阿根廷、巴西、智利、秘鲁和乌拉圭等国都努力实现与中国的双边贸易顺差。这些国家内部,左翼政府实施扶贫政策,惠及千家万户,促进了中产阶级的持续发展。在委内瑞拉的领导下,该地区部分激进政府开展了"玻利瓦尔代替计划"——该计划旨在取代由美国和美国在该地区盟友支持的自由贸易政策——为与中国合作提供了重要契机。此外,国际金融机构不愿向诸如阿根廷、玻利维亚、厄瓜多尔和委内瑞拉等国发放信贷,加上2008年金融危机后期,西方投资者陆续撤出投资,使这些国家转而向中国寻求贷款和投资。随着中国各大石油公司成为厄瓜多尔和委内瑞拉最大外国投资商,中国官员和企业家也捕捉到了通过加强与这些国家的交流来获取自然资源、促进出口、提

升公司实力的良机（Chen & Pérez Ludeña, 2014）。

中国政府积极与该区域阿根廷（2001）、巴西（1993）、智利（2012）、墨西哥（2003）和秘鲁（2008）等大国建立战略伙伴关系。中国已将与这些国家的部分战略伙伴关系提升至全面战略伙伴关系（Peng& Huang, 2014：18）。经济合作是这种伙伴关系的重要组成部分，但其发展结果不尽如人意。自早期中国领导人访问该地区以来，亿万富豪宣布了投资项目。但由于缺乏本地化实践知识、企业计划变动、这些国家国内形势多变，许多项目未能完成。据最近研究表明，能够实施的投资都高度集中在矿业和碳氢化合物产业（占90%），且大多数分布于以下四国：巴西、秘鲁、委内瑞拉和阿根廷（参见图1）。联合国拉丁美洲和加勒比经济委员会（ECLAC）的分析指出：2010年之后，中国对该地区的投资停滞不前。目前，来自中国的年均投资约为80亿美元，仍有很大的增长空间。此外，中国的投资部门和投资目的地国家应更加多样化（Pérez Ludeña, 2017：7-13）。

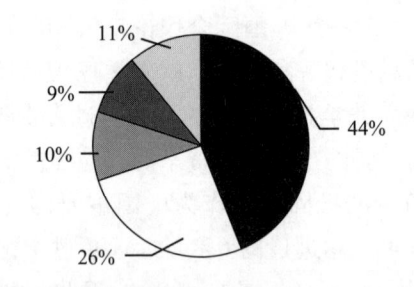

图1 中国在拉美各国外商直接投资占比（1990—2015年）

数据来源：Elaborated with data found in Pérez Ludeña, 2017：13。

"一带一路"倡议根植于古丝绸之路。古丝绸之路连接欧亚大陆，是商品、人员和思想的传送带。中国在古丝绸之路的东半部分占主导地位。中国和拉美之间的关系历史悠久。300多年来，太平洋两岸的交易就很繁荣，人们用墨西哥和秘鲁的白银购买丝绸和瓷器等中国奢侈品；明清时期，这些白银在中国和东亚通用（McCaster, 1959）。被称作"中国船"或"大帆船贸易"的海上航线历史悠久。17世纪中期到19世纪早期，它连接了阿卡普尔科和马尼拉，为整个美洲提供亚洲商品，同时也为中国千万个家庭在该区域寻找到了新机遇。古丝绸之路航线不仅是中国和拉美更深层次合作的历史基础，也是"一带一路"延伸和扩展的历史基础。

有几点值得注意。首先，与冷战时期不同，中国政府如今与拉丁美洲展开合作时不考虑意识形态方面的差异。从与拉美国家建立战略合作伙伴关系可以看出，中国积极与意识形态不同或经济一体化构想不同的政府建立更深入的关系。其次，由智利、墨西哥、秘鲁、哥伦比亚组成的太平洋联盟于2011年成立，这个联盟的区域一体化模式基于开放市场，鼓励、吸引外资创建公私合作企业。其快速发展与南方共同市场的恶化形成对比。南方共同市场由阿根廷、巴西、巴拉圭和乌拉圭组成，其成员国未能与欧洲联盟签署共同自由贸易协定，该组织前途堪忧。第三，以委内瑞拉为首，玻利维亚、古巴、厄瓜多尔、尼加拉瓜等为成员的"美洲玻利瓦尔替代计划"（ALBA）反对不加选择的自由贸易，并成为反对该地区美国政策的重要论坛——在影响逐渐式微前，它一直是该地区反美政策的重要论坛。

表4 中国与拉丁美洲的对外贸易（1995—2015年）

（单位：百万美元）

国家	1995年 出口	1995年 进口	2005年 出口	2005年 进口	2015年 出口	2015年 进口	2015年（占总额的百分比）X	2015年（占总额的百分比）M
阿根廷	274	370	1324	3799	8890	5714	0.39	0.35
巴西	759	1231	4827	9993	27428	44339	1.20	2.64
乌拉圭	47	85	283	173	1959	2410	0.09	0.14
巴拉圭	105	27	253	59	1273	42	0.06	0.00
委内瑞拉	69	16	908	1234	5315	6888	0.23	0.41
南方共同市场	1254	1729	7595	15258	44865	59393	1.97	3.54
智利	410	230	2149	4992	13296	18680	0.58	1.11
哥伦比亚	52	14	930	205	7588	3539	0.33	0.21
墨西哥	195	194	5538	2225	33810	10082	1.48	0.60
秘鲁	146	460	609	2278	6355	8181	0.28	0.49
太平洋联盟	803	898	9226	9700	61049	40482	2.67	2.41
拉美&加勒比海	3123	2967	23268	26665	130946	103802	5.74	6.17

数据来源：世界银行——世界综合贸易解决方案，2017年。

尽管该地区国家的政治局势有差异，中国政府努力与组织内所有国家保持良好关系。如表4所示，中国与太平洋联盟和南方共同市场成员国的双边贸易都已激增。由于经济形势多变、商品价格下跌导致金融危机，巴西和阿根廷转向右翼，其他国家政府政策趋向中庸。中国将超越意识形态，与该地区继续合作。实际上，中国已邀请来自不同地区和集团的国家加入"一带一路"制度化进程。巴西已成为亚洲基础设施投资银行创始成员国之一。过去几个月里，阿根廷、玻利维亚、智利、秘鲁和委内瑞拉也被认定为非区域性意向成员国。同样，中巴合作已通过金砖五国制度获得长足发展。墨西哥总统培尼亚·涅托应邀出席2017年厦门峰会，参与新兴市场和发展中国家的对话。在厦门，金砖国家和其他战略成员国倡导发展拉美和中国两个最大经济体关系（NDB，2017）。以上情况都说明，虽然面临挑战，"一带一路"向拉美延伸具有巨大空间。

（二）"一带一路"在拉美——多变的地区形势

在过去十年中，拉丁美洲国家的政府增加了基础设施建设支出。然而，与东亚新兴工业化国家（NIC）和中国相比，其水平仍然相对落后。在东亚新兴工业化国家和中国，基础设施建设和现代化建设是经济持续增长的重要内容（ECLAC，2017）。基础设施投资也是"一带一路"的主要内容之一，将拉丁美洲纳入"一带一路"版图可能为该地区国家经济发展提供良机。自2010年起，中国企业开始投资拉美部分地区的基础设施，主要举措是水力发电厂、电网收购、配电设施建设。在欧洲面临最严重危机的时期，中国企业还获得了西班牙公司等第三方出售的基础设施，保持了该地区最大海外投资者之一的地位（Pérez Ludeña，2017）。作为"21世纪海上丝绸之路"的补充项目，中国企业也在公路、铁路和港口等领域进行小规模投资，而且还有很大的增长空间。

尽管如此，中国企业在该地区的基础设施项目上一般难以竞标成功。更糟糕的是，由于该地区的内部原因，一些已中标的项目最终被取消或中止。计划于2013—2014年在墨西哥和巴西建设的首条高速铁路就是如此。通过铁路连接巴西大西洋与秘鲁太平洋沿岸的宏伟计划也被叫停。2013年，中美洲政府宣布终止在尼加拉瓜建造跨洋运河的项目。该项目原计划由中国企业家王婧及其香港公司HKND负责，目的是分担日益饱和的巴拿马运河运载量。由于受到当地环保组织、民间团体、可能受影响农民的强烈反对，加之2015年夏天这位企业家担心在股市泡沫中破产，该项目实际上已经停止（Reischke，2017）。

中国未来在拉美地区的基础设施投资也显示了中国的战略和政治考虑。决定选择福建省福州市作为海上丝绸之路起点与安全考量、特别是和台海局势有关。2017年6月中国和巴拿马建立正式外交关系就是实例。这使中国大陆公司在接触或投资这些国家时，很难有充分的保障。然而，2014年第一届中国—拉共体峰会后成立的中国—拉共体论坛，为中国与拉共体（CELAC）间的互动提供了空间。加之优惠贷款项目的效应（100亿美元）、中国—拉美基础设施项目特别贷款计划（200亿美元），以及中国—拉共体基金（50亿美元）项目的成立，中国政府有机会接触与其没有官方外交关系的国家，并增加了与该地区的合作机会（MOFA，2016：39 - 47）。

有必要详细阐述上述贷款的条件和基金的执行情况。学者和官员担忧其中一些项目的可行性（ECLAC，2015），他们也对当地大部分地区目前的政治局势有顾虑。官方腐败和社会不满是不稳定因素。巴西"洗车行动"腐败司法调查开始后，国内爆发的政治危机涉及各政党和各层级的政客。巴西建筑集团奥德布雷希特（Odebrecht）与地区政府之间丑闻的曝光，使得这次危机波及了其余拉美地区和加勒比地区。巴西、美国和瑞士当局进行的一项调查显示，来自阿根廷、哥伦比亚、厄瓜多尔、墨西哥、秘鲁和委内瑞拉等地的知名政治家和官僚机构已被证实涉嫌通过腐败获得利益。奥德布雷希特涉嫌通过贿赂和捐赠的手段，获得这些国家的基础设施建设项目，以牟取暴利。这些国家的调查进展各不相同，前秘鲁总统目前正在监狱中。该地区的许多国家已经开始建议进行司法改革，以加强反腐败和法治。

要将拉美纳入"21世纪海上丝绸之路"计划，该地区政府提升基础设施建设项目运营透明度至关重要。这将确保公共工程的质量，保障公共和私营企业第三方投资，为当地社区和人民的经济发展做出有力贡献。尽管与西欧和北美相比，该地区的制度不够完善，但仍比部分参与"一带一路"的地区先进。因此如果解决了这些问题，拉丁美洲可以将自己变成更可靠的伙伴，成为其他新兴和发展中经济体的典范。与此同时，该地区在确定未来一体化的前景上也面临挑战。自唐纳德·特朗普入住白宫以来，北方邻国美国已改变了其战略重点，但并未更改对拉美的政策（Hsiang & Fonseca，2017）。

保护主义措施带来不确定性。为确保"美国优先"，美国现任总统特朗普坚持终止奥巴马政府的政策，使美国在与其他西半球国家的关系中迷失了方向，在经济领域更是如此。意识到需要维持开放的市场和自由的交流，该地区的许多政府已经转向欧洲和中国等亚太地区，以替代美国退出拉丁美洲。美国在该地区的利益仍然会得到保护，但当前美国政府已造成不利影响，包括可能暂停与墨西哥的自由贸易协定，局面需要几年时间才能扭转。因此，该地区各国应共同努力，促进多边合作制度化，融合阿根廷和智利领导人提出成立的南方共同市场和太平洋联盟。作为"21世纪海上丝绸之路"的一部分，中国政府可以通过鼓励该地区的国家继续开放贸易，同时发挥自身潜力以实现经济的可持续增长，缓解该地区由于经济落后而面临的问题，相互学习并探索在本国建立综合机构和最佳法治途径，做出各自的贡献。

四、结论

"21世纪海上丝绸之路"符合中国政府实现中华民族伟大复兴的目标的宗旨，中国将巩固自身作为世界大国以及多极化世界的重要支持者的地位。过去几十年来，随着物质财富的不断积累，中国国有和私人企业纷纷扩大视野，加入发达国家跨国公司的行列，以寻求更好的国内外投资机会。在这种情况下，需要一个集中管理国际合作的机构，中国政府将"一带一路"倡议作为与外国合作制度化的重要步骤，同时巩固双赢、和平共处的局面。有效执行这一进程还将面临许多挑战。如上海合作组织成为"一带一路"的制度支柱；成立专门银行和基金；谋划海上战略是中印双边关系的难题，印度将其视为国家发展的潜在威胁。2017年印度和巴基斯坦加入了上海合作组织，该组织规模不断扩大，强化了该组织作为"一带一路"支柱的构想，也说明上海合作组织部分成员国间需要采取进一步采取措施，建立信任，接纳更多国家参与。

与此同时，拉丁美洲需要建设基础设施、实现现代化，自然是"21世纪海上丝绸之路"的组成部分。过去15年来，中国与该地区的双边贸易扩大，为这些国家创造了许多机会。中国需求不断增长，导致大宗商品价格上涨，南美许多国家因此受益。西方国家的公司通过投资应对2008—2009年金融危机，中国成为该地区外商直接投资的重要来源——虽然其投资高度集中在矿产和石油领域，并偏好巴西、秘鲁、阿根廷和委内瑞拉。因此，中国的倡议为投资增加和投资目的地多元化提供了机会。通过在不同国家发展项目，不仅有望加强中国和拉美地区的经济合作，也有望加强该地区各国间的合作。中国与拉美开展多边合作的中国—拉共体论坛等举措，有助于扩大"21世纪海上丝绸之路"在该地区的影响及实现制度化。

但是，困难也不是没有。中国未能按计划实现在世界不同地区的投资,在上海合作组织成员国中的情况也是如此,表明了扩大这一倡议的复杂性。中国企业计划不断变化,所投资国家和地区环境的也不断变化(如强大的地方利益集团或公民团体反对项目建设)。中国在拉美的重要投资要么未能取得进展,要么发展速度较慢。呼声甚高、跨越亚马逊雨林和安第斯山脉、连接大西洋和太平洋的泛美公路项目也未能实现。中国的项目过度集中,可能的目的是获取具有战略意义的自然资源,这也引起环护团体、可持续发展团体、国家安全团体的怀疑。克服这些困难需要该地区不同国家的共同努力。当然,整个拉丁美洲国家政局不断变化使之更加艰难。当前,这些国家打击腐败意识的增强,特朗普政府对该地区的政策尚不明朗,解决这些问题的需要尤为迫切。如果中国能全盘考虑上述困难,并以积极的态度解决这些难题,其"21世纪海上丝绸之路"将有望延伸至拉美国家、对所有参与国的经济发展产生重要的积极作用。

(本文由上海大学外国语学院副教授张新玲翻译)

【英文原文】

21st Century Maritime Silk Road and Shanghai Cooperation Organization: Chinese Expectations and Lessons for Latin America

Fabricio A. Fonseca [*]

Introduction

The 21st Century Maritime Silk Road is part of the Chinese Belt and Road Initiative (BRI), aiming to expand trade and investments between the People's Republic of China (PRC) and neighboring countries in Central, South and Southeast Asia, and going beyond to reach the Middle East, East Africa and Eu-

---

[*] Ph. D. Candidate, International Doctoral Program in Asia – Pacific Studies (IDAS), Chengchi University, Taipei; M. A. China Studies, El Colegio de México, Mexico City. Researcher, Center for Latin American Economy and Trade Studies (CEECAL), Chihlee University of Technology, New Taipei City; and, Center for Latin American Studies, College of International Affairs, Chengchi University.

rope. In this regard, the Chinese experience with the Shanghai Cooperation Organization (SCO) offers a great opportunity for the institutionalization of the BRI, considering its contribution to improving ties and building trust between the PRC and countries in Central Asia. Since its announcement in 2013, the BRI has attracted the attention, not only of China watchers, but of many scholars and journalists across the globe. This paper analyzes the major motivations behind the Chinese BRI and its interactions with the SCO, highlighting the inclusion of good relations with neighbors as one of the new cores in Chinese foreign policy – making, as well as other important ideas that provide the content of an intended institutional change.

The first section introduces some of the theoretical considerations that help explain the motivations behind the proposal and implementation of the initiative, bearing in mind not just the increasing Chinese power, understood as the accumulation of material capabilities, but also the use and evolution of important concepts, such as those of peaceful rise and rejuvenation of the Chinese nation, for the construction of its narrative and for the transformation of international institutions. The second section presents the evolution of the Shanghai Cooperation Organization (SCO), as an important experience for Chinese diplomacy in matters of confidence – building measures and institutionalization of its relations with Central and South Asia. The Belt and Road Initiative is coincidental with the new Chinese emphasis in placing its relations with neighboring countries at the same level with those sustained with the world's major powers. Therefore, the recent admission of India and Pakistan into the SCO can be seen as an important opportunity for the organization to serve as one of the institutional pillars to the BRI, particularly for the maritime initiative. However, several obstacles remain, especially with New Delhi refusing to endorse the initiative, and with the need to include more nations in South Asia as full members of the organization.

After analyzing the implications of the BRI for the SCO, the third section studies what could be the potential benefits of the latter's extension to Latin America, but also the difficulties the process may entail. In his visit to Panama, on September 2017, after the establishment of official diplomatic ties with the Central American nation, Chinese Foreign Minister, Wang Yi, described Latin America as an "important direction for the natural extension of the Maritime Silk

Road of the 21st Century" (MOFA, 2017). During the past two decades, economic ties between the People's Republic of China (PRC) and the countries in Latin America and the Caribbean have intensified, with China becoming the first or second major trading partner for most of them, and the region consolidating as one of the largest suppliers of raw materials for the emerging Chinese economy (Gallagher & Porzecanski, 2010). In fact, despite the geographical distance between China and Latin America, the region has overpassed the SCO as a larger supplier to the PRC. At the same time, Chinese companies, both state – and privately – owned, have acquired certain experience investing in the region, but their investments remain highly concentrated, by sector and country of destination (Pérez Ludeña, 2017). This shows the potential for the BRI to boost trade between China and the members of the SCO, but also the natural inclusion of Latin America as the next step in the expansion of the maritime silk road initiative. The final section presents some preliminary conclusions.

1. Theoretical Considerations behind the Belt and Road Initiative

During the past four decades, the road to economic modernization in China has been marked by a continuous process of trial and error, with a highly pragmatic vision, replicating those measures that proved successful, and eventually modifying or discarding those which did not. The process to insert itself in the international system as an emerging major power has also followed the same pattern. After being admitted into the United Nations in 1971, the government of the People's Republic of China has been characterized by a gradual learning process, experimenting changes in a smaller scale, before turning to a more active involvement in world affairs, once it felt it had the ability to effect positive change, particularly regarding its national interest. This pattern initially followed the strategic thinking of Deng Xiaoping, who believed in taking a low profile at the international stage, hiding the country's capabilities as a way not to be perceived as a threat by others (The Economist, 2010).

According to the theory of Hegemonic Stability in international relations, the hegemon or dominant power, is able to maintain its position within the system and gain recognition through the provision of public goods, which ultimately benefit different actors, including those usually considered as free – riders (Kindleberger, 1973; Eichengreen, 1996). After World War II, the allied winners, and particularly the United States, made sure to provide international public goods through the creation of different institutions, being the UN and the Bretton – Woods System the most important ones. At the regional level, the US and the Soviet Union also pushed forward institutions, aimed to consolidate their leadership, while offering other actors the opportunity to take advantage of the goods provided through them. In this sense, institution – building becomes an important factor in the consolidation of a dominant power, while offering the opportunity to widen possibilities of cooperation between different actors, as confirmed by the theoretical body known as Neoliberalism in international relations (Keohane, 1984).

Nonetheless, the irruption of Constructivism in the study of international relations have rendered important the consideration of other factors, such as ideas and perceptions, acknowledging that reality is socially constructed, and hence influenced by the people taking crucial decisions as well as different historical trajectories (Wendt, 1992; Campbell, 1998). In fact, despite the increased relevance of non – state actors in the international system, particularly after the economic neoliberal wave of the 1980s and the deepening of globalization, it is possible to see that the state remains as the most important unit of study in international relations, as well as the most capable to have an impact on the system as a whole. Therefore, in a system still dominated by sovereign states, the element of power, measured mainly as the accumulation of material capabilities, can also be considered as the most important one in their relations, as noted by structural realism.

In this sense, proponents of a so – called realist constructivism, or the adoption of a set of constructivist assumptions on how to study politics, as suggested by Barkin (2003: 338), argue that it is necessary to keep in mind that realism can serve the purpose to explain the process of global institutional change, but it is not suitable to explain the content of such transformation. As Sterling – Folker (2002: 75) has suggested: "To complete its narratives of social reality, realism must collaborate instead with an approach like constructivism, which is capable of addressing the evolution of particular social content." For that reason, it is important to understand the content behind the institutional change which is behind the Chinese Belt and Road Initiative, encompassing the 21st Century Maritime Silk Road, as a way to better appreciate the challenges it poses, as well as the opportunities it offers to the different countries in Latin America.

Since the foundation of the PRC, in 1949, the Chinese Communist Party (CCP) has made sure to be perceived by the people as the sole actor capable of carrying successfully the rejuvenation of the Chinese nation. After the death of Mao Zedong, and the accession to power of a group of leaders interested in following a different economic approach, the goal of rejuvenating the country remained unchanged. The process of economic reform and opening – up was intended to increase the material capabilities of the country, aiming to achieve a higher level of development, and as it was later established by the leadership of the party, to reach the status of developed economy by 2049. Despite the numerous challenges that persist, both within and outside the country, officials and diplomats have developed different tools to contribute to what they perceive as the ultimate goal of the nation (Wang, 2014). In that sense, the state eventually joined the institutions created after WWII, and has been one of the most benefited of the economic liberal international order, characterized by a constant deepening globalization.

During the years of Hu Jintao in front of the Chinese Communist Party, the term "peaceful rise" was embraced as state mantra, in order to portray the Chinese willingness not to change the international order through violent means, emphasizing the opportunities of win – win cooperation with developed and developing countries alike (Wang, 2008). Nonetheless, this message has proven hard to be accepted unconditionally by different actors in the international system, some of whom still keeps suspicions about the real intentions of Beijing, making the rise of China a topic used for political reasons, at different moments of time, as in the cases of US electoral cycles (Fonseca, 2014). At the same time, and in part due to the constant attention paid by the media and politicians in the West and other parts of the globe, the image of China as one of the most powerful countries in the world has now become a common place.

Under those circumstances, the changes taking place in the West during the past decade have had a deep influence in Chinese policymakers, who after the arrival of Xi Jinping to the top leading position in the party, showed their interest in creating new international institutions, including the Asian Infrastructure Investment Bank (AIIB) and the New Development Bank (NDB). Those bodies, despite being a partial response to the refusal of the established powers to give China a higher representative voice within existing organisms, particularly the International Monetary Fund and the World Bank, have also been presented by the Chinese government as complementary, and not as opposed, to the existing global institutions. It is under those circumstances that the 21st Century Maritime Road initiative, as part of the BRI, should be approached.

2. The SCO and the Development of the Belt and Road Initiative

2.1. SCO as an institutional pillar to the BRI

The end of the Cold War faced the PRC with new strategic considerations derived from the need to delimit borders with the newly independent states in Central Asia, as well as with Russia. The governments of China and the latter coincided in their expectations of a new multipolar world, with both of them among the most important players (Wohlforth, 2009: 55 – 56). Nonetheless, the moves towards a unipolar world, as manifested in the US response to the invasion of Kuwait, and later in the different interventions in Africa and the Balkans, made the other actors aware of multipolarity as a long – term process. Since 1994, the Chinese leadership expressed its idea to recreate the Silk Road, using the concept as one of the first steps in the development of a stable relation with the neighboring countries in Central Asia, also keeping in mind the stability of Xinjiang (Xing, 1998). This type of confidence – building measures continued to take place, allowing the Shanghai Five group, established in 1996, to evolve into the Shanghai Cooperation Organization in 2001, after admitting Uzbekistan, not a neighboring country of China, as a new member.

Coincidental with the new emphasis of American foreign policy on the fight against terrorism, and after the US intervention in Afghanistan, right on the borders to some of the member countries of the SCO, the latter prioritized the need to cooperate on security issues, mainly the need to avoid radicalization of Islamic groups. This situation showed how the Chinese government considered the SCO as an important partner in the security of its western regions, but the economic motivations were more difficult to carry ahead with. After long time being part of the Russian Empire and later the USSR, the states of Central Asia were still transitioning to market economies, and were also highly dependent on trade between them, and with Russia. On the other side, the export – led growth model followed by the Chinese government since reform and opening – up, required access to developed markets in Western Europe and North America, reaching a major breakthrough in late 2001, after being admitted into the World Trade Organization (WTO).

The focus on economic growth and accumulation of material capabilities made the relationship with developed nations the most important area in Chinese foreign policy – making. The PRC interactions with major powers, particularly the United States, became the center of Chinese foreign policymaking during the first decade of the 21st century (Xu & Wang, 2016). During those years, China and the United States developed an important economic interdependence, with the US becoming the largest consumer of Chinese manufactured goods, and the PRC growing into the largest creditor of the US government through the acquisition of Treasury bonds, and managing to attract large investments from American pension funds, among other financial institutions (Fonseca, 2014). Similarly, the arrival of transnational corporations and foreign investments to China, made possible the modernization of local industries and the adoption of better corporative practices and technologies, enabling Chinese companies, either state – owned, private or semi – private, to become important competitors not only domestically, but also internationally.

Industrial diversification in the PRC also required a constant supply of raw materials that could not be obtained domestically. Chinese corporations began investing abroad, in different regions of the world, seeking to have access to natural resources, to be used in the production of manufactures back home, both for domestic consumption and for export to third markets. Through the combination of importing commodities while exporting industrial goods, eventually, China became the major or one of the largest trading partners for most countries in the world, and the nations in Central Asia were not the exception. Bilateral trade between the PRC and the countries of the SCO grew exponentially during the past twenty years (Table 1), and China turned into the first or second largest trading partner for each one of them. For most of them, commerce with China represents at least 10% of their total foreign exchanges, with the average of SCO countries going from 4.25 to 13.7%, between 1995 and 2015 (Table 2).

Table 1 China's trade with the SCO countries, 1995 – 2015 (million USD)

	1995		2005		2015	
	Exports	Imports	Exports	Imports	Exports	Imports
Kazakhstan	75	315	3,897	2,909	8,427	5,840
Kyrgyzstan	107	123	867	105	4,285	57
Russia	1,665	3,799	13,211	15,890	34,810	33,217
Tajikistan	15	9	144	14	1,797	50
Uzbekistan	48	71	230	450	2,236	1,267
India	765	397	8,934	9,766	58,262	13,396
Pakistan	788	223	3,428	833	16,481	2,477
SCO total	3,463	4,937	30,711	29,967	126,298	56,304

Source: Data obtained from The World Bank – World Integrated Trade Solution, 2017.

Nonetheless, when looking closely, it is important to note how some of the economies in Central Asia, particularly Kyrgyzstan and Tajikistan, have struggled to increase their exports to China; while in other cases, in spite of a surge of exports to the PRC, the balance of their bilateral trade has turned negative, making them concern about an increasing deficit with their Eastern neighbor (Table 1). Similarly, being a region well-endowed with natural resources, members of the SCO, especially those in Central Asia, have increased their share as suppliers of commodities for China. However, and despite their geographic location, the region has not been able to surpass other parts of the world as important exporters to the PRC. The Chinese imports from the SCO countries in 2015 were similar to those from Mercosur, in South America, with Latin America in general becoming a more important trading partner for China than the countries in Central and South Asia (Tables 3 & 4). Nevertheless, as it will be analyzed in the following sections, this could change in the near future.

Table 2 China – SCO countries bilateral trade, as % of their total foreign commerce, 1995 – 2015

	China's bilateral trade with the country as % of total			Country's bilateral trade with China as % of total		
	1995	2005	2015	1995	2005	2015
Kazakhstan	0.14	0.47	0.36	3.17	7.96	14.29

续表

	China's bilateral trade with the country as % of total			Country's bilateral trade with China as % of total		
	1995	2005	2015	1995	2005	2015
Kyrgyzstan	0.08	0.07	0.09	8.76	6.56	13.89
Russia	1.50	2.07	1.76	3.50	6.38	13.75
Tajikistan	0.01	0.01	0.04	n.a.	n.a.	n.a.
Uzbekistan	0.04	0.05	0.09	n.a.	n.a.	n.a.
India	0.41	1.33	1.68	1.58	7.19	9.66
Pakistan	0.35	0.29	0.44	n.a.	6.04	16.91
OCS (total – average)	2.53	4.29	4.46	4.25	6.83	13.70

Source: Data obtained from The World Bank – World Integrated Trade Solution, 2017.

A critical juncture in China's foreign economic relations was represented by the 2008 – 9 financial and economic crises in the United States and Western Europe. The difficult situation in those developed economies not only boosted confidence among Chinese leaders about the viability of their model, but also pushed them to take action regarding the needs to find alternative places to resume the path of high economic growth. The implementation of a mega stimulus – package in the Chinese economy and the diversification of import sources and export markets, together with a gradual withdrawal or pause of investors from the West, led the PRC to become the third largest source of FDI in the world, after the United States and Japan (Pérez Ludeña, 2017). The recently acquired competitiveness of Chinese corporations also moved them to embark on the four different types of foreign investments as identified by Dunning (1981), namely, 1) for the acquisition of natural resources; 2) for the procurement of strategic assets; 3) for the access to third markets; and, 4) for the reduction of costs. Due to the special position of China as an emerging economy, and with a still important role of the state, its FDI tend to concentrate in the first three types, although an increasing emphasis on the development of its domestic market and the ensuing increase of labor wages are making the fourth type of investment more attractive for many companies, mainly those in the private sector.

This situation led also to an important change in the Chinese foreign policy, particularly with the arrival of Xi Jinping to the CCP top leadership position, elevating the relations with neighboring countries to the same level as those with the major powers, particularly the United States (Xu & Wang, 2016: 36). A more assertive behavior of the Chinese leadership when dealing with regional issues could be observed since 2009, including a more visible presence and the reinforcement of its claims in the disputes in the South China Sea, raising many fears among its neighbors. Those circumstances also prompted, in part, a response from the Obama Administration in the form of its Pivot to Asia policy, devoting more material and human resources to increase the US presence in the region, looking to reassure its traditional allies in East Asia about the American commitment to regional peace and security. The acquired importance of good relations with its neighbors has led Beijing to push for the implementation of the Belt and Road Initiative, seeking to offer better protections for its increasing investments abroad, as well as to buttress its image as a power concerned with win – win relations and economic cooperation with the rest of the world.

Table 3 Evolution of China's foreign trade with specific regions, 1995 – 2015 (millions USD)

Region	1995 Exports	1995 Imports	2005 Exports	2005 Imports	2015 Exports	2015 Imports	2015(% of total) X	M
World	148,779	132,083	761,953	659,953	2,281,856	1,681,671	100	100
East Asia	84,853	61,102	314,815	338,923	910,369	754,073	39.90	44.84
North America	26,262	18,800	174,956	56,253	440,599	176,825	19.31	10.51
Europe & Central Asia	22,426	26,810	175,184	100,354	438,234	311,159	19.21	18.5
Latin America & Caribbean	3,123	2,967	23,268	26,665	130,946	103,802	5.74	6.17
South Asia	2,511	685	15,961	10,725	94,333	16,972	4.13	1.01

Source: Data obtained from The World Bank – World Integrated Trade Solution, 2017.

2.2. Challenges to the 21st Century Silk Road Maritime Initiative

An important part in the process of rapid economic growth in the PRC during the past four decades has been related to its massive investments in infrastructure projects. The economic stimulus package also consisted in accelerating the construction and modernization of infrastructure at all levels, allowing domestic companies to elevate their competitiveness, improving their skills and practices, and motivating them to continue their expansion within the country and beyond. The BRI also offers a platform for those companies to improve their performance, and by maintaining an open attitude towards enterprises from other countries, also allows them to learn from others, with a strong emphasis in emulation and innovation. Similarly, it encourages emerging and developing countries across the belt and road to invest in projects that may contribute to economic growth and hence to social stability in the future (Huang, 2017).

Criticism, however, tends to pay attention at how many of those investments are still concentrated in the exploitation of natural resources and the infrastructure needed for their export to China, without offering better alternatives of a sustainable path to economic growth. This situation could have a negative impact in the future of some of those countries, where in spite of increasing levels in infrastructure spending, the strengthening of domestic inclusive institutions remains weak or inexistent. This situation makes some of those projects to end up being white elephants, with states unable to attract further domestic and foreign investments, therefore making it hard for them to recover the necessary means to fulfill their obligation in the first place. The cases of projects in Sri Lanka and Nepal have been pointed out as possible future shortcomings for the BRI (Parameswaran, 2017).

The 21st Century Silk Road Maritime Initiative, as presented in October 2013, also focuses in the creation and modernization of ports, tourist centers, and oil terminals, among others, creating an interlinked passage throughout the South China Sea, the Malacca Strait, the South Pacific Ocean, the Indian Ocean, the coast of East Africa, the Red Sea, and finally, the eastern Mediterranean Sea. The initiative overall was received positively; nevertheless, its institutionalization has proven to be a slow process, and not an easy one. Different from other major powers and developed economies, the PRC does not possess a single institution in charge of centralizing its international cooperation and aid. Related activities are carried by multiple institutions, at different levels, hence making it difficult to give continuity or trace their failures and successes, as well as concern matters of transparency, or to identify any potential overlapping of functions (Lancaster, 2007). Therefore, the BRI can be seen as a step in the right direction. The creation of the Asian Infrastructure Investment Bank (AIIB), with the inclusion of most of the beneficiaries of the BRI, serves the purpose of funding projects within the maritime initiative, as well as the Silk Road Fund. These institutions are also thought as the financial pillars to the BRI.

Another important institutional pillar in the BRI is the SCO. The first two decades since the first meeting of the so-called Shanghai Five served to enlarge the implementation of confidence-building measures, enabling the Chinese government to feel more comfortable with multilateral practices, and increasing its self-confidence in this field. The Shanghai Cooperation Organization has expanding its scope, still focusing on security issues, but also giving more space to economic matters, especially since the PRC has become one of the largest trading partners of the bloc. The organization can be perceived as a natural space for the implementation of some of the projects of the BRI, since most of its members are included in the belt initiative, and have been important partners since the intention of the revival of the Silk Road was announced by Chinese authorities in 1994. The 21st Century Silk Road Maritime Initiative, however, can be a more complex issue for the SCO.

The recent enlargement of the organization membership, after the formal inclusion of India and Pakistan, in the summer of 2017, could be seen as a larger indication of the SCO suitability to serve as one of the institutional pillars to the Belt and Road Initiative. Nonetheless, the tacit agreement and long negotiation process, with Moscow endorsing the admission of India, and Beijing encouraging the entrance of Pakistan, made evident the complications behind the process of the organization's expansion, particularly regarding the priorities of the larger partners (Grossman, 2017). At the same time, many Indian leaders still remain wary about the Chinese intentions behind the BRI, and have refrained from officially endorsing it, with the theory of "String of Pearls," becoming increasingly popular in that country, and used to explain the challenges of investments made by the PRC in the nations across the Indian Ocean, and particularly its bilateral cooperation with Islamabad, a historical rival of New Delhi (Dabas,

2017).

Different from its relationship with Russia, where the SCO has served as an important element in the process of bilateral confidence – building, China and India have had fewer opportunities to develop this type of measures under the umbrella provided by a regional multilateral organization. The gradual institutionalization of BRICS has been helpful in this regard, and the creation of the New Development Bank (NDB) and a Contingent Reserve Arrangement (CRA), have been important steps in boosting economic cooperation between Beijing and New Delhi. Both countries, as well as the other members of BRICS, are interested in promoting policies enabling them to sustain a rapid economic growth, reinforcing their images as emerging powers, hence contributing to the idea of a nascent multipolar order.

Even so, there is still a long way to go to overcome the major difficulties in Sino – Indian cooperation, as it was demonstrated recently the ensuing Xi – Modi meeting during the BRICS nations summit at Xiamen (Panda, 2017). Therefore, the SCO as an institutional pillar for the implementation of the BRI may prove more complicated for the case of the 21st Century Maritime Silk Road Initiative, since intense negotiations would have to take place before the complete incorporation of other members from the South Asia region. Although countries like Cambodia, Nepal, Turkey and Sri Lanka have a dialogue partner status, and Iran, an observer partner, applied for full membership in 2008, the expansion of the organization and its supporting role in the execution of the maritime initiative is one of the major challenges for contemporary Chinese diplomacy, as well as an important element in the future of Sino – Indian relations. After analyzing the situation under which the maritime initiative has taken place, it is time to examine its implications for another emerging region, Latin America.

3. Implications of the 21st Century Maritime Silk Road Initiative for Latin America

3.1. Opportunities derived from the maritime silk road initiative

The attendance of the presidents of Argentina, Mauricio Macri, and Chile, Michelle Bachelet, to the Belt and Road Forum for International Cooperation (BRF), held in Beijing on May, 2017, was presented as the potential expansion of the BRI to include Latin America. The latter has increased its importance for the economic development of the PRC during the past decade, with China becoming an important source of investments and credits for some of the countries in the region. South America has consolidated itself as an important provider of natural resources for China, with the sub-region supplying more than 6% of Chinese imports, much more than the amount of imports from all the countries of the SCO combined (3.32%, see Table 3). Therefore, if we consider the BRI as an important step in the centralization of China's international cooperation, it is natural to consider the inclusion of Latin America in this process. The opportunities for increased cooperation between both sides of the Pacific Ocean are significant.

The first years of the 21st century were presented as a time of rapid economic growth for many countries in Latin America, mainly due to the high prices of natural resources, most of them being the major export goods for some of the nations in the region. With China as one of the main reasons for the increase in commodity prices, countries like Argentina, Brazil, Chile, Peru and Uruguay managed to present a surplus in their bilateral trade with the PRC. Similarly, the arrival of left-wing governments in those countries contributed to a sustained growth of their middle classes, implementing poverty alleviation policies benefiting millions of households. At the same time, the radicalization of some governments in the region, following the leadership of Venezuela in the creation of a Bolivarian alternative to free trade policies defended by the United States and some of its regional allies, presented an important opportunity for cooperation with China. The reluctance of international financial institutions to extend credits to countries such as Argentina, Bolivia, Ecuador, and Venezuela, among others, combined with the withdrawal of Western investors during the post 2008-crises years, made those countries turn to the PRC for loans and investments. Chinese officials and entrepreneurs also saw a great chance to access natural resources, to promote their exports, and to expand their firms' capacities through the increasing exchanges with those nations, with the PRC major oil companies becoming the largest foreign investors in Ecuador and Venezuela (Chen & Pérez Ludeña, 2014).

The Chinese government also promoted the creation of strategic partnerships with the largest countries in the region, including Argentina (2001), Brazil (1993), Chile (2012), Mexico (2003), and Peru (2008), later upgrading some of them to the level of comprehensive strategic partnerships (Feng & Huang, 2014: 18). Economic cooperation became an important component on those partnerships, but the results still remain uneven. Since the earlier visits of

Chinese leaders to the region, billionaire investments have been announced, but many of them failed to complete or materialize, in many cases, due to the lack of knowledge of local practices, the changing plans of corporations, as well as domestic developments concerning opposing social movements in receiving countries. Similarly, as a recent study has shown, those investments which materialized have been highly concentrated in mining and hydrocarbons (90% of the total), as well as being mostly destined to four countries: Brazil, Peru, Venezuela and Argentina (Figure 1). The analysis commissioned by the UN Economic Commission for Latin America and the Caribbean (ECLAC), also notes that after 2010, Chinese investments in the region have stagnated, with inflows from the PRC averaging about 8 billion USD a year, still presenting a large room for growth and diversification of sectors and countries of destination (Pérez Ludeña, 2017: 7 – 13).

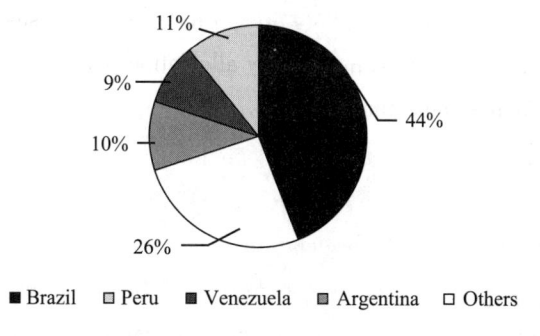

Figure 1. Composition of Accumulated Chinese FDI in Latin America by country of destination, 1990 – 2015

Source: Elaborated with data found in Pérez Ludeña, 2017: 13.

The official historical justification behind the Belt and Road Initiative is the millenarian silk roads, connecting Eurasia and serving as a transmission belt for goods, people and ideas, with China occupying a predominant position in its eastern half. Nonetheless, the relationship between China and Latin America also has a historical component. For more than three hundred years, exchange between both sides of the Pacific was carried on a sustained basis, with Mexican and Peruvian silver being used to acquire Chinese luxury goods, including silk and porcelain, and also functioning as a common currency within the Ming and Qing empires, as well as in other parts of East Asia (McCaster, 1959). The historical maritime route known as Nao de China or the Galleon Trade, connecting Acapulco and Manila since the mid – seventeenth to the early nineteenth century, and providing Asian commodities to be used throughout the Americas, while also taking thousands of Chinese families to find new opportunities in the region, could serve as the historical foundation for a deeper cooperation between China and Latin America, as an extension to the Belt and Road Initiative.

It is relevant to note that, different from the prevailing situation during the Cold War, ideological considerations have been put aside by the Chinese government when extending cooperation with Latin America. As it can be seen in the establishment of strategic partnerships, Beijing has encouraged deeper ties with governments from different political sign, and with a different vision of economic integration. Since its creation in 2011, the Pacific Alliance, formed by Chile, Colombia, Mexico and Peru, was presented as an alternative model of regional integration, based on open markets, and encouraging the attraction of foreign investments and the creation of public – private partnerships. The rapid progress of the trade pact has contrasted with the perception of a festered Mercosur, originally integrated by Argentina, Brazil, Paraguay and Uruguay, whose future has been tested recently by the inability of its members to agree on a common FTA with the European Union. A third option, the Bolivarian Alternative for the Peoples of our America, or ALBA, led by Venezuela, and incorporating Bolivia, Cuba, Ecuador, and Nicaragua, among others, represents a firm opposition against indiscriminate free trade, and served as an important forum against US – sponsored policies in the region, until its loss part of its influence during the past couple of years.

Table 4 China's foreign trade with Latin American countries, 1995 – 2015 (millions of USD)

Country	1995 Exports	1995 Imports	2005 Exports	2005 Imports	2015 Exports	2015 Imports	2015 (% of total) X	M
Argentina	274	370	1,324	3,799	8,890	5,714	0.39	0.35
Brazil	759	1,231	4,827	9,993	27,428	44,339	1.20	2.64
Uruguay	47	85	283	173	1,959	2,410	0.09	0.14

续表

Country	1995 Exports	1995 Imports	2005 Exports	2005 Imports	2015 Exports	2015 Imports	2015 (% of total) X	2015 (% of total) M
Paraguay	105	27	253	59	1,273	42	0.06	0.00
Venezuela	69	16	908	1,234	5,315	6,888	0.23	0.41
Mercosur	1254	1729	7,595	15,258	44,865	59,393	1.97	3.54
Chile	410	230	2,149	4,992	13,296	18,680	0.58	1.11
Colombia	52	14	930	205	7,588	3,539	0.33	0.21
Mexico	195	194	5,538	2,225	33,810	10,082	1.48	0.60
Peru	146	460	609	2,278	6,355	8,181	0.28	0.49
Pacific Alliance	803	898	9,226	9,700	61,049	40,482	2.67	2.41
Latin America & Caribbean	3,123	2,967	23,268	26,665	130,946	103,802	5.74	6.17

Source: Data obtained from The World Bank – World Integrated Trade Solution, 2017.

Despite this difference in political landscape within the region, the Chinese government tried to maintain good relations with all the countries from those blocs, as noted by the surge in bilateral trade with members of both the Pacific Alliance and Mercosur (Table 4). The current changing scenario, with countries like Brazil and Argentina turning to the right, and other governments moderating their policies, in part due to the financial crises caused by the decreasing price of commodities, also demonstrates that continuation of Chinese cooperation with the region goes beyond ideological considerations. In fact, countries from the different sub-regional blocs have been invited to take part of the institutionalization process of the initiatives, with Brazil becoming a prospective founding member of the AIIB. Argentina, Bolivia, Chile, Peru and Venezuela, have also been admitted as non-regional prospective members during the past few months. Similarly, Sino-Brazilian cooperation has expanded through the institutionalization of BRICS, while the Mexican president, Enrique Peña Nieto, was invited to attend the 2017 Summit, being a participant to the Dialogue of Emerging Market and Developing Countries, in Xiamen, between the BRICS and other strategic actors, signaling an approach between the two largest economies of Latin America and China (NDB, 2017). These circumstances offer important room for an extension of the BRI to Latin America, although there are also some challenges to be considered.

3.2 The BRI in a changing regional scenario in Latin America

Governments in Latin America have increased their expenditures in infrastructure during the past decade; however, they are still far from reaching levels similar to those of the East Asian newly industrializing countries (NICs) and China, where building and modernization of infrastructure is seen as an important component of sustained economic growth (ECLAC, 2017). Investments in this sector are also one of the major elements in the BRI, and the possible inclusion of Latin America in the initiative could represent a great opportunity for states in the region to enhance economic development. Chinese corporations began investing in infrastructure in some parts of Latin America since 2010, mostly interested in the acquisition of existing facilities in the generation and distribution of electricity, through hydropower plants and grids. During the worst years of the European crisis, Chinese companies also secured infrastructure sold by third parties, especially Spanish firms, who remain still among the largest foreign investors in the region (Pérez Ludeña, 2017). Minor investments from Chinese companies have been made in roads, railways, and ports, where there is a large room for growth and improvement, and could be seen as complementary projects to the 21st Century Maritime Silk Road Initiative.

Nonetheless, Chinese companies have struggled to become successful bidders in infrastructure projects across the region, and some of their winning tenders ended up being cancelled or halted, mainly due to domestic reasons, like the case of the projected first high-speed railways in Mexico and Brazil between 2013-2014. The same could be said about the construction of an interoceanic canal in Nicaragua, announced by the Central American government in 2013, as a viable alternative to the increasingly saturated Panama Canal, and granted to the Chinese entrepreneur Wang Jing, and his Hong-Kong-based company, HKND. The project has met fierce opposition by local environmental organizations and civil groups, including potentially affected peasants, and its making has been virtually stopped, owing partly to the fears of Wang's insolvency, who lost part of his fortune after the popping of the Chinese stock market bubble in the summer of 2015 (Reischke, 2017).

Other strategic and political considerations are also implicated in the future of Chinese investments in infrastructure in Latin America. One of the main concerns behind the decision to choose Fuzhou, in Fujian Province, as the starting point of the maritime silk road initiative is related to security matters, particularly regarding the situation in the Taiwan Strait. Nevertheless, through the creation of the China – CELAC Forum, established after the first China – Latin America and the Caribbean nations summit in 2014, and offering a space for interaction between the PRC and the Community of States of Latin America and the Caribbean (CELAC), as well as the announcement of special programs such as a Preferential Loan (US $ 10 billion), a Special Loan Program for China – Latin America Infrastructure Project (US $ 20 billion), and the China – Latin America and the Caribbean Fund (US $ 5 billion), the Chinese government had a chance to approach those countries it has no official diplomatic relations with, as well as to improve the chances of cooperation with the region in general (MOFA, 2016: 39 – 47).

The conditions for those loans and the implementation of the fund still need to be detailed, with remaining fears among scholars and officials about the feasibility of some of those projects (ECLAC, 2015). One of the main concerns, also regarding the current political situation in most of the region, is related to official corruption and increasing social discontent with it. The Brazilian political crisis, initiated after judicial investigations of a corruption scheme known in Portuguese as Operação Lava – Jato (Operation Carwash), involving politicians from all levels and political parties, have spread to the rest of Latin America and the Caribbean through a scandal connecting the Brazilian construction conglomerate, Odebrecht, with other regional governments. In an investigation, carried by Brazilian, American and Swiss authorities, high profile politicians and bureaucrats from Argentina, Colombia, Ecuador, Mexico, Peru and Venezuela, among others, have been signaled as beneficiaries in corrupt practices, largely bribes and donations, carried by Odebrecht, in order to award lucrative infrastructure projects in those countries. Local investigations in those states have advanced at different speeds, with a former Peruvian president currently in jail. Similarly, many nations in the region have started suggesting and debating legal reforms to reinforce the fight against corruption and the strengthening of rule of law.

If Latin America is to be included as an extension of the 21st Century Maritime Silk Road Initiative, it is vital that governments in the region commit themselves to more transparency regarding infrastructure projects, in order to ensure the quality of the public works, to safeguard the investments made by third parties, both public and private firms, and to effectively contribute to the economic development of local communities and the people in general. Institutional strength in the region, despite being weak in comparison to Western Europe and North America, is still more advanced than other sub-regions included within the BRI, hence, if solving those pending issues, Latin America could transform itself into a more reliable partner, and a model for other emerging and developing economies. At the same time, the region has been presented with the challenge to define the future of its own integration, facing a northern neighbor who has changed its priorities and has not been able to redefine its policy towards Latin America since the arrival of Donald Trump to the White House (Hsiang & Fonseca, 2017).

The uncertainties derived from threats to impose protectionist measures, through policies encouraging the idea of America First, and the president's insistence on terminating the legacy of the previous Obama Administration, have made the United States to lose direction in its relations with the other countries in the Western Hemisphere, particularly in the economic field. Aware of the need to maintain open markets and free exchanges, many governments in the region have turned to Europe and Asia-Pacific, including China, as powerful alternatives to the increasingly perceived US retreat from Latin America. American interests will still be protected and advanced in the region, but the negative effects provoked by the current qualms in Washington, including the possible suspension of the free trade agreement with Mexico, will take some years to be reversed. Therefore, nations in the region should work together to improve the institutionalization of multilateral cooperation, including, as the leaders of Argentina and Chile have suggested, a convergence of the different mechanisms of integration, particularly Mercosur and the Pacific Alliance. As part of its maritime silk road initiative, the Chinese government can contribute to this process, by encouraging the nations in the region to remain open to trade, while also fulfilling their own potential, in order to achieve sustainable economic growth, helping to alleviate the numerous problems in the region, derived from the lack of it, and learning from each other about the best road to strengthen inclusive institutions and the rule of law in their own countries.

4. Conclusions

The 21st Century Maritime Silk Road Initiative is consistent with the Chinese government's goal to rejuvenate the nation, meaning a consolidation of the country as a world power and one of the supports of an evolving multipolar world. The constant accumulation of material capabilities during the past decades has allowed Chinese corporations, both public and private, to expand their horizons and join the ranks of transnational firms from developed countries, in their search for better investment opportunities at home and abroad. At the same time, lacking a centralized body in charge of its international cooperation, the Chinese authorities can advance the idea of the BRI as an important step into the institutionalization of its collaboration with foreign nations, while reinforcing its narrative of win – win relations and its interest in peaceful coexistence. Many challenges remain for the effective implementation of the initiative, including the use of the Shanghai Cooperation Organization (SCO) as an institutional pillar of the BRI, together with the special banks and funds already established for that purpose. The maritime initiative, in particular, has proved a difficult subject in China's bilateral relations with India, with the latter perceiving it as potential threat for its national development. The expansion of the SCO, after the inclusion of India and Pakistan this year, strengthens the idea of the organization as a column of the BRI, but also makes it evident the need for further confidence – building measures between some of the members of the institution, as well as for its extension to other parts of the world.

At the same time, being a region in need of creation and modernization of infrastructure, Latin America presents itself as a natural enlargement of the maritime silk road initiative. The expansion of bilateral trade between China and the region during the past fifteen years has created many opportunities for those countries, with many nations in South America benefiting greatly from the rise in commodity prices derived from an increasing Chinese demand. With companies from the Western powers holding their investment projects as a reaction to the 2008 – 9 financial crises, China became an important source of FDI for the region, although it has been highly concentrated in minerals and oil, and has shown a particular preference for Brazil, Peru, Argentina and Venezuela. Therefore, the Chinese initiative presents the opportunity to diversify those investments and their destination, by including projects in different countries, looking to integrate the region's economy not only with China, but also among the regional countries themselves, and with other nations in the Asia – Pacific. Other steps in multilateral cooperation between the PRC and Latin America, such as the China – CELAC Forum, are also powerful incentives in the expansion of the maritime silk road initiative into the region and its institutionalization.

However, many challenges lie ahead. Previous failures to materialize Chinese planned investments in different parts of the world, including the member countries of the SCO, show the complexities of expanding the initiative, not only for the changing plans of the companies involved, but also for the shifting circumstances in the receiving societies, including powerful local interests or mobilized civic groups opposing some of the projects. Important ventures in Latin America have failed to evolve, or have advanced at an unusually slow pace, in spite of grandiose announcements, like the case of the Trans – Amazonian Train, an extensive railway line connecting the Atlantic and Pacific oceans across the Amazon rainforest and the Andes. Similarly, fears of an overconcentration on projects designed to access strategic natural resources for their export to China, also create suspicions between some groups concerned with environmental protection, sustainable development, and national security. Overcoming those challenges will require a joint effort by the different states in the region, which prove more difficult under a changing political scenario throughout Latin America. These matters become more urgent, especially after a raising social awareness on the need to end corrupt practices in those countries, combined with the US government's lack of clarity in its relations with the region under the Trump Administration. If those difficulties are taken into consideration, and eventually tackled in a positive way, the extension of the Chinese maritime silk road initiative to include Latin America can really prove valuable for the economic development of all the parties involved.

References

Barkin, J. Samuel. 2003. "Realist Constructivism," in International Studies Review, 5: 3, September, 325 –342.

Campbell, John L. 1998. "Institutional Analysis and the Role of Ideas in Political Economy," in Theory and Society, 27: 3, June, 377 –409.

Chen Taotao & Miguel Pérez Ludeña. 2014. "Chinese foreign direct investment in Latin America and the Caribbean," ECLAC – Production Development Series No. 95. (Santiago de Chile: UN – ECLAC).

Dabas, Maninder. 2017. "Here is all you should know about 'String of Pearls', China's policy to encircle India," in India Times, June 22, online, www. indiatimes. com/news/india/here – is – all – you – should – know – about – string – of – pearls – china – s – policy – to – encircle – india – 324315. html.

Dunning, John H. 1981. "Explaining the International Direct Investment Position of Countries: Towards a Dynamic or Developmental Approach," in Weltwirchtschaftliches Archiv, 117: 1, 30 – 64.

ECLAC. 2015. "Primer Foro de la Comunidad de Estados Latinoamericanos y Caribeños (CELAC) y China: explorando espacios de cooperación en comercio e inversión," Economic Commission for Latin America and the Caribbean – Dossier LC/L. 3941. (Santiago de Chile: UN – ECLAC).

ECLAC. 2017. "Infrastructure Investment in Latin American and Caribbean Countries Remains Below the Needs of the Region," Economic Commission for Latin America and the Caribbean Portal, May 15, online, https: //www. cepal. org/en/news/infrastructure – investment – latin – american – and – caribbean – countries – remains – below – needs – region.

Eichengreen, Barry. 1996. "Hegemonic Stability Theory and Economic Analysis: Reflections on Financial Instability and the Need for an International Lender of Last Resort," Working Paper 96: 80, Center for International and Development Economics Research. (Berkeley: University of California Press).

Fallon, Theresa. 2015. "The New Silk Road: Xi Jinping's Grand Strategy for Eurasia," in American Foreign Policy Interests, 37: 3, July, 140 – 147.

Feng Zhongping & Huang Jing. 2014. "China's strategic partnership diplomacy: engaging with a changing world," Working Paper no. 8. (Madrid: FRIDE & European Strategic Partnerships Observatory).

Fonseca, Fabricio A. 2014. "Las relaciones de China con Estados Unidos en la era de la interdependencia económica y la evolución de sus percepciones", in Juan José Ramírez B. & Francisco J. Haro N. (eds.), China y su entorno geopolítico: Políticas e instituciones de la integración regional, pp. 247 – 287. (Mexico City: El Colegio de México).

Gallagher, Kevin P., & Robert Porzecanski. 2010. The Dragon in the Room: China and the Future of Latin American Industrialization. (Stanford, CA: Stanford University Press).

Grossman, Derek. 2017. "China Will Regret India's Entry Into the Shanghai Cooperation Organization," in The Diplomat, July 24, online, https: //thediplomat. com/2017/07/china – will – regret – indias – entry – into – the – shanghai – cooperation – organization/.

Huang Zheping. 2017. "One Belt, One Road: Your guide to understanding OBOR, China's new Silk Road plan," in Quartz, May 15, online, https: // qz. com/983460/obor – an – extremely – simple – guide – to – understanding – chinas – one – belt – one – road – forum – for – its – new – silk – road/.

Hsiang, Antonio C. , & Fabricio A. Fonseca. 2017. "Los primeros cien días de Trump y las relaciones sino – latinoamericanas," in The Quarterly of Latin American Economy and Trade, 29, June, 27 – 31.

Johnson, Keith. 2014. "Rough Ride on the New Silk Road," in Foreign Policy, May 1, online, https: //foreignpolicy. com/2014/05/01/rough – ride – on – the – new – silk – road.

Keohane, Robert O. 1984. After Hegemony: Cooperation and Discord in the World Political Economy. (Princeton: Princeton University Press) .

Kindleberger, Charles P. 1973. The World in Depression, 1919 – 1939. (Berkeley: University of California Press) .

Lam, Willy Wo – Lap. 2015. " 'One Belt, One Road' Enhances Xi Jinpin's Control Over the Economy," in China Brief, The Jamestown Foundation, May 2015, 15: 10, 1 – 3.

Lancaster, Carol. 2007. "The Chinese Aid System," Center for Global Development, June, online, https: //www. cgdev. org/files/13953_file_Chinese_ aid. pdf.

Lissardy, Gerardo. 2015. "El polémico tren Atlántico – Pacífico que China quiere construir en Sudamérica," en BBC – Mundo, May 18, online, www. bbc. com/mundo/noticias/2015/05/150518_brasil_peru_china_tren_bioceanico_gl.

Martínez, Alex. 2016. "Se impulsarán proyectosde interés multiregional como el Tren Transamazónico," in El Correo, November 29, online, https: //diariocorreo. pe/edicion/la – libertad/se – impulsaran – proyectos – de – interes – multiregional – como – el – tren – transamazonico – 714354.

McCaster, John. 1959. "Aventuras asiáticas del peso mexicano," in Historia Mexicana, 8: 3, January – March, 372 – 399.

MOFA. 2016. "Basic Information about China – CELAC Forum," in China – CELAC Forum Portal, April, online, www. chinacelacforum. org/eng/ltjj _

1/P020161207421177845816. pdf.

MOFA. 2017. "Wang Yi: 'Belt and Road' Initiative, A New Propeller in China – Latin America Cooperation," in China – CELAC Forum Portal, September 21, online, www. chinacelacforum. org/eng/zyxw_1/t1495249. htm.

Parameswaran, Prashanth. 2017. "The Real Trouble with China's Belt and Road," in The Diplomat, May 11, online, https: //thediplomat. com/2017/05/the – real – trouble – with – chinas – belt – and – road/.

Panda, Ankit. 2017. "China learns in border row India will not buckle over security," in South China Morning Post, August 30, online, www. scmp. com/news/china/diplomacy – defence/article/2108886/china – learns – border – row – india – will – not – buckle – over.

Pérez Ludeña, Miguel. 2017. "Chinese Investments in Latin America: Opportunities for Growth and Diversification," ECLAC – Production Development Series No. 208. (Santiago: UN – ECLAC).

Reischke, Martin. 2017. "Canal de Nicaragua: megaproyecto sin futuro," in Deutsche Welle (DW), April 21, online, www. dw. com/es/canal – de – nicaragua – megaproyecto – sin – futuro/a – 38539472.

Sterling – Folker, Jennifer. 2002. "Realism and the Constructivist Challenge: Rejecting, Reconstructing, or Rereading," in International Studies Review, 4: 1, Spring, 73 – 97.

The Economist. 2010. "Less biding and hiding," in The Economist's Special Report: China's Place in the world, The Economist, December 2, online version, http: //www. economist. com/node/17601475.

Wang Zheng. 2014. "The Chinese Dream: Concept and Context," in Journal of Chinese Political Science, 19: 1, March, 1 – 13.

Wendt, Alexander. 1992. "Anarchy is what States Make of it: The Social Construction of Power Politics," in International Organization, 46: 2, Spring, 391 – 425.

Wohlforth, William C. 2009. "Unipolarity, Status Competition, and Great Power War," in World Politics, 61: 1, January, 28 – 57.

Xing Guangcheng. 1998. "China and Central Asia: Towards a New Relationship," in Zhang Y. & R. Azizian (eds.), Ethnic Challenges beyond Borders, pp. 32 – 49. (London: Palgrave Macmillan).

Xu Li – ping & Wang Xiao – ling. 2016. "'Yidai – yilu' yu Xi Jinping de waijiao zhanlüe sixiang" (Belt and Road Initiative and Xi Jinping's Diplomatic Strategy Theory), in Beijing gongye daxue xuebao (Journal of Beijing University of Technology – Social Sciences Edition), 16: 4, August, 34 – 44.

Zhao Jianglin. 2017. 21 Shiji haishang sichou zhi lu: Mubiao gouxiang, shishi jichu yu duice yanjiu. (Beijing: Shekewenxian Chubanshe).

Official Websites

Asian Infrastructure Investment Bank, official website, https://www.aiib.org/en/index.html.

Belt and Road Portal, official website, https://www.yidaiyilu.gov.cn.

China – CELAC Forum Portal, official website, www.chinacelacforum.org/eng/.

New Development Bank, official website, www.ndb.int.

Shanghai Cooperation Organization, official website, eng.sectsco.org.

The World Bank – World Integrated Trade Solution, official website, https://wits.worldbank.org.

"21世纪海上丝绸之路"：上海合作组织和巴基斯坦经济共赢

萨义德·默罕默德[*]

一、国际组织及其作用

国际组织（IOs）是国与国之间为相互合作和协调而组建的机构。其涵盖范围、成立程序和成员国资格一般是国际性的。人们认为，就促进国际社会经济、社会和政治的可持续与和平而言，国际组织有责任维护世界和平与稳定。批评者认为国际组织的工作机制应更透明，并关注所有成员国利益，以防被大国为自身利益所操控。

国际组织为成员国提供了平台。通过这些平台，成员国可以将问题摆在国际社会面前讨论解决，并与其他国家建立牢固的关系。例如，联合国的成立旨在加强各国间的协调，尊重各国主权，帮助成员国实现共同目标。因此，联合国的主要目标不是干涉一国内部事务或国家间的冲突，而是为了激发讨论，为各国解决问题提供帮助。

但国际组织的实际作用受到区域政治和/或国际政治的影响。其功能可能受到世界强国、地区大国、国家或非国家行为主体的影响。有人认为，在国际体系中，无政府主义盛行，国际组织的作用得不到有效发挥。也有人认为，这些组织通过大力资助合作项目影响成员国。当然，牵制与利益相伴相随，在核扩散问题上尤其如此。

二、上海合作组织在区域一体化与合作中的作用

上海合作组织成立于2001年6月15日，是一个永久性国际组织。最初，上海合作组织包括中国、俄罗斯、哈萨克斯坦、吉尔吉斯斯坦、塔吉克斯坦、乌兹别克斯坦六个成员国。最近，巴基斯坦和印度也加入了上海合作组织。除这八个成员国外，上海合作组织还设立了观察员国和对话伙

---

[*] 萨义德·默罕默德，巴基斯坦国防大学国际关系硕士。

伴国：前者包括阿富汗、白俄罗斯、伊朗和蒙古国；后者有亚美尼亚、阿塞拜疆、柬埔寨、尼泊尔、斯里兰卡和土耳其。上海合作组织自成立以来，在促进成员国政治、经济、能源、交通等领域合作方面持续发挥作用。此外，在独立国家联合体论坛上，上海合作组织成功地协助解决了边界争端问题（Koh & Kwok，2017）。

"上海五国"机制为上海合作组织的成立奠定了基础。1996年，为了加强合作、增加互信、解决苏联解体后出现的边界争端问题，中国、俄罗斯、塔吉克斯坦、哈萨克斯坦和吉尔吉斯斯坦共同建立了该组织。1996年和1997年，《关于在边境地区加强军事领域信任的协定》和《关于在边境地区相互裁减军事力量的协定》相继签署。2001年6月，乌兹别克斯坦总统在上海签署了加入上海合作组织的联合声明。2002年，《上海合作组织宪章》在圣彼得堡签署。宪章简要规定了组织的目的和原则、组织结构、合作主旨、行动方向和对外关系（Hu，2017）。

上海合作组织注重发展成员国间的良好关系，以确保地区和平、安全与稳定。该组织强调加强政治、贸易、经济上的合作与互信；鼓励科技合作。能源、交通、旅游、文化等领域的合作也在该组织议程之内。

上海合作组织的原则和立场是打击恐怖主义、分裂主义和宗教极端主义三股恶势力（Clarke，2017）。该组织声称要通过加强相互合作和联络打击这三股恶势力。其主要关切是维护区域和平与稳定。上海合作组织力图促进建立民主、公正和理性的世界政治经济新秩序。因此，有学者称上海合作组织是俄罗斯和中国监督下的新兴大国组织，它消解了北大西洋公约组织（NATO）的影响力。从权力政治和强权政治的角度来看，上海合作组织无疑是抵御包括北约在内的其他大型组织的机构。西方媒体有时称上海合作组织为"东方北约"（Dadparvar & Shen，2017）。事实上，这种观点完全不成立。虽然上海合作组织成员国在军事领域有合作，但它们并没有北约那样的常备军。当然，区域内部安全是上海合作组织关注的重点，其主张是通过合作打击地区内恐怖主义和宗教极端主义等非传统安全威胁。

也有学者认为上海合作组织是合作和解决争端的平台。上海合作组织的每个成员国都有投票权，一国一票。它鼓励所有弱势国家平等参与决策。像上海合作组织这样的平台，从不倡导挑战区域权力平衡的"秘密外交"。这样的国际组织为成员国解决分歧提供了更好的平台。

区域一体化是冷战后出现的现象。20世纪90年代后期，在全球不同角落形成了各种地区组织（Hveem，2017）。这些组织在贸易、经济和安全等多个领域开展合作。如果我们试图用结构/新自由主义学派来分析区域一体化现象，那么区域组织是合作与一体化的关键实体。结构/新自由主义学派认为无政府状态是（国际）结构的一部分，但适当的沟通和合作可以缓解这种无政府状态。国际组织为国家间通过合作，实现共赢提供了更好的平台。

像上海合作组织这样的平台为成员国理解彼此观点提供了最好的机会。一旦成员国互相理解，不确定性和混乱就会减少，最终为彼此平和解决争端铺平道路。新自由主义学派认为，经济合作更有益于解决安全问题。

厄恩斯特·哈斯是一位出生于德国的美国政治学家。他在他的"新功能主义"理论中指出，国家之间日益增强的经济相依现象会产生积极的溢出效应。一个经济领域的一体化将为其他领域一体化铺平道路。新功能主义理论涉及一体化过程中的经济和制度问题。设置制度框架可为实现政治统一发挥重要作用。经济一体化进程则在机构成员国内打造经济团体，这些团体会释放能量，促进其他领域的一体化进程。根据溢出逻辑，这最终将会促进成员国之间的合作，并进一步促进政治团结。

事实上，新功能主义是经济自由主义的分支。经济自由主义认为用乐观的方式处理国际关系首先带来的是经济效益。经济一体化可以实现绝对的优势，比如贸易顺差。基础设施发展将促进互联互通，从而促进各国相互依存。随着相互依存加强，战争升级威胁将会最小化，最终实现和平。

三、"21世纪海上丝绸之路"

中国国家主席习近平2013年在印度尼西亚国会讲话中提出了"21世纪海上丝绸之路"的理念，主张在沿线各国发展基础设施/港口，将东南亚与非洲和欧洲连接在一起，重建古丝绸之路，加强经济发展。专家认为该计划具有创新性，它将把东亚的亚太经济圈和西方的欧洲经济圈与中国联系起来（Fallon, 2015）。

该项目旨在加强古丝绸之路沿线的投资与合作。"中巴经济走廊"是该项目的延伸。2014年中国宣布4000亿美元丝路基金，以及时落实"海上丝绸之路"和"丝绸之路经济带"政策。中国建立了亚洲基础设施投资银行（AIIB），其中有1000亿美元用于"一带一路"倡议下的亚洲基础设施开发。该银行的金融资本约为亚洲开发银行（ADB）的2/3、世界银行的一半。该银行目前有56个成员国，显示了人们对该银行和"一带一路"

倡议的高度接纳。

四、挑战

成功建设"海上丝绸之路"面临诸多挑战，譬如强国间为地缘战略、政治影响力和经济杠杆进行的激烈竞争。若一个国家要加强地区力量，那么敌对国家势必会有所抵抗，比如美国视这个项目为干扰区域利益的一大因素。

虽然中国的"海上丝绸之路"旨在促进经济繁荣，实现人人机会平等，减少高端政治问题，但其成功实施也面临潜在危险。可以推断，中国为确保海上边界安全采取的措施对美国起到了威慑作用。霍华德试图用因果关系解释战争与中国在南海日益活跃的经济战略活动。中国的海上战略被西方称为"珍珠链"，与美国"重返亚洲"战略不断角力。受战略文化影响，美国认为中国是一个"新兴的威胁"，并本能地陷入了"修昔底德陷阱"。美国在亚太地区不断刷存在感，证明了美国人心中的恐惧。

这种情况可以用"克劳塞维茨范式"（Clausewitzian paradigm）阐释。克劳塞维茨认为，"战争最终是意志的冲突"（Ullman, 2010）。基于此，可以断言，中国意志和美国决心间存在分歧，最终导致该地区日益冲突的形势。

"21世纪海上丝绸之路"背后中国的动机是好的，为许多国家创造了众多机会。中国成功实施"21世纪海上丝绸之路"面临的另一挑战是印度迟迟不愿加入"一带一路"倡议和"海上丝绸之路"。虽然印度能源需求不断增长，但印度继续威胁"一带一路"倡议和"海上丝绸之路"。印度对中国的敌意可追溯到1962年的中印边界争端，当时印度在军事和政治上惨败。

五、"一带一路"案例研究

2017年6月9日，印度和巴基斯坦参加了在哈萨克斯坦阿斯塔纳举行的上海合作组织第17次首脑会议。这表明相对于欧亚大陆，印度对印度洋有更大的兴趣。印度没有进入喀布尔和中亚的途径。中国通过公路和铁路发展与喀布尔和中亚的经济联系，印度意图通过加入上海合作组织，利用这一机会。对像中国这样的经济大国来说，印度是海外投资的巨大市场和最佳地点。上海合作组织成员国的身份给印度带来了诸多利益。它不仅有助于解冻印度与巴基斯坦在新地区环境下的关系,并通过"中巴经济走廊"为印度进入上海合作组织中亚成员国提供陆上途径。因此在上海合作组织这一平台上进行合作,国与国之间的合作对抗将会消失,各国相互依存(巴基斯坦、中国和印度),最终形成安全的经济环境。每笔投资都关注产出,对于所有投资者而言,环境安全是前提。印巴之间的敌对状况危及投资。因此,相互依存将有助于解决问题。上海合作组织这样的机构创造了共享观点和其他关切的条件,其非正式会谈为增进彼此理解消除了障碍。

俄罗斯和中国于 2015 年签署协议,以协调欧亚经济联盟(EAEU)活动及其他努力。就"一带一路"而言,该协议对实现经济区域诚信十分有益。由于大部分欧亚经济联盟国家都是上海合作组织成员,所以他们坚定地支持中国的"一带一路"倡议。印度也认为这是获取区域经济利益份额的机会。

印度海上战略的重点是发展与美国、日本和澳大利亚间强有力的安全关系。为了进一步实现印度在印度洋的野心,印度与美国、日本和澳大利亚一道积极参与了"马拉巴尔"海军演习。但最近美国退出了跨太平洋伙伴关系协议,将视线重新瞄准亚洲,印度需重建海上战略。此外,日本也处于守势,支持"一带一路",希望成为亚洲基础设施投资银行的一员。因此印度认为与地区大国中国建立牢固的关系很重要。

上海合作组织国家间的军事合作也至关重要。在上海合作组织这个平台上,成员国共同实施军演。2007 年 10 月,集体安全条约组织(CSTO)与上海合作组织签署协议,双方将进行更密切的军事合作和演习,这对国际社会产生了重要影响。西方国家认为这是对北约的制衡。但实际上,这一合作通过双方论坛对话,将有助于减少地区争端,应对安全挑战。

六、马汉"海上实力论"

过去几个世纪,强大的海军力量和海上优势在殖民统治国家发挥了重要作用。英国由于拥有强大的海军,成为殖民时期主要经济强国。内战结束后,英国在 1649 年至 1818 年间培养了强大的海军。尼古拉斯·罗杰林(Nicholas A. M. Rodgerin)在他的《海洋控制》一书中指出,强大的海军在英国海上统治中发挥了重要作用,使其成为世界经济和军事大国。随后美国专注于建立强大的海上力量,每年都为加强海上力量花费巨额预算。

因此，美国在过去几十年中都是世界上最强大的国家，它拥有世界上最强大的战斗舰队和最大的航空母舰舰队。

海上权利和海军是安全、商贸的前提。过去，每个国家都会凭借其强大的海上权利谋求政治和经济影响力。当今是全球化和产业扩张的时代，世界油气资源主要通过海洋运输，因此海上权力更为关键。海上主要交通线路受到的任何阻力或阻碍，都可能破坏世界主要大国的整体经济发展。因此美国和俄罗斯等国家，都在海洋能源供应主要路线上部署了强大的海军。

中国拥有全球最大的工业企业，商品出口至世界各地，包括——经济上的竞争对手——美国和欧洲国家。作为新兴的经济大国，能源对中国来说至关重要。中国是能源资源最大进口国。中国超过 80% 的能源资源进口都要通过马六甲海峡。鉴于附近有美国及其盟军的军事力量存在，中国认为马六甲海峡是其安全要塞。因此，中国的重点是加强海军力量，以确保主要的能源运输路线安全。

本质上，中国是出口导向型经济，它坚定地与其他国家进行联合业务，共创双赢局面。为此，中国启动了"21 世纪海上丝绸之路"项目，旨在共同减少乃至消除海上安全挑战，同时也为沿途所有国家带来经济效益。"21 世纪海上丝绸之路"是该地区合作与一体化的重大契机（Schafer，2016）。

中国想向世界传递其更为温和的形象，像负责任大国一样行事。因此，中国拥有 2 万亿美元投资的"一带一路"倡议将通过各国产业扩张，将亚洲和非洲各国融入全球经济一体化中，创造就业机会，减少贫困。2017 年 5 月 14 日，来自世界 130 个国家的 29 位国家元首和代表出席了在中国北京举行的"一带一路"首脑会议，凸显了世界对该倡议的浓厚兴趣。

美国也要肩负国际责任，在经济领域更是如此。最近，日本首相安倍晋三发表声明，称日本愿意加入"一带一路"倡议。同样，它具有相互依存的溢出效应。国家间在经济等一个领域上进行的合作，将有助于进一步解决包括政治问题在内的其他问题。

七、巴基斯坦在上海合作组织中的作用

上海合作组织成员国和巴基斯坦共享利益，共同面对风险。我们有地缘政治共性和地缘战略共性。当今，上海合作组织必须面对分裂主义、好战主义、极端主义、宗教恐怖主义和贩毒等各种形式的挑战。幸运的是，

巴基斯坦拥有一支经验颇丰、战斗力强硬的军队，可应对所有挑战。

与此同时，巴基斯坦的地理位置、历史与文化背景使其成为上海合作组织的一员。巴基斯坦位于南亚、中亚和西亚三国交界地带，其地理位置非常重要，是有效连接上海合作组织与世界其他地区之间的桥梁。"中巴经济走廊"（CPEC）是"一带一路"的"旗舰"项目，是一条长约2500千米的公路、铁路和管道网络，起于巴基斯坦瓜德尔港，终于中国新疆。"中巴经济走廊"将为中东和北非能源输送至中国提供更便捷的渠道。

虽然印度也是一个寻求"中亚联合体"（CARs）油气资源的新兴经济体，但由于与"中亚联合体"地理上不接近，他们的梦想无法实现。大多数"中亚联合体"国家是上海合作组织成员。因此，在上海合作组织的体制框架下，印度可以通过"中巴经济走廊"更便捷地进入这里。

具有大量油气资源的中亚内陆联合体也可以通过"中巴经济走廊"和瓜德尔港轻松进入公海。瓜德尔是"21世纪海上丝绸之路"的主要组成部分。通过瓜德尔，中亚可以轻松地为东亚工业提供能源资源。因此，"中巴经济走廊"对上海合作组织成员国来说具有重要意义。

八、结语

"21世纪海上丝绸之路"和"丝绸之路经济带"是两个相互联系的项目，共享"一带一路"倡议愿景，两者不可分离。与"丝绸之路经济带"相比，"21世纪海上丝绸之路"包含大量运输类的经济项目，这些项目能够促进上海合作组织多个成员国间的经济联系。"21世纪海上丝绸之路"项目能够通过增加穷国/发展中国家的贸易量，创造更多就业机会，进一步扩大其进出口。上海合作组织中亚内陆成员国，由"丝绸之路经济带"通过"中巴经济走廊"与该项目紧密相连，也能从中获益。在这个意义上，"中巴经济走廊"是树干，其分支将覆盖整个地区。上海合作组织将成为强大而有影响力的平台。成员国通过公路和铁路实现区域联通，通过对话解决争端以及统一国际论坛议程，所有成员国都能从"21世纪海上丝绸之路"项目中实现利益最大化。

九、建议

肯尼思·华尔兹认为，在无政府状态的国际结构中，各国总是为了谋求生存机会而做出各种决策，这是可以理解的。根据华尔兹这种说法可以推断，为了增加生存机会，中国需要拓宽上海合作组织的范围，同时最大程度上保证国家安全（Jakobsen，2013）。

斯蒂芬·沃尔特概述了"威胁制衡"的概念。他认为在恐惧的影响下，较弱的国家选择联盟来抵抗较强力量的威胁（Chan，2010）。不容忽视的是，日本、印度、韩国、越南等几个地区力量可能形成军事、经济、战略和安全联盟，以抵制中国的"一带一路"倡议。因此，强烈建议中国加快外交和政治宣传，防止此类情况出现。

（本文由上海大学外国语学院副教授张新玲翻译）

【英文原文】

21st Century Maritime Silk Road: An Economic Win – Win for SCO and Pakistan

Sahibzada M. Saeed[*]

International Organization and Their Role

International organizations (IOs) are the bodies which are formed for mutual cooperation and coordination between states. Its, scope, presence and membership is generally international. IOs are considered responsible for keeping peace and stability in the world in terms of their efforts for making the international community economically, socially and politically sustainable and peaceful. Their critics said that their entire working mechanism should be transparent, and under the control of member states so that their role cannot be manipulated by power states for their interests.

International organizations actually provide platform to member states through which they can brought their issues in front of international community and build strong relations with other states. For example, United Nations was established with the aim to increase coordination among states and helping them to attain common goals by respecting their sovereign status. So the main aim of UN is not

---

[*] Sahibzada M. Saeed, Masters in International Relations, National Defence University Pakistan.

intervening their internal and mutual matters of states but to stimulate discussions and provide them tools for resolving their issues.

But in real role of organizations is influenced and shaped by regional or international politics. Their role may be influenced by powerful international players, regional power states or state and non – state actors. Some believes that role of international organization could not be effective due to anarchic structure prevailing in international system. On the other hand, some believes that these organizations influence their member states by giving lot of incentives in reward to cooperate but in parallel they implement disincentives. Especially, it was observed in the matter of nuclear proliferation.

Role of SCO for Regional Integration and Cooperation

Shanghai Cooperation Organization (SCO) is a permanent international organization which was established on June 15, 2001. Initially, it was comprised of six states i. e. China, Russia, Kazakhstan, Kyrgyzstan, Tajikistan and Uzbekistan. Most recently, Pakistan and India also joined SCO. Along with its 8 members, Afghanistan, Belarus, Iran and Mongolia are the observer states while Armenia, Azerbaijan, Cambodia, Nepal, Sri Lanka and Turkey are dialogue partners. Since its inception SCO had played very successive role in promoting cooperation between the member states in politics, economy, energy and transportation. Along with it, SCO remained very successful in the settlement of border disputes on the forum of Commonwealth of Independent States (Koh & Kwok, 2017).

"Shanghai Five Mechanism" has provided the founding base to SCO. This mechanism was established between the states of China, Russia, Tajikistan, Kazakhstan and Kyrgyzstan in 1996. The initiative was taken to strengthen cooperation, confidence building and the dispute settlement of borders which has emerged as after disintegration of Soviet Union. In 1996 and 1997 additional treaties were signed on "Deepening Military Trust in the Border Regions" and "Reduction of Military Forces in the Border Regions". In June 2001 at Shanghai, President of Uzbekistan had signed a joint declaration to establish Shanghai Cooperation Organization. In 2002, SCO charter was signed in St. Petersburg. Purposes and principles, organizational structure, cooperation, orientation and organization's external relations were briefly defined in the charter (Hu 2017).

Mainly, SCO focuses on promoting healthy relations among the member states and ensuring peace, security and stability in the region. It emphasizes on strengthening mutual confidence and effective cooperation in politics, trade and economy. Along with it, SCO encourages collaboration in science and technology. While, cooperation in the field of energy, transportation, tourism and culture are essentially focused in its agenda.

SCO has the principle stance to fight against three evils; which are defined as terrorism, separatism and religious extremism (Clarke 2017). The organization asserts to enhance mutual cooperation and liaison in fighting against these three evils. Safeguarding regional peace and stability is its main concern. Shanghai Cooperation Organization is intended to promote new, democratic, just and rational political and economic world order. Therefore, a school of thought declares SCO as the organization of emerging powers and the counter punch to North Atlantic Treaty Organization (NATO) under Russian and Chinese supervision. And no doubt that with the lens of Realpolitik and Machtpolitik SCO is the forum to counterbalance other power blocks including NATO. Rather sometimes Western media calls SCO as the "Eastern NATO" (Dadparvar & Shen 2017). But in fact, this perception is totally inapt. Although member states cooperate in the field of military but they have no standing army patronized on NATO's design. Basically, intra-regional security is the prime focus of SCO and unconventional security threats like terrorism and religious extremism are to be countered in the region.

While, on the other hand a school of thought calls SCO a platform for cooperation and dispute settlement. In SCO, each state have the power of vote i.e. one state one vote. It is very encouraging for all weak states to equally contribute in the process. Platforms like SCO always discourage "secret diplomacy" which challenges balance of power of the region. International Organizations (IOs) like SCO provide better platform for member states to resolve disagreements.

Regional integration is the phenomenon which has emerged after Cold War era. In post 1990s, various regional organizations came into being in different corners of the globe (Hveem 2017). These organizations were established for cooperation in multiple fields including trade, economy, and security. If we try to analyze the phenomenon of regional integration with the lens of Structural/Neo-Liberals, regional organizations are the key entities for cooperation and integration. Basically, structural/Neo-liberals have the view that anarchy is the part of (International) structure but through proper communication and cooperation this anarchy could be mitigated and IOs are the better platform for it. States cooperate in win – win situation.

Platforms like SCO provide the best opportunity for the member states to register each other's point of view. When the member states register each other's point of view then no uncertainty and confusion remain between them; which ultimately pave the way for soft approach towards each other. According to neo – liberals, economic cooperation is better to solve security issues.

Ernst B. Haas; a German – born American political scientist denotes in his theory "Neo – Functionalism" that growing economic interdependence between states has positive spill – over effect. And integration in one economic sector paves the way for integration in other sectors. The theory of Neo – functionalism deals the economic and institutional extents of the integration procedure. Setting – up of institutional framework plays a productive role in the realization of political unity. The integration process in economy will create economic groups within member states of an institution and these economic groups would work as a pressure group to boost the integration process in other domains. And ultimately the logic of spill – over will provoke collaboration and cooperation among the member country which will definitely lead towards political unity.

In fact, Neo – functionalism is the offshoot of economic liberalism which denotes that economy comes first because of optimistic approach towards international relations. Economic integration is for absolute advantages i. e. surplus balance of trade. Infrastructure development will facilitate interconnectivity, which will boost interdependency. And when interdependency increases, threat of escalation of war would be minimized and ultimately peace will prevail.

21st Century of Maritime Silk Road

The 21st century Maritime Silk Road idea was presented by Chinese President Xi Jinping during his speech in the Indonesian Parliament in 2013. This idea is about re – establishing old Silk Road by connecting Southeast Asia with Africa and Europe by infrastructure/ports development in countries along the coastlines in order to enhance economic development. In expert opinion, this plan was called an innovative idea that will link Asia – Pacific Economic Circle on the Eastern side and European Economic Circle on the Western side with China (Fallon 2015).

This project aims to increase investment and collaboration along the ancient Silk Road. CPEC is extension of this project. Silk Road fund of 40 billion USD was declared in 2014 for the Maritime Silk Road and Economic Silk Road projects for their timely completion. Asian Infrastructure Investment Bank (AIIB) was established by China with the fund of 100 Billion USD for infrastructure development work across the Asia – pacific region under its (One Belt One Road) OBOR initiative. The financial capital of this bank is about 2/3 of Asian Development Bank (ADB) and almost half of World Bank. This bank currently consists of 56 member states that shows not only huge acceptability of this bank but also of OBOR initiative.

Challenges

There are many challenges in execution and success of Maritimes Silk Road. Challenges include tug of war among powerful countries on international level due to geostrategic, political influence and economic leverage. When one state wants to increase its regional power then rival state resists. Especially the US is seeing this project as a disturbing factor for its regional interests.

China's Maritime Silk Road though intends to bring economic prosperity, equal opportunities for everyone and aims to minimize high – end political issues – has numerous potential dangers towards its successful execution. It can be deduced that perhaps America is being intimidated by the steps taken by China to ensure a safe and secure maritime borders. Howard tried to build a cause and effect relationship between war and China's growing economic – strategic activities in the South China Sea. China's maritime strategy has been named as 'String of Pearls' and is contended by U. S. Pivot to Asia Policy. America primarily due to its strategic culture perceives China as an emerging threat and is inherently caught in the Thucydides Trap. The fear in the hearts and minds of Americans can be felt that the American presence in the Asia – Pacific region is on the rise.

The situation can also be understood under Clausewitzian paradigm when he argued that "war is ultimately a conflict of wills" (Ullman 2010). By this assertion it can be asserted that the Chinese will and the American resolve are divergent that is ultimately creating a growing hostile environment in the region. The Chinese motive behind the 21st Century Maritime Silk Road is ostensibly benign and would create many opportunities for many countries.

Another challenge that emerges for the success of Chinese 21st Century Maritime Silk Road is the continuous Indian reluctance to join the BRI and MSR. Quite contrary to the growing Indian energy needs, it continues to threaten BRI and MSR. The history of Indian animosity in relation to China goes back to the Sino – Indian War of 1962 that resulted in embarrassing military and political defeat for India.

Case Study of OBOR and 21st Century of Maritime Silk Road

On 9th June 2017, India and Pakistan had participated in the 17th summit of SCO, held in Astana, Kazakhstan as full member, which indicates that India has greater interests in Indian Ocean compared to Eurasian landmass. India has no land access to Kabul and Central Asia. By joining SCO, India can utilize the opportunity of Chinese development of economic linkages with Kabul and Central Asia through road and rail. Similarly, as India is a large market and suitable place for overseas investment for an Economic giant like China. SCO membership benefits India in many ways. It will provide opportunity to unfreeze ties with Pakistan at new regional setting and giving India land access to SCO central Asian member countries via CPEC. So cooperating at SCO Platform, cooperation rivalry between countries in the region will end and will give chance to interdependency (Pakistan, China and India) which ultimately form a safe economic environment. Each investment makes on focusing outputs and for any investor security environment comes first. The hostile situation between India and Pakistan endangers investments. Hence, interdependency will help to solve problems. Institutions like SCO provide background to share the views and to focus on other options. Especially, informal gatherings on these kinds of forums are mostly ground breaking for mutual understandings.

Russia and China has signed agreement in 2015 to align activities and efforts of Eurasian Economic Union (EAEU) and for Belt and Road Initiative, which is highly fruitful to achieve economic regional integrity. As most of the countries of Eurasian Economic Union (EAEU) are member of SCO so they strongly support OBOR and 21st century Maritime Silk Road projects of China. India views this opportunity to become part of regional setting to obtain its economic share.

Indian Maritime strategy is focused on developing strong security relationships with the United States, Japan and Australia. To further and materialize its ambitions in the Indian Ocean, India is an active participant of the Malabar Naval Exercises along with America, Japan and Australia. But recent moves of the U. S. in the form of undoing Trans – Pacific Partnership agreement and moving on back foot on Asia pivot, India feels to reshape its maritime strategy. In addition, Japan is also on back foot and has supporting OBOR and wish to become member of Asian Infrastructure Investment Bank. So India thinks it's important to make strong relationships with regional powers.

Military Cooperation of SCO countries is also an important component under which member states have had held joint military exercises. In October 2007, this component gained much significance on international level when Collective Security Treaty Organization (CSTO) signed agreement with SCO in October 2007 for closer military collaboration and exercises. Western countries think this is as a counterweight to NATO. But actually this collaboration will help to reduce regional disputes and security challenges through dialogue on both forums.

Mahan's Thesis of Naval Power

Strong Naval forces and Maritime dominance has played important role in colonizing and ruling countries in the past centuries. Great Britain was also the major economic power during colonial era because of its strong navy. Great Britain developed strong navy from 1649 – 1818 after the end of its Civil War. Nicholas A. M. Rodgerin denotes in his book "The Command of the Ocean" that strong Navy had played important role in Maritime dominance of Great Britain that has made it strong economic and military power of the world. Later on America focused on building strong maritime forces and has spent lot of budget annually on its policy of maritime dominance. So, USA remains great power of the world in last few decades because of its superior navy with world's highest battle fleet tonnage and largest aircraft carrier fleet.

Sea power and navy is perquisite for safe and sound trade and commerce. In the past, every country used its strong sea power for political influence and economic influence as well. As this is the era of globalization and industrial expansion, so sea power has gained much importance as oil and gas resources of the world are mainly transported through oceans. Any resistance or blockage of route in main sea lines of communication can destroy whole economy of major world powers. So America and Russia etc. all have strong naval presence along the main routes of their energy supply in oceans.

China has biggest industrial setup of the world and exporting goods to almost all countries including its economic rivals, the US and European nations. Being an emerging economic power, energy resources are very vital for China. It is largest importer of energy resources. Its more than 80% energy resources pass through Strait of Malacca. Hence, China has focused on strengthening its naval force and securing its main routes of energy transportation. Economies of other Asian countries are also on stake due to modern time maritime security challenges. So, China needs strong navy for smooth trade instead of challenging any other power in the region.

As China is basically export oriented economy. It believes in win – win situation in joint business with other countries. So it has launched projects of "21st century Maritime Silk Road" that aimed to reduce/eliminate maritime security challenges collectively but also to benefit economically all countries along this route. Therefore, 21st Century Maritime Silk Road is the great opportunity for collaboration and integration in the region (Schafer 2016).

China wants to propagate its softer image to the world and want to act like a responsible state. So its OBOR initiative with 2 trillion dollars investment will help to integrate countries of Asia and Africa in global economy and reducing poverty by creation of jobs through their industrial expansion. OBOR summit held on 14 May 2017 in Beijing, China was attended by 29 heads of states and delegates from 130 countries of the world, that show interest of world in this initiative.

America also wants to shoulder international responsibility especially in economic domain. Most recent statement of Japanese PM Shinzo Abe denotes that Japan is also willing to join OBOR that is highly encouraging. Similarly, it has a spill over effect of interdependency. When state cooperates in one domain i. e. e-conomy, then they move further to resolve other things i. e. political issues.

Role of Pakistan in SCO

SCO member states and Pakistan have shared interests and common threats to tackle. We have multiple geopolitical and geostrategic commonalities. Today SCO has to face various challenges in the shape of separatism, militancy, extremism, religious terrorism and drug trafficking. Fortunately, Pakistan has a lot of experience with a battle-hardened military force to fight all the battles against these challenges.

Along with it, Pakistan's geographical position, historical and cultural background makes it a valuable member of the organization. Pakistan lies at the tri-junction of South Asia, Central Asia and West Asia. The prime location of Pakistan can effectively act as a bridge between SCO and the rest of the world. China Pakistan Economic Corridor (CPEC) which is almost 2500 km long road, rail and pipeline network from Gwadar port in Baluchistan to Xinjiang is declared as the "flagship" project of OBOR. CPEC has the capacity to provide easy access to Middle Eastern and North African energy resources for China.

Similarly, India is an emerging economy which has quest to access Central Asian Republic's (CARs) hydrocarbon resources. But because of no direct geographical proximity with CAR their dream couldn't come true. Most of the CARs are the member of SCO and India and Pakistan has recently joined this club. So, under the institutional framework of SCO India can acquire easy access to Central Asian Republics via CPEC.

Likewise, landlocked Central Asian Republics which possess massive hydrocarbon resources could easily access to open seas through CPEC and Gwadar. Gwadar is the prime component of 21st Century Maritime Silk Road and through Gwadar energy resources of Central Asia could easily source to East Asian industries. Therefore, China Pakistan Economic Corridor could become significant factor among SCO member states.

Concluding Remarks

21st century Maritime Silk Road and Silk Road Economic Belt are two interlinked projects with the broader prospective of OBOR initiative of China and are not separable. 21st century Maritime Silk Road will involve large volume of economic transport compared to Silk Road Economic Belt project that will economically connect many of SCO countries through ports development at their coastal cities. This project will create a lot of job opportunities by increasing trade volume of poor/developing countries and will increase their import & export. While Central Asian member countries of SCO that are landlocked will benefit from this project by connecting with this project through CPEC by Silk Road Economic Belt. In this sense, CPEC is the tree trunk; its branches will cover the whole region. SCO will be very strong and influential platform for all its members to get maximum benefits from 21st century Maritime Silk Road project through regional connectivity by road & railways and dialogue process for disputes settlements and common agenda on international forums.

Recommendations

Kenneth Waltz argued that it is understandable that states are always taking decisions which would ultimately increase their chances of survival in the anarchic international structure. By this very assertion of Waltz, an inference can be drawn that to increase and enhance their chances of survival – China needs to broaden the sphere of SCO while guaranteeing the security of maximum states (Jakobsen 2013).

Stephen M. Walt averred the concept of "Balance of Threat" in which he opined that weaker states under the influence of fear opt for alliances to somehow counter the perceived threat from a bigger power (Chan 2010). It just cannot be ignored that regional powers such as Japan, India, South Korea, Vietnam and several others may form an alliance of military, economic, strategic and security oriented to counter China's BRI and MSR. It is highly recommended that China may accelerate its diplomatic and political outreach to prevent these states from any alliance formation.

References

1. Allison, R. (2008). Virtual regionalism, regional structures and regime security in Central Asia. Central Asian Survey, 27 (2), 185 – 202.

2. Clarke, M. (2017). The Impact of Ethnic Minorities on China's Foreign Policy: The Case of Xinjiang and the Uyghur. China Report, 53 (1), 1 – 25.

3. Chan, S. (2010). An Odd Thing Happened on the Way to Balancing: East Asian States' Reactions to China's Rise. International Studies Review, 12 (3), 387 – 412.

4. Dadparvar, S., & Shen, L. J. (2017). China, Russia and Iran's Accession to the Shanghai Cooperation Organization (SCO) After Lifting the Sanctions. DEStech Transactions on Social Science, Education and Human Science, (icssm).

5. Fallon, T. (2015). The new silk road: Xi Jinping's grand strategy for

Eurasia. American Foreign Policy Interests, 37 (3), 140-147.

6. French, H. W. (2014). "China's Dangerous Game", The Atlantic. https://www.theatlantic.com/magazine/archive/2014/11/chinas-dangerous-game/380789/.

7. Gatev, I., & Diesen, G. (2016). Eurasian encounters: the Eurasian Economic Union and the Shanghai Cooperation Organisation. European Politics and Society, 17 (sup1), 133-150.

8. Hu, G. (2017). China's Cost of International Exchange and Consensus. In The Cost of Development in China (pp. 355-364). Springer Singapore.

9. Hveem, H. (2000). Explaining the regional phenomenon in an era of globalization. Political economy and the changing global order, 2, 70-81.

10. Jakobsen, J. (2013). Neorealism in International Relations-Kenneth Waltz. daring. dalam. http://www.popularsocialscience.com/2013/11/06/neorealism-in-international-relationskenneth-waltz/ [diakses pada 8 Oktober 2016].

11. Koh, S. G., & Kwok, A. O. (2017). Regional integration in Central Asia: Rediscovering the Silk Road. Tourism Management Perspectives, 22, 64-66.

12. Rodger, N. A. (2005). The command of the ocean: a naval history of Britain, 1649-1815 (Vol. 2). WW Norton & Company.

13. Schafer, R. (2016). Partnership Instead of Alliance: The Shanghai Cooperation Organization as a Mechanism for China's Growing Influence in Central Asia. Journal Article | August, 10 (4), 15am.

14. Schmitter, P. C. (2005). Ernst B. Haas and the legacy of neofunctionalism. Journal of European Public Policy, 12 (2), 255-272.

15. Shahzad, I. (2017). Pakistan and Regional Cooperation Organizations: Towards a Futuristic Approach. Policy Perspectives: The Journal of the Institute of Policy Studies, 14 (1), 121-130.

16. Ullman, H. K. (2010). Shock and Awe a Decade and a Half Later: Still Relevant, Still Misunderstood. Prism, 2, 79-86.

17. Zhang, Z. (2011). China's energy security, the Malacca dilemma and responses. Energy policy, 39 (12), 7612-7615.

"一带一路"是打造"人类命运共同体"的路径和桥梁

——兼论池田大作"精神丝绸之路"的思想内涵

来慧洁* 马利中**

习近平主席在中共十八大明确提出"人类命运共同体"概念,此后在联大70周年发表的重要讲话中又将"人类命运共同体"理念发展成为内涵丰富、意义重大的理论体系。笔者认为,"一带一路"倡议是打造"人类命运共同体"的路径、桥梁和纽带,而文化先行是构建"人类命运共同体"的重要使命。"人类命运共同体"理论体系和"一带一路"构想体现了"睦邻、安邻、惠邻"的诚意和"与邻为善、以邻为伴"的友善,是承贯古今,凝聚传统文化与现代文明交融,树立文化引领经济的自觉,是促进区域和全球实现共同发展的重大举措。池田大作先生提出的构建"精神丝绸之路"的思想在重视东方文化价值和民众力量推动东西方文化交流方面,有着相当深刻而独到的真知灼见。池田先生"文化是波,政治是船,经济是载荷物"的比喻,形象地说明了推动世界政治经济发展需要借助文化文明的力量。[①] 池田先生宽阔的思路和视野为我们研究构建"人类命运共同体"和"一带一路"建设具有积极的指导意义。

一、"人类命运共同体"理念包含着东方文化价值观的智慧

习近平主席在联大70周年讲话中阐述的"人类命运共同体"理论体系提出了要建立平等相待、互商互谅的伙伴关系,营造公道正义、共建共享的安全格局,谋求开放创新、包容互惠的发展前景,促进和而不同、兼收并蓄的文明交流,构筑尊崇自然、绿色发展生态体系的愿景。"人类命

---

* 来慧洁,上海大学国际事务处科长,上海大学东亚研究中心研究员。
** 马利中,上海大学东亚研究中心主任,上海大学外国语学院教授。
① 曲庆彪:《回归与超越——池田大作和平文化思想研究》,辽宁师范大学出版社2007年12月版,第2页。

运共同体"理念体系包含着东方文化价值观的智慧,与池田先生提出的把人的心与心联结起来构建东西方文化交流新道路的"精神丝绸之路"思想有着高度的相似之处。

池田先生提出的"精神丝绸之路",源于他对中国传统文化的深入研究,他通过对东方经典文化精髓的学习汲取,把握了东方文化的智慧价值,认为通过东方文化的传播,会大大有利于世界人民之间的连结、平等相处以及和平世界的建立,他认为文化交流的前提则必须是摄取、吸收。[1] 东方智慧强调正确看待自我与他者的关系,强调平等相待,不强加于人。池田大作把东方文化价值观称之为"东亚精神",概括为"共生的道德气质"。这种道德气质在人类文化中投射出独特的人道主义光彩。他说,汲取、升华奔流于"东亚精神"深处的"共生的道德气质",正好与佛教"普渡众生"本义相吻合。[2]

"共同体"概念源自于20世纪50年代欧洲一体化进程。欧共体成立之后,"共同体"就成为公认的区域经济合作联盟的代称。"人类命运共同体"理念体现了东方文化价值和中国优秀文化的传承。在全球化时代,中国提出"人类命运共同体"的主张也是在东方文化中追求天人合一、世界大同理想的产物。其内涵包括政治上互信、经济上互补、人文上互融的三位一体的联合。同时,也是"和平共处五项原则"与"和谐世界"等中国外交理论与实践的深化与发展。"人类命运共同体"是对这两大对外战略思想的继承、发展及升华,落脚于人类社会发展的终极目标。"人类命运共同体"是习近平外交战略思想体系中的"顶层设计",也是其不断完善中的"国际秩序观"。[3] 2017年2月"构建人类命运共同体"理念首次被写入联合国决议中。它表明构建"人类命运共同体"理念已经得到联合国广大会员国的普遍认同,彰显了中国对全球治理的贡献。同年3月23日,联合国人权理事会第34次会议通过关于"经济、社会、文化权利"和"粮食权"两个决议,决议明确表示要"构建人类命运共同体",标志着这一理念成为国际人权话语体系的重要组成部分。

---

[1] 蔡瑞燕:《论池田大作"精神丝绸之路"思想的智慧》,《井冈山大学学报》2015年5月号。

[2] 池田大作:《理解友谊和平:池田大作讲演随笔集》,作家出版社2002年版,第82页。

[3] 《"一带一路"倡议最终目标:打造人类命运共同体》,《环球》2017年8月号。

二、"人类命运共同体"理念是
东西方人文精神的积淀

"人类命运共同体"理念具有深厚的东西方人文精神积淀,这也是它为国际社会广泛认可的根本原因。该理念致力于把各方潜力挖掘出来,把彼此的互补性结合起来,把不同国家的利益融汇起来,把不同文明的优秀基因融合起来,从而营造地区稳定和平的政治环境,促进地区经济合作,这一思路昭示着打造沿线国家你中有我、我中有你的命运共同体终将会成为现实。

在丝绸之路文化交流史上,除了印刷术和造纸术以外,中国文化在西方一直具有较高的地位。500年前,欧洲大批传教士来华,回国后他们向欧洲人传播了中国文化;18世纪欧洲"启蒙运动"时,欧洲又掀起了一场"中国风",既包含了琴棋书画等修身的艺术,又泛指一种东方神韵,渗透到建筑和瓷器等外观设计里。西方为什么会在那个时候兴盛"中国风"?有学者提出,莱布尼茨经过对中国文化的初步考察,认为东西方文化之间没有本质的差别。中国的儒家思想正是西方人迫切需要的一种精神:自然神学,即根据自然理性来想问题,而不应裹在《圣经》和神学的章句、概念中走不出来。[①] 池田先生认为东西方交流的基础是通过人与人的交流达到心与心的联结,他说,"世界和平,不是单靠政治领导人签署条约或商界领袖进行经济上的合作,便可实现。只有在人民之间,在他们的内心深处,建立起最深层的互信,才能实现真正持久的和平。"[②] 池田先生强调,"民众间的纽带才能缔结起恒久的友谊","政治、经济方面的往来是重要的,但维持更长久的友好交流,还得是连接人民与人民的'心的纽带'。如果缺少人民之间的信赖关系,那么就算在政治经济上有甚么样的关系也是等于空中楼阁。政治经济之'船',是需要有'人民'这大海才能够航行的。人民和人民间的心的纽带是眼看不见的,但正因为看不见,所以才牢固。正因为无形,所以才是普遍的、永久的纽带。形成这纽带的,正是给予人类精神'永恒''普遍'的'文化'光彩"。[③]

[①] 吴建中:《古精神丝绸上,交换的不只是商品》,《解放日报》2017年5月16日14版。

[②] 池田大作:《东西文化交流的新道路——在莫斯科国立大学的讲演》,1975年5月27日(池田大作中文网)。

[③] 池田大作:《教育之道文化之桥——在北京大学的讲演》,1990年5月28日(池田大作中文网)。

当今国际社会呈现出世界多极化、经济全球化、文化多样化和社会信息化等特点。粮食安全、资源短缺、气候变化、环境污染、跨国犯罪等全球性非传统安全问题层出不穷，对国际秩序和人类生存都构成了严峻挑战，在越来越多的传统与非传统安全问题面前，任何一个国家都难以独善其身。不论人们身处何国、信仰如何、是否愿意，实际上都已经处在一个命运相关的共同体当中。无论政治、经济还是安全层面，丝路沿线国家一荣俱荣、一损俱损，因此，只有形成利益共同体、责任共同体，才能最终实现互利共赢的"人类命运共同体"。① "尽管世界的距离变短了，而人与人的心灵之间依然存在着广漠的空间。在现代，确实有着物与物、信息与信息的交换，但是人与人的交流，尤其是心与心的交流，却是多么稀薄啊！"池田先生说，"我要大声地呼吁，现在比任何时代都需要越过民族、社会制度和意识形态的障碍，在整个文化领域里进行民众的交流，也就是开辟把人与人的心灵联结在一起的'精神上的丝绸之路'。"②

在经济全球化的背景下，各国利益交融、兴衰相伴、安危与共的趋势进一步得到强化。因此，各国政府都寻求构建双边、多边的多层次沟通交流机制，深化利益融合，促进政治互信，共同维护和平与稳定的途径。历史告诉我们，没有哪个民族的智慧能独立支撑整个人类的进步和发展，不同国家和民族只有相互尊重、彼此包容，才能创造出引领时代的文明成果。东西方不同文化交流真正要把人与人的心联系在一起，重要的是始终贯彻着东西方共有的相互性、对等性以及全面性的人文精神。因为单方面的文化移动。其结果反而会在文化流出国的民众的心中植下傲慢这一麻烦的种子；另一方面，在文化接受国的民众的心中萌生出卑屈，有时甚至是憎恶的感情。所以，平等性的交流会孕育出对异民族、异文化的崇敬和尊重，这是东西方人文精神的积淀，也是文化创新的一种契机。③

三、"一带一路"是构建"人类命运共同体"的路径和桥梁

"一带一路"倡议与"人类命运共同体"理念具有内在的逻辑联系。

---

① 《"一带一路"倡议最终目标：打造人类命运共同体》，《环球》2017 年 8 月号。
② 池田大作：《东西文化交流的新道路——在莫斯科国立大学的讲演》，1975 年 5 月 27 日（池田大作中文网）。
③ 蔡瑞燕：《论池田大作"精神丝绸之路"思想的智慧》，《井冈山大学学报》2015 年 5 月号。

致力于打造"人类命运共同体"的目标,表达了中国希望与沿线国家携手共建、同舟共济,实现互惠互利、共同发展的良好意愿。"一带一路"倡议是构建"人类命运共同体"的路径和支撑、桥梁和纽带,而打造"人类命运共同体"则是"一带一路"倡议的终极目标。"命运共同体"是一种合作共赢的观念,包括利益、命运和责任三个内涵,与"一带一路"的政策、设施、贸易、资金、民心这"五通"形成对应关系,其核心在于与"一带一路"沿线国家共同打造互利共赢的区域合作架构。

"一带一路"倡议的重要的特征之一就是"合作"。首先是"区域间合作",从区域经济一体化入手,不断深化中国与沿线国家在经济、贸易、投资等多领域的互利合作,进一步打通亚欧经济动脉,将中国和其他亚洲地区、北非乃至欧洲联结起来,构建起一个"连通各大经济板块市场链,形成覆盖数十亿人口的共同市场"的格局。"一带一路"沿线覆盖人口超过40亿,经济总量约21万亿美元,蕴含着巨大的市场能量。"人类命运共同体"和"一带一路",是理论向实践的推进。"人类命运共同体"不仅是"一带一路"的建设目标,也是事关中国前途道路的重大战略选择,该倡议凝聚了各行各业的极大智慧与巨大精力,也凝聚着实现中华民族伟大复兴"中国梦"的美好愿景。民心沟通和文明互鉴是"一带一路"倡议生生不息的动力源泉。多种文明汇聚而成的价值底蕴,文明的互学互鉴,是历史上丝绸之路生生不息的精神支点和魅力永恒的精髓所在。"一带一路"建设将进一步发挥多元文明的桥梁和引领作用,努力实现沿线各国的全方位交流与合作,推动"一带一路"成为文化交流之路、文明对话之路,共谋文化发展,共促文明互鉴,努力塑造出沿线各国人民相互欣赏、相互理解和相互尊重的人文格局。池田先生说,"通过贸易、远征的交往当然会成为文化交流的开端。但我认为更根本的原因是文化本身的性质不断地促进其交流。文化的核心本来就是最有普遍性的、人的生命的脉搏的跳动。所以,正好似人在高兴时发出的高音,在人们胸中张开的弦上跃动,奏出共鸣音,文化作为人类必要的活动,当然会越过一切隔阂,寻找某些人的心的共鸣。"[1] 共同体是一个包括利益、责任和政治等多层次内涵的概念,强调政治上讲信修睦、经济上合作共赢、安全上守望相助、文化上心心相印、对外关系上开放包容。

---

[1] 池田大作:《东西文化交流的新道路——在莫斯科国立大学的讲演》,1975年5月27日(池田大作中文网)。

四、"一带一路"是丝绸之路精神的当代传承

当我们今天回顾历史可以发现，丝绸之路是一条文明交流之路。丝绸之路是横贯亚欧大陆的商贸通道，东西方的各种物产通过这条大通道进行交换；贸易又带动了沿线各地经济的兴旺和发展，使之成为东西方物产、技术及文化交流的繁荣经济带。历史上，丝绸之路为何能兴盛进而推动人类文明进步？关键是蕴含其中的丝绸之路精神。

早在 2000 多年前，亚欧大陆的两端就开启了对话，雄才大略的汉武帝遣臣子开辟的丝绸之路也由此肇始。中国秦汉时期，古丝绸之路已形成并逐步发展，到隋唐时期，进入最繁荣的阶段。唐宋时期，凭借先进的航海技术，我们的祖先成功开辟了通往西方的海上丝绸之路，将中国和世界的众多国家联系起来。中国与日本当时就是由丝绸之路连接在一起的友好邻邦。奈良曾是丝绸之路的东方终点，公元 710 年到公元 784 年奈良曾是日本的都城，定名为平城京，其城市的布局是模仿唐朝长安建造的。考古发现，在日本新泽千冢古墓里中发现了许多古罗马、波斯的玻璃器，它们不但与三燕文化因素共存，而且与冯素弗墓中出土的玻璃器颇为相似。专家认为，这些器物应是经由经丝绸之路由中国辽西地区传到日本的。

丝绸之路作为物资文明的象征，最初是东西方贸易路线的术语。丝绸之路使沿途各国互通有无，商贸兴盛，文明融合，呈现祥和繁荣景象。从东亚文化交流的角度考察，丝绸之路其实又是文化交流之路，故有学者称其为"书籍之路"。日本遣隋遣唐使均以购求书籍追求学问为重任，古代"书籍之路"横贯亚洲，无论是在国家管理还是在日常生活等方面中华文明对东亚地区的文化发展都产生了重要的影响。[1] 有学者根据文献中的记载总结出了古丝绸之路中日韩文化交流的五条通道（辽东道陆路、辽东道水路、山东道、吉林道和较晚出现的江浙道水路）。1980 年中日合拍《丝绸之路》，让许多人真正了解了这条举世闻名且蕴涵丰富人文历史文化的古代商道；2004 年中日媒体再度携手，重拍《新丝绸之路》，依靠强有力的学术理念支持，深入古道沿线文化特征地区进行拍摄，探询当地人文地理和历史文化的变迁。中日两度合拍《丝绸之路》不仅在东亚地区，也在国际上引起了一阵阵巨大反响。日本民众对丝绸之路爱得深沉，也是一种

---

[1] 王勇：《遣唐使时代的"书籍之路"》，《甘肃社会科学》2008 年第 1 期，第 42 页。

大陆情结的释放。① 古丝绸之路是一条文化交流之路，文化的影响力超越时空，跨越国界。东亚各国在相互交流中，形成了本地区的文化特征。池田先生对此有精辟的总结："东亚地区的文化，特别是构成其潮流的风土人情、精神思考，具有什么特征呢？……大概可以说这地区贯通着一种'共生的道德气质'。在比较温和的气候、风土里孕育出的一种心理倾向，就是取调和而舍对立、取结合而舍分裂、取'大我'而舍'小我'。人与人之间、人与自然之间，共同生存，相互支撑，一道繁荣。而这种气质的重要源头之一是儒教，自不待言。"②

丝绸之路这一亚欧大通道绵延数万里，沿线的国家、地区和民族通过贸易达到经济上互补互利的目的，远胜于使用战争手段掠夺别国财物的野蛮发展方式。选择互利互惠的公平贸易来发展自身，这是"丝绸之路经济带"得以长期繁荣的原因，也是对暴力野蛮发展方式的摒弃。古代丝绸之路是一条互通有无、互利互惠之路，今天我们推进"一带一路"建设依然需要传承这一"丝绸之路精神"。

五、文化先行是构建"人类命运共同体"的重要使命

"一带一路"不仅与经济发展有关，其文化价值和意义更为深远。文化先行，通过不同文化和民族的相互尊重和心与心的联结，共同构筑起一个在平等互利基础上的对话和交融的机制是"一带一路"建设的重要使命。习近平主席在"一带一路"国际合作高峰论坛主旨演讲中指出，要将"一带一路"建成文明之路，也即要建立多层次人文合作机制，其核心是"一带一路"的文化交流。

研究池田先生"精神丝绸之路"思想的宽阔思路和视野，对于我们领悟社会生产力发展的背后离不开文化的驱动，以及正确认识"一带一路"建构中经济与文化的关系，具有积极指导意义的启迪。文化先行，实际上就是池田先生倡导的人文交流，"不外是把人与人的心联系在一起，在其琴弦上奏出共鸣的和声。重要的是始终贯彻着相互性和对等性。单方面的

---

① 马利中、叶蓉：《"一带一路"是推动东亚区域合作和民间外交的平台》，《民间外交与文明融合——第九届池田大作思想国际学术研讨会论文集》，南开大学，2016年10月。

② 池田大作：《21世纪与东亚文明》，《我的中国观》，四川人民出版社2009年9月版，第115页。

文化移动，其结果反而会在文化流出的国民的心中植下傲慢这一麻烦的种子，另一方面，在文化接受的国民的心中萌生出卑屈、有时甚至是憎恶的感情。相互性、对等性以及全面性，可以说是真正的文化交流的生命线。我深信，在这里会孕育出对异民族、异文化的崇敬和尊重"。[1]

深耕人文社会交流，为东亚区域人民增添更多福祉，也是"一带一路"倡议的重要内容之一。中、日、韩三国具有相似的文化背景，文脉相承的人文优势和民心民意是三国合作的社会基础。应对少子老龄化的挑战、社会保障、节能环保等内容都是该区域开展人文交流、合作研究的重要课题。人文交流是增进感情和理解的重要纽带，特别是在政治关系紧张的情况下，加强对社会福祉等共同关心问题的合作研究与交流，比较容易增进国民间的认同感和友好感。笔者认为，借"一带一路"东风，中、日、韩三国齐心建设池田先生倡导的"东亚防灾合作机制"应该是区域合作的一项重要工作。池田先生认为，"透过这样的合作，协力增进各地的韧性，不仅能加强各国在防灾、减灾方面的能力，更有助于巩固彼此间的友谊，以及促进各方的相互信赖关系。"池田先生对青年一代和基层政府担负起东亚和平与防灾合作机制角色寄托厚望，他说，"年轻一代可在这方面扮演领导性角色。这些地方政府友好交流的涓滴，可积累为连接隶属不同国度的城市的河流，最终必将成为区域和平共处的大海。若无诚意与邻国友好，那么为世界和平做出贡献等话又从何说起？遇到灾害时相互扶持的精神，正是平素与邻国交往的基础。"[2]

不同的语言、文化、体制、经济模式，现在要在一起创造出一个合作共赢的"一带一路"模式，可能会经历一个矛盾与冲突不断的过程。怎样实现不同文化的和平共处呢？池田先生认为，唯一的途径就是对话，通过对话互相理解达到相互尊重，取得共识。"对话是通往和平的最确切道路。我们何时何刻都可步入这条为我们敞开的道路。对话是一场历险的旅程，带领我们去探寻人类的独特性、神秘性和亲和力。对话也是一道滚滚不绝的泉源，让我们持续不断地创造价值。"池田先生说，以人性的共鸣为基调的文化的性质是调和。文化交流有利于建立和平、和谐世界，它和武力是彻底对立的。军事和武力是企图通过外在的压迫来威胁和统治人。与此相反，文化则是从内部使人本身获得解放和发展。"文化是以调和性、主体性和创造性为骨干的、强韧的人的生命力的产物。而且我认为，文化的

---

[1] 池田大作:《文明的对话》，国际新闻社（IPS），2008年9月号。
[2] 池田大作:《齐心建设东亚防灾合作机制》，《日本时报》2014年3月7日。

开花结果,将是抵抗武力与权力、开辟人类解放道路的唯一途径。"①

六、结语

打造"人类命运共同体",表达了中国希望与沿线国家携手共建、同舟共济,实现互惠互利、共同发展的良好意愿。"一带一路"倡议是打造"人类命运共同体"的路径、桥梁和纽带。文化先行将致力于把各方潜力挖掘出来,把彼此的互补性结合起来,把不同国家的利益融汇起来,把不同文明的优秀基因融合起来,从而营造地区稳定和平的政治环境,促进地区经济合作,这一思路将昭示着打造沿线国家你中有我、我中有你的命运共同体终将会成为现实。正如池田先生所描绘的那样,"同样是琵琶,据说四弦的琵琶是起源于波斯地方;而五弦琵琶一般认为起源于印度,从中亚传入北魏,到唐代时臻于完善。但这把五弦琵琶的设计是萨桑王朝时的波斯样式。因而可以看出,遥远的波斯、印度的文化,通过丝绸之路,在中国融合,而且后来渡过日本海,传到了日本。丝绸之路带来了文化的融合。可以说是产生新文化的有机的大动脉。"②

---

① 池田大作:《文明的对话》,国际新闻社(IPS),2008年9月号。
② 池田大作:《东西文化交流的新道路——在莫斯科国立大学的讲演》,1975年5月27日(池田中文网)。

第四篇

"一带一路"框架内欧亚地区经济合作

中国与欧亚国家共建"一带一路"简况

于立新[*]

近年来,中国与欧亚国家在"一带一路"建设中先行先试,共识多、项目多,早期收获丰硕,示范效果明显。

一、政策沟通实现全覆盖

中国与欧亚12国政策对接早,共绘互利合作美好蓝图。商务部与欧亚9国签署了共建"一带一路"合作谅解备忘录,加上塔吉克斯坦、哈萨克斯坦、俄罗斯三国与其他部门签订的合作文件,欧亚地区已实现全覆盖;中俄宣布启动"丝绸之路经济带"与欧亚经济联盟建设对接。2017年5月,欧亚地区12国均派高级别代表团参加"一带一路"国际合作高峰论坛。其间,中国与格鲁吉亚签署自贸协定,成为中国在欧亚地区自贸区网络布局零的突破;中国与摩尔多瓦结束自贸协定联合可行性研究;中国和吉尔吉斯斯坦经贸主管部门签署关于促进中小企业发展的合作规划,以及水电和基础设施领域合作文件,助推两国中小企业对接;中国与乌兹别克斯坦签署7份政府间和部门间经贸合作文件,以及105份商业合作文件,签约金额约230亿美元。

二、贸易畅通取得明显成效

中国成为欧亚12国主要贸易伙伴。2017年,中国与欧亚12国贸易额达1314.2亿美元,同比增长19.6%,中方出口718.6亿美元,同比增长16.1%,进口595.6亿美元,增长24.1%。中国是俄罗斯、吉尔吉斯斯坦、土库曼斯坦、乌兹别克斯坦的第一大贸易伙伴,哈萨克斯坦的第二大贸易伙伴,塔吉克斯坦、白俄罗斯的第三大贸易伙伴。俄罗斯为中国第一大原油、电力和第五大煤炭进口来源国;中国自中亚进口天然气累计超过2000亿立方米,最远输送到香港,惠及全国5亿人口。贸易结构持续改

---

[*] 于立新,商务部欧亚司综合处参赞。

善，机电和高新技术产品贸易快速增长，跨境电子商务蓬勃发展，每年有超过 1500 万俄罗斯人通过电商平台购买中国商品。农业合作快速推进，多种农产品实现相互准入。中亚国家的蔬菜水果，俄罗斯的各色食品、海产品，格鲁吉亚、摩尔多瓦的葡萄酒正在越来越被中国普通消费者熟悉和喜爱。贸易便利化安排积极推进。2017 年 10 月，中国与欧亚经济联盟实质性结束经贸合作协议谈判，为双方进一步商谈更高水平的自贸安排奠定了基础；中国商务部与俄罗斯开展《欧亚经济伙伴关系协定》联合可行性研究，与哈萨克斯坦启动新版投资保护协定商谈。上合组织区域经济合作议题不断深入，其总理会议批准《2017—2021 年上合组织进一步推动项目合作的措施清单》，成为引领区域经济合作的"五年计划"。

三、优质投资项目填补当地空白

大项目进展顺利，谋发展惠民生造福双方。截至 2017 年 11 月，中国对欧亚国家各类投资 838 亿美元，继续保持乌兹别克斯坦、吉尔吉斯斯坦的第一大投资来源国，塔吉克斯坦的第二大投资来源国，俄罗斯、哈萨克斯坦的第四大投资来源国地位。哈萨克斯坦成为中国在"一带一路"沿线最大的投资目的地国。中俄战略性大项目稳步推进。中俄在北极圈合作的俄首个全产业链合作项目——亚马尔液化天然气项目正式投产，成为"冰上丝绸之路"的重要支点；中俄国际商用飞机公司正式成立，将联合研制远程宽体客机 CR929。中国—白俄罗斯工业园建设取得重要成果。中方综合利用无偿援助和提供贷款等多种方式，凝聚力量、夜以继日，创造出了一个个奇迹，使中白工业园从荒无人烟的郊野变成现代化的高新技术产业园区，入园企业总数已达到 23 家，提前完成 2017 年招商工作目标。中国企业在塔吉克斯坦投资建设水泥厂项目使塔由水泥净进口国成为净出口国；在塔育种项目结束了塔不能独立育种的历史，大幅提升了小麦及棉花产量，小麦单产创塔历史新高，塔总统亲自将其命名为"友谊一号"；在塔棉花种植、轧花厂和纺纱厂项目解决了数千工人和棉农的就业。

四、设施联通推动跨境物流条件改善

中国企业参与实施的"中国西部—欧洲西部"公路加快推进，未来全线投入运营后，中国至欧洲的公路运输里程将减少约 2000 公里；中哈共建的连云港物流运输基地一期投入运营，二期启动实施，成为连接太平洋与大西洋、实现亚欧大陆陆海联运的重要节点,也使哈萨克斯坦从传统的内陆国家转变为亚欧大陆上重要的过境运输枢纽;中欧班列快速发展,运行线路 57 条,覆盖欧洲 12 个国家 34 个城市。沿"新亚欧大陆桥"运行的中欧班列数量约占全部班列数量 80% 以上。中国企业实施的乌兹别克斯坦"安格连—帕普"铁路隧道项目竣工通车,实现了费尔干纳地区几代人的梦想。中俄同江—下列宁斯阔耶铁路桥、中俄黑河—布拉戈维申斯克公路桥等建设项目进展顺利,黑瞎子岛(大乌苏里岛)开发合作、滨海 1 号和 2 号国际交通走廊陆海联运合作等项目正在积极推进。

五、资金融通进展明显

亚投行、丝路基金、中国—欧亚经济合作基金、中哈产能合作基金的组建,本币互换规模不断扩大,大大丰富了中方对该地区的投资平台。投资领域进一步拓宽,投资方式不断创新,逐步由传统的绿地投资向参股、并购、设立基金等多元合作方式转变。中俄本币结算规模不断扩大,中国工商银行在莫斯科子行正式启动人民币清算行服务,俄铝公司在华发行共 15 亿元人民币熊猫债券。人民币国际化步伐加快,哈将人民币列为储备货币,阿斯塔纳金融中心同上海证券交易所达成合作协议并进入实质性操作阶段。中国—欧亚经济合作基金正式启动运作,亚投行和丝路基金在欧亚地区跟踪和支持项目数十个。

六、民心相通惠及当地民众

中方援建的社会保障房、医院、学校等一批重大项目,显著惠及当地民众,产生良好社会效益。中国同欧亚国家人员交往每年达到数百万人次。白俄罗斯、乌克兰、阿富汗、亚美尼亚等多国对中国公民实施签证便利化措施,中国保持俄最大外国游客客源国地位。中国公民赴哈团体游启动,旅游热络增加了民间交往。地区"中国热""汉语热"带动人文交流不断升温。

"一带一路"倡议框架下中乌合作前景

谢尔盖·扎哈林[*] 李迎迎[**] 斯米尔诺夫·叶甫盖尼[***]

2013 年，习近平主席正式提出了建设"丝绸之路经济带"的倡议，相应的，要求中国研究和教授所有东部欧洲国家的语言，尤其是"一带一路"沿线国家的语言，也要求对"一带一路"沿线的国家和区域进行比较针对性的研究，乌克兰是"一带一路"的沿线国家，所以也引起了中方的高度兴趣。中国的学术界也谈到，乌克兰是一个很大的国家，是欧洲大陆除俄罗斯外面积最大的国家，而在过去几年里，中国对乌克兰的关注度持续增长，如果谈到更广泛的或者更加深远的历史渊源的话，中乌两国之间很早就缔结了非常友好的关系，中国 1991 年就承认了乌克兰的独立，并与乌克兰建交，当时乌克兰在制定自己国际发展日程的时候也非常了解，乌克兰的地理和经济位置非常独特，也努力发挥这种地理位置的优势。

从传统上来看乌克兰的交通体系是比较发达的，我指的是跟苏联的一些加盟共和国或者后苏联的一些国家进行相比。

乌克兰有苏联 1/5 的人口，这也是在建设铁路网、公路网和发展其他交通基础设施的时候非常需要重视的一点。乌克兰位于欧洲和亚洲的交界，所以在制定自己发展战略的时候，出发点就是充分发挥这一独特的地缘优势。中国率先承认了乌克兰的独立并建交，2017 年中乌庆祝了双方建交 25 周年，就中华人民共和国和乌克兰建交 25 周年，双方经常互访，保持对话，探讨非常广泛的国际问题。习近平在 2012 年访问了乌克兰，2013 年乌克兰总统也访问了中国，目前中乌两国之间签署了一系列具有法律性质的文件，一共有 180 多份。

就经济合作的问题而言，尤其是中乌经贸发展的现状和前景。从 2013 年开始，两国之间的贸易额有所下降，对外贸易总额也出现了一定的下滑，这个主要的原因是从 2013 年开始乌克兰出现了一定的经济增长的减缓

---

[*] 谢尔盖·扎哈林，天津外国语大学教授，天津市"外专千人计划"项目引进人才（乌克兰），经济学教授、博士。
[**] 李迎迎，天津外国语大学教授。
[***] 斯米尔诺夫·叶甫盖尼，乌克兰基辅国立经济大学经济学副教授。

和下降，出口潜力也受到了相当严重的影响，乌克兰的本国货币也出现了贬值。但是就像大家看到的那样，2016年与前几年相比，中乌两国之间的贸易出现了小幅的增长，而且我们非常期待在2017年年底能够有一个比较好的增长数值。

从双方相互出口的结构来看，乌克兰出口中国的产品主要有矿产品、植物油、动物油、葵花籽油、木材制品、机电产品等等，而中国向乌克兰出口的产品主要有机电产品、纺织制品，也是中国比较强的轻工业产品，还有聚合材料等，但非常遗憾双方的投资合作目前的水平暂时比较低，乌克兰能够吸引到的外国直接投资的总量目前还比较少，中国对乌克兰的直接投资总额甚至没有进入对乌投资的外国国家名单的前十名，我们知道乌克兰和中国在地理位置上相距非常遥远，对外投资往往是投给邻国的，虽然不全是这样，但是这确实是一个非常客观的原因。截止到2017年1月1日乌克兰一共吸引到了1700万美元来自中国的直接投资，我们非常期待这种投资额的增长能够进一步保持下去。

就中国的投资者比较青睐的在乌克兰的投资方向而言，排在第一位的是农业，主要是农业的各个门类，包括动物、植物产品的生产。第二位是交通，第三是工业，第四是贸易，第五是建筑，第六是旅游，第七是购买乌克兰的不动产。所以这里面我们看到中国对乌克兰投资还是有一定的倾向性。乌克兰具有非常雄厚的科学研究实力和高技术行业研究和发展的实力，所以我们也非常期待在这些领域能够和中方有更加务实的合作，包括教育合作、科研合作以及创新合作。令人欣慰的是，中国和乌克兰之间在这个问题上已经有了相当不错的合作，双方已经签署了第三个在太空领域进行合作研发的五年计划，乌克兰对节能技术比较感兴趣，希望获得中方在这方面的支持，主要是为了提高乌克兰本国的能源安全。

2016年召开了中乌两国政府间合作委员会科技合作分委员会的会议，双方签署了一揽子的协议，在这次会议上双方共同指出，也确立了2018年前科技合作项目的清单。

"一带一路"是一个全球性创新型的宏大计划，目前正在顺利实施，在研究了各个国家的学者对"一带一路"研究的一些文章后发现，大多数学者都谈到"一带一路"所蕴含的巨大机遇，但是也非常遗憾地告诉各位同行，在乌克兰的学术界包括在媒体里面，它们的宣传口径有的时候会把"一带一路"作为中国在国际"扩张"的一种工具或者是一种杠杆，有的时候媒体中也讲，比如"一带一路"的线路经过了这个国家，不经过那个国家，是中国在各个国家之间"进行平衡的工具"，媒体报道的口径还是非常不一的，当然有叫好的，也有唱衰的，几种情况都有。

民众是一个层面，媒体是一个层面，专家是一个层面，政治精英是另外一个层面，就不同层面对于"一带一路"的认识不尽相同。但是至少在学术界是有这个共识，"一带一路"是一个内容非常丰富，包含非常多方向的这样一个项目，而"一带一路"推荐了各种各样的线路，也是非常客观的，尤其是乌克兰的学术界应该对此进行更加深入的研究。就此我们呼吁，我们非常希望乌克兰的媒体能够更多向民众进行正面的关于"一带一路"的宣传，因为习近平主席谈到了"一带一路"并不仅仅包含经济措施，也包含了文化的、人文的以及外交的这些方面。在民心相通这方面加深中乌两国人民对这个宏大蓝图的认识也是非常重要的，就人文交流这个问题已经有学者谈过了，包括国际社会还有各国民众对于"一带一路"的评价问题。乌克兰也就今后创新的科学技术、经济发展和对华合作的计划进行了详尽的研究和非常谨慎的规划。根据统计数据，还有根据公开的一些信息，我们可以看到一些趋势，并不是所有中方的项目都能够如期完成，当然这也有一些原因，像在合作项目当中乌方不能按时完成自己的合作义务。在对华的经济合作上再次强调，乌克兰非常愿意充分参与"一带一路"的建设，也已经制定了自己最基本的一些提纲，准备在这些方向进行重点和优先的合作。乌克兰认为中国是长期的非常有前景的合作伙伴，但是在全球性和战略性的议程之下，还有中国的领导人也一再强调，首先要进一步落实已经签署的各类合作项目和各类协议，同时再对今后的合作方向进行更加密切的沟通和磋商。

（根据现场同传速记稿整理）

【俄文原文】

ПЕРСПЕКТИВЫ АКТИВИЗАЦИИ КИТАЙСКО – УКРАИНСКОГО ЭКОНОМИЧЕСКОГО СОТРУДНИЧЕСТВА В КОНТЕКСТЕ РЕАЛИЗАЦИИ ИНИЦИАТИВЫ《ОДИН ПОЯС – ОДИН ПУТЬ》

Захарин Сергей Владимирович（Zakharin Sergii）[*]
Ли Инин（Li Yingying）[**]
Смирнов Евгений Валерьевич（Yevgenii Smirnov）[***]

Аннотация. Проанализированы современные тенденции экономического сотрудничества между Украиной и КНР. Описано содержание инициативы《Один пояс – один путь》. Дана оценка перспектив расширения китайско – украинского экономического сотрудничества. Внесены предложения относительно возможностей присоединения Украины к инициативе《Один пояс – один путь》.

Ключевые слова：экономическое сотрудничество, инициатива《Один пояс – один путь》, инфраструктурные проекты, Китай, Украина.

Актуальность темы. С 2011 г. между КНР и Украиной установлены отношения стратегического партнерства, что создает дополнительные возможности для активизации китайско – украинского сотрудничества в экономической сфере. К сожалению, в силу ряда объективных и субъективных факторов показатели торгово – экономического сотрудничества между двумя странами снижаются.

Председатель КНР Си Цзиньпин провозгласил инициативу《Один пояс – один путь》, которая представляет собой особую форму углубле-

---

[*] Захарин Сергей Владимирович（Zakharin Sergii）, *доктор экономических наук*, *профессор*, Тяньцзиньский университет иностранных языков（г. Тяньцзинь, КНР）.

[**] Ли Инин（Li Yingying）, PhD, профессор Тяньцзиньский университет иностранных языков（г. Тяньцзинь, КНР）.

[***] Смирнов Евгений Валерьевич（Yevgenii Smirnov）, кандидат экономических наук, доцент Киевский национальный экономический университет（г. Киев, Украина）.

нного сотрудничества Китая, государств Центральной Азии и Европы. Она направлена, в частности, на гармонизацию торговых, таможенных, транспортных, логистических и других процедур между странами разных частей света. Одним из инструментов реализации инициативы станет проектирование и выполнение инвестиционных проектов, направленных на развитие соответствующей современной инфраструктуры. Речь идет, в частности, о строительстве новых объектов, которые будут ориентированы на предоставление коммерческих услуг высочайшего качества.

Украина пока не является полноценным участником этой инициативы по ряду объективных и субъективных причин. Следовательно, возникает необходимость в выработке научно обоснованных рекомендаций, направленных на обоснование перспективных форм китайско – украинского экономического и инвестиционного сотрудничества, в том числе в контексте реализации инициативы 《Один пояс – один путь》.

Для решения этой задачи должны быть сделаны соответствующие экспертно – аналитические обобщения и проведены научные исследования.

Анализ литературы. Над проблемами украинско – китайского сотрудничества в торгово – экономической и инвестиционной сферах работают украинские ученые А. Гончарук [2], С. Кошевой [2], В. Поворозник [6], В. Перебейнос [6], Есть. Ярошенко [8], а также ученые из других стран, в частности М. Качмарски [9], Л. Зуокуи [10] и др. В то же время в современной экономической литературе не представлено глубокого анализа возможностей и перспектив участия Украины в реализации экономических, инфраструктурных и инвестиционных проектов в рамках инициативы 《Один пояс – один путь》.

Цель статьи – предоставить научно обоснованные обобщения и рекомендации по проблемам расширения китайско – украинского экономического и инвестиционного сотрудничества, в том числе в контексте возможности полноценного присоединения Украины к инициативе 《Один пояс – один путь》.

Методы исследования. В процессе исследования применялись стандартные методы исследования экономических явлений и процессов: индукция и дедукция, анализ и синтез, логическое обобщение, абстрагирование, статистический анализ.

Изложение основного материала. 7 сентября 2013 г. Председатель КНР Си Цзиньпин, выступая в Казахстане, объявил об инициативах создания 《Экономического пояса Великого Шелкового Пути》 (ЭПВШП) и 《Морского Шелкового пути XXI века》 (МШП) как новых форм углубленного экономического, гуманитарного и научно－технического сотрудничества Китая, государств Центральной Азии и Европы. В историческом выступлении Си Цзиньпина было упомянуто, что Великий Шелковый Путь, будучи наследием всей человеческой цивилизации, был построен на принципах сотрудничества, мирного сосуществования, открытости, взаимного обучения, взаимной выгоды и всеобщего выгрыша. Как отметил Си Цзиньпин, у Китая и стран Центрально－Азиатского региона — общая стратегическая цель, которая заключается в стабильном развитии экономики, процветании и могуществе государств. Китайский лидер подчеркнул необходимость "всесторонне укреплять практическое взаимодействие" и "конвертировать преимущества политического диалога, географической близости и экономической взаимодополняемости в преимущества сотрудничества, устойчивого роста, создания общности интересов на основе взаимной выгоды и общего выигрыша" [2; 8] В связи с этим Си Цзиньпин призвал применять на пространстве Евразии 《новые модели сотрудничества》 и предложил пять необходимых для этого мер: политическая координация, взаимосвязь инфраструктуры, либерализация торговли, свободное передвижение капитала и укрепление взаимопонимания между народами. Впоследствии инициатива получила название 《Один пояс－один путь》 (кит. 一带一路).

Представляя концепцию китайской инициативы, Си Цзиньпин сосредоточил внимание на таких ключевых задачах: усиление координации государств－участников в политической сфере; активизация развития единой инфраструктурной сети; гармонизация торговых режимов, унификация торговых процедур; рост валютного оборота, в частности за счет расширения использования национальных валют государств－участниц; усиление роли 《экономической дипломатии》, рост туристических потоков, расширение культурного взаимодействия [2].

Как отметил Председатель КНР Си Цзиньпин на церемонии открытия в 2015 г. ежегодного совещания Боаоского азиатского форума, проект «Один пояс – один путь» не будет «соло Китая, а настоящий хор всех стран вдоль маршрутов проекта».

В марте 2015 года по поручению Госсовета КНР Государственный комитет по делам развития и реформ, Министерство иностранных дел и Министерство торговли Китая подготовили и опубликовали документ "Прекрасные перспективы и практические действия по совместному созданию Экономического пояса Шелкового пути и Морского Шелкового пути XXI века", в котором отмечается, что инициатива "Один пояс — один путь" является открытой для всех стран, международных и региональных организаций, а также создает основу для экономического сотрудничества КНР с заинтересованными странами. В документе также обозначены задачи в сфере инфраструктурного строительства, инвестиций в промышленные мощности, освоения природных ресурсов, торгово-экономического и финансового сотрудничества, гуманитарных обменов, защиты окружающей среды и взаимодействия на море [2; 8].

Согласно сообщениям СМИ, в рамках проекта «Экономического пояса Шёлкового пути» рассматривается создание трех трансевразийских экономических коридоров: северного (Китай — Центральная Азия — Россия — Европа), центрального (Китай — Центральная и Западная Азия — Персидский залив и Средиземное море) и южного (Китай — Юго-Восточная Азия — Южная Азия — Индийский океан). Проект «Морской Шёлковый путь XXI века» включает в себя создание двух морских маршрутов: один маршрут ведет из побережья Китая через Южно-Китайское море в Южно-Тихоокеанский регион; другой предусматривает соединение приморские районы Китая и Европу через Южно-Китайское море и Индийский океан.

Одним из важнейших факторов расширения сотрудничества в регионе названо взаимодействие существующих многосторонних механизмов, в том числе при участии Шанхайской организации сотрудничества (ШОС).

С экономической точки зрения, инициатива «Один пояс – один путь» акцентирует внимание на создание новых и модернизацию существующих «экономических коридоров» - транспортных коммуникаций (автомобильных дорог, железнодорожных путей, аэропортов, морских терминалов и т. д.), а также сопутствующей инфраструктуры (включая логистические центры, складские терминалы и т. д.). Инициатива 《Один пояс – один путь》 предусматривает также реализацию ряда мероприятий в инвестиционной сфере, в том числе проектирование и выполнение крупных инфраструктурных проектов [6].

В целях финансирования проектов концепции "Один пояс — один путь" в Китае были созданы два новых финансовых института: Азиатский банк инфраструктурных инвестиций (АБИИ) и Фонд Шелкового пути.

Целью Азиатского банка инфраструктурных инвестиций, соглашение о создании которого было подписано 29 июня 2015 года, является финансирование крупных инфраструктурных проектов стран – учредителей банка и содействие их экономическому развитию. На сегодняшний день, если верить сообщениям СМИ, в число учредителей банка входят 57 стран (в том числе 37 стран Азии и 20 стран из других регионов мира), крупнейшими соучредителями стали Китай, Индия, Россия, Германия и Республика Корея.

Фонд Шелкового пути был зарегистрирован в декабре 2014 года в Пекине. Формирование капитала Фонда будет проходить в несколько этапов и составит 40 миллиардов долларов.

По нашему мнению, КНР де – факто выступил инициатором создания новой глобальной экономической платформы, направленной на дальнейшую интеграцию государств в рамках единого экономического пространства. КНР как один из глобальных лидеров имеет ресурсы для организации и выполнения ряда широкомасштабных проектов. Для такого шага были веские основания. В течение последних лет Китай продемонстрировал ряд впечатляющих результатов в поддержке высоких темпов экономического развития, роста доходов предприятий и граждан, привлечении инвестиций, что стало одним из закономерных результатов проведения политики реформ и открытости. В частности, в 2014 г. объем привлеченных в КНР прямых иностранных инвестиций превысил уровень 2005 г. в 8 раз. По состоянию на 2015 г., объем 《нефинансовых》 прямых иностранных инвестиций достиг 56 млрд. долл. США.

При этом объем китайских инвестиций, вложенных в предприятия и проекты других стран, оцениваются в 20 млрд. долл. США [6].

Результатом стратегической инициативы Китая должно стать, в частности, полное снятие барьеров, мешающих свободному движению экономических факторов (товаров, услуг, капиталов, рабочей силы, валюты и т. п.) [10]. Указанное, в свою очередь, должно привести к росту объемов торгово-экономического сотрудничества. К примеру, по данным Министерства торговли КНР, годовой товарооборот Китая со странами Центральной и Восточной Европы вырос с 43,9 млрд. долл. США в 2010 г. до 60,2 млрд. долл. США в 2014 г. [6]. По имеющимся прогнозам, в 2020 г. этот объем должен вырасти до 120 млрд. долл. США [6].

Потенциально, по мнению китайских экономистов, инициатива 《Один пояс - один путь》 предполагает участие более 60 государств [8; 9].

Украина в лице Министерства экономического развития и торговли заявила о наличии у Украины интереса участия в проекте 《Один пояс - один путь》.

Между Китайской Народной Республикой (КНР) и Украиной установлены отношения стратегического партнерства [1]. В Украине хорошо помнят, что Китай признал Украину в качестве суверенного государства в декабре 1991 года - то есть сразу после оглашения результатов референдума о государственном суверенитете и независимости. В 2017 году Китай и Украина широко отмечают 25-летие установления дипломатических отношений.

В настоящее время договорно-правовая база двусторонних отношений, по сообщению Министерства иностранных дел Украины, насчитывает свыше 300 документов, в том числе 178 документов основного списка (соглашения и договоры) [3]. В частности, в 1992 г. между Правительством Украины и Правительством Китайской Народной Республики заключено Соглашение о торгово-экономическом сотрудничестве, согласно которому между сторонами установлен режим наибольшего благоприятствования в отношении взимания таможенных пошлин на экспортные и импортные товары обеих стран, налогов и других внутренних сборов.

Указанное создает благоприятное политическое и правовое поле для активизации экономического сотрудничества между КНР и Украиной. Однако объемы экономического (в частности, торгового и инвестиционного) сотрудничества между предприятиями обеих стран нельзя считать удовлетворительными.

В 2016 г. общий объем товарного экспорта из Украины составил 36,362 млрд. дол. США (в том числе экспорт товаров из Украины в Китай – 1,832 млрд. дол. США). На долю Китая приходится 5,0% украинского товарного экспорта. Объем поставок китайских товаров в Украину в 2016 г. составил 4,688 млрд. дол. США, что составляет 11,9% от всего объема товарного импорта, поступающего в Украину.

В 2016 г. общий объем украинского экспорта услуг составил 9,868 млрд. дол. США (в том числе экспорт услуг из Украины в Китай – 0,060 млрд. дол. США). На долю Китая приходится 0,6% украинского экспорта услуг. Объем поставок китайских услуг в Украину в 2016 г. составил 0,096 млрд. дол. США, что составляет 1,8% от всего объема импорта услуг в Украину.

Динамику внешней торговли между КНР и Украиной характеризуют данные таблицы 1.

Таблица 1 Динамика внешней торговли товарами и услугами между КНР и Украиной, млрд. дол. США

	2012	2013	2014	2015	2016
Из Украины в Китай	1,858	2,760	2,719	2,439	1,892
Из Китая в Украину	7,924	7,533	5,456	3,898	4,784
Товарооборот	9,782	10,294	8,176	6,339	6,676

Составлено по данным Министерства экономического развития и торговли Украины и Государственной службы статистики Украины

Динамика торговли между Китаем и Украиной в 2014 – 2015 гг. продемонстрировала падающий тренд, в 2016 г. наблюдался небольшой рост (за счет увеличения поставок китайских товаров в Украину). КНР занимает второе место по объему товарооборота Украины со странами мира. Иными словами, КНР является стратегически важным торговым партнером для Украины. Внешнеторговое сальдо является положительным для Китая и отрицательным для Украины.

Объем поставок товаров и услуг из Украины в Китай, рассчитанный в долларовом эквиваленте, начиная с 2013 г. демонстрирует падение (в 2013 г. – 2, 760 млрд. дол. США, в 2016 г. – 1, 892 млрд. дол. США, или на 31, 5%). В 2013 – 2015 гг. снижался объем поставок товаров и услуг из Китая в Украину, что было вызвано стремительным падением курса национальной валюты Украины по отношению к мировым валютам, и как следствие – резкому подорожанию импортных товаров. Но в 2016 г. объем поставок из Китая в Украину по сравнению с предыдущим годом несколько увеличился.

Китай поставляет в Украину продукцию машиностроения (в том числе механическое оборудование, механизмы, автомобили), текстиль и текстильные изделия, недрагоценные металлы и изделия из них, полимерные материалы, пластмассы и каучук, продукцию химической промышленности.

Украина поставляет в Китай полезные ископаемые (в основном минеральные продукты), жиры и масла животного и растительного происхождения, продукцию растениеводства (в основном зерновые), древесину и изделия из нее, продукцию машиностроения.

Объем торговли услугами между КНР и Украиной нельзя назвать значительным.

Нельзя признать позитивной и динамику инвестиционного сотрудничества между двумя странами.

Таблица 2 Динамика прямых китайских инвестиций в экономику Украины (по состоянию на начало года), млн. дол. США

	2011	2012	2013	2014	2015	2016	2017	01. 07. 2017
Накопленный объем	13, 1	15, 3	18, 6	25, 5	23, 9	20, 2	16, 6	17, 0
Прирост в предыдущем году		0, 9	2, 2	3, 3	6, 9	-1, 6	-3, 7	-3, 6	0, 4

Составлено по данным Министерства экономического развития и торговли Украины и Государственной службы статистики Украины

В 2014 – 2016 гг. объем прироста китайских инвестиций, вложенных в украинские объекты, является отрицательным, то есть инвесторы из КНР изымали вложенные инвестиции. Правда, в первом полугодии 2017 р. прирост был позитивным (+0, 4 млн. дол. США), и по состоянию на 01. 07. 2017 накопленный объем китайских инвестиций в Украине составил 17, 0 млн. дол. США.

Доля китайских инвестиций в общем объеме прямых иностранных инвестиций, привлеченных в Украине, составляет менее 0, 1%. Следует признать, что общий объем привлеченных китайских инвестиций, если учесть возможности китайских инвесторов и возможности украинской экономики, является мизерным. На наш взгляд, в первую очередь это связано с высокими инвестиционными рисками украинской экономики. В таблице 3 представлены данные о структуре китайских инвестиций, вложенных в экономику Украины.

Таблица 3 Структура китайских инвестиций, вложенных в экономику Украины (по состоянию на начало года)

	2015		2016	
	млн. дол. США	% к итогу	млн. дол. США	% к итогу
Всього	21, 014	100, 0	20, 152	100, 0
Сельское хозяйство	4, 808	22, 9	6, 130	30, 4
Транспорт, почта	3, 630	17, 3	3, 936	19, 5
Промышленность	4, 531	21, 6	3, 261	16, 2
Торговля	3, 271	15, 6	3, 085	15, 3
Строительство	1, 234	5, 9	1, 152	5, 7
Туризм, путешествия	0, 205	1, 0	0, 194	1, 0
Операции с недвижимостью	0, 160	0, 8	0, 142	0, 7

Составлено по данным Министерства экономического развития и торговли Украины и Государственной службы статистики Украины

Китайские инвесторы более активно вкладывают инвестиции в наиболее привлекательные виды экономической деятельности (отрасли) –

сельское хозяйство, транспорт, торговлю. По состоянию на начало 2016 г. объем китайских инвестиций уменьшился в промышленности, строительстве, туризме.

Снижение объемов накопленных в Украине китайских инвестиций объясняется рядом объективных и субъективных причин, ключевыми среди которых является общая политическая нестабильность в Украине, наличие конфликта на Востоке Украины и неконтролируемых властью территорий, низкий уровень защиты иностранных инвестиций, общий экономический кризис и др.

Несмотря на вялость китайско － украинского экономического сотрудничества в последние годы, КНР и Украина имеют значительные взаимные интересы в экономической сфере. В Украине открыты представительства или филиалы китайских фирм Huawei, ZTE, Xinwei. В Китае работают представительства украинских предприятий － ГК 《Укрспецэкспорт》, ОАО 《Мотор － Сич》, ОАО 《ФЭД》, 《Креатив Групп》, 《Корум Групп》.

Между НАК 《Нафтогаз Украины》 и Банком развития Китая подписано Кредитное соглашение, которым предусмотрено реализацию ряда совместных проектов в сфере энергетики. Общая сумма сделки － 3, 6 млрд. долл. США. Среди проектов, в частности, предусмотрено: модернизация ряда украинских ТЭЦ, строительство установки газификации угля на Одесском припортовом заводе, обновление оборудования на объектах ОАО 《Укргаздобыча》 и др.

Между Министерством аграрной политики и продовольствия Украины и Экспортно － импортным банком КНР подписан Меморандум о взаимопонимании, которым предусмотрено инициирование ряда проектов в области сельского хозяйства на сумму 3 млрд. долл. США.

Между Министерством регионального развития, строительства и жилищно － коммунального хозяйства и Китайской государственной компанией CITIC Construction Co., Ltd. подписан Меморандум о взаимопонимании, которым предусмотрено сотрудничество в сфере строительства жилья в Украине. Пилотный проект предусматривает строительство 《доступного》 жилья с возможностью ипотечного кредитования в городе Киеве. Общая стоимость проекта － 1 млрд. долл. США.

Китайские инвесторы заинтересованы в реализации проекта 《Воздушный экспресс》, который предусматривает строительство железнодорожного пути из Киева к международному аэропорту 《Борисполь》. Стоимость указанного проекта, вместе со строительством других инфраструктурных объектов, оценивается в 372 млн. долларов США, которые в качестве кредита готовы предоставить китайские партнеры.

По сообщениям украинских СМИ, китайская сторона готова продолжать работу над проектом запуска скоростного поезда, который должен связать КНР и европейские страны, но с использованием украинской территории. Проблемой является то, что ширина украинской колеи не совпадает с шириной европейской и китайской колеи, однако указанная проблема может быть решена путем строительства новых терминалов железнодорожного обслуживания, которые способны существенно сократить время обслуживания вагонов.

Китайские бизнесмены также заинтересованы в увеличении объемов закупок высокотехнологичной продукции и высоких технологий. Сформулированы предложения относительно участия китайских учреждений в совместной реализации проектов в сфере разработки и внедрения нанотехнологий. Также между китайскими и украинскими предприятиями заключен ряд контрактов по сотрудничеству в военно-технической сфере.

Во время проведения Форума 《Один пояс - один путь》 Правительство Украины (в лице Первого вице-премьер-министра Украины Степана Кубива) и Китайская корпорация дорог и мостов (China Road and Bridge Corporation) договорились о строительстве моста возле украинского города Кременчуг и рекострукции Шулявского моста в г. Киеве. Общая сумма проекта оценивается в 400 млн. дол. США. Реше-ние украинской делегации было продиктовано, в частности, успешным завершением Китайской корпорацией дорог и мостов нескольких крупных проектов на общую сумму 2 млрд. дол. США, среди которых строител-ьство моста в Белграде (Сербия) и дороги Гродно - Гомель (Республика Белорусь).

Указанные проекты, которые сформулированы и оценены экономически, дают основания для сдержанного оптимизма относительно возможной активизации китайско - украинского экономического сотрудничества. Без сомнения, эти и другие перспективные проекты могут быть реализованы только в условиях взаимного доверия, стабилизации общей экономической ситуации в Украине, при наличии известных институциональных оснований для дальнейшего расширения торгово – экономического и инвестиционного сотрудничества между двумя странами.

Кроме того, существует значительный потенциал расширения сотрудничества в сфере выпуска высокотехнологичной продукции в аэрокосмической сфере, энергомашиностроении, автомобилестроении, проектирования и производства летательных аппаратов.

Министерству экономического развития и торговли Украины целесообразно подготовить реалистичные предложения по наращиванию двусторонних торгово – экономических и инвестиционных отношений. Такие предложения должны учитывать возможности и вызовы, генерируемые в глобальной среде. По нашему мнению, даже в условиях жестких бюджетных ограничений, которые применяются сейчас в Украине, целесообразно и возможно принять меры, которые не требуют дополнительного финансирования из бюджета, в том числе: поддержка участия предприятий в выставках и ярмарках; взаимодействие трансграничных электронных бизнес – платформ; улучшение регуляторно – правовой среды для торговли между двумя странами, а также создание условий для упрощения процедур торговли; создание совместных предприятий в промышленной сфере на базе существующих производств, в частности, в сфере транспортного машиностроения, авиастроения и энергетического машиностроения [7; 8]. Целесообразно также упрощение визового режима для бизнесменов, ученых, трудовых миг-рантов и туристов.

Украинские власти считают, что в результате подписания Украиной Соглашения об ассоциации с Европейским Союзом (ЕС) и имплементации положений этого Соглашения были созданы дополнительные возможности для интеграции украинской экономики и глобальное экономического пространства, в частности и в направлении сотрудничества с КНР во всех возможных проектах. Об этом заявила Заместитель Министра экономического развития и торговли Украины – Торговый представитель Украины Наталья Микольская во время церемонии открытия заседания Рабочей группы по вопросам сотрудничества Украины и Китайской Народной Республики. Общеизвестно, что Украина имеет выгодное экономико－географическое положение, но это положение должно приносить ощутимые положительные результаты в виде притока инвестиций и увеличения дохода.

Полноценное присоединение Украине к реализации инициативы 《Один пояс－один путь》 даст возможность активизировать экономическое сотрудничество между КНР и Украиной（в том числе в части реализации крупных инфраструктурных проектов, а также активизировать взаимную торговлю）. Первый вице－премьер－министр Украины Степан Кубив, выступая на заседании Форума 《Один пояс－один путь》, заявил о том, что украинские власти готовы приложить необходимые усилия для развития и модернизации транспортной инфраструктуры Украины, в том числе на основе современных форм сотрудничества, а реализация инвестиционных проектов сформирует дополнительные возможности для увеличения транзитных потоков в рамках проекта 《Один пояс－один путь》.

Полноценное присоединение Украины к инициативе 《Один пояс－один путь》 позволит осуществить модернизацию транзитно－логистической инфраструктуры, в том числе за счет иностранных инвестиций и привлеченных кредитных ресурсов на выгодных условиях. Наиболее привлекательными проектами являются обновление портовой инфраструктуры, закупка инновационного железнодорожного оборудования, развитие транспортных переходов на границах с европейскими государствами. Это особенно актуально в контексте утраты отечественной экономикой Украины своего транзитного потенциала, что мы наблюдаем сейчас. Кроме того, будут созданы дополнительные стимуляторы для реализации совместных мероприятий в гуманитарной, культурной и научно－технической сферах.

В то же время украинской стороне необходимо активизировать работу по завершению уже начатых инвестиционных проектов, в том числе с привлечением государственных средств и частного капитала. Об этой проблеме также говорил заместитель Министра коммерции КНР

Цянь Кэмин на IV заседании Украинско‐китайской Подкомиссии по торгово‐экономическому сотрудничеству Комиссии по сотрудничеству между Правительством Украины и Правительством КНР, которое состоялось 25 августа 2016 года [7; 10].

Согласно заявлению Заместителя Министра экономического развития и торговли Украины – Торгового представителя Украины Натальи Микольской, которое было сделано на том же заседании, Украина надеется на полномасштабное сотрудничество с Китайской Народной Республикой в рамках инициативы 《Один пояс – один путь》, а также поддержку китайскими властями Плана действий Украина – КНР о совместной реализации идеи построения Экономического пояса Великого Шелкового пути. По мнению экспертов, Украина готова начать прямой диалог с Фондом Шелкового пути по отбору и утверждению проектов к совместной реализации.

Ключевой задачей для экономического блока Правительства Украины является продолжение радикальных экономических реформ, введение гибких механизмов регулирования экономической активности, проведение взвешенной структурно‐инвестиционной политики, создания благоприятного делового климата для иностранных инвесторов.

Обсуждение экономических перспектив участия Украины в инициативе 《Один пояс – один путь》следует провести под эгидой Комиссии по сотрудничеству между Правительством Украины и Правительством КНР (в частности, с участием специалистов Подкомиссии по вопросам торгово‐экономического сотрудничества). По результатам этого обсуждения, которое должно пройти с привлечением ведущих экспертов, следует подготовить проекты соответствующих нормативных документов. С учетом позиции Министерства экономического развития и торговли Украины, участие Украины в этой инициативе оценило положительно, следует разработать проект Плана совместных действий КНР и Украины (《Дорожную карту》), который должен предусматривать реализацию ряда мер правового, экономического, административного и организационного характера. Понятно, что окончательные решения должны быть приняты на политическом уровне.

Органы экономического регулирования КНР и Украины совместно с бизнесовой средой и экспертами должны осуществить работу, направленную на поиск 《точек роста》, представляющих взаимный интерес. По нашему мнению, такими 《точками роста》 с точки зрения украинских экономических интересов могут стать агропромышленный комплекс (в частности, производство и переработка зерновых и подсолнечника), строительство (в частности, строительство доступного жилья с привлечением кредитных средств), модернизация транспортной инфраструктуры. Традиционно высокий взаимный интерес бизнесменов двух стран представляет организация поставок качественных недорогих китайских товаров на украинские рынки.

Необходимо принять управленческие решения, направленные на либерализацию регуляторно – правовой среды для взаимного инвестирования и торговли. В частности, следует стимулировать создание в Украине совместных предприятий в промышленности на базе уже существующих производств. Большие возможности для экономической деятельности в таком формате открыты в транспортном машиностроении, авиастроении, энергетическом машиностроении, пищевой промышленности.

Выводы. По нашему мнению, присоединение Украины к инициативе 《Один пояс – один путь》 является экономически обоснованным. Присоединение Украины к инициативе 《Один пояс – один путь》 позволит создать дополнительные стимулы для активизации экономического сотрудничества двух стран, 《разблокировать》 инвестиционные проекты с участием китайских инвесторов, получить дополнительные возможности доступа к привлекательным кредитным ресурсам для развития инфраструктурных объектов в сфере транспорта, логистики, таможенного обслуживания и т. д., принять дальнейшие меры для гармонизации торговых, транспортных, таможенных и логистических процедур. Это приведет к значительным позитивным последствиям, в том числе оптимизации показателей платежного баланса, повышению занятости, увеличению экономической активности, увеличению доходов предприятий и граждан.

В рамках активизации двустороннего инвестиционного сотрудничества следует предусмотреть инструменты мониторинга инвестиционного взаимодействия предприятий КНР и Украины, в том числе с возможностью оперативного решения проблем китайских инвесторов в Украине. Целесообразно инициировать Саммит (конференцию) высокого уровня по перспективам экономического и гуманитарного сотрудничества между Украиной и КНР, который может проводиться ежегодно или один раз в два года.

Перспективы дальнейших исследований. В дальнейшем необходимо продолжать мониторинговые и аналитические исследования результатов экономического взаимодействия между КНР и Украиной, а также формулировать научно обоснованные предложения активизации китайско-украинского сотрудничества в рамках инициативы 《Один пояс – один путь》.

Список использованной литературы:

1. Відносини з країнами Азійсько – Тихоокеанського регіону [електронний ресурс]. – Доступний з: http://mfa.gov.ua/ua/about-ukraine/bilateral-cooperation/asia-and-oceania.

2. Гончарук А. Шовковий шлях: від концепції до практичних кроків (формат взаємодії 16 + 1) / А. Гончарук, С. Кошовий // Стратегічна панорама. – 2016. – № 1. – С. 26 – 35.

3. Договірно – правова база між Україною та Китаєм [електронний ресурс]. – Доступний з: http://china.mfa.gov.ua/ua/ukraine-cn/legal-acts.

4. Зовнішньоекономічна діяльність [статистичне видання; електронний ресурс] / Держстат України, 2016. – Доступний з: http://www.ukrstat.gov.ua.

5. Інвестиції зовнішньоекономічної діяльності [статистичне видання; електронний ресурс] / Держстат України, 2016. – Доступний з: ttp://www.ukrstat.gov.ua.

6. Проект 《Один пояс – один шлях》: можливості для України / В. Поворозник, В. Перебийніс. – К.: МЦПД, 2015. – 31 с.

7. Торгово – економічне співробітництво з Китаєм – один з пріоритетів для України сьогодні / Міністерство економічного розвитку і торгівлі України [електронний ресурс]. – Доступний з: http://me.gov.ua/

News/Detail? lang = uk - UA&id = afa2e521 - ee22 - 45c6 - 8802 - da0e91224632&title = NataliiaMikolska - TorgovoekonomichneSpivrobitnitstvo ZKitamOdinZPrioritetivDliaUkrainiSogodni.

8. Ярошенко Є. Місце України в глобальних стратегіях Китаю / Є. Ярошенко. - К. : МЦПД, 2015. -44 с.

9. Kaszmarski M. The New Silk Road: a versatile instrument in China's policy / M. Kaszmarski. - OSW Centre for Eastern Studies, 2015. - Number 161. - 89 p.

10. Zuokui L. Central and Eastern Europe in Building the Silk Road Economic Belt / L. Zuokui. - Working Paper Series on European Studies Institute of European Studies Chinese Academy of Social Sciences. -2014. - Vol. 8. - No. 3. -130 p.

"一带一路"与中亚：合作与共赢

吴宏伟[*]

关于"一带一路"和"一带一路"框架下的中国与中亚国家经贸合作问题，在这里就几个笔者认为比较重要的问题谈一点个人的看法。

一是"一带一路"倡议提出以来取得的成果。笔者收集了共建"一带一路"倡议提出以来取得的一些重要成果。

根据有关方面的统计，到2017年9月，已经有74个国家和国际组织与中方签署了"一带一路"合作文件，中国和多数的中亚国家也签署了这方面的协议，与土库曼斯坦相关的文件正在商谈之中。

在贸易方面，中国已经成为沿线23个国家最大的贸易伙伴。在投资方面，一个非常重要的信息就是在2015年的时候中国的对外投资总额已经超过了引进外资的总额，这是一个历史性的转变。刚才提到经济园区、工业园区是中国在"一带一路"沿线国家合作方面的一个非常重要的内容。在这些方面中国确实是投入了很多，在吸引中国企业到当地投资方面发挥了非常重要的作用。

二是自贸区建设问题，这也是一个非常重要的问题。不论是在国家领导人层面还是在学者、专家层面，在进行交流的时候自贸区问题始终是一个绕不开的话题。中国已经把与非常重要的贸易伙伴之间建立自贸区作为中国一个重要的发展战略。到目前为止，中国已经与相关国家和地区签署了15个自贸协定，涉及23个国家和地区，遍及亚洲、大洋洲、南美洲和欧洲地区。在欧亚地区取得的一个非常重要的突破性成果，就是和格鲁吉亚签订了自贸协定。之前笔者查阅了一些资料，想看一看签订自贸协定之后中国和格鲁吉亚之间的贸易发生了怎样的变化，但因为签订的时间是在2017年5月份，距现在时间不长，相关的数据不多。

三是中国与中亚国家的经济合作问题。我们如果回顾中国与中亚国家的贸易发展史就可以看到，在1992年中亚国家独立之初，中国和中亚五国的贸易额是非常少的，仅为4.6亿美元，到2013年的时候就超过了500亿美元。2016年这个数额也是有比较大的下降，为300亿美元左右。这种变

---

[*] 吴宏伟，中国社会科学院俄罗斯东欧中亚研究所研究员。

化当然跟最近这几年世界经济形势发展有很大的关系。我们如果看它的发展曲线的话，基本上是一个抛物线形状。到目前为止，中国是吉尔吉斯斯坦、土库曼斯坦的第一大贸易伙伴，是哈萨克斯坦、乌兹别克斯坦、塔吉克斯坦的第二大贸易伙伴。当然中国海关的统计数据和中亚国家统计部门发布的数据在数额上有一定的差距，但是总体上也可以反映出中国和中亚国家这些年在贸易方面取得的巨大成绩。

在中国和中亚国家经济合作中，投资也是一个非常重要的内容。中国现在已经成为多数中亚国家重要的投资来源国，甚至是最大投资来源国。

关于中国对哈萨克斯坦投资情况，根据收集的一些材料，包括商务部门发布的数据，还有中国领导人讲话里包含的一些数据。到2017年5月，中国对哈萨克斯坦的投资已经接近430亿美元，双方商定的51个产能合作早期收获项目清单总额是260亿美元，到目前3个已经完工，6个已启动，2017年还将有7个开工。

中国对乌兹别克斯坦的投资额在2016年6月超过65亿美元。合作实施项目是70个，主要集中在能源、矿产资源、轻工业等领域。在乌兹别克斯坦现有中资企业651家，其中独资企业90家，有75家中国企业在乌兹别克斯坦设立了代表处。

中国对吉尔吉斯斯坦的投资有一定数额，根据吉尔吉斯斯坦方面的统计是17亿美元，其中直接投资是5亿美元。

中国对塔吉克斯坦的投资也是比较大的。

四是过境运输问题，这也是中国和中亚国家在经济领域合作的主要内容之一。在这一领域，中国的共建"丝绸之路经济带"倡议，尤其是关于互联互通方面的内容与不少中亚国家、丝绸之路沿线国家的发展战略是十分契合的。有一位专家提到，从中国经过哈萨克斯坦、伊朗、土耳其等国的南线的开通在技术上已经成为可能。实际上对于中国来说，从中国到达欧洲的交通运输线，不管从哪个方向走，当然都有经济性和安全性两方面的问题。我认为，这种交通运输线的建设首先对沿线国家经济发展的推动作用是非常大的，遗憾的是到现在还有少数国家和一些人没有看清这个问题。中国国内有一些报道说，京沪高铁建成以后，高铁的两头北京和上海市真正使用京沪高铁的乘客在整个乘客中所占的比重实际上是不大的，大多数的乘客都是沿线地区人员的往来，所以京沪高铁的建成对沿线的地区经济发展起到了非常大的作用。从这个方面来说，从中国到欧洲陆上交通运输线的开通，不管从北面走还是从南边绕，获利最大的应该都是沿线国家。通过这条线路，向东通向中国这个发展最快、人口最多的大市场，向西达到西亚及欧洲这个经济最发达的地区。

五是中国和中亚的民众相互了解的问题。我们长期研究中亚问题，过去我们始终有一个看法，就是这么多年中国和中亚国家不管在双边层面还是在上海合作组织层面相互关系已经达到了非常密切的程度，按道理双方民众应该已经建立了比较深厚的了解和信任关系，但是现实却和我们想象的差别巨大。2017年3月底4月初，我们参加了吉尔吉斯斯坦有关研究机构召开的双边智库论坛。有一位吉尔吉斯斯坦学者介绍了她对吉尔吉斯斯坦民众了解中国的程度和途径的研究成果。她的结论让我们感到非常震惊。吉尔吉斯斯坦独立20多年中，广大民众对中国的了解途径非常有限，获得的有用信息比较陈旧、数量较少而且很不全面。吉民众现在了解中国主要还是通过西方的媒体、俄罗斯的媒体，通过美国好莱坞的大片来了解中国，通过李小龙、成龙，通过《功夫熊猫》来了解中国，对现代的中国更是缺乏了解。而且我们看到，最近这一两年在中亚发生的一些比较吸引人眼球的事件，包括哈萨克斯坦对外国人出租土地，不少媒体都把矛头对准了中国，指责中国人和中国企业购买或租赁哈萨克斯坦土地对哈萨克斯坦构成了威胁。实际上后来有中国专家研究对比发现，在哈萨克斯坦的土地租赁中，中国的企业所占的比重实际上是非常小的。这就提出一个问题，为什么一有风吹草动，哈萨克斯坦媒体总喜欢首先把矛头对准中国人和中国的企业呢？这也是需要中国和中亚国家不断进行相互了解和沟通去解决的。我们今后还真是需要下大力气进行这方面的工作。

六是中国商品的质量问题，这也是一个老问题。我们在和中亚国家学者接触过程中，他们常常提出一个问题，说他们去美国、去其他西方国家出差，那里中国的商品很多，而且质量都非常好，为什么卖到中亚国家的商品质量就不行了。我听到好几个学者都提出过这样的问题。为什么会出现这样的情况？我们知道美国的企业在进口中国商品的时候标准和要求都是非常高的，而且都非常具体。它委托中国企业加工生产、贴牌生产商品的时候，都会在合同里面提出具体的要求，这样就能够保证中国企业出口到西方国家，出口到美国的商品是高质量的，同时因为是大批量采购，成本是比较低的。而且西方的合作伙伴都比较讲信誉，极少出现毁约情况，中国企业愿意和他们长期合作，互利共赢。在中国国内我们到正规的超市、商场买东西，可以看到商品生产和销售也都很规范。相反我们看看中国与独联体国家贸易情况。在苏联解体之后相当长一段时间，中国企业对俄罗斯，对独联体国家的出口基本上处于一种无人管理的状况。所以中国要想改变独联体国家民众对中国商品这种不好的印象，政府的有效管理是必不可少的。

　　再举一个吉尔吉斯斯坦加入欧亚经济联盟的例子。俄罗斯在动员吉尔吉斯斯坦加入欧亚经济联盟时前期工作做得非常到位，讲了很多加入欧亚经济联盟以后会给吉尔吉斯斯坦带来的好处，在宣传上做得非常到位。这些话不是俄罗斯人去说的，而是让吉尔吉斯斯坦官员自己去说的。吉尔吉斯斯坦领导人在议会上做大家的工作，加入和不加入情况下各种利害关系都分析得非常清楚。而且俄罗斯方面也配合做了很多实际工作。比如说在对待欧亚经济联盟成员国和非欧亚经济联盟国家务工人员方面，在配额、政策、税收等各方面区别对待。简单说，如果是欧亚经济联盟国家公民，在俄务工人员可以很容易获得合法身份继续务工，合法挣钱；如果是非欧亚经济联盟国家公民，其在俄罗斯务工就会受到各种限制，最后不得不打道回府。宣传工作到位了，加上俄方积极配合，效果就立竿见影，加入欧亚经济联盟的呼声立刻得到多数人响应，加入欧亚经济联盟也就水到渠成。反观我们的工作，与其相比差距确实很大。

"一带一路"背景下白俄罗斯—中国合作：成就与展望

瓦列里·别林斯基[*]

目前我们可以非常明确地做出一个判断，就是目前现在全球的经济关系已经发生了很大的变化，目前我们看到这种贸易保护主义还有集团主义再次抬头，而且保护主义的回归正是发生在全球化的中心国家美国。所以在这种情况下，中国国家主席习近平提出的"一带一路"倡议对于欧亚地区国家的全球化发展具有空前重要的意义，这一倡议可以说为全球化的合作提供了全新的平台，因为中方倡议最大的优势在于这一倡议的最基本的原则是自愿、和平、互利，而且绝不干涉其他国家的内政。

李永全所长也谈到了这一点，可以毫不夸张地说，白俄罗斯共和国和中华人民共和国的战略伙伴关系已经上升到全新的高度，主要是在"一带一路"推进的背景下。"一带一路"使得中白之间的合作更加具有综合性，更加具有系统性，也使我们的经济和社会进步能够达到一个新的高度，获得新的动力。

在"丝绸之路经济带"的推进过程中，白俄罗斯和中国在实施一系列大型的基础设施项目，包括白俄罗斯铁路总局的铁路车辆的改造，以及白俄罗斯铁路部分路段的电气化改造等，包括进一步改造白俄罗斯东西和南北的铁路交通干线，目前在"一带一路"的落实之下中白两国之间的科学技术合作也正在迅速发展。目前在白俄罗斯已经成立了一个创新基础设施建设协会，它的主要目的就是推动白俄罗斯基础设施的发展，其实来自俄罗斯的弗拉基米尔·柯尼亚金宁教授也谈到目前各国都非常重视科技研发，还有创新项目的推进，可以说"丝绸之路经济带"这个项目的龙头项目就是巨石中白工业园区，这也是科技合作和创新合作在中白两国之间结出的最有成效的一个硕果。目前中白工业园区已经顺利启动，也吸引了很多大型的中国企业，包括华为、中兴、招商局物流集团有限公司等，目前园区已经有16家企业进驻，另外有50个企业正在协商签署入驻协议等。

---

[*] 瓦列里·别林斯基，白俄罗斯科学院经济研究所所长，经济学博士。

在 2017 年年初整个企业只有 13 家，目前入驻企业已经有 16 家，又有 30 个公司提出了加入中白工业园区的申请，能实现这样的快速发展不是偶然的，就像大家所知道的在 2017 年的 5 月 12 日白俄罗斯通过了关于完善巨石中白工业园区特殊制度的总统令，给予中白工业园区一系列非常重磅的优惠政策，这里面有几个非常重要的关键词：第一是税收优惠，2012 年版总统令只是给了中白工业园"十免十减半"的政策，但是新版的总统令将十年免税的计算时间从注册日期改为实现盈利时间，而且将之后"十减半"的期限延长到 2062 年，与此同时员工个人所得税仅为 9%。还有就是放宽了准入的门槛，根据新的总统令，白方广泛听取企业的意见，将入园项目的类型进一步放宽到研发、创新、贸易、物流和其他的经营项目，而且入园的投资门槛有所下降，中白工业园就科研机构和工业实验类项目从 500 万美元降至 50 万美元，以加速融合。为了针对性支持合作的创新型生产和创新型项目，白俄罗斯国家科学技术委员会和中国的科技部在巨石工业园区共同启动了创新型项目企业孵化器，中白两国公司签署了成立巨石风险投资基金的这样一个合作协议，经济总额一共是 2000 万美元。白俄罗斯政府希望从工业园区建设中今后能够获得 500 亿美元的收入，我们希望在 2020 年前能够从目前的 20 亿美元的水平提升至 46 亿美元的出口创汇水平。在中方的支持下，白俄罗斯也在通信和其他的方面进行一系列的合作，中方提供了比较优惠的贷款，目前我们白俄罗斯的一系列企业，包括白俄罗斯制造的小汽车，还有货物运输的卡车也正在进行合资的生态。目前我们希望合资的汽车企业能够达到每年生产卡车 60 万辆，预期我们今后能够进一步提高产量，中白两国之间正在努力推进水泥厂的合作，改造白俄罗斯移动通信的工作，以及建设水泥厂，对这个工厂进行现代化改造的项目，我们一般是获得中方的优惠贷款，或者是获得中方的技术支持。其他大型的投资项目，目前正在投资的项目还包括采矿选矿综合体的建设，它的生产将达到年生产 200 吨的亚氯酸盐。接下来一个项目是在白俄罗斯唯一的一个亚麻制品生产厂的现代化改造的一个项目。其他的项目有明思克的阿姆科德尔控股集团，主要是和中国的中信集团（CITIC）共同生产铲车和其他的机械制品。中国目前和白俄罗斯方面共同实施一系列的直接投资项目，其中包括中白合作的家用电器生产项目、水利机械和水利设备的生产和改造项目等。在中国直接投资的支持下白俄罗斯还在实施大型的基础设施项目，像北京住总集团（BUCC）在明思克正在建设一个非常高级的酒店，叫北京饭店，这个北京饭店非常具有中国古典风格，到访白俄罗斯的中国朋友看到后一定会觉得宾至如归。中白合作非常重要的一个内容就是要进一步从贷款合作转向投资合作,这也是我们今后金融合作的一个新的重点。在这一方面我们也向中方的银行和金融机构推荐了22家白俄罗斯的企业,这里面有非常有名的白俄罗斯的一些品牌企业,像地平线企业、国家农业机械生产厂等。目前白俄罗斯明思克农业产品集团已经和中方签署了合作的备忘录。

最后总结一下,白俄罗斯对"一带一路"的合作始终秉持着开放、透明的合作,给予相互尊重和互相尊重彼此的利益。我们认为中国是非常重要的合作伙伴,中白两国的友谊将在今后进一步推动中白两国在各方面的务实合作,并期待为两国人民带来更多的成果。

(根据现场同传速记稿整理)

【俄文原文】

Белорусско – китайское экономическое сотрудничество в реализации инициативы 《Один пояс – один путь》

достижения и перспективы[*]

Со всей определенностью мы можем констатировать, что глобальная система организации мирохозяйственных отношений подвергается ревизии. Усиливаются тенденции станового и блокового протекционизма. Возрождение протекционистских идей происходит в самом сердце глобализации – США. В этой связи успешная реализация инициативы международного сотрудничества 《Один пояс – один путь》, выдвинутой Председателем Китайской Народной Республики Си Цзиньпином, становится как никогда важной для всего мира, в особенности для стран Евро – Азиатского региона. Данная инициатива имеет все шансы стать новой платформой для глобального сотрудничества. Успех обеспечен и в связи с тем, что Китай продвигает ее исключительно на добровольных,

---

[*] достижения и перспективы, Валерий Бельский, Институт экономики Национальной академии наук Беларуси.

мирных и выгодных для всех принципах, без проявления какого – либо желания вмешиваться во внутренние дела государств.

Выступая на Форуме международного сотрудничества на высшем уровне 《Пояс и путь》 14 – 15 мая 2017 года, Президент Беларуси Александр Лукашенко сказал: 《Мы горды тем, что были первыми в Европе и одними из первых в мире, не просто поддержавшими идею 《Одного пояса и одного пути》, а начавшими реализацию этого масштабного проекта на территории Беларуси》.

Без преувеличения, стратегическое партнерство Республики Беларусь и Китайской Народной Республики выходит на новый уровень в связи с реализацией мега – проекта 《Один пояс – один путь》. Усиливается его комплексность и системность, проект позволяет взаимоувязать интересы стран – партнеров, нацелить их усилия на достижение новых рубежей экономического и социального прогресса.

Правительством Республики Беларусь и Правительством Китайской Народной Республики 29 сентября 2016 г. в присутствии глав государств подписан Комплекс мер по совместному продвижению строительства концепции 《Один пояс и один путь》. Данный документ является 《руководством к действию》 участия Республики Беларусь в проекте строительства Экономического пояса Шелкового пути.

Как известно, реализация сухопутной части проекта 《Пояс и путь》 предполагает создание до нескольких сотен инфраструктурных проектов, таких как железные дороги, автотрассы, электростанции и индустриальные парки и т. д. Беларусь и Китай реализуют ряд крупных проектов по развитию инфраструктуры Белорусской железной дороги, модернизации вагонного и электровозного парка БелЖД и электрификации участка железной дороги Молодечно — Гудогай. Это позволит не только увеличить объемы движения грузовых поездов, но и создать дополнительные условия для дальнейшего развития устройств электроэнергетики, повышения безопасности движения поездов, оперативности управления перевозочным процессом, снижения эксплуатационных расходов.

Дополнительный стимул для своего развития в рамках реализации проекта 《Пояс и путь》 получат белорусские технопарки. Ряд объектов инновационной инфраструктуры нашей страны входит в состав Ассоциации научно – технологических парков и зон высоких технологий «Шелковый путь». Это – Белорусский государственный технологический университет, Брестский научно – технологический парк, Гомельский технопарк. Целью Ассоциации является построение инновационной инфраструктуры на территории стран, расположенных по маршруту Шелкового пути, активизация потенциала в области новых и высоких технологий Азиатско – Тихоокеанского и Европейского регионов. Кроме того, как мы уже отмечали, в Беларуси реализуются различные инвестиционные проекты, направленные на модернизацию промышленных предприятий страны.

Настоящей жемчужиной мегапроекта «Экономический пояс Шелкового пути» является Китайско – белорусский индустриальный парк «Великий камень» – ключевой инфраструктурный объект научно – технического и инновационного сотрудничества Беларуси и Китая.

Парк только начинает свою работу, сейчас активно идет строительство. При этом особый правовой режим, оптимальные условия для ведения бизнеса уже позволили привлечь в качестве резидентов парка ведущие корпорации мира, такие как Huawei, ZTE, логистическая корпорация China Merchants Group. По итогам майского форума список резидентов Парка пополнился четырьмя компаниями: ООО «Бел Лотослэнд», ООО «АЕ Интернэшнл Инвестмент», ООО «Компания по производству осветительных приборов с жидким металлом «Фэн Чэ» и ООО «Флюенс Интернэшнл Технолоджи». Всего в настоящее время в Парке зарегистрировано 16 резидентов, подписано 50 соглашений о намерениях вхождения в Парк, желание участвовать в совместном проекте Минска и Пекина высказали ещё 30 компаний.

Такая активность не случайна. 12 мая 2017 года был подписан Указ Президента Республики Беларусь № 166 «О совершенствовании специального правового режима Белорусско – Китайского индустриального парка «Великий Камень».

К важнейшим нововведениям по налоговым и таможенным льготам можно отнести следующее:

— товары, произведенные резидентами в рамках свободной таможенной зоны, будут освобождены от 《ввозного》 НДС;

— резидентов освободят от уплаты налога на прибыль в течение 10 лет с даты возникновения прибыли, а не с даты регистрации резидента, как это было ранее;

— резидентов освободят от уплаты налога на недвижимость и земельного налога в полном размере на 50 лет (срок работы 《Великого камня》) вместо 10 лет.

Льготы, которые были ранее, сохраняются: пониженная ставка подоходного налога для работников парка в 9% (вместо общеустановленных 13%), возможность уплаты взносов в ФСЗН, исходя из размера средней зарплаты по стране (вместо общеустановленных не более 5 средних зарплат) т. д.

Еще одно из главных нововведений Указа № 166 – так называемая 《дедушкина оговорка》 (Grandfather clause), которая будет распространяться на резидентов 《Великого камня》. Это общемировой принцип, который защищает инвестора от изменения законодательства в невыгодную для него сторону.

Указ расширяет перечень основных видов деятельности, что дает инвесторам возможность реализовать инвестиционные проекты по новым направлениям: телекоммуникации, комплексная логистика, электронная коммерция, деятельность, связанная с хранением и обработкой больших объемов данных, социально – культурная деятельность, а также осуществление научно – исследовательских, опытно – конструкторских и опытно – технологических работ.

Предусмотрено снижение порога на вхождение в парк: если раньше стоимость инвестиционного проекта должна была быть не меньше 5 млн долларов, то теперь эта сумма может быть в 10 раз ниже – 500 тысяч долларов США при условии осуществления инвестиций в течение 3 лет.

И это не полный перечень преференций, которые обеспечивают резидентам парка наивыгоднейшие условия деятельности в Европе.

Для целенаправленной поддержки совместных инновационных производств и проектов Государственным комитетом по науке и технологиям Республики Беларусь (ГКНТ) и Министерством науки и техники КНР достигнута договоренность о строительстве на базе

Индустриального парка 《Великий Камень》 Бизнес-инкубатора инновационных проектов с объемом финансирования около 2 млн долл. США. Кроме того, 28 декабря 2016 г. подписано Положение о Китайско-Белорусском центре коммерциализации инноваций (стороны подписания – ГКНТ, НАН Беларуси и СЗАО 《Компания по развитию индустриального парка》), который будет осуществлять сопровождение научно-технических и инновационных проектов, поиск инвесторов с целью создания совместных производств на базе Китайско-белорусского индустриального парка 《Великий камень》. На первом этапе осуществляется деятельность по коммерциализации 43 научно-технических и инновационных проектов, отобранных по итогам проведения Белорусско-Китайского Форума по коммерциализации результатов научно-технической деятельности (г. Минск, 4-5 августа 2016 г.).

Государственный комитет по науке и технологиям Беларуси, инвестиционная компания 《Чайна Мерчантс Капитал》 и СЗАО 《Компания по развитию индустриального парка》 подписали соглашение о ключевых условиях договора о создании китайско-белорусского венчурного фонда 《Великий камень》. Предполагается, что минимальный объем капвложений в китайско-белорусский фонд венчурных инвестиций на первоначальном этапе составит 20 млн долл. США. Фонд будет финансировать начальные стадии проектов резидентов Китайско-белорусского индустриального парка 《Великий камень》. В дальнейшем возможно привлечение международных венчурных фондов для поддержки предприятий индустриального парка.

Государство рассчитывает получить от индустриального парка экспортную выручку в размере 50 млрд. долларов. Ожидаемый эффект от реализации проекта 《Великий камень》 на более близкую перспективу – до 2020 года должен составить от 2 до 4,6 млрд. долларов.

Строительство Парка – логическое продолжение серии успешных проектов, которые реализованы в Беларуси при поддержке Китая. Кратко остановлюсь на наиболее крупных.

Среди них выделяется совместный белорусско-китайский проект 《БелДжи》, который представляет собой, по сути, основание новой для нашей страны отрасли – легкового машиностроения. Инвестиционный проект по производству легковых автомобилей стартовал в 2011 году с подписания Министерством промышленности и компанией Geely меморандума о сотрудничестве. В декабре 2011 года было создано совместное ЗАО 《Белджи》. 50% акций предприятия принадлежит ОАО 《БелАЗ》, 32,5% – китайской корпорации Geely, 17,5% – СЗАО 《Союзавтотехнологии》. В феврале 2013 года на мощностях 《Белджи》 был собран первый автомобиль, а в марте того же года стартовали продажи. В настоящее время на заводе 《Белджи》 организовано около 1300 рабочих мест. С выходом на полную мощность здесь смогут трудоустроиться до 2000 высококвалифицированных специалистов. В текущем году завод выйдет на мощностью 60 тыс. единиц в год (проект оценен в 330 млн долларов). Планируется, что в 2018 году мощность завода будет увеличена до 120 тыс. автомобилей в год. На сегодняшний день китайские автомобили на рынке СНГ имеют долю около 4%. Планируется, что этот рынок вырастет до 10%.

При кредитной и технической поддержке Китая в Беларуси уже реализованы такие важные для экономики страны инвестиционные проекты, как создание оператора мобильной связи 《Бест》; модернизация Минской ТЭЦ – 2; реконструкция Минской ТЭЦ – 5; модернизация цементной отрасли Беларуси (ОАО 《Белорусский цементный завод》 и ОАО 《Красносельскстройматериалы》); строительство ПГУ – 400 МВт на Березовской ГРЭС; ПГУ – 400 МВт на Лукомльской ГРЭС; модернизация ОАО 《Светлогорский целлюлозно – картонный комбинат》 и др.

В качестве примеров наиболее крупных инвестиционных проектов, реализуемых с участием кредитных ресурсов китайских банков в настоящее время, можно назвать следующие:

1) строительство горно – обогатительного комплекса 《Славкалий》 на сырьевой базе Нежинского участка Старобинского месторождения калийных солей (Любанский район, Минская область). Мощность предприятия составит до 2 млн т хлорида в год;

2) модернизация РУПТП 《Оршанский льнокомбинат》 – единственного в Беларуси и самого крупного в странах СНГ и Европы предприятия по производству льняных тканей. В составе предприятия пять фабрик: по производству тарных тканей из короткого льноволокна,

пряжи и суровья из длинного льноволокна, отделочная фабрика по выпуску готовых бытовых тканей и швейная фабрика;

3) строительство в поселке Колодищи Минского района холдингом 《Амкодор》 совместно с китайскими госкорпорациями CITIC Group и Sinomach завода по производству фронтальных погрузчиков и энергонасыщенных тракторов.

На завершающей стадии подготовка строительства производственного комплекса получения кормовых и пищевых аминокислот. Общий объем вложений составит порядка 630 млн долл. США.

Кредитные организации Китая зарезервировали для реализации совместных проектов на территории Беларуси в эквиваленте свыше 7 млрд долл. США.

В настоящее время Беларусь и Китай реализуют ряд совместных проектов с участием прямых инвестиций. В частности, это совместное производство: бытовой техники на базе белорусско - китайского СП 《Мидеа - Горизонт》; гидромеханических передач, многоосных колесных тягачей и шасси на СП 《Волат - Саньцзян》; ООО 《АВИК - БЕЛАЗ Карьерные Машины》; кормоуборочной техники на СП 《Харбин Дунцзинь Гомель предприятие сельскохозяйственного машиностроения》; энергонасыщенных тракторов на СП 《Харбин Дунцзинь Минск Трактор Ко》 и др.

Также с участием китайских прямых инвестиций в Беларуси реализуются крупные проекты и в области недвижимости. В частности, Пекинская компания 《БиЮСиСи》 построила и в апреле 2014 г. ввела в эксплуатацию отель 《Пекин》. Идет застройка жилого массива в микрорайоне 《Лебяжий》.

За период с 2011 по 2016 гг. в экономику Беларуси поступило китайских инвестиций на сумму около 1292, 2 млн долл. США, из которых 541, 6 млн долл. (41, 9%) - прямые инвестиции, 747, 0 млн долл. США (57, 8%) - кредиты и займы. За этот период доля китайских инвестиций в общем объеме иностранных инвестиций, поступивших в Беларусь, выросла с 0, 7% до 2, 9%, доля китайских прямых инвестиций - с 0, 3% до 1, 43%.

Актуальной задачей сотрудничества является смещение акцента в сотрудничестве с кредитного к инвестиционному. С этой целью китайским инвесторам предложено на выгодных условиях войти в акционерный капитал 22 – х предприятий. Среди них следует выделить брендовые компании 《Горизонт》, 《Могилевхимволокно》, 《Гомсельмаш》, 《БАТЭ》, МТЗ. Отметим, что ранее активно создавать СП с китайскими партнерами начали《Амкодор》и МАЗ.

Интересным и перспективным представляется сотрудничество в области производства продуктов питания. Как известно, Беларусь является признанным лидером в этой сфере не только в СНГ, но и по ряду направлений занимает лидирующие позиции в мире. Ряд белорусских предприятий уже заключил с китайскими компаниями контракты на поставку молочных продуктов общей суммой свыше 13 млн долларов США. Это ЗАО《Молочная компания》, ЗАО《Мясо – молочная компания》, ОАО《Савушкин продукт》, ОАО《Беллакт》, ОАО《Бабушкина крынка》, УП《Калинковичский молочный комбинат》. В мае 2017 года Минсельхозпрод Беларуси подписал протокол о намерениях с китайской корпорацией DRex о прямых инвестициях в сельскохозяйственный сектор Беларуси на сумму 1 млрд долларов США. Корпорация намерена инвестировать в развитие молочного сектора нашей страны, а именно в строительство молочно – товарных комплексов и модернизацию перерабатывающих предприятий с целью поставки дополнительных объемов получаемой продукции на рынок Китая и других стран региона.

Беларусь является приверженцем открытой, транспарантной политики, основанной на принципах взаимного уважения и учета интересов. В лице Китая мы видим партнера, приверженного таким же устремлениям. Тон тесному сотрудничеству наших стран задают наши общие цели, формируемые и проводимые в жизнь лидерами государств, дружба которых отражает и предопределяет дружбу белорусского и китайского народа.

中哈经贸关系的发展趋势与前景展望

刘遵乐[*]

一、中哈两国贸易发展总体情况

(一) 中哈两国贸易发展现状

哈萨克斯坦是中国的重要邻国，也是"丝绸之路经济带"沿线国家中与中国贸易联系较为紧密的国家之一。哈是中国在独联体地区的第二大贸易伙伴、第一大对外投资目的国，中国是哈第二大贸易伙伴和第四大投资来源国。2016年，中哈双边贸易额为130.93亿美元，其中中国对哈出口82.89亿美元，中方进口48.04亿美元。中哈两国的贸易关系已经成为两国关系的重要组成部分。通过整理1992年中哈建交之后两国的贸易额数据[①]，对中哈两国的贸易发展趋势进行分析（详见图1），可以发现两国贸易变化呈现倒U型走势。自1992—2013年，两国经贸发展持续稳步上升，其间受2008年国际金融危机影响，经历了短暂下滑，但很快回升。2013年两国贸易额达到285.9亿美元，为历史最高值，为两国建交之初贸易额的77.7倍。在2013—2016年，中哈两国贸易额出现下降趋势。2016年，中哈双边贸易额为130.93亿美元，较2013年峰值时期下降54%。

对中哈两国贸易变化趋势进行分析，可以从宏观视角得出两国贸易变化的原因。1992年中哈建交之后，世界整体经济形势相对稳定，伴随两国政治经贸关系的不断巩固，经贸快速发展，贸易量总体呈现稳步上升趋势。2008年，世界金融危机爆发，受其影响，两国间的贸易量出现小幅波动，但2010年伴随世界整体经济复苏，两国的贸易额迅速回升，贸易总额迅速超过危机爆发前的水平。2013年中哈贸易额达到了285.96亿美元，达到历史最高值，比1992年增长了76倍。其后，2014—2016年，世界整体经济前景不确定因素加剧，大宗商品价格持续走低，"黑天鹅"事件层

---

[*] 刘遵乐，新疆财经大学中亚经贸研究院博士研究生，供职于中国人民银行乌鲁木齐中心支行金融研究处，新疆金融学会中亚金融研究中心。

[①] 哈萨克斯坦原为苏联加盟共和国，1991年12月正式独立，2000年之前，由于哈国处于经济复苏阶段，中哈两国贸易量较小。

出不穷,加之 2015 年哈货币坚戈大幅贬值,中哈两国贸易额出现大幅下滑。

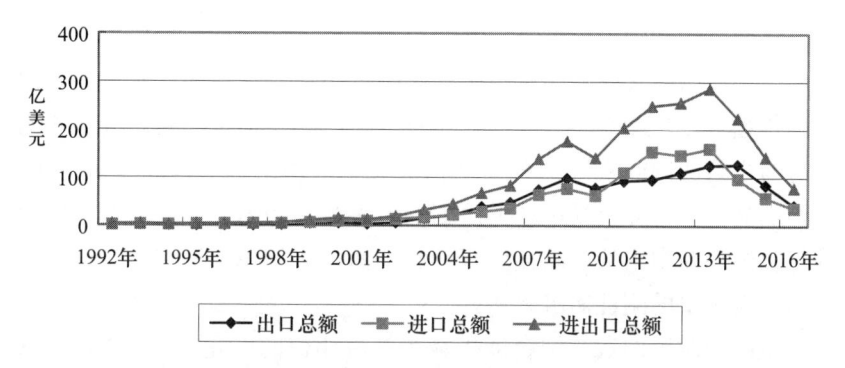

图 1　中国对哈萨克斯坦的进出口贸易情况（1992—2016 年）
数据来源:《中国统计年鉴》。

(二) 基于贸易结合度指数的中哈贸易依存度分析

贸易结合度指数是用来衡量两国在贸易方面相互依存度的综合性指标,通过该指数的测算可以直观地反映中哈两国的贸易关系的变化。贸易结合度指数在 1947 年,由经济学家布朗 (A. J. Brown) 提出,主要用于衡量两国在贸易方面相互依存的程度,通过计算一国对某一贸易伙伴国的出口占该国出口总额的比重与该贸易伙伴国进口总额占世界进口总额的比重之比,其数值越大,表明两国在贸易方面的联系越紧密。贸易结合度指数的计算公式如下：$TCD_{ab} = (X_{ab}/X_a) / (M_b/M_w)$。其中 TCD_{ab} 表示 a 国对 b 国的贸易结合度。X_{ab} 表示 a 国对 b 国的出口额,X_a 表示 a 国出口总额,X_{ab}/X_a 代表两国的贸易关系。M_b 表示 b 国进口总额,M_w 表示世界进口总额,M_b/M_w 代表进口国的进口能力。如果 $TCD_{ab} >1$,表明 a、b 两国在贸易方面联系紧密;$TCD_{ab} <1$,表明联系松散;$TCD =1$,表明两国贸易联系处于平均水平。本文采用联合国贸易发展数据库 2006—2015 年中哈两国贸易指标值,进行数据分析计算,分析结果见表 1。

表 1　2006—2015 年中哈两国的贸易结合度

	2006 年	2007 年	2008 年	2009 年	2010 年	2011 年	2012 年	2013 年	2014 年	2015 年
中国对哈的贸易结合度	2.45	2.58	2.89	2.76	2.77	3.33	2.26	2.21	2.51	2.03
哈对中国的贸易结合度	1.4	1.71	1.52	1.65	1.43	1.96	1.84	1.65	1.20	1.18

数据来源：根据联合国商品贸易统计数据收集和计算整理,http：//comtrade.un.org。

根据计算结果可以得出以下三点结论：

一是2006—2015年，中哈两国之间的贸易结合度指标值始终大于1，这说明了中哈两国存在比较紧密的贸易联系。

二是通过比较中哈两国间相互的贸易结合度指标值，可以发现中国对哈贸易结合度始终大于哈国对中国的贸易结合度，这说明中国商品对哈国市场的依赖程度明显高于哈国商品对中国市场的依赖程度，呈现非对称性。这与中哈两国间实际的贸易结构有关，中国出口哈国商品多为机电、轻工类商品，在世界贸易市场上面临的竞争相对激烈，存在着较强的可替代性。哈国出口中国的商品多为石油、天然气等能源型商品，中国对哈进口商品存在一定的刚性需求。

三是中哈两国的贸易结合度指数存在着相似的变化趋势。2006—2011年，中哈两国的贸易结合度指数同步攀升，两国间商品出口市场的依赖程度不断加深。2011—2015年，趋势发生反转，两国间国际贸易市场依赖程度开始减弱。

二、影响中哈两国贸易发展的原因及问题

传统的国际贸易理论认为：自由贸易环境下，各国生产分工和国际贸易的主要原因在于各国间比较优势的差异，各国要素禀赋、产业结构及要素产出率综合形成了开展国际贸易的内在动力。为全面、客观反映影响中哈两国贸易发展变化的内在因素，本文选用贸易特化系数指标值分析中哈两国贸易产业结构变动情况。

（一）基于贸易特化系数的中哈国际贸易产业结构分析

客观反映中哈两国的国际贸易产业结构，本文借助贸易特化系数（Trade Specialization Coeficient，TSC）进行定量测算。贸易特化系数反映的是一国某产品净出口额与该产品进出口总额之比，主要是通过一国参与国际市场的贸易情况衡量该国的产业结构。其计算公式如下：贸易特化系数 =（出口额 - 进口额）/（出口额 + 进口额）。它表示某一产品[①]的纯出口在同一产品贸易总额中的份额。它的值在 -1 到 1 之间。 -1 表示这一产

---

① 本文产品分类采用联合国《国际贸易标准分类》（SITC）中按1位数统计，其中，SITC0：食品及主要供食用的活动物；SITC1：饮料及烟类；SITC2：非食用原料（燃料除外）；SITC3：矿物燃料、润滑油及有关原料；SITC4：动植物、油脂及蜡；SITC5：化学品及有关产品；SITC6：制成品（主要由材料进行划分）；SITC7：机械及运输设备；SITC8：杂项制品（如服装及附件、鞋靴、仪器、器材等）；SITC9：未分类的其他产品。

品的国内市场全部由国外产品占领，国内生产为零，没有任何国际竞争力。1 表示这一产品的国内市场全部由本国产品占领，进口为零，具有充分的国际竞争力。由 -1 到 1 的变化表示了一国国际竞争力由无到有、由弱到强的变化，反之亦然。

表2 2007—2015 年中哈两国的贸易特化系数

	SITC0	SITC1	SITC2	SITC3	SITC4	SITC5	SITC6	SITC7	SITC8	SITC9
哈国的贸易特化系数											
2007 年	0.054	-0.72	0.659	0.793	-0.67	-0.342	0.108	-0.881	-0.958	0.999
2008 年	0.118	-0.744	0.776	0.800	-0.918	-0.246	0.124	-0.839	-0.949	-0.131
2009 年	-0.116	-0.728	0.774	0.827	-0.652	-0.186	-0.118	-0.931	-0.945	0.871
2010 年	-0.032	-0.582	0.814	0.890	-0.449	-0.065	0.262	-0.931	-0.948	0.894
2011 年	-0.341	-0.685	0.107	0.857	-0.693	-0.155	0.293	-0.899	-0.900	0.878
2012 年	-0.128	-0.611	0.084	0.861	-0.505	-0.128	0.192	-0.859	-0.737	0.701
2013 年	-0.238	-0.580	-0.131	0.844	-0.532	-0.249	-0.083	-0.873	-0.900	0.660
2014 年	-0.250	-0.522	0.259	0.926	-0.461	-0.240	-0.015	-0.803	-0.909	0.623
2015 年	-0.237	-0.424	0.170	0.898	-0.528	-0.105	0.014	-0.900	-0.859	0.694
中国的贸易特化系数											
	SITC0	SITC1	SITC2	SITC3	SITC4	SITC5	SITC6	SITC7	SITC8	SITC9
2007 年	0.456	-0.002	-0.856	-0.669	-0.921	-0.281	0.363	0.166	0.546	-0.061
2008 年	0.400	-0.113	-0.873	-0.684	-0.896	-0.201	0.42	0.208	0.550	-0.441
2009 年	0.375	-0.087	-0.891	-0.718	-0.920	-0.288	0.263	0.183	0.557	-0.340
2010 年	0.312	-0.121	-0.896	-0.752	-0.922	-0.261	0.311	0.173	0.538	-0.853
2011 年	0.274	-0.236	-0.900	-0.790	-0.906	-0.223	0.360	0.177	0.565	-0.910
2012 年	0.193	-0.259	-0.899	-0.820	-0.916	-0.223	0.391	0.193	0.595	-0.960
2013 年	0.144	-0.267	-0.903	-0.806	-0.892	-0.227	0.418	0.188	0.616	-0.968
2014 年	0.115	-0.236	-0.889	-0.804	-0.864	-0.176	0.398	0.193	0.636	-0.947
2015 年	0.071	-0.271	-0.876	-0.753	-0.841	-0.137	0.489	0.216	0.630	-0.951

数据来源：根据联合国商品贸易统计数据收集和计算整理，http：//comtrade.un.org。

由表 2 可以得出，哈国国内市场 SITC1（饮料及烟类）、SITC4（动植物、油脂及蜡）、SITC7（机械及运输设备）、SITC8（服装及附件、鞋靴、仪器、器材等）基本为进口商品所占据，在 SITC2（非食用原料）、SITC3（矿物燃料、润滑油及有关原料）上拥有明显的国际市场竞争优势，哈国的国内产业结构具有较为明显的分化。根据指标的年度变化趋势，哈国在 SITC1（饮料及烟类）及 SITC8（服装、鞋靴、器材等）轻工类制品上，进口商品的国内市场占有度呈现下降趋势，说明哈国的产业结构有所健全，但是就整体情况而言，哈国的产业结构特征没有明显改善。

中国的产业结构发展相对均衡，但是在 SITC2（非食用原料）、SITC3（矿物燃料、润滑油及有关原料）存在的进口依赖。在劳动密集型产品 SITC8（服装、鞋靴、器材等）上拥有较为明显的竞争优势。根据指标的年度变化趋势，中国在 SITC6（制成品）、SITC7（机械及运输设备）、SITC8（服装、鞋靴、器材等）国内市场占有率呈现持续上升趋势，证明中国上述产品的国内市场竞争力持续上升。但是值得关注的是，在 SITC0（食品）中，进口商品国内市场占有率持续上升，这说明中国粮食进口依赖度有所上升。

由上述分析可以得出，基于国际贸易视角的中哈两国产业结构仍然具有较强互补性，中哈两国深化经贸合作的内生动力并未发生改变。

（二）影响中哈两国贸易发展的外部影响因素分析

根据对中哈两国贸易特化系数的分析，两国间国际贸易产业结构的互补性并未发生改变。2013—2016 年，中哈两国贸易额持续下降，更多的是受到外部环境变化带来的短期冲击。对影响因素进行定性分析，可以归纳为以下三点：

一是国际市场能源价格持续走低导致中国自哈进口贸易额大幅下降。从 2011 年起，国际市场原油价格进入下行周期，以纽约布伦特原油价格为例，2017 年价格较 2011 年跌幅达到 54%。中国对哈进口商品主要是原油、铁矿砂及精矿、未锻造铜及铜材等资源型产品，其中原油占比一度达到 70% 以上，原油价格的持续走低导致中国自哈进口贸易额降幅明显。2016 年中国自哈进口总额为 48.04 亿美元，较 2013 年峰值降幅达到 70.1%，高于贸易总额降幅 16 个百分点。

二是哈货币坚戈大幅贬值对中哈贸易造成不利影响。自 2014 年起，哈货币坚戈连续出现大幅贬值。2014—2016 年，坚戈贬值幅度高达 111.6%。特别是 2014 年 2 月、2015 年 8 月、2015 年 11 月，坚戈分别出现 19.3%、30%、32.8% 的短期内大幅贬值。坚戈大幅贬值造成哈方客商和消费者购买力下降，中国出口企业订单减少。同时导致我国对哈出口的劳动密集型产品竞争力下降，利润空间进一步缩小，劳动密集型产品鞋类、纺织品出口降幅明显。以中国出口哈萨克斯坦服装类产品为例，2015 年中国服装产品对哈出口额为 11.57 亿美元，较 2014 年同比大幅下降 56.7%。

三是俄白哈关税同盟对中哈贸易产生冲击。2006年8月，俄罗斯、白俄罗斯、哈萨克斯坦三国建立关税同盟。2010年，关税同盟对外统一关税，形成区域内的关税共同体。成员国之间陆续取消关税，促进了联盟内的双边贸易。从贸易数据看，由于关税同盟建立后的贸易转移效应，对中哈贸易造成一定的冲击。2010年当年，中哈贸易额在同比增长51.3%的前提下，在哈国国际贸易中的占比却下降0.43%。但是由于关税同盟国内部产业互补性较弱（见表3），联盟内的贸易创造效应难以充分发挥，对中哈两国贸易的影响力有限。

表3　2010年[①]关税同盟成员国的贸易紧密度指数和贸易互补性指数

	俄罗斯		白俄罗斯		哈萨克斯坦	
	白俄罗斯	哈萨克	俄罗斯	哈萨克	俄罗斯	白俄罗斯
贸易紧密度	20.12	13.34	24.41	9.11	3.26	0.32
贸易互补性	0.38	0.07	0.31	0.52	0.36	0.25

数据来源：根据联合国商品贸易统计数据收集和计算整理，http://comtrade.un.org。

三、对中哈两国贸易发展的趋势判断

（一）"丝绸之路经济带"建设与"光明之路"规划为两国经贸发展构建了顶层设计

2014年11月11日，哈总统纳扎尔巴耶夫发表题为《光明之路——通往未来之路》的国情咨文。正式提出了"光明之路"新经济计划，其核心是加快哈国交通道路、工业、能源、公共事业、住房、公共事业等基础设施建设计划。2016年9月，中哈签署《"丝绸之路经济带"建设与"光明之路"新经济政策对接合作规划》，成为"一带一路"框架下签署发布的第一个双边合作规划。2017年6月，习近平总书记访哈期间，中哈发布联合声明，强调"一带一路"建设和"光明之路"新经济政策相辅相成，将促进两国全面合作深入发展，两国将以此为契机进一步加强产能和投资合作。

（二）世界经济形势的改善为两国经贸创造了良好外部环境

根据IMF、世界银行、联合国上半年最新报告，预计2017年全球经济

---

① 2010年关税同盟正式运行。

增长为 2.7%—3.5%，大宗商品价格有所反弹，新兴市场和发展中国家经济企稳回升。在外部环境稳定向好的前提下，两国的经贸规模将会逐步回升，经贸结构将更趋合理。

（三）中哈两国经贸互补性为两国经贸发展提供内在动力

基于比较优势的中哈两国贸易互补性分析。在国际贸易经验中，产业结构的互补性并不一定能够转化为两国开展贸易的动力，还受到政策、地理、贸易环境等多方面的制约。为进一步明确由中哈两国资源禀赋差异化所决定的贸易产品国际竞争力，是否转化为现实的贸易动力，并对中哈经贸发展趋势进行预判。本文采用贸易互补性指数对中哈两国贸易互补性进行分析。

对于衡量两国间的贸易互补关系，理论界存在不同的观点看法。第一种情况是基于两国间的资源优势和产业结构存在互补关系，就可以认为两国间存在贸易互补。第二种情况是基于两国在国际市场中的贸易结构存在互补关系，就认为两国之间存在贸易互补。第三种情况是两国间存在产业内部的贸易互补。这三种情况侧重点有所不同，但是有一点是明确的，证明存在贸易互补关系的前提是两国间具有贸易量进行支撑。中哈两国建交以来，贸易量的大幅度攀升，已经从侧面证明了两国之间存在贸易互补。在贸易产业结构互补性分析的基础上，为进一步明确由中哈两国资源禀赋所决定的贸易产品国际竞争力，是否转化为两国的贸易动力，本文采用贸易互补性指数对中国与哈萨克斯坦的贸易互补性进行分析。贸易互补性指数的计算公式可以表示为：$C_{ij} = \sum (RCA_{xik} * RCA_{mjk}) * (W_k/W)$，其中，测算贸易的产品互补性，互补的程度用 $RCA_{xik} * RCA_{mjk}$ 的值表示。在多种行业（产品）贸易存在的情况下，两国的贸易互补性指数用各行业的互补性指数的加权平均进行计算，加权系数为世界贸易中各种产品的贸易比重（W_K/W），其中 W_K 表示 k 类产品的各国贸易总额，W 表示世界所有产品的贸易额。C_{ij} 代表 i 国与 j 国的综合贸易互补性指数，它是所有产品的贸易互补性指数的加权平均值，加权系数为世界贸易中各类产品的贸易比重。

根据计算可得（据表4）以下结论：

一是以哈国为出口计算中哈两国的贸易互补性指数，在 2012 年之前整体呈现上升趋势，2012 年之后连续两年出现下降，2015 年指数有所回升。对原因进行分析：在 2012 年之前，哈中贸易互补性指数持续上升，在于哈国对中国出口商品主要为非食用原料和矿物资源，中国对上述商品需求具有刚性特征。2012年之后，伴随国际市场能源价格持续走低以及新能源的大规模使用，两国的矿产品贸易互补性有所减弱。2015年贸易互补性有所提升，主要受益于SITC3（矿产品）、SITC5（化学品）、SITC6（制成品）的贡献，一定程度体现出两国贸易结构有所改善，向产品结构多样化的良性发展。

二是以中国为出口计算中哈两国贸易互补性指数，2007—2010年有所下降，2011年之后则呈现稳步的上升趋势，2015年达到历史最高点。具体分析原因，以中国为出口的中哈贸易互补性指数，受2008年全球性金融危机影响以及欧亚经济联盟建立的原因，在2010年有所放缓，其后贸易互补性稳步上升。特别是在2013年之后，在中哈两国贸易量大幅下滑的背景下，在SITC5（化学品及有关产品）、SITC6（制成品）、SITC7（机械及运输设备）、SITC8（杂项制品）方面，中国对哈的出口商品贸易互补性指数明显提升，证明两国整体贸易结构有所改善，贸易产品呈现多样化，中国出口商品能够更好地满足两国贸易需求。

表4 2007—2015年中哈两国贸易互补性指数测算

| 以哈国为出口计算中哈两国贸易互补性指数 ||||||||||
SITC	2007年	2008年	2009年	2010年	2011年	2012年	2013年	2014年	2015年
0	0.12	0.13	0.76	0.94	0.91	1.58	1.22	1.17	1.64
1	0.13	0.20	0.09	0.10	0.34	0.47	0.45	0.49	0.98
2	3.66	4.68	3.56	2.78	5.23	4.54	3.00	2.87	2.32
3	2.56	2.63	2.39	2.50	3.67	3.50	3.30	3.33	4.06
4	0.46	0.32	0.47	0.48	0.66	1.07	0.78	0.83	1.02
5	1.80	1.90	2.06	2.28	2.71	2.91	2.16	1.94	2.95
6	6.40	6.04	5.29	4.60	6.98	6.95	3.74	3.58	4.31
7	0.42	0.44	0.17	0.12	0.27	0.42	0.35	0.50	0.23
8	0.05	0.05	0.04	0.04	0.18	0.41	0.13	0.11	0.17
9	0.07	0.10	0.08	0.49	1.55	1.33	0.77	0.54	0.50
综合	1.57	1.65	1.49	1.43	2.25	2.32	1.59	1.54	1.82
以中国为出口计算中哈两国贸易互补性指数									
SITC	2007年	2008年	2009年	2010年	2011年	2012年	2013年	2014年	2015年
0	2.75	2.51	2.21	1.42	1.85	2.00	1.82	2.68	3.26

续表

以中国为出口计算中哈两国贸易互补性指数									
1	0.63	0.59	0.51	0.23	0.64	0.76	0.68	1.06	1.48
2	0.53	0.40	0.27	0.12	1.26	1.36	1.37	1.07	1.16
3	0.52	0.55	0.39	0.15	0.19	0.17	0.19	0.15	0.33
4	0.08	0.04	0.10	0.04	0.10	0.10	0.10	0.18	0.30
5	1.92	2.15	1.73	1.14	1.34	1.59	1.56	2.42	2.93
6	10.06	11.62	11.97	3.81	4.63	7.16	7.42	9.34	13.00
7	8.42	7.84	7.13	3.67	4.20	5.42	5.19	7.34	7.25
8	7.07	6.24	5.74	3.95	6.84	7.14	7.21	10.95	10.34
9	0.02	0.01	0.03	0.01	0.03	0.03	0.02	0.04	0.02
综合	3.20	3.19	3.01	1.45	2.11	2.57	2.56	3.52	4.01

数据来源：根据联合国商品贸易统计数据收集和计算整理，http://comtrade.un.org。

基于上述因素，中哈两国的贸易规模将会逐步回升，贸易结构将更趋合理。未来如何发挥各自优势，进一步加强合作，形成两国间良好的贸易互动，是应当重点关注的问题。

四、结论和启示

本文从实证角度分析了中哈两国双边贸易的发展趋势、比较优势和贸易互补性，并得出如下结论：

第一，中哈两国资源禀赋所决定的两国贸易产业结构具有明显差异性，哈国在矿产资源领域拥有比较优势，中国在部分资本和技术密集型制成品上具有比较优势，为两国的经贸合作奠定了基础。根据对贸易特化系数的测算，两国间的贸易互补关系并未发生改变。两国间贸易结合度的下降更多的是由于国际市场能源价格走低，中国对哈国的能源进口额下降以及2014年哈国货币坚戈大幅贬值所造成的短期冲击。

第二，中哈两国作为连接东亚、中亚区域的重要经贸合作伙伴，资源禀赋、产业结构的差异化为两国经贸合作提供了内生动力。伴随外部环境的改善，中哈两国的贸易规模将会逐步回升，贸易结构将更趋合理。

第三，哈萨克斯坦位于"丝绸之路经济带"的重要枢纽地位。"光明之路"与"丝绸之路经济带"的有效对接，将为两国加强经贸合作创造新的契机。中国企业应当加强对哈国市场的重视，根据哈国产业政策发展方向，有针对性地开展双边经贸合作，形成两国贸易的良性互动。哈国是中国西部的重要邻国，在中国能源供给中位于重要地位，在世界能源市场不景气的情况下，中国应更加有侧重地加强中哈能源产业合作，健全能源合作全产业链布局，建设中国西部的能源保障体系。

第四，从长远看，仅仅依靠互补关系开展中哈经贸合作的潜力有限，也不符合两国的长远利益。未来中哈经贸合作应突破互补性框架的限制，努力拓展新的合作空间，重点推进科技、投资与服务领域的全方位合作。重点关注交通、能源、水利、农业等具有民生效应和经济效应的合作项目，实现贸易、投资双轮驱动。

参考文献

［1］李福川：《俄白哈关税同盟及对上海合作组织的影响》，《俄罗斯中亚东欧市场》2011 年第 7 期。

［2］哈萨克斯坦统计局，http：//www. stat. kz。

［3］联合国贸易统计数据库，http：//www. un comtrad. database. orz。

［4］张杰、张洋：《浅析中哈油气资源合作及其对西部大开发的影响》，《俄罗斯中亚东欧市场》2013 年第 2 期。

［5］陈锐、李泽华：《人民币与小币种汇率挂牌问题研究——以人民币与哈萨克斯坦坚戈汇率挂牌为例》，《金融发展评论》2011 年第 8 期。

［6］刘遵乐：《哈萨克斯坦引资政策调整及对策建议》，《俄罗斯中亚东欧市场》2013 年第 3 期。

［7］新疆金融学会课题组：《2012 年上半年中亚五国经济金融形势分析及趋势预测》，《金融发展评论》2012 年第 8 期。

［8］崔炳强：《关于正确看待新疆对中亚国家比较优势的分析》，《黑龙江对外经贸》2006 年第 8 期。

［9］杨恕：《转型的中亚和中国》，北京大学出版社 2005 年 6 月版。

［10］《哈萨克斯坦共和国内贸发展社会经济指标》，驻哈萨克斯坦使馆经商参处，上海合作组织经济合作网。

［11］陈玉荣：《中国与中亚地区经济合作》，《国际问题研究》2004 年第 4 期。

［12］张庆萍、朱晶、李红：《中国对哈萨克斯坦通关便利化建设》，《俄罗斯东欧中亚市场》2013 年第 3 期。

[13] 陈建国、杨涛:《中国对外贸易的金融促进效应分析》,《财贸经济》2005 年第 1 期。

[14] 庞秀萍、陈锐、刘遵乐:《中哈比较优势和贸易互补性的实证分析及相关建议》,《西部金融》2013 年第 12 期。

中俄经贸合作的成长空间与方向选择

徐坡岭[*]

在很长一段时间里,一直有一种说法认为,中国的政治合作高于经济合作,而且经济合作的水平跟中俄两国的伙伴关系是不相符的。中俄经贸合作我们下了很多的功夫,但是经常发现很难达到一些目标。以下从三个方面来分析:

一是中俄经贸合作 2017 年的现状。从数据上来讲,中俄经贸合作现在是重回成长轨道。

	2015 г.	2016 г.	темп 2016/15	место	I полугодие 2016 г.	I полугодие 2017 г.	темп I полугодие 2017/16
ОБОРОТ	526 261,4	467 941,1	-11,1%		209 377,4	268 634,0	28,3%
КИТАЙ	63 553,1	66 123,3	4,0%	1	28 342,3	38 380,1	35,4%
ГЕРМАНИЯ	45 791,9	40 709,9	-11,1%	2	18 408,8	22 871,4	24,2%
НИДЕРЛАНДЫ	43 944,4	32 281,9	-26,5%	3	15 475,3	20 617,8	33,2%
БЕЛОРУССИЯ	24 218,9	23 844,0	-1,5%	4	11 309,0	13 866,7	22,6%
ИТАЛИЯ	30 613,6	19 813,0	-35,3%	5	9 204,7	11 250,1	22,2%
СОЕДИНЕННЫЕ ШТАТЫ	20 909,9	19 972,0	-4,5%	6	8 760,1	10 694,8	22,1%
РЕСПУБЛИКА КОРЕЯ	18 051,9	15 118,9	-16,2%	7	6 547,8	9 798,7	49,6%
ТУРЦИЯ	23 340,6	15 742,8	-32,6%	8	7 000,3	9 349,8	27,5%
ЯПОНИЯ	21 302,5	16 036,7	-24,7%	9	7 350,9	8 447,2	14,9%
КАЗАХСТАН	15 569,5	13 208,6	-15,2%	10	5 857,7	8 086,8	38,1%

图 1 2015—2017 年上半年中俄贸易变动情况

数据来源:俄罗斯经济发展部。

图 1 表明,在俄罗斯的前十大贸易伙伴里面中国排第一位,第一位的位置是 2011 年确定的。2016 年俄罗斯与除中国之外的贸易伙伴国的贸易增速都是下降的,只有与中国的贸易额是增长的,增长 4%。2017 年上半年跟 2016 年相比,俄罗斯整体的对外贸易增长了 28.3%,但是与中俄之间的贸易增长了 35.4%。这里需要指出的是,这种增长本质上是价值形态和市场份额的双重回归。为什么这样讲?因为俄罗斯整体对外贸易有这样

---

[*] 徐坡岭,中国社会科学院俄罗斯东欧中亚研究所研究员。

一个特点,就是价值形态基本上是"过山车"的形态,物质形态增长是比较稳定的。从俄罗斯经济部给出的统计数据看,2017年上半年,俄罗斯的对外贸易从物质形态看,不管是非能源部门还是能源部门,其成长都是比较平稳的。2011年至2017年上半年,物质形态的出口增速分别是1.2%、4.9%、1.4%、4.8%、3.5%和4.6%,但是价值形态的进口增速则是1.5%、0.5%、-5.7%、-30.9%、-16.8和29%,进口增速在物质形态和价值形态上也表现出相应的背离,这些年份物质形态的进口增速分别是0.3%、3.3%、-1.5%、-21.9%、-3.1%和17.1%,但价值形态的进口增速则分别为3.7%、-0.7%、-8.9%、-36.3%、-0.2%和27.1%。

所以说在俄罗斯的经济对外贸易方面,物质形态和价值形态的背离是其对外贸易一个主要的特征。它反映的是俄罗斯卢布汇率的变化,卢布汇率的变化在贬值的时候,在物质形态的出口是一直增加的,但价值形态是下降的。与此同时,因为卢布贬值,购买力下降,进口在物质形态和价值形态上都表现为减少,但价值形态的进口波动幅度更大。当卢布稳定的时候进口马上就回升,这个时候出口的弹性还没有显示出来,所以继续下降。考虑汇率因素的影响,2009年和2014年俄罗斯对外贸易的波动正好跟它的卢布汇率的变化是相一致的。

在这种情况下,我们在考察中俄之间经贸合作的时候会发现,在过去的中俄经贸合作方面存在着三个天花板,物质形态和价值形态结构的影响也主要是在三个天花板上:比例天花板,价值总量、物质总量的天花板,以及结构的天花板。

图2 1995—2016年对俄贸易占中国外贸的比重

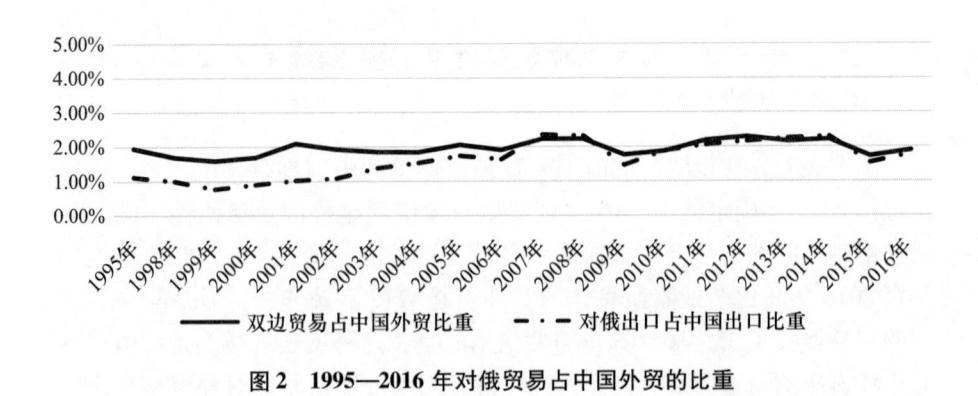

图2是1995年到2016年对俄贸易占中国对外贸易的比重。上面的实

线是一个总比重,这个总比重最高的年份,对俄贸易占中国对外贸易总额的 2.28%,在很多年份都没有超过 2.0%。下面这条虚线在后面与实线重合了。这是一个中国对俄出口占中国总出口额的比重。这个比重前期的分离说明俄罗斯市场对于中国非常的不重要。不管怎么说,俄罗斯作为经贸伙伴,它在中国整个对外贸易中的地位是比较低的,2% 的比重,在中国的经济成长的边际突破方面基本上没有存在感。

反过来,有一个总量天花板,这个天花板主要是由俄罗斯方面的供给和吸引能力决定的。图 3 是中俄贸易占俄罗斯外贸总额的比重,这比重是持续上升的,到 2016 年的时候中国的经贸合作占俄罗斯经贸比重已经占到 14.6%,这样高的比重说明中国的市场和中国的需求因素对俄罗斯经济增长影响非常大,因为在中俄经贸合作里面俄罗斯一直是顺差状态。

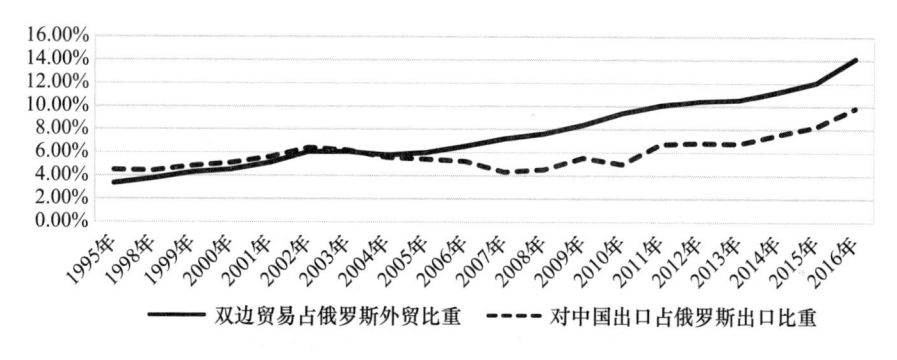

图 3　1995—2016 年中俄贸易占俄罗斯外贸总额的比重

这里面有一个问题,俄罗斯能否继续扩大对中国的出口,能不能继续扩大对中国的购买?这是问题的关键。在这里面强调两个方面的特点:第一个是比例足够大,这个足够大已经持续了五年,中国是俄的第一大经贸伙伴;第二在贸易总量方面,两国领导人一直期望达到一些目标,但这个目标经常被现实所遏制,没有达到,比如 2000 年当时设计是 200 亿美元,2015 年设计的是 1000 亿美元,现在一个新的目标是 2020 年达到 2000 亿美元。如果进出口的物质形态上没有一个大的飞跃进步,同时俄罗斯的卢布没有大幅度升值,这样一个目标是很难实现的,价值形态目标的实现需要汇率调整。

如果观察中俄经贸总额的结构形态,则可以发现,中俄经贸合作的成长还有一个结构天花板的限制。在中俄贸易里面,俄罗斯 2016 年能源原材料和木材的出口，占对中国出口总量的80%，2016年是79%，能源和木材是最主要的，如果突破的话这个地方应该有所变化，但是可以看到俄罗斯在2015年的时候能源开采总量已经达到5.34亿，2016年计划开采已经实际达到也是5.4亿，这已经是一个历史峰值了。在5.4亿吨的总开采量中，用于出口的量是2.56亿吨，出口到中国的是5400万吨，也就是说，开采量的10%，出口量的20%以上出口到中国了。就这样一个总的开采总量和出口量而言，俄罗斯能否继续提高原油的生产能力和供货能力是有疑问的。我们认为从经济规律来讲是比较难的。另外，从俄罗斯的进口能力来看，中国对俄罗斯的出口要出现一个大幅度的飞跃，这也是很难的。另外就是中俄的军贸合作，军贸合作已经达到了一个顶点，武器系统的购买，最终产品的购买已经不是中俄合作的重点，重点是两国的技术合作。

因此，未来中俄贸易，无论物质总量增长和价值总量增长都存在天花板限制。同时，这种天花板还表现出结构因素的限制。而且，由于俄罗斯的供给吸收能力原因，也存在着中俄贸易在中国对外贸易中的占比难以大幅度提升的限制。

在这种情况下，中俄经贸合作成长空间在什么地方？从贸易和产业结构看，在中俄经贸合作未来成长空间里面有一个很重要的东西，那就是在中国过去经济增长里面，在中国的主导产业中，俄罗斯没有存在感，不管是我们发展白色家电或是发展汽车或是发展网络和智能，这个时候俄罗斯在这些方面既没有投资也没有增长。另一方面，我们购买了俄罗斯的天然气，但对于战略部门的投资问题，俄罗斯一直很敏感，不欢迎对于债权型投资。就是说你这个钱可以来，人最好不要参与进来。因此，中国在俄罗斯的战略企业和主导产业里面也没有存在感。中俄经贸合作的相互存在感只体现在购买最终产品方面。正是因为这一点，两国的主导产业结合度非常低，缺少价值链分工和中间产品贸易。中间产品贸易缺乏，从另一方面说明，中俄经贸合作最主要的特点就是产业间贸易。这种贸易形式一方面容易发生贸易转向，就是被第三方替代；另一方面，它会受到双方购买力和供给能力的限制。

那么，中俄经贸的突破点在什么地方？我认为应该在以下几个方面做一些思考：一个就是产业内合作，我认为经济增长主要是产业边际的突破，中国正在寻找第四个增长时期的主导产业，俄罗斯下一步经济增长的主要产业在什么地方？这个主导产业的结合对于中俄的经贸合作非常重要。第二个就是要推动这种产业内合作，必须在投资方面有实质性的进步。这种投资方面的实质性的进步不能停留在大项目和基础设施方面，不能停留在政府协议方面。如何做？应该可以在区域合作和企业合作层面寻找突破口，包括主导产业里大型项目的上下游的合作和一体化，还有产业园的合作，这个可能是我们今后需要努力的方向。

区域合作：上海合作组织与"丝绸之路经济带"建设

章自力[*]　韦进深[**]

作为新时期中国地缘经济理念的重要规划，"一带一路"倡议引起了国际社会的重大关注，多数国家支持"一带一路"倡议构想，反映积极。但部分国家对此持怀疑态度，担心受到排挤甚至对抗。冷战结束后，中国与国际社会的互动日益频繁和紧密，对国际事务的参与程度不断提高，并在此过程中，逐渐形成了有关国际关系新的理念和看法。从中国与国际社会互动的实践和"一带一路"相关文件看，中国并没有地缘政治的目标和计划，而是出于地缘经济的考量规划"一带一路"建设。并且和西方传统地缘经济思想相比，中国的地缘经济理念并非强调竞争和对抗，而是强调合作与共赢，是一种合作型的地缘经济思想。本文在梳理中国区域合作的理念及实践的基础上，对"丝绸之路经济带"在新时期中国区域合作中的作用及其实践路径展开评析，并在此基础上就扩员后的上合组织如何在"丝绸之路经济带"建设中发挥作用提出建议。

一、中国的区域合作理念及实践

经济全球化和区域一体化的发展塑造了中国的地缘经济空间。改革开放40年的实践证明，中国的和平发展道路并没有选择以对抗性的零和博弈为主要特征的地缘政治思想，也不是强调经济上竞争和对抗的西方地缘经济思想，而是在改革开放的实践中逐渐形成了具有自身特点的区域合作新思维，这种区域合作新思维在理念上主要包括以下内容。

（一）在世界政治新形势下坚持互信、互利、平等、协作的新安全观

安全是和平与发展的前提，也是和平与发展的保障。冷战结束后，世界和平不仅面临来自战争、冲突、军事对抗、军备竞赛等传统安全的威胁，也面临来自恐怖主义、民族分裂主义、极端宗教主义以及环境污染、

---

[*] 章自力，上海外国语大学俄罗斯研究中心常务副主任。
[**] 韦进深，上海外国语大学俄罗斯研究中心助理研究员。

跨国犯罪、粮食安全等非传统安全的威胁。这种安全内涵的扩大要求安全思维和维护安全方式的更新。在此背景下，中国倡导互信、互利、平等、协作的新安全观，寻求实现综合安全、共同安全、合作安全。① 关于地区安全，2014 年 5 月 21 日，中国国家主席习近平在上海举行的亚信峰会上的主旨讲话中指出，"应该积极倡导共同、综合、合作和可持续的亚洲安全观。"②

（二）在对外经济交往中坚持互惠共赢的经济发展观

自加入世界贸易组织以来，中国主张主要经济体之间应协调宏观经济政策，通过协商妥善解决经贸摩擦。中国是推动世界范围内贸易和投资自由化、便利化的主要力量，多哈回合谈判的坚定支持者。在地区层面，中国始终奉行睦邻友好的地区合作观，主张"密切经贸往来和互利合作，推进地区经济一体化进程，完善现有区域次区域合作机制，对其他区域合作构想持开放态度，欢迎地区外国家在促进地区和平与发展中发挥建设性作用"③。这表明，中国的地缘经济主张，并非是排他性的，而是包容性的。中国是国际经济贸易多边制度的受益者，也是国际公共产品和地区公共产品的提供者。中共十八大报告明确指出："我们将坚持与邻为善、以邻为伴，巩固睦邻友好，深化互利合作，努力使自身发展更好惠及周边国家。"习近平同志将中国周边外交理念概括为"亲、诚、惠、容"，在对外经济交往中，则体现在中国本着互惠互利的原则同周边国家开展合作，从同周边国家共同发展中获得助力，同时让中国发展更好地惠及周边。

（三）在承担国际责任方面坚持正确的义利观

中国经济的发展和与外部世界相互依赖的加深推动着中国国际责任意识的深化。作为世界上最大的发展中国家，中国明确提出，"作为国际社会负责任的国家，中国遵循国际法和公认的国际关系准则，认真履行应尽的国际责任……随着综合国力的不断增强，中国将力所能及地承担更多国际责任。"④ 中共十八大报告进一步提出："我们将加强同广大发展中国家

---

① 《中国的和平发展》白皮书，新华网，http：//news.xinhuanet.com/politics/2011 - 09/06/c_121982103_4.htm。

② 习近平：《积极树立亚洲安全观 共创安全合作新局面——在亚洲相互协作与信任措施会议第四次峰会上的讲话》，新华网，http：//news.xinhuanet.com/world/2014 - 05/21/c_126528981.htm。

③ 《中国的和平发展》白皮书，新华网，http：//news.xinhuanet.com/politics/2011 - 09/06/c_121982103_4.htm。

④ 《中国的和平发展》白皮书，新华网，http：//news.xinhuanet.com/politics/2011 - 09/06/c_121982103_4.htm。

的团结合作,共同维护发展中国家正当权益,支持扩大发展中国家在国际事务中的代表性和发言权,永远做发展中国家的可靠朋友和真诚伙伴。"①针对世界形势的新发展和中国外交的新任务,习近平同志提出中国的外交要坚持正确的义利观,强调了中国是发展中国家和国际社会负责任成员的身份定位。在对外行为中坚持正确的义利观,是中国合作型地缘经济思维的重要内容。

(四)在人文交往中坚持包容互鉴的文化交往和文明对话观

在对外交往中,中国一贯倡导尊重文化的多样性,提出了包容互鉴的文化交往和文明对话观,即"尊重世界文明多样性、发展道路多样化,尊重和维护各国人民自主选择社会制度和发展道路的权利,相互借鉴,取长补短,推动人类文明进步"②。人文合作是中国合作型地缘经济思维的重要内容,也是中国对外交往的重要内容。在阐述"丝绸之路经济带"重要战略构想时,习近平同志明确指出:"只要坚持团结互信、平等互利、包容互鉴、合作共赢,不同种族、不同信仰、不同文化背景的国家完全可以共享和平,共同发展。"③ 在 2015 年博鳌亚洲论坛的主旨演讲中,习近平代表中国倡议召开亚洲文明对话大会,推动各国青少年、社会团体、智库的交流合作。

(五)在促进国际社会发展中倡导构建"人类命运共同体"

中国提出了构建以合作共赢为核心的新型国际关系,打造"人类命运共同体",构建共商、共建、共享的全球治理体系等一系列新理念新主张,为促进世界和平与发展贡献了中国智慧,提出了中国方案。

1. 中国区域合作的实践

主要经济伙伴及其所在地区构成中国地缘经济的现实空间,其他地区则是中国地缘经济可以拓展的潜在空间。中国合作型地缘经济战略在实践上表现为在全球地缘经济空间和亚洲地区地缘经济空间的拓展上,前者体现在参与全球经济体系(全球贸易体系、全球投资体系、国际金融体系等)和与主要经济伙伴国(地区)的互动,后者体现在区域公共产品的提

---

① 胡锦涛:《坚定不移沿着中国特色社会主义道路前进 为全面建成小康社会而奋斗——在中国共产党第十八次全国代表大会上的报告》,新华网,http://www.xj.xinhuanet.com/2012-11/19/c_113722546.htm。

② 胡锦涛:《坚定不移沿着中国特色社会主义道路前进 为全面建成小康社会而奋斗——在中国共产党第十八次全国代表大会上的报告》,新华网,http://www.xj.xinhuanet.com/2012-11/19/c_113722546.htm。

③ 习近平:《弘扬人民友谊 共创美好未来——在纳扎尔巴耶夫大学的演讲》,新华网,http://news.xinhuanet.com/world/2013-09/08/c_117273079.htm。

供和经济伙伴国（地区）的互动。在拓展中国的地缘经济空间的过程中，中国合作型的地缘经济战略取得了一定的成功，但也面临不小的挑战。

在全球地缘经济空间层面，从参与全球经济体系看，自2001年加入世界贸易组织以来，中国进出口总额逐年攀升。2013年，中国货物进出口总额为4.16万亿美元，其中出口额2.21万亿美元，进口额1.95万亿美元，[①]中国成为世界第一贸易大国。从全球投资结构看，2014年，中国对外投资规模近1400亿美元，实际利用外资规模近1200亿美元，中国实际对外投资已经超过利用外资的规模，成为资本的净输出国。从参与国际金融体系看，中国在国际货币基金组织和世界银行中的影响力由于中国经济发展而有所提高，2010年4月，世界银行通过投票权改革方案，中国在世界银行的投票权从2.77%提高到4.42%，成为世界银行第三大股东国，仅次于美国和日本。2010年11月，国际货币基金组织通过份额改革方案，中国的基金份额从3.72%升至6.39%，投票权也相应从3.65%升至6.07%，同样位列美国和日本之后。在国际金融问题治理上，2008年金融危机爆发后，作为"国际经济合作的主要平台"的二十国集团（G20）在国际金融问题治理中作用日益重要，作为G20成员国，中国在G20的机制化建设和国际金融问题治理中扮演了重要角色。

从与主要经济伙伴的互动看，中国的主要贸易伙伴（亚洲国家和地区除外）为欧盟、美国、澳大利亚、巴西、俄罗斯等，主要贸易地区为西欧地区、北美地区、南美地区、大洋洲和独联体地区，这些国家和地区构成了中国全球层面的主要地缘经济空间。2013年，中国与欧盟、美国的贸易额均超过了5000亿美元，中国与整个非洲的贸易额超过2100亿美元，与澳大利亚的贸易额超过1300亿美元，与巴西、俄罗斯的贸易额不到1000亿美元。[②] 这表明，在拓展全球地缘经济空间上，中国严重依赖西欧、北美地区，而南美洲、大洋洲和独联体地区是中国有待进一步拓展的全球地缘经济空间。

在亚洲地区地缘经济空间层面，从提供区域性公共产品看，在安全领域，中国是亚洲安全机制的重要参与者，是上合组织的重要成员国，长期致力于上合组织的发展。此外，中国积极参与东盟地区论坛和亚信峰会等地区安全对话机制，并在亚信峰会第四次会议上倡导共同、综合、合作和可持续的亚洲安全观。在贸易领域，中国是《亚太贸易协定》的成员国，

---

① 世界贸易组织统计数据库，http：//stat.wto.org/Home/WSDBHome.aspx? Language = 。
② 世界贸易组织统计数据库，http：//stat.wto.org/Home/WSDBHome.aspx? Language = 。

中国积极推动和亚洲国家（地区）的自贸区建设，目前已经建成中国—东盟、中国—巴基斯坦、中国—新加坡自贸区。2015 年 2 月，中韩自贸区谈判全部完成。此外，中国—海合会自贸区、中国—斯里兰卡自贸区谈判正在进行。中国积极参与亚洲开发银行、亚太经济合作组织、以东盟为核心的"10＋3"机制等亚洲地区层次上的主要经济制度，并在其中发挥了重要的作用。中国创建了博鳌亚洲论坛，与邻国共同提出了澜沧江—湄公河次区域经济合作计划、图们江流域开发计划等。

从与亚洲主要经济伙伴关系的互动看，中国在亚洲的主要贸易伙伴为东盟、日本、韩国等。2013 年，中国与东盟国家双边贸易额 4436 亿美元，与日本贸易额 3125 亿美元，与韩国贸易额 2742 亿美元，与中东地区国家的双边贸易总额近 3000 亿美元。① 这表明，日本、韩国、东盟国家、中东地区以及包括港澳台地区在内的大中华经济圈构成了中国在亚洲地区的主要地缘经济空间，而南亚地区、中亚地区、南太平洋地区等是中国在亚太地区地缘经济空间的拓展方向。

2. 中国区域合作的威胁与挑战

中国的区域合作具有合作性和层次性的特征。冷战结束后，得益于经济全球化和区域一体化的发展，中国区域合作无论在全球层面还是在地区层面均取得了巨大的成功。但是中国区域合作面临的挑战和威胁也是客观存在的，尤其是随着中国经济进入增速阶段性回落的新常态，这种挑战和威胁对于中国经济发展的影响日益严重。

(1) 外部世界对中国区域合作理念的质疑

尽管全球化加深了各国间的相互依赖，但中国经济的发展和影响力的扩大往往引起国际社会"中国威胁论"的渲染。一方面，美国等西方国家往往从零和博弈的冷战思维出发看待中国正常的对外经济行为，认为中国拓展地缘经济空间是一种对抗性的地缘政治"争夺战"，或者是进行资源掠夺和抢占市场的"新殖民主义"，最终目的是与西方国家相抗衡，争夺国际事务和地区事务的领导权。另一方面，中国的周边国家和一些较小的经济伙伴国也对中国的合作倡议和经济行为抱有戒心，担心对本国产业部门造成冲击或者过度依赖中国而成为中国经济的"附庸"。这表明国际社会对于中国合作型地缘经济的理念缺乏足够的了解。在拓展地缘经济空间的过程中，中国应进一步做好价值沟通和增信释疑工作，宣传中国经济行为理念，从而为中国经济外交奠定良好的经济人文基础。

---

① 世界贸易组织统计数据库，http：//stat.wto.org/Home/WSDBHome.aspx? Language =。

(2) 中国经济的高敏感性和高脆弱性使中国区域合作存在风险

中国在总体上采取的是外向型的经济发展道路，对国际市场高度依赖，中国对外贸易依存度长期在60%以上，并且中国贸易对象过于集中，2013年，中国与前十大贸易伙伴的进出口总额占了中国外贸进出口总额的70%以上。以上数据表明，中国经济是一种依赖经济，一方面对世界和地区性的经济制度（贸易、投资、金融等）存在结构性依赖，另一方面是对全球层面的北美、西欧和地区层面的东盟、日韩的市场依赖。这种贸易的高依赖度决定了中国经济的高敏感性和脆弱性，也说明中国经济的竞争力不足，易受世界经济和地区经济的波动的影响。

(3) 中国经济的外部性和冲突性加剧了中国区域合作的竞争

中国经济的发展也会对其他经济体产生外部性效应，这种外部性效应往往导致竞争和经济冲突的产生。中国产品的比较优势在于劳动力资源丰富，劳动密集型产品在国际市场具有竞争优势，往往容易占领国外市场。因此，中国经济的外部性效应之一是产品冲击。一些国家为保护国内相关产业而对中国产品展开反倾销调查。据统计，中国是全球遭遇反倾销调查最多的国家，反倾销调查不仅在数量上呈现增长的态势，针对中国发起的反倾销调查的国家也在增多，并从美国、日本、欧盟等发达国家扩展到阿根廷、土耳其、巴西、印度、南非等新兴国家和发展中国家。

二、"丝绸之路经济带"建设：经济新常态背景下的区域合作倡议

2013年9月习近平在访问中亚并出席上合组织元首理事会期间，提出了共建"丝绸之路经济带"的战略构想，目的是"旨在促进经济要素有序自由流动、资源高效配置和市场深度融合，推动沿线各国实现经济政策协调，开展更大范围、更高水平、更深层次的区域合作，共同打造开放、包容、均衡、普惠的区域经济合作架构"。[①] 这表明，"丝绸之路经济带"同"21世纪海上丝绸之路"建设，共同构成了中国经济进入新常态后的地缘经济战略，对于中国地缘经济空间的拓展和推动中国与相关国家和地区的合作，无疑具有重要意义。

"一带一路"的目的在于进一步整合中国的地缘经济空间。一方面巩

[①] 新华社授权发布：《推动共建丝绸之路经济带和21世纪海上丝绸之路的愿景和行动》，人民网，http://world.people.com.cn/n/2015/0328/c1002-26764633.html。

固和加强与西欧、北美等全球地缘经济空间和东盟、日本、韩国等亚洲地缘经济空间的既有联系；另一方面拓展新的地缘经济空间，寻找推动中国经济和贸易发展新的增长点。《愿景和行动》明确指出："'一带一路'贯穿亚欧非大陆，一头是活跃的东亚经济圈，一头是发达的欧洲经济圈，中间广大腹地国家经济发展潜力巨大。"① "丝绸之路经济带"有三个走向，从中国出发，一是经中亚、俄罗斯到达欧洲；二是经中亚、西亚至波斯湾、地中海；三是中国到东南亚、南亚、印度洋。通过整合亚洲地区层面的中亚地区、南亚地区和中东地区以及全球层面的独联体地区的地缘经济空间，深化亚欧大陆地区经济合作，和沿线国家形成紧密的利益共同体、命运共同体和责任共同体，最终实现中国和沿线国家的共同发展。

从拓展中国地缘经济空间的措施看，"丝绸之路经济带"建设在国家间互动和提供公共产品两个层面上展开。国家间的互动以政策沟通、设施联通、贸易畅通、资金融通、民心相通为主要内容。政策沟通是"丝绸之路经济带"建设的前提和保障，通过与沿线国家"加强政府间合作，积极构建多层次政府间宏观政策沟通交流机制"②，从而深化中国与沿线国家的利益融合，促进政治互信，最终就具体的合作达成新共识。设施联通、贸易畅通和资金融通是合作的重要领域，设施建设的重点是交通基础设施、能源基础设施和通信干线网络设施建设。贸易畅通着力点为推动中国与沿线国家间的投资贸易便利化，消除投资和贸易壁垒，共同商建自由贸易区。资金融通的目标是深化金融合作，推进亚洲货币稳定体系、投融资体系和信用体系建设。作为夯实"丝绸之路经济带"的社会基础，民心相通致力于在相关国家间广泛开展文化交流、学术往来、人才交流合作、媒体合作、青年和妇女交往、志愿者服务等，中国政府承诺每年向沿线国家提供10000个政府奖学金名额。

从提供公共产品层面看，一方面，"丝绸之路经济带"建设提倡积极利用现有双多边合作机制，强化多边合作机制作用，促进区域合作蓬勃发展。利用上海合作组织（SCO）、中国—东盟"10 + 1"、亚太经合组织（APEC）、亚欧会议（ASEM）、亚洲合作对话（ACD）、亚信会议（CICA）、中阿合作论坛、中国—海合会战略对话、大湄公河次区域（GMS）

---

① 新华社授权发布：《推动共建丝绸之路经济带和21世纪海上丝绸之路的愿景和行动》，人民网，http://world.people.com.cn/n/2015/0328/c1002 - 26764633.html。

② 新华社授权发布：《推动共建丝绸之路经济带和21世纪海上丝绸之路的愿景和行动》，人民网，http://world.people.com.cn/n/2015/0328/c1002 - 26764633.html。

经济合作、中亚区域经济合作（CAREC）等现有多边合作机制，推动"丝绸之路经济带"建设。另一方面，中国积极统筹国内资源，推动出台与丝绸之路建设相配套的多边制度安排，主要包括筹建亚洲基础设施投资银行，为亚洲各国的基础设施项目提供融资支持。出资400亿美元成立丝路基金，为沿线国基础设施建设、资源开发、产业合作等有关项目提供投融资支持。强化中国—欧亚经济合作基金投资功能，将基金最终规模扩大至50亿美元。推动银行卡清算机构开展跨境清算业务和支付机构开展跨境支付业务。

三、上合组织在"丝绸之路经济带"建设中的作用及实现路径

上合组织成立以来，为维护地区和世界的和平、安全与稳定做出了重要贡献，大大丰富了当代外交和地区合作的实践，在国际社会产生了广泛积极的影响。随着上合组织的扩员，上合组织的成员国遍及"丝绸之路经济带"的三个走向。上合组织对于"丝绸之路经济带"建设的重要性可见一斑。但毋庸讳言的是，在"丝绸之路经济带"建设的过程中，上合组织的作用尚未得到完全的发挥，仍有广大的发展空间。

第一，上合组织为"丝绸之路经济带"建设提供坚强的安全保障。

从现实看，"丝绸之路经济带"建设面临的安全风险较大，宗教极端势力、阿富汗局势等因素对地区安全构成了严峻挑战。当前，中亚宗教极端主义活动呈现出上升状态，各个国家境内的宗教极端组织和恐怖组织影响在增加、势力在扩大，宗教极端思想的宣传除传统的方式外，开始转向网络，传播途径变得更隐蔽。投资到中亚国家的中国企业往往只注重与该国领导层建立联系，当地民众受益较少，因此这加重了民众对中国企业的不满，并成为宗教极端主义袭击的目标。

随着美军撤军阿富汗、中亚，中亚地区本土宗教极端势力发展起来，近两三年，中亚地区的暴力恐怖袭击事件也更加频繁。阿富汗是全球最大的毒品生产与输出国，因此，阿富汗毒品走私对中亚各国也造成严重影响。目前，中亚是阿富汗毒品销往欧洲和俄罗斯的重要通道，这造成两方面的影响：一是致使中亚吸毒人数逐年上升，引发社会治安混乱，不少公职人员收受毒资贿赂，致使政府腐败；二是中亚宗教极端组织以毒品贩运为重要经济来源，以此收益扩充军事训练、购买武器，对中亚地区的社会治安和政权稳定构成威胁。此外，权力交接往往是一个国家政权薄弱的时

候,对地区安全具有很大的挑战性。

安全合作是上合组织的基本目标和重要内容。冷战结束后,上合组织的前身"上海五国"机制在国际社会上首倡了"以相互信任、裁军与合作安全为内涵的新型安全观"①。在合作内容上,上合组织起步于传统安全合作,并逐步拓展到非传统安全,合作领域不断扩大,并积极完善安全合作体系,最终目的是维护成员国的共同安全。

第二,积极探索上合组织框架下的经贸合作新模式。

作为一个综合性的地区国际组织,经贸合作是上合组织的重要内容之一。一方面,区域一体化发展是冷战结束后世界经济发展的主要潮流,各成员国间的经济互补性强,在上合组织框架内加强成员国的经贸合作,符合世界经济发展的潮流和成员国的现实需要。另一方面,从长远看,经贸合作的加强和发展对于上合组织自身发展,有利于上合组织保持蓬勃生机和旺盛活力。

习近平在上合组织比什凯克峰会上第一次将"丝绸之路经济带"与上合组织发展联系起来。他在讲话中表示,"上海合作组织六个成员国和五个观察员国都位于古丝绸之路沿线。作为上海合作组织成员国和观察员国,我们有责任把丝绸之路精神传承下去,发扬光大。"2014年9月,习近平主席在上合组织元首杜尚别峰会上第一次呼吁上合组织成员国参与"丝绸之路经济带"建设。2015年7月,上合组织乌法会议通过的《关于区域经济合作的联合声明》表示"支持中国关于建设丝绸之路经济带的倡议"。

从实践上看,上合组织成员国纷纷将本国发展规划与"丝绸之路经济带"建设对接。2015年,纳扎尔巴耶夫访问中国,表示"哈方积极推动中方丝绸之路经济带建设同哈'光明之路'新经济政策对接"②,并将其写入两国共同发表的联合宣言。双方对《中哈2020年前经贸合作中长期规划》积极落实,力求扩大双边贸易规模,优化贸易结构,扩大相互投资,加强金融合作。2014年5月,乌兹别克斯坦前总统卡里莫夫访华期间,明确表示"乌方愿积极参与建设丝绸之路经济带,促进经贸往来和互联互通,把乌兹别克斯坦的发展同中国的繁荣更紧密联系在一起"③。

2016年底,塔吉克斯坦出台《至2030年塔吉克斯坦国家发展战略》,

---

① 江泽民:《深化团结协作 共创美好世纪——在"上海合作组织"成立大会上的讲话》。
② 《习近平同哈萨克斯坦总统纳扎尔巴耶夫会谈》,《人民日报》2015年9月1日,第1版。
③ 《习近平会见乌兹别克斯坦总统》,《人民日报》2014年5月21日,第1版。

提出 2030 年前将全国 GDP 提高 2.5 倍，达到约 2070 亿索莫尼（约合 264 亿美元）。该战略明确了政府工作重点为确保国家经济多样化，包括扩大电力和工业产品生产，并指出，实现国家能源独立是保障国民经济各领域、尤其是工业领域发展的核心。吉尔吉斯斯坦目前的发展战略是《2013—2017 年可持续发展战略》，主要目标是在五年之内建立一个政治体系可持续、经济迅速发展、居民收入稳定增长的民主国家。目前，吉尔吉斯斯坦政府正加快制定《吉尔吉斯斯坦 2030 年前发展战略》。从内容上看，"丝绸之路经济带"倡议同中亚国家的发展战略契合度日益加深。

从内容上看，"丝绸之路经济带"建设的重点与上合组织经济合作的内容高度契合。中国与相关国家除了在双边层面加大共建"丝绸之路经济带"的力度之外，在上海合作组织框架内进行区域经济合作，也日益成为中国与中亚国家共建"丝绸之路经济带"的重点。随着上合组织的扩员，中国与地区国家共建"丝绸之路经济带"迎来了更大的发展契机，但也面临不小的挑战，积极探索上合组织框架下的经贸合作新模式将成为未来几年上合组织发展的一个重要领域。

第三，加强上合组织成员国的人文交流与合作，夯实"丝绸之路经济带"建设的社会基础。

2007 年 8 月 16 日，在上海合作组织比什凯克元首峰会上，俄罗斯总统普京倡议成立"上海合作组织大学"；2009 年上半年，成员国五方协商一致，共同确定区域学、生态学、能源学、IT 技术和纳米技术这五个专业为优先合作方向，并遴选出了本国的项目院校共计 53 所。2012 年 10 月 11 日，第四次上合组织成员国教育部长会议通过上合组织大学项目院校增至 74 所，其中哈萨克斯坦 13 所、吉尔吉斯斯坦 9 所、中国 20 所、俄罗斯 21 所、塔吉克斯坦 10 所、白俄罗斯 1 所。

在双边领域，中国与中亚国家的双边人文合作以孔子学院为典范。截至 2015 年底，中国在中亚地区共开设 11 家孔子学院，其中哈萨克斯坦 4 所、吉尔吉斯斯坦 3 所、乌兹别克斯坦 2 所、塔吉克斯坦 2 所。孔子学院的开设，不仅为中国与中亚国家的双边关系的发展提供持续的人才支持，更充实了中国与中亚国家人文合作的内容。

随着中亚国家的经济发展，对外传播中亚国家的语言和文化成为中亚国家对外文化交流的重要内容。2014 年 10 月，哈萨克斯坦马日利斯（议会下院）副议长达丽哈·纳扎尔巴耶娃在会见中国教育部长袁贵仁时提出了在中国顶尖学府设立阿拜学院的建议。2015 年 11 月和 12 月，上海外国语大学哈萨克斯坦中心和北京外国语大学哈萨克斯坦中心分别揭牌。

中国与上合组织成员国的人文交流合作目前仍是政府主导、部门和地方配合的模式，这种模式在推动中国与相关国家的人文交流合作方面发挥了积极而重要的作用，今后仍需进一步发挥政府对人文交流合作的主导作用。但是，政府高层间的各种交流活动，这类活动对于增进彼此间了解，对于中国与上合组织其他成员国寻求共通的历史与文化共识发挥了积极的推动作用。但因交流范围与受众面相对狭窄，往往难以延展至基层群众。因此，中国与上合组织其他成员国的人文交流合作往往是"精英交流""精英合作"，而不是"大众交流""大众合作"。因此，如何在政府的主导下，有效地发挥公共外交和民间外交的积极性和创造性，拓展中国与上合组织其他成员国人文交流合作的主体和对象，是需要进一步思考的问题。

四、结论

中国改革开放 40 年的实践，尤其是冷战结束后中国与国际体系的互动推动了中国区域经济合作思想的产生、发展和形成。

随着中国经济步入增速放缓、经济结构优化升级和发展驱动力转变的新常态，中国政府提出了和相关国家共建"一带一路"的构想和倡议，是中国区域经济合作思想新的体现。

上海合作组织在"丝绸之路经济带"的建设中发挥重要作用。通过共建"丝绸之路经济带"契机深化成员国之间的合作，上海合作组织在政治、安全、经济及人文等相关方面的示范性效应越来越突出，在国际政治中的影响力将日益增大。

中国—白俄罗斯工业园的建设情况、问题及建议

李金锋[*]

白俄罗斯地处俄罗斯与欧盟、黑海与波罗的海之间，是欧亚间重要的交通枢纽，也是"丝绸之路经济带"上的重要国家。1992年1月20日，中国与白俄罗斯正式建交，两国关系稳步发展；2005年12月，胡锦涛主席会见白俄罗斯总统卢卡申科，提出两国全面发展和战略合作关系；2013年7月，习近平主席同卢卡申科总统举行会谈，宣布建立中白全面战略伙伴关系；2016年9月，两国元首举行会谈，决定建立相互信任、合作共赢的中白全面战略伙伴关系，发展双方"全天候友谊"，携手打造利益共同体和命运共同体。[①]

建交以来，中白经贸关系实现跨越式发展，双边贸易额从建交时的3390万美元增至2015年的31.822亿美元，增长近100倍[②]；中国对白俄罗斯对外直接投资净额从2003年的28.5万美元增至2015年的5421万美元，对外直接投资累计净额从2003年的332万美元增至2015年的47589万美元[③]。在劳务承包方面，截至2015年底，中国企业累计在白俄罗斯签署对外承包工程合同额92.63亿美元，累计完成营业额57亿美元。在货币互换方面，2015年5月10日，白俄罗斯央行和中国人民银行签署双边货币互换协议，协议实施有效期三年，经双方同意可以展期。[④] 2010年，中国—白俄罗斯工业园（简称中白工业园）成为中白合作的重点项目和"丝绸之路经济带"上的示范项目，中白工业园是欧亚经济联盟与"一带一路"倡议对接的典范，是中白两国优势互补、互利共赢的项目，也是中国

---

[*] 李金锋，南京师范大学国际政治专业硕士生。

[①] 中国外交部网站，http://www.fmprc.gov.cn/web/gjhdq_676201/gj_676203/oz_678770/1206_678892/xgxw_678898/，访问时间：2017-9-29。

[②] 白俄罗斯统计委员会网站，http://www.belstat.gov.by/en/ofitsialnaya-statistika/macroeconomy-and-environment/vneshnyaya-torgovlya_2/，访问时间：2017-9-30。

[③] 中国商务部网站，http://fec.mofcom.gov.cn/article/tjsj/tjgb/，访问时间：2017-9-1。

[④] 商务部国际贸易经济合作研究院等：《对外投资合作国别（地区）指南——白俄罗斯（2016年版）》，第33—34页。见商务部网站，http://fec.mofcom.gov.cn/article/gbdqzn/upload/baieluosi.pdf，访问时间：2017-9-1。

在境外最大的经贸合作区,目前园区建设已取得积极进展。因此,总结中白工业园的建设经验,对于工业园的进一步建设以及中国为实施"一带一路"倡议而在境外建设经贸合作区,都有借鉴意义。

一、中白工业园是两国互利共赢的项目

中白工业园是白俄罗斯与中国两国战略对接、优势互补、互利共赢的项目,白俄罗斯希望引进中国的资金、技术以发展经济,分散对俄罗斯高度的依赖性,而中国希望借助白俄罗斯独特的地缘位置,更为便利地打入欧亚经济联盟市场甚至欧盟市场。

(一)白俄罗斯希望引进中国的资金和技术,扩大商品市场

与中国的经济合作对白俄罗斯意义重大。长期以来,白俄罗斯在能源、资金、市场方面对俄罗斯存在高度的依赖性,因此积极希望改善与西方的关系,改变对俄罗斯过度依赖的状况,但双方因为战略意图及意识形态分歧而关系僵冷,而中国经济突飞猛进,且与白俄罗斯经济互补性强,于是与中国扩大经济合作就成了白俄罗斯的重要选择。

2008年金融危机和2011年外汇短缺危机给白俄罗斯国内经济带来重创。据白俄罗斯统计委员会统计,2009年国内生产总值仅增长0.2%,工业产值下降2.8%,产品积压率高达68%,白卢布贬值20.45%,2009年初外汇储备仅33.37亿美元;2011年爆发外汇短缺危机,白外汇储备仅余13.37亿美元,白卢布贬值189%,通货膨胀率高达108.7%。[①] 产业单一、资金匮乏一直是白俄罗斯经济发展面临的难题。而白俄罗斯在能源、资金、市场方面高度依赖俄罗斯,一旦俄罗斯经济衰退或调整对白俄罗斯的政策,白俄罗斯的经济发展将会受到极大影响。因此,2015年2月,白俄罗斯制定《2030年前白俄罗斯社会经济稳定发展国家战略》(简称《2030年前白俄罗斯国家战略》),加快实施多元化的外交战略,努力改变在经济上过度依赖俄罗斯的现状。

白俄罗斯积极希望能改善与西方国家的关系,引进其资金和技术。但西方国家致力于压缩俄罗斯的战略空间,向东欧及原苏联加盟国家输出西

---

① 白俄罗斯统计委员会网站, http://belstat.gov.by/homep/ru/indicators/main2.php。转引自韩璐:《东向抑或是西向——白俄罗斯对外政策评析(2008—2012)》,载《俄罗斯东欧中亚研究》2013年第6期,第64页。

式民主制度，对白俄罗斯以与俄罗斯一体化为重点的外交政策[1]非常不满；且卢卡申科通过1996年、2005年两次关于总统任期的全民公决得以无限期连任总统，他反对北约东扩，抵制"和平演变"和"颜色革命"。白俄罗斯与西方的关系虽然在2008年至2010年短暂缓和，但终究因分歧太大，重陷僵冷。[2] 因此，白俄罗斯引进西方资金、技术的可能性不大，扩大与域外发展中国家尤其是与中国的经贸关系，就成为白俄罗斯的重要选择。

中国与白俄罗斯虽然相距遥远，但两国传统友谊深厚。中国是白俄罗斯仅次于俄罗斯、乌克兰的第三大贸易国以及在亚洲最大的贸易国。中白经济互补性强，白俄罗斯工农业基础较好，工业部门较为齐全，机械制造和加工业发达，有苏联"装配车间"之称，在机械制造业、化学和石化工业、电子工业、无线电技术等领域具有优势，在光学、激光技术等领域也具有世界领先水平。但白俄罗斯缺乏建设资金、技术以及广阔市场，这方面中国有能力提供。以能源合作为例，《2030年前白俄罗斯国家战略》提出，提高国家能源独立水平，到2030年天然气在燃料能源需求中所占比重从2013年的60%下降到52%，自俄罗斯进口能源资源占其能源资源进口总量的比重从2013年的98%降至75%[3]。为此，白俄罗斯需要提高能源使用效率、扩大国内能源来源。截至2015年底，白俄罗斯利用中国贷款和技术开展的铁路电气化改造项目、四个热电站改造项目已实施完毕。

（二）中国希望更便利地进入欧亚经济联盟市场甚至欧盟市场

与白俄罗斯的经济合作对于中国也有积极意义。从宏观角度而言，中国已经成为世界第一大贸易国和第二大经济体，中国作为崛起国有责任承担起更多的国际责任；从微观角度而言，白俄罗斯独特的地缘位置和良好的区位优势，对于中国企业的市场拓展、商品生产，提供了极好的条件。

得益于改革开放政策，中国经济得到突飞猛进的发展，在全球的影响力不断增长。按照道义现实主义的观点，建立和维持一种国际秩序是崛起国或主导国的战略利益，中国作为崛起国有责任承担起更多的国际责任，

---

[1] See Vyachaslau Pazdnyak, "The Rise and Fall of Belarus' Geopolitical Strategy", *Lithuanian Annual Strategic Review*, 2011, Vol. 9 (1), pp. 173 - 190; Stephen White, Tania Biletskaya, Ian McAllister et al., "Belarusians between East and West", *Post - Soviet Affairs*, 2016, Vol. 32 (1), pp. 1 - 27.

[2] 韩璐：《东向抑或是西向——白俄罗斯对外政策评析（2008—2012）》，载《俄罗斯东欧中亚研究》2013年第6期，第63页。

[3] 商务部国际贸易经济合作研究院等：《对外投资合作国别（地区）指南——白俄罗斯（2016年版）》，第27页。见商务部网站，http://fec.mofcom.gov.cn/article/gbdqzn/upload/baieluosi.pdf，访问时间：2017 - 9 - 1。

为国际社会提供公共产品。① 此外，2008 年以来，中国国内经济面临着增长速度放缓、产业结构调整的"新常态"，中国需要构建全方位开放新格局，以便更充分地利用国内外市场及资源，实现国内经济发展转型升级，进而完成从中等偏上收入水平国家向高收入国家的转变。基于上述考虑，2013 年，习近平主席提出共同建设"丝绸之路经济带"和"21 世纪海上丝绸之路"的战略构想（简称"一带一路"倡议）。而白俄罗斯是"丝绸之路经济带"上的重要国家，中白两国关系长期保持友好，双边经贸关系日益密切，互补性强，有良好的合作基础。

从微观角度而言，白俄罗斯独特的地缘位置以及工业园良好的区位优势对中国商品更便利地进入欧亚经济联盟甚至欧盟市场具有重要意义。白俄罗斯具有独特的交通枢纽作用，境内有欧洲重要的铁路和公路、石油和天然气管道、水运和航空线，它将经济发达的欧盟与自然资源丰富的俄罗斯连接起来，每年欧洲有超过 1 亿吨货物在白俄罗斯转运，其中 90%属于欧盟与俄罗斯之间的贸易②。白俄罗斯是俄白哈海关同盟、欧亚经济联盟成员国，通过白俄罗斯这一交通枢纽，中国商品往东有望更便利地进入 1.7 亿人口的海关同盟市场、1.83 亿人口的欧亚经济联盟市场；往西，中国商品与 5.1 亿人口的欧洲市场距离缩短为 500 公里且只需要经过一次边界检查，这将大大地缩短运输时间和成本，提高商品配送效率。

此外，白俄罗斯国内社会相对稳定，工农业基础较好，工业部门较为齐全，机械制造和加工业发达，具有较高的科研和教育水平，劳动力素质相对较高。白俄罗斯拥有玛斯载重汽车、别拉斯矿山自卸车、轮式牵引车、拖拉机等世界著名的机械制造类企业，以及钾肥生产和石化等大型企业。具体到中白工业园，工业园具有良好的区位条件，临近明斯克国际机场、铁路、柏林至莫斯科的洲际公路，距离立陶宛克莱佩达港约 500 公里，明斯克市及首都卫星城斯莫列维奇保证了园区的专业人才来源。白俄罗斯政府非常重视工业园建设，不断扩大优惠政策。这些都增加了园区对中国、白俄罗斯以及其他国家企业的吸引力。

二、中白工业园的建设情况

中白工业园自 2010 年启动以来，在两国领导人的高度重视下，已建立

---

① 阎学通：《道义现实主义的国际关系理论》，载《国际问题研究》2014 年第 5 期，第 126 页。

② 白俄罗斯总统网站，http://president.gov.by/en/economy_en/，访问时间：2017 - 9 - 2。

起完整的协调、管理和开发体系,园区规划工作顺利展开,白俄罗斯对工业园的优惠政策不断扩大,已吸引包括中国、奥地利等国共13家大型企业入驻。

(一)中白两国领导人高度重视、互动频繁

中白两国领导人亲自敲定中白工业园,对其都高度重视,2010年3月,时任中国国家副主席习近平访问白俄罗斯,卢卡申科总统提出,希望能借鉴中国苏州工业园的模式在白俄罗斯境内建立中白工业园,习近平表示赞同。10月,卢卡申科总统访问中国,白俄罗斯经济部与中工国际签署《关于在白俄罗斯共和国境内建立中国—白俄罗斯工业园区的合作协议》。2011年9月18日,全国人大常委会委员长吴邦国访问白俄罗斯,两国政府共同签署《中华人民共和国与白俄罗斯共和国关于中白工业园区的协定》。[①]

白俄罗斯方面高度重视中白工业园,视之为本国最重要的合作项目,先后出台多部法律文件,一步步扩大优惠政策,积极推动中白工业园的建设工作。白俄罗斯对于中白工业园的优惠政策体现在白俄罗斯政府的五份文件中,即《关于成立"巨石"工业园中白工业园的白俄罗斯共和国第253号总统令》(2012年6月)、《中国—白俄罗斯工业园总体规划》(2013年6月,白俄罗斯内阁第447号决议批准通过)、《关于"巨石"工业园中白工业园活动的白俄罗斯共和国第326号总统令》(2014年6月)和《关于完善"巨石"中白工业园专门法律制度的白俄罗斯共和国第166号总统令》及其附属文件《关于"巨石"中白工业园专门法律制度的规定》(2017年5月)。

中国方面同样重视中白工业园建设,该工业园是中国最大的境外经贸合作区。"一带一路"倡议提出以来,中白工业园和"一带一路"成为中白两国领导人会谈中的必谈话题,中方领导人多次表示:希望以中白工业园为契机,推动"一带一路"建设,实现与欧亚经济联盟的战略对接。此外,中国国家领导人及相关部门代表团曾多次考察中白工业园,对园区给予高度重视。现整理如下:

[①] 高潮:《中国—白俄罗斯工业园:"丝绸之路经济带"上的明珠》,《中国对外贸易》2015年第7期,第76—77页。

表1 两国领导人会谈内容、中国国家领导人及相关部门代表团考察情况表

时间	场合	会谈双方	内容
2014年1月	白俄罗斯总理访华	中国总理李克强 白俄罗斯总理米亚斯尼科维奇	建立中白副总理级政府间合作委员会，统筹推进中白工业园区等工作
2014年9月	合作委员会第一次会议	中央政法委书记孟建柱 白俄罗斯副总理托济克	正式启动委员会机制
2015年5月	习近平访问白俄罗斯	中国国家主席习近平 白俄罗斯总统卢卡申科	考察中白工业园现场
2016年6月	上海合作组织塔什干会议	中国国家主席习近平 白俄罗斯总统卢卡申科	习：以中白工业园项目为抓手，深化大项目合作，带动两国贸易、投资、金融、地方合作全面发展，推动"一带一路"建设 卢：愿密切同中方经贸、地方、高技术合作，积极参与"一带一路"建设，把中白工业园打造成为"一带一路"标志性项目
2016年8月	合作委员会第二次会议	中央政法委书记孟建柱	考察中白工业园现场
2016年9月	白俄罗斯总统访华	中国国家主席习近平 白俄罗斯总统卢卡申科	习：加快共建"一带一路"，并共同推进"一带一路"建设同欧亚经济联盟建设有效对接；加快中白工业园建设，拓展地方合作，实现优势互补和协同发展 卢：积极支持中方"一带一路"倡议，愿将其与自身发展战略对接，并将两国经贸投资合作提高到新的水平，推动白中工业园建设成为"一带一路"建设的示范性项目
2017年3月	中国商务部合作司司长周柳军率代表团考察中白工业园		
2017年4月	中国公安部部长郭声琨率代表团考察中白工业园		
2017年4月	全国人大常委会委员长张德江视察中白工业园项目现场		

续表

时间	场合	会谈双方	内容
2017年5月	白俄罗斯总统出席"一带一路"国际合作高峰论坛	中国国家主席习近平白俄罗斯总统卢卡申科	习：视白俄罗斯为共建"一带一路"的重要合作伙伴，愿同白方深挖合作潜力，实现共赢发展。加强政策沟通和发展战略对接，推进中白工业园建设 卢：愿扩大同中方经贸、投资、产能、科技、人文、体育、旅游等交流合作，欢迎中方企业积极参与中白工业园等白俄罗斯重点项目建设
2017年6月	中国工业和信息化部副部长刘利华率代表团考察中白工业园现场		
2017年7月	中国商务部援外司王立贵处长带队援外综合评估现场调研组考察中白工业园现场		
2017年8月	国务院国资委肖亚庆主任、黄丹华副主任一行率由16家中央企业组成的企业团考察工业园 中国国家发展改革委西部司司长赵艾访问中白工业园		

注：2015年7月，习近平、卢卡申科出席在俄罗斯乌法举办的欧亚经济联盟、上海合作组织成员国、观察员国及受邀请国领导人对话会。同年9月，卢卡申科应邀出席中国人民抗日战争暨世界反法西斯战争胜利70周年阅兵式。

资料来源：中国外交部网站，http：//www.fmprc.gov.cn/web/gjhdq_676201/gj_676203/oz_678770/1206_678892/xgxw_678898/；中白工业园网站，http：//www.industrialpark.by/cn/events。

（二）园区建立起完整的协调、管理和开发制度

中白工业园的建设离不开两国政府部门的协调，离不开有效的管理和开发制度，在两国领导人的高度重视下，园区协调、管理和开发制度逐步建立，分工协作，服务高效，为园区的发展提供了有效保障。

2012年8月16日，由白俄罗斯中央政府和明斯克州政府相关部门组建中白工业园管委会，作为园区的管理主体。园区管委会由白俄罗斯内阁设立，归内阁直接管理；管委会主任的人选由总理决定、总统任免。管委会以"一站式"原则负责园区的政策制定、企业服务、行政审批等业务，独立迅速地处理园区招商和入园者注册工作，以及注册法人、注册入园企业、颁发施工许可证等手续。

2012年8月27日，由中白双方股东共同出资组建合资封闭式中白工业园开发股份有限公司（简称园区开发公司），作为园区的开发主体。公司的注册资本为8750万美元，其中中方股东股份比例为68%，包括中国机械工业集团、招商局集团、中工国际和哈尔滨投资集团；白方股东股份比例为32%，包括明斯克州政府、明斯克市政府和地平线公司[①]。合资公司的活动不受白俄罗斯共和国的国家机关和其他组织的任意干涉；未经与园区管委会协商，不得在白俄罗斯共和国监督（督察）框架内对园区居民企业和投资者、合资公司进行检查。公司负责园区土地开发与经营、基础设施建设、物业管理、招商引资、咨询服务等业务，为入园企业的运营提供咨询服务。园区开发公司不仅重视服务工作，也积极在国际场合举行推介会，吸引白俄罗斯以及德国、意大利等西方国家的企业入驻。

园区最高管理机构为中白工业园政府间协调委员会，其职责由中白副总理级政府间合作委员会经贸分委会履行。2014年1月20日，国务院总理李克强与来华访问的白俄罗斯总理米亚斯尼科维奇举行会谈，一致同意推进中白全面战略伙伴关系发展，宣布实施《中白全面战略伙伴关系发展规划（2014—2018年）》，并建立中白副总理级政府间合作委员会，统筹推进中白工业园区、经贸、投资、高技术、金融、交通运输等领域的合作。同年9月，中央政法委书记孟建柱与白俄罗斯时任副总理托济克共同主持召开中白政府间合作委员会第一次会议，正式启动委员会机制，委员会下设经贸、科技、安全、教育、文化五个分委会和秘书处，每两年举行一次会议。2016年8月19日，中央政法委书记、中白政府间合作委员会中方主席孟建柱访问白俄罗斯，并出席中白政府间合作委员会第二次会议。

（三）白俄罗斯对园区的优惠政策不断扩大

中白工业园优惠政策体现在两个方面：一方面，与白俄罗斯的其他六个自由经济区相比，中白工业园的优惠力度更大。六个自由经济区分别是1996年设立的布列斯特自由经济区，1998年设立的戈梅利—拉顿自由经济区、明斯克自由经济区、维捷布斯克自由经济区，2001年设立的莫吉廖夫自由经济区，2002年设立的格罗德诺投资自由经济区。自由经济区对入驻企业的优惠政策为：（1）自盈利之日起，五年内免缴利润税，之后利润税降低50%；（2）免除自由经济区内建筑与设施的不动产税；（3）2012年1月1日起入驻的企业，自注册之日起五年内免缴土地税；（4）在白俄罗斯境内销售产品，增值税率按销售额的10%征收；（5）自由经济区内可建立自由关税区，自由关税区内免缴海关关税、税收，自由关税区向关税同盟境内其他地方输出被视为关税同盟的商品时，免征进口关税、增值税以及

---

① 中白工业园网站，http://www.industrialpark.by/cn/structure/shareholders，访问时间：2017-9-3。

海关机构征收的消费税①。

另一方面,白俄罗斯对中白工业园的政策优惠力度越来越大。2012年第253号总统令规定,中白工业园的面积为80.28平方公里,入驻企业宣布的投资金额不少于500万美元,在实施研发项目时的投资不少于50万美元。园区总体规划进一步将园区面积扩大为91.5平方公里,明确了高端制造、电子信息、生物医药、新材料、机械化工和仓储物流等六大主导产业。园区的优惠政策整理如下:

表2 白俄罗斯对中白工业园的优惠政策

	税种	标准税率	主导产业	其他产业
十免十减半	企业所得税	18%	自注册之日当年开始10年免征,后10年减半征收	自企业注册之日起,前7年免征
	不动产税	1%		免征
	土地使用税(每公顷税率)	园区:126美元/年 明斯克区:3150美元/年 明斯克:24000美元/年	10年免征	园区:126美元/年 明斯克区:3150美元/年 明斯克:24000美元/年
	原材料进口关税和增值税	各种类商品税率不同,依海关税则确定	免除(前提:材料在当地的稀缺性或者最终产品销往关税同盟以外)	各种类商品税率不同,依海关税则确定
	个人所得税	13%	9%	13%
	社保	35%	白俄居民超过白俄社会平均工资部分免缴,外国人免缴	35%
	股东红利税	不高于12%	五年(自然年)内免缴,自利润产生之日起	不高于12%

---

① 中国商务部国际贸易经济合作研究院等:《对外投资合作国别(地区)指南——白俄罗斯(2016年版)》,第52—54页。见中国商务部网站,http://fec.mofcom.gov.cn/article/gbdqzn/upload/baieluosi.pdf,访问时间:2017-9-1。

续表

税种	标准税率	主导产业	其他产业
环境补偿	视地域而定	免除	视地域而定
法定结汇义务	30%	免除	免除

注：其他优惠政策包括土地可租用或转为私有，租期最长可达99年；劳动用工自由；股东利润可自由汇出。

资料来源：中白工业园网站，http://www.industrialpark.by/cn/economic/3-benefity。

2017年第166号总统令将工业园升级为中白工业园特别经济区，将明斯克机场纳入园区，园区面积由之前的91.5平方公里增加到112.47平方公里，新增电信、电子商务、大数据存储与加工、社会文化等四大主导产业，实行更加优惠的政策。优惠政策体现在：（1）降低准入门槛。入驻者自签订入驻合同之日起，三年内全额投入不少于50万美元；对于符合园区活动主要任务但不符合主导产业方向及投资金额要求的投资项目法人，园区管委会有权做出登记成为园区居民企业的决定。（2）提高办事效率，为入园企业提供一站式服务，为其办理各类手续提供更多便利。投资者不需要在不同的部委间来回跑而只需来园区管委会表达合作意愿就可，白国家行政机构有义务按照管委会的要求派员工到园区现场办理行政事项。（3）放宽税收优惠政策。对入园企业给予自盈利当年开始10年内免税、之后长期税收减半的优惠政策。这与此前规定对入园企业自注册之日起10年免税、之后10年税收减半的政策优惠幅度更大；入园企业享受免征园区不动产税和土地使用税的优惠期由之前的10年提高到50年；免除在自由关税区转交货物给第三方园区居民企业时的商品保税手续，允许多个入园企业使用一个自由关税区；在园区由国外原材料制造的产品，可免除"进口"增值税。（4）降低企业成本。以最低的能源价格为园区居民企业提供能源，为保障能源价格在最大程度上接近其他欧亚经济同盟成员国的燃料—能源价格，天然气和电费（价格）仅收取安装成本，不收取利润。[1]

（四）考察及入驻园区的企业不断增加

白俄罗斯良好的基础设施条件以及中白工业园的区位优势、税收优惠，正吸引越来越多的企业考察和入驻。2014年9月，华为公司正式完成

---

[1] 《关于完善"巨石"中白工业园专门法律制度的白俄罗斯共和国第166号总统令》，见中白工业园网站，http://www.industrialpark.by/storage/app/uploads/public/593/101/716/59310171655e2920829943.pdf，访问时间：2017-9-2。

入驻园区的注册手续，成为第一家入驻企业。2015年5月，习近平主席考察中白工业园后，越来越多的中国及其他国家企业前来考察园区的投资条件：2015年，吉利控股集团于7月8日、华录集团于8月1日、广大集团于8月14日、招商局集团于10月15日分别考察了工业园。2016年，中联重科于4月17日、中国重汽于5月23日、中国旅游集团于8月24日、漳州企业家团组于8月30日、中关村集团于9月24日、美的集团于11月20日、中信重工开诚智能装备有限公司及中信戴卡股份有限公司于12月17日分别考察了工业园。2017年，中国中元国际工程公司代表团于6月26日、中国节能环保集团有限公司于9月20日访问工业园。此外，2016年9月至10月，拉脱维亚驻白俄罗斯大使、芬兰白俄工商会、拉脱维亚交通部长也先后考察了工业园。2017年4月17日，河北宗申—戈梅利集团考察了工业园。

首批入驻园区的七家企业分别为：招商局集团、中国一拖集团股份有限公司、中联重科有限公司、华为股份有限公司、中兴通讯股份有限公司、新筑路桥股份有限公司以及纳米结构有限责任公司。另外14家企业代表表示愿入驻园区，包括中信建设有限责任公司、烽火科技集团、浙江吉利控股集团、北京汽车股份有限公司、纳米材料股份有限公司、三环集团和白俄冶金复合材料股份有限公司等。2017年4月29日，Great Decor公司下属奥地利克诺斯邦集团在园区管委会正式签署入驻协议，成为第一家入驻园区的西方企业[1]。

截至2017年11月，已有包括中国、白俄罗斯、奥地利等19家大型企业正式入驻园区[2]，20余家企业表示了入驻意向。根据发展规划，未来中白工业园将吸引超过200家高新技术企业入驻，就业人口达12万人[3]，产业规模达500亿美元[4]，最终形成结构布局合理、产业协调发展、科技水平含量高、社会经济效益明显的综合性开发区和集生态、宜居、兴业、活力、创新五位一体的国际化空港新城。

---

[1] 中白工业园网站，http://www.industrialpark.by/cn/events，访问时间：2017-9-3。

[2] 《光学蓝宝石有限公司注册成为新入园企业》，http://www.industrialpark.by/cn/event/ooo-opticheskie-sapfiry-stala-rezidentom-industrialnogo-parka，访问时间：2017-10-2。

[3] 高潮：《中国—白俄罗斯工业园："丝绸之路经济带"上的明珠》，载《中国对外贸易》2015年第7期，第76页。

[4] 《卢卡申科表示将与中国合作吸引高科技公司进入中白工业园》，见中国驻白俄罗斯大使馆经济商务参赞处网站，http://by.mofcom.gov.cn/article/zbgyy/201307/20130700218141.shtml，访问时间：2017-9-3。

三、中白工业园建设中存在的问题

在两国的共同努力下，中白工业园的建设取得积极进展。但我们同时应注意到园区建设中存在的问题，综合而言有以下三点：

（一）2011年以来，白俄罗斯经济形势和金融环境不容乐观

受世界经济不振影响，2011年开始白俄罗斯经济增速放缓。2015年，由于俄罗斯经济金融形势在欧美多轮经济制裁、油价持续低迷和乌克兰危机等多重打击下急转直下，白俄罗斯饱受连带之苦。2015年，白俄罗斯对俄罗斯出口金额同比减少32.7%，GDP进一步下降且出现近20年来首次负增长，同比下降3.9%，白卢布累计贬值52.6%，出口收入缩水26%，外汇收入骤减24.6%，黄金外汇储备减少近10%。白俄罗斯遭遇独立以来最困难的经济社会发展期，经济指标全线下滑，工、农业总产值分别下降6.6%和2.8%，固定资产投资下降15.2%，对外贸易额减少25.6%，通胀率达12%，居民平均工资从560美元下降到350美元左右，人民生活水平下降①。

而当前工业园最紧迫的问题就是融资，据估计工业园基础设施建设全部完成需要50亿—60亿美元，2017年完成一期工程基础设施建设大概需要2亿美元。白方坦承财政困难，只能承担3.8%的基础设施投资，其余需要依靠管理公司和中方提供的经济技术援助。管理公司注册资本为8750万美元。尽管管理公司为吸引资金组建了风险投资基金，个别入股企业追加了投资，但到目前为止效果不明显，大部分资金仍有赖于中方经济技术援助，这对中国经济的承受力无疑是一个考验。②

表3　2011—2015年白俄罗斯经济情况

年份	GDP（亿美元）	增长率（%）	人均GDP（美元）
2011	597.34	5.54	6308
2012	635.15	1.73	6725

---

① 中国商务部国际贸易经济合作研究院等：《对外投资合作国别（地区）指南——白俄罗斯（2016年版）》，第15页。见中国商务部网站，http://fec.mofcom.gov.cn/article/gbdqzn/upload/baieluosi.pdf，访问时间：2017-9-4。

② 《中白工业园："一带一路"倡议的重要实践》，http://euroasia.cssn.cn/xsyj/xsyj_wbmsg/201707/t20170730_3595614.shtml，访问时间：2017-11-2。

续表

年份	GDP（亿美元）	增长率（%）	人均 GDP（美元）
2013	730.98	1.07	7719
2014	761.04	1.59	8028
2015	546.09	-3.90	5742

资料来源：世界银行数据库，http://data.worldbank.org/country/belarus? view = chart. 2017 - 9 - 4。

（二）中白两国在经济体制、技术标准和用工制度上存在差异

中白经贸合作经验不足，目前中白两国务实合作取得较大进展，但是有些项目的具体实施过程并不顺利。中国鼓励企业"走出去"，白俄罗斯也有利用外资的需要，但双方的合作项目并没有预期那样顺利，原因在于双方对外合作的经验不足，尤其是对经济制度、技术标准及用工制度等方面的差异缺乏深入了解。

白俄罗斯正处于从计划经济向市场经济转轨过程之中①，市场经济不够发达，计划经济的一些特征依然存在，经济政策、投资政策、市场法规等有待完善且不断变更，白政府部门审批程序复杂，工作效率不高，计划主导型经济和政府管理体制会给中国企业造成不适和困难。此外，白俄罗斯对产品质量和技术标准要求较高，拥有与中国不同的标准和认证体系，而标准转化工作不仅需要时间，也会带来成本的增加。白俄罗斯外籍劳务市场也因国内市场形势变化，建筑等部分工种技术人员短缺，这些领域刚刚开放，尚无经验和先例可循。

对于上述差异，白方 2012 年第 253 号总统令、2017 年第 166 号总统令，对园区实行特殊的法律制度，允许园区管委会进行积极探索，这方面的改善还拭目以待。

（三）园区产品能否顺利打入欧亚经济联盟市场、欧盟市场尚无定论

白俄罗斯 2015 年人口总量 948 万人，GDP 总量 546.09 亿现价美元，人均 GDP 仅 5742 美元，国内市场狭小。因此，中白工业园从一开始的定位就是进入欧亚经济联盟市场甚至欧盟市场，而面向欧亚经济联盟市场和欧盟市场且交通运输便利也是中白工业园最大的优势所在。但园区产品能

---

① 有学者用"市场社会主义"来概括白俄罗斯渐进式的经济改革方式。参见张弘：《白俄罗斯的政治转轨——市场改革与民主化的博弈》，《俄罗斯中亚东欧研究》2012 年第 5 期，第 9—16 页。

否顺利进入更广阔的市场，涉及欧亚经济联盟其他成员国、欧盟成员国的利益。

就欧亚经济联盟市场而言，中白工业园和欧亚经济联盟之间存在一定的矛盾，将来园区产品免关税销售至实行单一关税的欧亚经济联盟市场，会影响到俄罗斯、哈萨克斯坦等联盟国家相关企业的利益，俄罗斯一些经济部门和企业并不欢迎中国在白俄罗斯发展，新的摩擦很可能发生。

就欧盟市场而言，一方面，白俄罗斯至今尚未加入世界贸易组织[1]，因此白俄罗斯产品在欧盟不能享有世界贸易组织所规定的自由贸易待遇；另一方面，欧盟对白俄罗斯的亲俄政策以及卢卡申科的"独裁"统治非常不满，按照1996年3月白俄罗斯与欧盟签署的临时贸易协定，欧盟对白商品进入欧洲市场提供优惠制度，但欧盟不满1996年白俄罗斯关于总统任期的全民公投结果，1997年9月欧盟部长理事会便暂停批准与白俄罗斯的伙伴关系与合作协定，暂停与白签署经济协定的进程。2008年，白欧关系短暂缓和，但随即因2010年白俄罗斯总统大选而重回僵冷，2011年1月，欧盟外长会议全票通过恢复对白俄罗斯的经济制裁和入境限制；2012年，欧盟又对白俄罗斯开展两轮制裁，限制白俄罗斯入境人员总数达240余人，共32家企业遭到经济制裁[2]。近年来，白欧关系并无好转的迹象。

总之，面向欧亚经济联盟市场和欧盟市场是中白工业园的最大优势，但园区商品能否顺利进入更广阔的市场，目前尚无定论。

四、对中白工业园发展的建议

对中白工业园发展的建议分为两方面，一是深化与白俄罗斯的经济合作，将中白工业园打造成两国经济合作的典范和"丝绸之路经济带"上的示范项目；二是处理并协调好与欧盟、俄罗斯、白俄罗斯的关系，增加园区产品顺利进入更广阔市场的可能性。

（一）深化与白俄罗斯的经贸合作，共同推进中白工业园建设

中白双方应充分利用两国经济互补性强的特点，抓住各自国内结构调整的难得机遇，发挥资金、技术和市场互补的优势，不断开拓务实合作的

---

[1]《白俄罗斯将进行新一轮入世谈判》，http://by.mofcom.gov.cn/article/jmxw/201709/20170902641197.shtml，访问时间：2017-9-30。

[2]《欧盟成员国外长一致通过扩大对白俄罗斯制裁》，白俄罗斯"别拉潘"独立通讯社网站，http://belapan.com/archive/2012/03/23/euj37532/。转引自韩璐：《东向抑或是西向——白俄罗斯对外政策评析（2008—2012）》，《俄罗斯东欧中亚研究》2013年第6期，第66页。

新领域，深化经济合作，共同努力推动中白工业园的建设。为此，可以从以下几个方面做起：

第一，加强中白政府间经贸合作委员会对双边经贸合作的支持和服务作用。经贸合作委员会自成立以来，为推动两国经贸合作的健康稳定发展开展了积极的工作。2014年9月，张高丽副总理访白，双方商定由中国商务部与白俄罗斯经济部共同牵头成立中白工业园协调工作组。截至2017年4月协调工作组共召开九次会议①。两国有关部门、地方政府、机构和企业应充分利用这一平台，共同研究双边经贸合作的发展方向和具体推动措施，不断加大对合作的支持力度，提高服务水平，创造更加便利的双边贸易投资环境。

第二，落实好在建项目，加强两国在高科技领域的合作。扎实推进已中标和已签贷款协议的项目，双方政府部门要创造条件，积极支持并督促企业按计划执行好已经获得贷款支持的项目。此外，白俄罗斯在机器制造、电子和微电子、光学和激光技术等领域拥有科技优势，且研究实力雄厚，许多科研成果具有较大价值，却没有得到应用。两国在科技领域具有较强的互补性，合作潜力大，应加强高科技领域合作。

第三，中国投资者应理性投资，避免盲目性。进入白俄罗斯市场前，应认真了解白政治体制和经济运行管理机制的特殊性以及企业经营实际状况，结合自身优势，认真分析资源与市场、发展规划及重点发展领域，认真研究了解政策法规、税收等方面的情况，选择好合作领域和合作项目，做好市场调研和企业经营可行性研究，拟定稳妥的发展战略。

（二）处理并协调好与欧盟、俄罗斯、白俄罗斯的关系，争取有利的发展环境

中白工业园立足于白俄罗斯，目标市场是欧亚经济联盟市场和欧盟市场，因此白俄罗斯、欧亚经济联盟其他成员国、欧盟都是中白工业园的利益相关者，为增加园区产品顺利进入更广阔市场的可能性，中国应从全局角度处理并协调好与欧盟、俄罗斯、白俄罗斯等相关利益主体的关系。

为此，可以立足于中国的"一带一路"倡议，从两个方面着手，首先，积极促进与欧盟及其成员国的战略对接，促进与欧亚经济联盟及其成员国尤其是俄罗斯、哈萨克斯坦、白俄罗斯的战略对接，这方面中国已经在多个场合做出努力，并取得积极进展；其次，协调好欧盟、俄罗斯、白

---

① 赵会荣：《中白工业园："一带一路"倡议的重要实践》，http://euroasia.cssn.cn/xsyj/xsyj_wbmsg/201707/t20170730_3595614.shtml/，访问时间：2017-11-2。

俄罗斯之间的关系，争取有利的发展环境和市场条件。2013 年以来，欧盟与俄罗斯因为乌克兰问题而相互制裁，俄罗斯在经济制裁、油价低迷的打击下经济状况恶化，白俄罗斯经济状况也受到连带影响。为了给中白工业园创造良好的发展环境和市场条件，中国应在力所能及的情况下，积极调停乌克兰危机、俄欧关系以及其他地区热点问题。

深化合作：推动上海合作组织
金融领域的务实合作

许文鸿[*]

经过十余年的发展，上海合作组织已成为欧亚大陆一个非常重要的区域性国际组织。2017年6月9日，上合组织首次扩员，印度和巴基斯坦成为上海合作组织的正式成员国。至此，与上合组织直接相关的国家已达18个[①]。中国同上合组织成员国之间的经贸合作大致同中国的对外经济交往的经历相契合，先后经历了几个阶段：最初是普通贸易（旅游购物和个体贩运）到有规模的双边贸易（轻纺制品，如服装、鞋帽，建材，小型农机具、农产品加工设备等，来自江苏、浙江、广东等地的小家电一度在中亚市场达到80%以上的市场份额），随着中国同中亚贸易形势的发展，逐渐从低层次的贸易向高层次的国际贸易升级，逐渐开始了合资建厂、工程项目承包等深层次的经贸合作，主要集中在机械、建筑、路桥、水电等领域。由于中亚国家深处内陆，都没有出海口，随着"一带一路"倡议的提出，交通、物流企业将在中国同中亚经贸关系中发挥更大的作用。在中国与中亚的物流中，主要是铁路货运、汽车货运为主。此外，随着印度、巴基斯坦的加入，随着经贸投资关系的进一步发展，中国同上合组织成员国之间的旅游、文化、金融领域的投资合作也开始出现，进而成为中国同上合组织相关国家经贸投资活动的主要表现形式。

我们认为，进一步加强上合组织领域的金融合作，将对上合组织的进一步发展具有非常积极的意义：首先，在上合组织成员国间经济联系日益密切的背景下，促进金融领域的合作是推动上合组织经贸合作不断深化乃至区域经济转型升级、加强融合的必然趋势；其次，促进上合组织成员国在金融领域的合作对中国大力推动的"一带一路"倡议的实施将起到重要

---

[*] 许文鸿，法学博士，中国社科院俄罗斯东欧中亚所副研究员。

[①] 目前，上海合作组织有八个正式成员：中国、俄罗斯、哈萨克斯坦、吉尔吉斯斯坦、塔吉克斯坦、乌兹别克斯坦、巴基斯坦、印度；四个观察员国：阿富汗、白俄罗斯、蒙古国、伊朗；六个对话伙伴国：阿塞拜疆、亚美尼亚、柬埔寨、尼泊尔、土耳其、斯里兰卡。此外，还有多国提出加入申请，如巴林、卡塔尔、以色列、摩尔多瓦、越南、乌克兰等国申请成为对话伙伴国，后乌克兰因故撤回申请；美国、加拿大、叙利亚、埃及等国申请观察员国，美、加的申请遭拒绝。

的促进作用；第三，推进上合组织成员国间的本币结算能够有效规避汇率风险，促进提升人民币的国际地位，摆脱美元对本区域经济的束缚；第四，上合组织成员国在反洗钱、反恐融资、区域性国际金融中心建设方面互相帮助、相互借鉴，共同为本地区的经济、金融发展服务；第五，在危机时期，上合组织成员国间的金融合作有利于维护整个地区的区域金融环境的稳定性，有利于采取协调一致的政策以防范潜在危机，共同推进国际金融新秩序改革等方面合作的不断深化，将会进一步密切上合组织成员国间的凝聚力和向心力。

目前，在上合组织框架内已经有多个金融合作机制，充分发挥现有的金融合作机制的潜力，推动上合组织金融领域的务实合作，将会对上合组织的发展提供强有力的金融支持，旨在支持上合组织框架下的多边经贸合作，涉及能源、资源及基础设施建设等多个领域。

一、上海合作组织银联体

上合组织银联体[①]是 2005 年 10 月 26 日在上合组织总理会议（莫斯科）上，授权成员国金融机构签署了《上海合作组织银行联合体（合作）协议》，根据该协议成立了作为上合组织框架内的新型国际金融区域合作机制。成立该组织旨在按照市场化原则，依托成员国政府的推动作用和企业的广泛参与，创建适合本地区特点的多领域、多样化融资合作模式，共同为上合组织框架内的合作项目提供融资支持和金融服务。

上合组织银联体成立后，在较短时间内完成了法律基础建设，确定了协商、协调和信息交换机制；基本完成了银联体成员行之间开展项目合作所必须的指导性文件，建立了统一的项目数据库；在项目投融资、机制建设和人员交流培训等方面开展了务实合作，以市场化融资支持上合区域经济社会发展。目前，银联体共为区域内几十个合作项目提供了数百亿美元贷款，涉及基础设施、能源资源、重大产业和民生等多个领域，在促进成员国发展经济、扩大就业、改善民生等方面成效显著。

十年间，上合组织银联体围绕其工作重点是对上合组织成员国具有重

---

① 上合组织银联体成员包括，中国国家开发银行、俄罗斯外经银行、塔吉克斯坦国家银行、乌兹别克斯坦对外经济活动银行、哈萨克斯坦开发银行、吉尔吉斯斯坦储蓄结算公司等六家银行。详情参见：http://www.sectsco.org/EN123/show.asp?id=515。此外，还同欧亚发展银行（2008）、白俄罗斯储蓄银行（2012）、巴基斯坦 HABIB 银行（2015）、蒙古发展银行（2016）、中国丝路基金（2016）先后建立了合作伙伴关系。

要经济意义的能源、交通基础设施、农业、中小企业等领域的项目提供融资，进行了一系列不懈的努力，积极推进区域经济的发展。

2006年6月，在上合组织元首峰会（上海）上，在元首们的见证下，上合组织银联体成员行负责人签署了《上海合作组织银行联合体关于支持区域经济合作的行动纲要》，规划了银行联合体的未来战略、工作目标和计划。

2007年8月，在上合组织银联体理事会例行会议（比什凯克）上通过了《上海合作组织银行联合体成员挑选、审查和执行项目的合作规则》。

2010年6月，上合组织银联体理事会第六次会议（北京）同意将进一步加强多边金融合作，推进上合组织区域内能源、公路、铁路、通信等重大网络型项目建设和成员国间农业合作，同时依托香港资本市场，实现成员国银行和企业筹资渠道的多元化。

2011年11月，上合组织总理第十次会议（圣彼得堡）上通过了《上海合作组织银行联合体中期发展战略（2012—2016年）》，提出将大力推动银联体的重点工作、完善银联体的制度基础，更广泛地发挥银联体作为上合组织框架下支持经济增长和创新的金融和投资合作机制的潜力。

2012年6月，上合组织银行联合体理事会第八次会议（北京）上，六家成员行发出《可持续发展倡议》，共同倡导履行社会责任，为成员国经济社会可持续发展做出新的贡献。

2014年9月，在上合组织银联体理事会第十次会议（杜尚别）上通过了《关于加强金融合作、促进区域发展措施计划》。

2015年7月，上合组织银联体选举乌兹别克斯坦央行行长 Saidakhmat Rakhimov 当选为新一任轮值主席，筹备2016年6月在塔什干召开的年会；2015年12月，上合组织总理会议第十四次会议（郑州）上，银联体受命负责继续进行《2017—2021年上合组织进一步推动项目合作的措施清单》草案的制定工作，以提交上合组织成员国总理理事会下一次会议批准。总理们肯定了银联体成立十年来在与本组织观察员国和对话伙伴金融机构建立联系方面取得的成绩。

2015年12月，上合组总理会议第十四次会议（郑州）联合公报提出上合组织金融合作发展方向和具体任务，其中首要的一条就是要"继续用好上合组织银联体机制，稳步推进银联体扩员，重点支持大型项目实施"。这表明，上合组织银联体在上合组织金融合作中有着独特而重要的作用。

2017年6月8日，在阿斯塔纳召开的上合组织银联体会议的最终中通过了上合组织银联体第三个五年发展纲要（2017—2022年发展纲要），其中再次明确对上合组织银联体的定位是"上合组织的一个重要的一体化平台",其主要功能在于对在上合组织金融领域的发展提供新的融资工具,推动大型跨境投资项目的落实。

在成员行的共同努力下,银联体已经成为上海合作组织框架内推动银行间合作并取得实际成果的务实运行机制。各成员行参与了上合区域内一系列大型项目的实施,向成员国提供了总额达数百亿美元的授信与项目融资。中国国家开发银行作为发起行之一,同时也是上合组织银联体六家机构中资产规模最大和中国对外投融资的主要银行,在上合组织银联体中发挥着重要作用。国开行按照市场化原则,通过运用开发性金融方法,积极创新合作模式,为中国企业在与上合组织成员国间开展业务提供了高效金融服务。国开行支持了涉及贸易、能源、电力、交通基础设施、通信、农业、林业等领域的许多项目。这些项目的实施,有力地支持了中国与上合组织成员国间的贸易往来,实现了多方共赢,得到了成员国领导人和政府的肯定。

此外,上合组织银联体在运行过程中,与上海合作组织秘书处、上海合作组织其他机构和机制、上海合作组织成员国经济部门建立了紧密联系。银联体重视加强与上海合作组织实业家委员会的协调行动,愿意建立并加强与上海合作组织观察员国和对话伙伴国金融机构的联系与合作。如2008 年,上合组织银联体同欧亚开发银行在《伙伴关系基础备忘录》的基础上开展了有关中长期项目投资合作、信息沟通等交流;① 2014 年 1 月,在中国三亚举办"丝绸之路经济空间——上合组织银联体的新动力"研讨会等。通过上述活动,加强与其他国际金融组织和金融机构的合作,以支持上合组织区域内经济社会发展和成员国之间的经济贸易往来。

尽管上合组织银联体取得了不小的成就,但是,但上合组织银联体只是一个解决本区域内融资问题的金融多边合作协商机制,而不是一个金融实体机构,筹建一个有明确的章程,各国会按一定出资比例共同筹备资金的上合组织发展银行成为上合组织金融合作的任务。2015 年上合组织总理会议(郑州)期间总理们重申了支持建立上合组织专门账户(上合组织发展基金)和开发银行(上合组织发展银行)的原则立场,责成继续就建立上合组织框架内的有效项目合作融资机制开展工作,并在下次于中国举行的上合组织成员国元首理事会会议前完成。于是,上合组织发展银行和上

---

① http://www.banki.ru/news/lenta/? id = 629253 Евразийский Банк Развития и Межбанковское объединение ШОС подписали соглашение.

合组织发展基金成为上合组织金融合作的新的重要任务。

二、上海合作组织发展基金

早在 2005 年 10 月，在上合组织经贸部长第四次例行会议（杜尚别）就提出了上合组织发展基金组建和运作的原则，以便为实施上合组织框架内的经济合作项目提供支持。2009 年 1 月，在上合组织秘书处（北京）就建立上合组织发展基金进行了专家会议；2013 年 9 月上合组织峰会（比什凯克）上元首们指出，为研究成立上合组织发展基金（专门账户）所做的工作十分重要，责成继续努力以尽快完成这项工作；2013 年 11 月，上合组织总理第十二次会议（塔什干）期间讨论了建立上合组织发展基金和上合组织发展银行的问题，会议期间，关于建立上合组织开发银行和发展基金（专门账户）专家会议在塔什干举行，专家们讨论了建立项目活动机制的可能性问题以及《上合组织开发银行和发展基金（专门帐户）的组建原则》草案。各方就上述会议内容取得较大进展并签署了会议纪要；2014 年上合组织元首理事会（杜尚别峰会）提出上合组织扩大财金合作，加快研究成立上海合作组织发展基金和上海合作组织开发银行；2015 年 12 月，上合组织总理会议第十四次会议（郑州）上，总理们指出，继续就建立上合组织开发银行和上合组织发展基金（专门账户）开展工作对促进地区经贸和投资合作十分重要，责成成员国主管部门负责人在拟于 2016 年在吉尔吉斯共和国举行的上合组织成员国财政部长和央行行长第三次会议上研究该问题①。

中国方面对上合组织发展基金表示了积极的态度，早在 2008 年总理会议上，中方就表示将继续落实好上合组织发展基金，并向成员国提供优惠贷款，并积极考虑在"上海合作组织发展"建立后捐赠启动基金，支持本组织大型经济合作项目。2014 年 1 月，在中国三亚举办"丝绸之路经济空间——上合组织银联体的新动力"研讨会，时任上合组织秘书长梅津采夫与时任中国国家开发银行行长就建立上合组织开发银行和发展基金（专门账户）问题交换了意见。

上合组织总理会议第十四次会议（郑州）联合公报强调"继续就建立上合组织开发银行和上海合作组织发展基金（专门账户）开展工作对促进地区经贸和投资合作十分重要，责成成员国主管部门负责人在拟于 2016 年在吉

---

① 《上海合作组织成员国政府首脑（总理）理事会第十四次会议联合公报》。

尔吉斯共和国举行的上合组织成员国财政部长和央行行长第三次会议上研究该问题"。

三、上海合作组织发展银行

如上所述，关于拟建中的"上合发展银行"的必要性和可行性[①]，各成员国间已经进行了较为充分的讨论和论证，目前主要集中在研究两个方案：从零开始新建（上合发展银行方案）或者在现有基础组扩建（欧亚发展银行方案）。

欧亚发展银行方案[②]，即在现有的欧亚发展银行[③]为基础扩建上合组织框架下的"上合银行"。经过分析，我们认为，以欧亚发展银行为基础扩建将存在如下特点：

"欧亚发展银行方案"的优点在于：

一是速度快，在现有的基础上再短期内就可以营业；

二是现有的成员国基本包括了上合组织的主要成员国。

但同时，也存在以下缺点：

一是现有的欧亚发展银行的资金规模有限，注册资本金15亿美元[④]。考虑到上合组织各国占世界总人口的45%的人口规模、经济总量占世界经济总量的26%、对外贸易额占全球贸易额的33%等因素，且作为全球重要的区域性组织，上合组织的发展潜力不可限量。在全球经济不景气和俄罗斯、中亚、印度、巴基斯坦等各成员国对基础建设等领域资金缺口的规模较为巨大的情况下，以欧亚发展银行目前的资金规模势必难以满足成员国的需求。

二是欧亚发展银行的出资比例是俄罗斯与哈萨克斯坦经过友好协商决

[①] 关于"上合发展银行"的议题，成员国之间已经进行了较为充分的讨论：中国总理温家宝2010年11月底在上合组织总理会议第九次会议（杜尚别）上首次提出要建立"上合发展银行"的建议；2011年9月哈萨克斯坦总理马西莫夫提出成立上合组织国家间储备银行或基金的建议；2012年上合组织总理会议第十二次会议（比什凯克）决定"将成立上合开发银行和发展基金"。

[②] 欧亚发展银行时任董事长伊戈尔·菲诺根诺夫（Игорь Финогенов）、俄罗斯财政部长安东·西卢阿诺夫（Антон Силуанов）等人多次表示了要在现有的欧亚发展银行的基础上扩建上合组织发展银行的愿望。

[③] 欧亚发展银行于2006年1月成立，旨在促进成员国间市场经济的发展，发展贸易和跨境投资业务。现有包括俄罗斯、白俄罗斯、亚美尼亚、哈萨克斯坦、吉尔吉斯斯坦、塔吉克斯坦在内六个成员国。

[④] http：//www.banki.ru/news/lenta/? id=629253　Евразийский Банк Развития и Межбанковское объединение ШОС подписали соглашение.

定的，其中俄罗斯（67%）与哈萨克斯坦（33%）占主要股份，没有考虑到更成员国之间客观存在的差异。如果改变现有的出资比例，会不必要地引起新旧成员国之间的矛盾。印度、巴基斯坦的加入进一步凸现了这一问题。

三是从本地区的整体发展而言，以目前中国的经济规模和资本市场发展的水平，可以为上合组织成员国提供较大规模的资金量和较多的金融产品，将极大地丰富成员国之间的金融合作，促进本地区的发展。

四是考虑到上合组织即将扩员和进一步发展，在成员国充分讨论基础上重新打造一个属于上合组织自己的银行，可能更符合各成员国的利益。

同时，"新建上合发展银行方案"是中国在2010年提出的方案。"新建上合发展银行方案"的优点在于：

一是拟建的"上合发展银行"有一定的资金规模，能够在相当程度上满足各成员国之间的需求。据俄罗斯媒体报道，中国建议的"上合发展银行"资金规模将达到100亿美元，其中中国出资约80亿美元，其余20亿美元由各成员国分担[①]。相信，将会为处于困境的上合组织成员国带来很多益处。

二是成员国的出资比例可以参照其他国际金融组织（如国际货币基金组织、世界银行等国际金融组织）的出资原则，按照成员国的GDP（名义GDP和购买力平价）规模，客观、公正，在全新的基础上由各成员国友好协商，不会在新旧成员国之间出现不同声音。

三是新建银行的管理模式将以国际公认的标准为模板组建。相对而言，随着中国经济的发展，中国金融机构的制度也得到了进一步的完善。在目前世界前几位的银行几乎都属于中国。相信中国金融机构的治理经验将为各成员国带来更多的福祉。

"新建上合银行方案"的主要缺点在于：重新打造，需要时间。俄方或其他成员国担心新建银行需要一定的时间，有时或许会需要好几年。实际上，金砖银行和亚投行的建立提供现实的榜样，新建一个国际金融机构可以在短时间内高效优质地完成。

考虑到俄罗斯担心大量的中国资金涌入中亚地区，实际上，作为"上合发展银行"的主要成员国，很多具体项目的投资决策过程，俄罗斯都是直接参与的，相信在加强沟通的情形下，俄罗斯会逐步放弃这种疑虑或担

---

① 《塔媒体宣传中国出资80亿美元建设上合发展银行》，http://tj.mofcom.gov.cn/aarticle/jmxw/201101/20110107362207.html。

心的。

在这种视角下，我们认为，重新建立"上合发展银行"的建议更具合理性。新建方案主要针对各成员国在全球金融危机背景下的切实问题，解决各成员国之间融资的问题。

实际上，我们认为新建的上合组织发展银行和原有的欧亚发展银行可以同时并存。毕竟，这一地区的金融机构不是太多，而是太少，需要有更多的金融机构为不同的项目提供不同的融资渠道；成员国资金需求规模相当巨大，发展任务较重；全球和区域金融形势不稳定，不同类型、功能的银行还可以在金融危机的背景下化解风险，抵御危机。同时，对于原有的欧亚发展银行中国并不排斥，通过对欧亚发展银行进行研究，我们建议中国可以考虑积极加入欧亚发展银行，并在其中发挥积极的作用。最终让欧亚发展银行与上合组织发展银行一起根据各自成立时的宗旨和原则，解决成员国所面临的不同的实际问题，并且，上合组织发展银行与欧亚发展银行并不是竞争关系，而是合作关系。双方通过相互加强合作，共同为本地区的经济金融合作发挥其应有的作用，对本地区的作用更大。毕竟，一枝独秀不是春，百花齐放才是春。

四、扩大本币结算范围，务实开展货币互换合作

由于俄罗斯、中亚国家的经济结构主要是以能源、原材料出口为基础，而国际市场大宗商品的定价都是以美元计价，因而，每当国际经济金融局势发生动荡，各成员国的货币汇率都受到一定的影响；同时，上合组织成员国之间的相互贸易规模较大、次数频繁，每次交易多承担的交易成本和交易风险都比较大，为降低交易成本，规避风险，各成员国经过多次磋商，在逐步提高金融合作水平上加强采用金融工具，降低交易费用，避免兑换损失，回避美元交易。推动银行卡清算机构开展跨境清算业务和支付机构开展跨境支付业务。目前，推动本币结算①和货币互换②是上合组织金融合作的一项重要内容。

---

① "本币结算"是指用本国货币作为结算货币支付居民与非居民间的商品贸易、劳务供应等的收、付、清算，并且允许非居民持有本国货币账户进行双边结算。

② "货币互换"（又称"货币掉期"）是指两笔金额相同、期限相同、计算利率方法相同，但货币不同的债务资金之间的调换，同时也进行不同利息额的货币调换。在实际操作中可以降低筹资成本，避免汇率风险。

表1　中国与上合组织成员国签署货币互换协议

序号	签署日期	国家/地区	成员国资格
1	2009年3月11日	白俄罗斯	观察员
2	2011年4月19日	乌兹别克斯坦	成员国
3	2011年6月13日	哈萨克斯坦	成员国
4	2011年12月23日	巴基斯坦	准成员国
5	2012年2月21日	土耳其	对话伙伴国
6	2012年3月20日	蒙古国	观察员
7	2014年9月16日	斯里兰卡	对话伙伴国
8	2014年10月13日	俄罗斯	成员国
9	2015年3月25日	亚美尼亚	对话伙伴国

近年来，中国人民银行已与上合组织成员国多个国家和地区签署了双边本币互换协议，与俄、吉、哈等周边部分国家签订了双边本币结算协议（2002年8月，本币结算业务首先在中俄双边贸易中率先开展，到2009年，中俄双边贸易本币结算业务增长了67倍），并开展了与哈萨克斯坦坚戈等部分国家货币的直接交易或挂牌交易，为便利中国与周边国家或地区的贸易投资合作发挥了积极作用。继续推广双边贸易本币结算，并逐步扩展到一般贸易领域和非贸易领域，加快推进本币结算基础设施建设，在条件具备时推动框架下的多边结算体系；扩大货币互换规模，推动上合组织框架下成员国相互签署双边本币互换协议，不断扩大互换规模，延长互换期限，提高双边货币金融合作水平，推动双边货币互换机制向多边化发展，通过建立多边货币挂牌交易、相互贷款和货币互换合作机制，构建上合组织范围内的多层次货币合作体系，为区内贸易和投资合作提供更多便利。

2008年，全球经济金融危机爆发，卢布及上合组织成员国本币汇率暴跌，双边贸易额大幅度下降。为了降低汇兑成本，促进成员国间贸易发展，俄罗斯对外经济银行行长、时任上合组织银联体主席德米特里耶夫表示"上合组织成员国对相互结算使用本币货币感兴趣"[1]，这是上合组织官方较早表示"本币结算"；2009年为应对全球经济危机所带来的挑战，上合组织银联体提出上合组织成员国"应采取本币结算和本币贷款"；2009

---

[1]《上海合作组织成员国对未来在相互结算中使用本国货币感兴趣》，http://sputniknews.cn/china/20081030/42316875.html。

年，为应对全球经济危机所带来的挑战，银联体成员行采取了本币结算和本币贷款的切实措施。2010年，上合组织银行联合体六家成员联合发布公告表示："将采取新的措施以扩大本币在相互结算和贷款中的使用以及其他措施进一步加强多边合作"；2014年12月上合组织第十三次总理会议（阿斯塔纳）上，哈萨克斯坦总理马西莫夫再次建议上合组织国家采用本币相互结算："俄哈两个已在双边层面研究过本币结算，目前看来可以扩展至整个上合组织范围讨论"；2015年9月，在乌法上合元首会议达成协议的基础上，上合组织经贸部长第十四次会议（西安会议）上合组织成员国同意开展货币互换和本币结算；2015年12月，上合组织第十四次总理会议（郑州会议）上，中国总理表示支持哈萨克斯坦提出的"进一步扩大本币结算，开展货币互换合作"的建议。

五、上合领域的反洗钱、打击资恐融资合作

众所周知，反恐是上合组织的一项重要职能和使命。加强在金融领域的合作，尤其是反洗钱和打击资恐融资方面的合作也是上合组织金融领域合作的一项重要任务。

2004年10月6日，在莫斯科成立了欧亚反洗钱与反恐融资小组（Eurasian Group on Combating Money Laundering and Financing of Terrorism, EAG），中国、俄罗斯、白俄罗斯、哈萨克斯坦、塔吉克斯坦和吉尔吉斯斯坦六国成为该组织的创始成员国，随后，该小组扩大到包括乌兹别克（2005）、土库曼斯坦（2010）和印度（2010），并向15个国家和20个国际组织提供观察员地位。目前，该组织已成为上合组织框架内开展非传统安全合作的重要平台[①]。

EAG的主要目标是确保在区域层面整合EAG成员国国际反洗钱和打击资恐融资，加强和其他国际组织的有效的互动与合作。EAG的主要任务包括：协助成员国实施反洗钱，打击恐怖主义融资；联合开展旨在打击洗钱和资助恐怖主义的活动；评估程序的状态，包括立法和其他措施，采用效能评估AML/CFT的努力；与国际组织、机构和有关国家协调反洗钱和资恐融资国际合作和技术援助方案；分析洗钱和恐怖融资的趋势（类型），并交流最佳做法，在考虑不同国家实际情况的背景下打击此类犯罪。

---

① 《在莫斯科成立了欧亚反洗钱与反恐融资小组》，http://www.eurasiangroup.org/history_mission.php。

EAG 的目的是减少国际恐怖主义的威胁，确保资本流动的透明性、可靠性和安全性，进一步融入金融国际系统，加强反洗钱和打击恐怖主义融资。该小组的成立为创造和发展上合组织框架下有效的反洗钱和打击资恐融资提供了有利的条件。

此外，在建立区域性国际金融中心方面也可以进一步加强合作：中国政府明确提出到 2020 年要将上海基本建成"与中国经济实力和人民币国际地位相当的国际金融中心"，俄罗斯有意将莫斯科打造成国际金融中心[1]，哈萨克斯坦有意将阿斯塔纳建成为国际金融中心[2]，巴基斯坦的卡拉奇，印度孟买等地也有意继续扩大在建立国际金融中心的建设。各国在建设国际金融中心的进程中可进一步互学互鉴，加强沟通，为本地区的经济、金融发展提供更好的支持。

六、维护本地区金融稳定，推动国际金融新秩序进一步完善

2008 年的全球性金融危机对全球经济造成的影响迄今尚未完全清除，同时，这次危机对全球金融治理结构演变也产生了持久深远的影响。

随着上合组织的发展和扩员，上合组织金融机构加强合作，联手采取一系列的积极措施和政策，以负责任的行动防范和降低金融危机对本地区的影响，维护本地区乃至全球金融稳定的重要性日益凸显。亚投行、金砖银行、拟建中的上合开发银行等机构的建立，货币互换等创新金融工具的使用等积极因素将在加强地区交通、贸易、投资便利化建设，协调各成员国国家发展战略，维护本地区的金融稳定，防范潜在金融危机等方面起到积极作用。我们相信，随着成员国之间的合作领域不断拓宽，在预防金融风险上始至终及早介入、加强协作、及时处理，上合组织领域的金融合作将对本区域金融稳定及促进区域经济融合发展方面的作用会进一步彰显。

此外，上合组织作为新型发展中国家的国际组织，在全球一体化和区

---

[1] 2008 年俄罗斯出台了《俄罗斯建立国际金融中心的构想》，2009 年出台了《2020 年前俄罗斯金融市场发展战略》提出要用五年将莫斯科打造成国际金融中心；2010 年正式成立了负责莫斯科国际金融中心的国际咨询委员会。详见许文鸿：《俄罗斯与离岸金融中心》，社科文献出版社 2014 年版，第 130 页。

[2] 根据哈萨克斯坦 2015 年 5 月 19 日总统令，计划在 2020 年前将阿斯塔纳建成为亚洲前十、全球三十强的金融中心。

域一体化趋势下，随着经济的发展与融合，未来会享有更多共同利益、面临更多共同挑战，同时，在全球经济增长、金融稳定、贸易规则重构、金融监管和规则的制定等问题也负有重要的责任，需要进一步加强合作。上合组织不是作为一个与西方相抗衡的组织存在和发展，但是，上合组织对不合理、不公正的国际经济、金融秩序联合发声，希望调整和完善现行的国际经济、金融秩序，为建立更完善的国际经济、金融秩序也将做出进一步的努力。

结束语

综上所述，上合组织各成员国多是发展中国家，基础设施落后，普遍缺乏建设资金，自上合组织成立以后，先后在上合组织框架内建立了多个的金融合作平台和运营机制，为上合组织的金融合作奠定了良好的基础。各平台和机制在运营中关键是盘活存量、用好增量，将宝贵资金用在刀刃上，以便为上合组织框架下的金融发挥应有的贡献。上合组织在"上海精神"的指导下，坚持安全与经济合作双轮驱动，打造了新型区域合作模式和命运共同体，上合组织框架下的金融合作将为上合组织的发展提供源源不断的动力，为反洗钱和打击资恐融资提供了有效的支持，在建立国际金融中心方面互学互鉴，上合组织领域的金融合作有广阔的前景。

"一带一路"贸易畅通与上海合作组织贸易便利化研究

方 远[*]

一、"一带一路"贸易畅通助推经济全球化

回顾 2016 年，大国间地缘政治竞争日益加剧，国际政治经济形势愈加复杂，贸易投资疲软，"逆全球化"思潮日益凸显，经济全球化进程受阻。

2017 年，世界经济开始出现向好势头，全球贸易和投资缓慢回升，劳动市场持续改善，带动了全球制造业回暖及世界经济的整体回暖。特朗普宣布退出跨太平洋伙伴关系协定（TPP），并以降低逆差为由来推行其贸易保护政策，给世界经济的发展增加了更多不确定性，经济全球化产生的负面效应也被进一步放大。以美国为首的西方资本主义国家开始筑起无形的一堵墙，试图将自己与世界隔绝。一些曾经坚定支持全球化的国家也开始质疑全球化是否能带给他们一个更光明的未来。

需要承认的是，全球化提高了效率，也加剧了竞争；创造了可观的财富，也造成了世界经济的失衡。不过，不能因为这些问题的出现，就完全否定全球化、反对全球化，而是要在创新中寻找出路，改善全球治理水平，实现更加包容的发展。

中国国家主席习近平在 2017 年达沃斯论坛中旗帜鲜明地指出，我们应以发展的眼光更全面地看待经济全球化，以积极的态度去消解它的负面效应，让它更好地造福全人类。在当前国际局势下，以中国为首的发展中国家扛起了"经济全球化"这面大旗，力图通过"一带一路"这一平台，来引导好全球化走向，让世界各国实现联动增长，走向共同繁荣。

"一带一路"倡议提出至今，影响深远、硕果累累。政策沟通、设施联通、贸易畅通、资金融通和民心相通这"五通"作为"一带一路"的核心内容，致力于实现亚欧非大陆互联互通，为沿线国家经贸合作带来新的

---

[*] 方远，上海大学经济学院硕士研究生。

契机。"五通"中"贸易畅通"更是推进"一带一路"建设的重中之重。它旨在通过消除关税及非关税壁垒，积极同沿线国家和地区共同商建自由贸易区，为区域内各成员国营造一个良好的贸易环境①。

"一带一路"沿线国家多为发展中国家，这些国家地形多山、交通设施单一，基础设施落后成为其经济发展的最大掣肘。为了营造一个更开放、包容的营商环境，中国一直积极推动和扩大相互市场开放，不断加强服务保障，鼓励企业到沿线国家投资兴业。这些举措不仅向外界发出一个良好信号，也使得当地资源得以有效整合，为"一带一路"发展提供强大支持。

中国将"一带一路"倡议与国家对外战略紧密衔接，致力于构建一个立足周边、辐射"一带一路"、面向全球的高标准自由贸易区网络②。截止到 2017 年 5 月，中国已与"一带一路"沿线 11 个国家实施了自贸协定，包括中国和东盟自贸协定、中国和巴基斯坦自贸协定、中国和新加坡自贸协定等③。

2017 年 5 月，在首届"一带一路"国际合作高峰论坛上，推进《"一带一路"贸易畅通合作倡议》正式发布，来自世界各地的 83 个国家和国际组织参与其中。倡议旨在挖掘双方贸易市场潜力、以贸易带动双边投资，推动参与国经济增长。中方提出自 2018 年起举办中国国际进口博览会，以主人翁的姿态向世界开放市场，推动更开放、更具活力的经济全球化。

二、上合组织贸易便利化进程中的成就与挑战

上海合作组织（以下简称"上合组织"），成立于 2001 年，经过十余年的发展，在政治、安全、经贸领域均取得丰硕的成果。2017 年 6 月 9 日，在阿斯塔纳峰会上，上合组织迎来了它自成立以来的首次扩员，印度和巴基斯坦正式成为上合组织成员国。印巴的加入对上合组织未来发展存在怎样的影响，不同专家学者对此看法不一。但不可置否的是，扩员为上合组织发展注入新的活力，提升了地区间影响力，也增加了组织内部多样性。

---

① 国家发展改革委、外交部、商务部：《推动共建丝绸之路经济带和 21 世纪海上丝绸之路的愿景与行动》，《人民日报》2015 年 3 月 29 日（004）。
② 《加快实施自由贸易区战略 加快构建开放型经济新体制》，《人民日报》2014 年 12 月 7 日（001）。
③ 中国自由贸易区服务网，http://fta.mofcom.gov.cn/。

上合组织之所以能持续稳定发展至今，离不开各成员国在安全领域的相互支持、政治领域的有效沟通，更离不开在经济领域的深入合作。现阶段，由于存在多方面因素制约，如各成员国经济实力差距较大、成员间利益难协调以及地缘政治等，短期内推动成立上合组织自贸区可能性不大，因此当前合作的重点任务是积极推进上合组织贸易便利化。在中方的大力推动下，上合组织各成员国在基础设施互联互通、产能合作、经贸往来等方面都取得了傲人的成绩。

在基础设施互联互通方面，各国一直十分重视交通网络的发展，许多重大项目都取得积极进展，制度化协议也不断达成。习近平主席在2015年乌法峰会上就曾提出，在未来几年，中方将致力于推动上合组织区域内形成互联互通格局。2017年1月20日，《上合组织成员国政府间国际道路运输便利化协定》正式生效，其主要目标是2020年前开通覆盖中国、俄罗斯、哈萨克斯坦、吉尔吉斯斯坦、塔吉克斯坦和乌兹别克斯坦六国的六条公路运输线路。同年5月，中乌两国正式签署国际公路运输协议。10月30日，中吉乌三国国际道路正式通车。新线路的开通不仅缩短了过境运输时间、降低了运输成本，还可以吸引更多跨国公司对当地的投资，创造更多的就业岗位，刺激区域贸易的增长。

目前，中国在上合组织国家已合作建成了20个境外经贸合作区，其中中俄经贸合作区高达14个[①]。中国—俄罗斯经贸合作区涵盖了农业种植、加工制造、物流配送等领域，中俄经贸合作区给两国中小企业提供了交流互助平台，也拉动当地经济增长。哈萨克斯坦—中国工业园是中国在哈国唯一一个境外工业园区，因其独特的地理位置，是连接中西亚、欧洲市场的重要平台，市场前景十分广阔。中国—吉尔吉斯斯坦"亚洲之星"农业产业园区是目前在"一带一路"中亚地区产业链条最完整、基础设施最完善的农业产业合作区。中国—乌兹别克斯坦"鹏盛工业园"通过将中国企业成熟的工业技术与当地丰富的资源加以整合，近年来发展势头强劲，对当地经济发展、改善民生和稳定社会做出了积极贡献。此外，还有以能源装配制造为主的中国—印度特变电工绿色能源产业园、以生产家电产品为主的

---

① 数据来源："一带一路"战略支撑平台，http://www.drcnet.com.cn/。中俄经贸合作区分别为：俄罗斯阿拉布加经济特区、俄罗斯乌苏里斯克经济贸易合作区、俄罗斯龙跃林业经贸合作区、中俄现代农业产业合作区、中俄托木斯克木材工贸合作区、俄罗斯中格国际商贸城、中俄—巴什科沃木材加工园区、俄罗斯北极星林业经贸合作区、中俄耐力木材园区、中俄华宇经济贸易合作区、跃进工业园区、车里雅宾斯克州创新工业园、东宁华洋公司境外农业绿色园区、弗拉基米尔宏达物流工业园区。

中国—巴基斯坦"海尔—鲁巴"经济区、以生产纺织品为主的巴基斯坦工银—如意费萨拉巴德纺织服装工业园。境外经贸合作区为中国企业降低成本、扩大海外市场提供一个新的路径，也为国际产能合作提供了重要支撑。

为了更好地分析上合组织在推进贸易便利化领域所取得的成果，我们选取了2015年、2016年两年各成员国对组织内部贸易总额，并且将印、巴两国数据也分别列出。从下图我们可以看出中、俄、印三国在上合组织内贸易额较高，呈现三足鼎立的态势。我们相信，上合组织扩员后，印度对组织内部影响力不可小觑。通过将近两年贸易额进行对比，我们发现中国对成员国进出口贸易额明显上升，2016年贸易总额比上年增长了一倍。

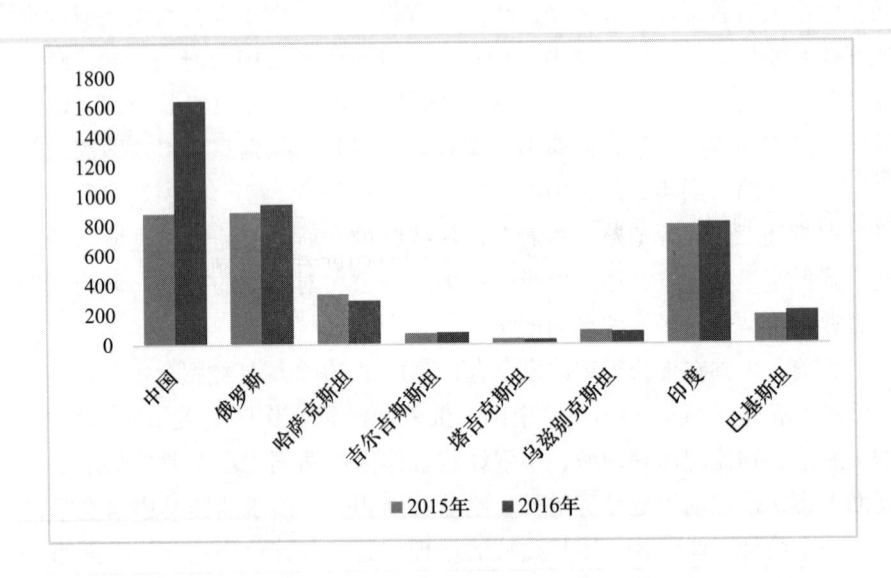

图1　2015—2016年各成员国对上合组织进出口贸易总额（单位：亿美元）

数据来源：IMF Direction of Trade Statistics。

为了进一步分析中国对成员国进出口贸易额显著增长的原因，我们将这两年中国对成员国进出口贸易额分别列出，如下表所示：

表1　2015—2016年中国对上合组织成员国进出口贸易额

（单位：百万美元）

	进口贸易额		出口贸易额	
	2015年	2016年	2015年	2016年
俄罗斯	33144.76	32058.41	34810.19	37696.49

续表

	进口贸易额		出口贸易额	
	2015 年	2016 年	2015 年	2016 年
哈萨克斯坦	5840.00	4792.85	8426.73	8272.96
吉尔吉斯斯坦	56.49	71.12	4284.41	5714.69
塔吉克斯坦	50.20	31.22	1796.72	1717.06
乌兹别克斯坦	1266.78	1606.92	2236.91	2059.10
印度	13394.90	11759.57	58259.17	59435.21
巴基斯坦	2478.68	1902.34	16480.46	17697.84
合计	54965.04	50615.52	124057.69	130534.24

数据来源：IMF Direction of Trade Statistics。

可以看出，中国对上合组织各成员国出口额均远远超过向成员国进口数额，贸易顺差巨大，说明中国经济增长对外依存度过高。尽管巨额贸易顺差有助于刺激经济增长，但贸易的严重失衡会产生许多贸易摩擦，不利于双边关系的发展。在上述国家中，中国对印度有着巨额贸易顺差，而对乌兹别克斯坦顺差最小。2016 年，仅中国对塔乌两国贸易逆差数额有所下降，对其他成员国贸易顺差呈进一步扩大趋势，其中对俄的顺差数额同比增长了 2.4 倍。

与此同时，成员国之间在双边投资上均呈高速增长趋势，投资种类更加多样化，投资结构不断优化，投资环境也得到一定改善。随着"一带一路"倡议下有关项目不断落实，中国对成员国直接投资存量也呈逐年上升趋势，组织内部投资合作前景更广阔。我们选取了 2013 年至 2016 年中国对成员国直接投资存量数据，将哈、吉、塔、乌四国看成一个整体，将印、巴两国看成一个整体进行分析。

2013—2015 年三年间，中国对俄罗斯直接投资呈上升趋势，特别是2015 年，俄急于摆脱国内经济衰退的困境，颁布了一系列政策法律来吸引外资，因此中国对其直接投资也呈井喷式增长，当年投资存量高达 140 亿美元。尽管 2016 年，中方对俄投资存量有所下降，但不可否认的是，俄已成为中国海外投资合作强大主力军。

中亚国家既是"一带一路"沿线国家，又是上合组织成员国，中国高度重视与中亚国家地区经贸合作，一直视其为地区经贸合作的重要伙伴。2013 年以来，中国对中亚四国直接投资保持稳定增长态势，且哈萨克斯坦在四国总投资中始终位于首位，2013 年占比高达 80%。如下表所示：

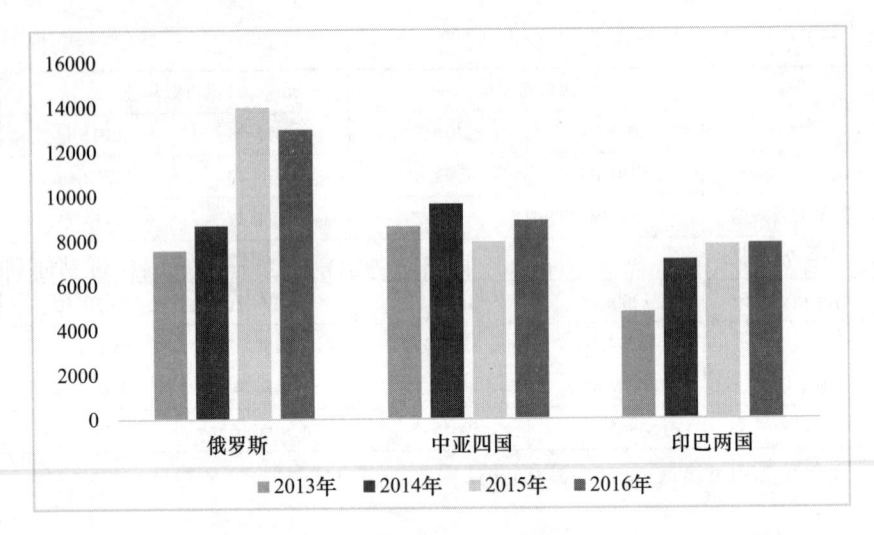

图 2　2013—2016 年中国对上合组织成员国直接投资存量（单位：百万美元）

数据来源：2016 年度中国对外直接投资统计公报。

表 2　2013—2016 年中国对中亚四国直接投资存量

（单位：百万美元）

	2013 年	2014 年	2015 年	2016 年
哈萨克斯坦	6956.69	7541.07	5095.46	5432.27
吉尔吉斯斯坦	885.82	984.19	1070.59	1237.82
塔吉克斯坦	599.41	728.96	909.09	1167.03
乌兹别克斯坦	197.82	392.09	882.04	1057.71
总计	8639.74	9646.31	7957.18	8894.83

数据来源：2016 年度中国对外直接投资统计公报。

近年来，受美联储缩减债券购买规模及国际市场不景气等多方面影响，哈萨克斯坦吸引外资能力减弱，2016 年中国对其投资存量与 2013 年相比下降了 22%，这一定程度上拉低了中国对中亚国家投资总额。

值得一提的是，在上合组织扩员前，中国对印巴两国直接投资存量也占有较大比重。近年来，中资企业大规模进军印度市场，投资领域不仅覆盖了电力、钢铁、能源等传统行业，电商、互联网等新兴产业的投资也在急速增加，中国已成为印度最活跃的海外资本。自"中巴经济走廊"提出以来，中国对巴基斯坦投资逐年上升，2016 年直接投资存量相比于 2013 年增长了一倍。

尽管如此,我们依然要看到目前在上合组织框架内,依然存在着诸多制约贸易便利化发展的贸易壁垒,使得各国间贸易成本大大上升。我们用世界经济论坛的《全球贸易便利化报告》来对上合组织各成员贸易便利进行分析,报告中采用四项指标评价各国贸易便利化程度,分别为市场准入、跨境管理、基础设施和运营环境。从下表我们可以看出,在上合组织八个国家中,仅中国在各项指标中排名较为靠前,其他成员国在贸易便利化方面仍存在诸多问题。

表3 上合组织成员国贸易便利化指标比较

		中国	俄罗斯	哈萨克斯坦	吉尔吉斯斯坦	塔吉克斯坦	印度	巴基斯坦
国内市场准入	排名	101	112	111	122	97	135	133
	得分	4.33	3.85	3.85	3.62	4.45	2.84	3.01
国外市场准入	排名	124	129	116	91	119	117	101
	得分	2.38	2.16	2.74	3.84	2.67	2.69	3.57
效率和透明度	排名	52	104	88	77	103	75	105
	得分	4.91	3.93	4.15	4.4	3.94	4.45	3.92
运输基础设施可用性和质量	排名	12	37	67	132	89	28	70
	得分	5.58	4.14	3.53	2.18	3.01	4.53	3.49
运输服务可用性和质量	排名	32	82	68	123	127	44	64
	得分	4.94	3.77	3.98	3.13	3.02	4.6	4.02
信息通信技术可用性和使用	排名	64	37	46	96	120	101	124
	得分	4.66	5.46	5.25	3.76	2.75	3.43	2.5
运营环境	排名	42	113	53	102	51	76	130
	得分	4.65	3.79	4.49	3.89	4.54	4.23	3.49
贸易便利化指数	排名	61	111	88	113	114	102	122
	得分	4.49	3.79	4.05	3.76	3.74	3.91	3.51

数据来源:The Global Enabling Trade Report 2016。

从市场准入这项指标来看各国得分普遍偏低,说明这是制约上合组织贸易便利化的重要因素。由此可以看出各成员国市场开放度仍有限,关税仍有下降空间,对各种商品进出口的限制依然存在。从效率与透明度来看,中国在上合组织成员国中排在首位,说明中国实施的通关一体化改革已见成效。而俄、塔、巴三国相对落后,这使得其贸易成本大幅上升。在基础设施方面，中国体现了其经济大国的实力，在运输基础设施及运输服务方面排名均靠前。紧随其后的是印度，印度这两项指标排名明显高于其他指标，这也显示了印度经济增长具有客观潜力。在运营环境方面，中、哈、塔三国排名相对靠前。《2017年营商环境报告》中指出巴基斯坦是十大改善最多的经济体之一，报告称其实施了新法规来改善资信信息的获取途径，在通关方面引入了新的电子平台，保证其通关更便捷高效。但巴基斯坦在运营环境方面仍落后于其他成员国，排在第130位。

因此，我们既要看到上合组织目前已取得的成就，也要意识到成员国其贸易便利化方面仍有较大提升空间。各国在市场准入方面需进一步开放市场，俄罗斯应该注重海关运营环境及管理效率方面的建设，吉尔吉斯斯坦、塔吉克斯坦、巴基斯坦在运输服务、通信技术及运营环境方面仍有待提高。与此同时，尽管中国对成员国贸易额与投资存量逐年上升，但所占比重仍然不高，且投资存量比重还有略微下降趋势。

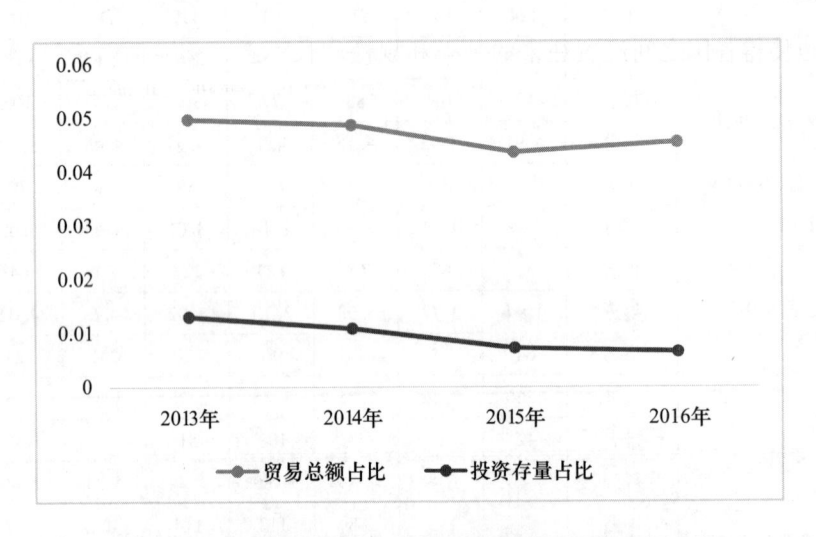

图3　中国对成员国贸易投资总额占中国贸易投资总额比率

此外，我们还要意识到，成员国经济发展水平参差不齐，使得各国在经济发展目标上很难达成共识。中国本着"互利共赢"的目标积极推动市场开放的同时，也会使得经济实力较弱的国家民族产业受损，这也会使得当地民众对华产生一些抵触心理，不利于两国文化交流合作。因而，如何去协调好各国利益分配、化解矛盾冲突、在更多领域上达成合作共识、增大组织内部凝聚力，是当前亟待解决的重要问题。

三、上合组织贸易便利化有助于推动"一带一路"贸易畅通

推进"一带一路"贸易畅通,应利用好上合组织这成熟、有国际影响力的平台,学习其成功经验,使之相互促进和发展。上合组织推进贸易便利化进程中存在的种种问题,也是推进"一带一路"贸易畅通所需面对的种种挑战。与此同时,上合组织在区域经济合作中所取得的成就,也能为"一带一路"建设铺平道路。为了解决当前上合组织在贸易便利化方面所遇到的问题,我们提出了以下几点建议:

首先,上合组织应继续加快推进上合组织内部"互联互通"建设。基础设施"互联互通"作为推动贸易便利化的基石,能打通各国经济的"任督二脉",对促进成员国双边贸易往来有着积极的作用。中亚国家拥有丰富的自然资源和矿产资源,但其不完善的基础设施制约着国内经济发展,这也使得各国之间经贸往来的种类和规模增长不多,交通仍以铁路为主,交通运输形式相对单一,且运输速度较慢。因此,需进一步改善上合组织成员国之间交通运输基础设施,使其成为推进上合组织贸易便利化的坚强后盾。

其次,上合组织进一步推动成员国内部多领域、多层次双边合作,以双边合作促进多边合作发展。这个问题上,许多专家学者已经进行了深入讨论。我们也认为在当前形势下,采取以"点带片,片溢面"发展模式的确是行之有效的办法。境外经贸合作区如火如荼地开展已取得了一定的成效,下一步我们认为应该推动签订双边自由贸易区协定,为成员国寻求灵活的经济合作创造最大的基础。

最后,继续加大务实合作力度,着重落实已有的相关协定。无论未来是否一定要实现上合组织区域经济一体化,推动贸易便利化是符合当前各成员国根本利益的,因此,应推动各成员国尽快落实已有相关协定,并且积极推动商谈《上海合作组织贸易便利化协定》,并适时开启上合组织自贸区谈判。

后 记

由上海大学和中国社会科学院俄罗斯东欧中亚研究所联合主办的第二届"一带一路"上海国际论坛于2017年11月1—2日在上海大学成功举办,本论文集就是与会专家学者研讨的集成,在此向所有与会的中外专家学者表示诚挚的谢意!

来自10个国家的120余位专家学者参会,大家围绕"上海合作组织扩员进程展望""上海合作组织区域内政治稳定与安全挑战""上海合作组织发展的新机遇""'一带一路'框架内欧亚地区经济合作"等议题开展了富有成效的研讨。其中有37位学者进行了主题发言,5位嘉宾做了致辞,近20位学者和研究生参与了自由讨论。

此次论坛研讨具有三个特点:第一,开放。与会的学者不仅有来自上合组织6个成员国的学者,还有来自新伙伴巴基斯坦的朋友,以及来自白俄罗斯、乌克兰,甚至欧亚地区之外的墨西哥的学者。发言的不仅有权威的学者、知名机构的负责人,还有研究生。与会的不仅有大学、研究所,还有企业以及各种社会组织的专家学者,大家济济一堂在这个开放平台中充分交流。第二,坦诚。在任何一个议题的讨论中都是充满了思想的争鸣,尤其在上合组织扩员问题上更是明显。过去几年来,我们也在谈论上合组织扩员,不过只是理论上的探讨和展望,如今它成为了现实,而且很不幸,扩员不久就发生了印军越界事件,我们已经无法回避这个问题。此次论坛的坦率交流对于今后如何处理扩员所产生的问题,如何发挥好扩员的积极效应提供了更多的见解。第三,具有建设性。不仅来自不同国家的学者有不同的立场观点,即使来自中国的学者之间的分歧也相当大,但是如何对待分歧,与会学者一致认同合作是解决分歧最好的办法,交流是达成合作最好的途径,这就体现了上合组织"互信互利、平等协商,尊重多样文明,谋求共同发展"的"上海精神"。

不忘初心,方得始终。在上海合作组织迎来首次扩员之际,我们更需要重温成立时凝聚了各方共识与愿景的"上海精神",继续推动欧亚地区和平发展,构建"人类命运共同体"。

论文集能如期出版不仅要感谢与会专家学者，还要感谢论坛会务组的老师同学们，以及时事出版社雷明薇编辑。

上海大学上海合作组织公共外交研究院

张恒龙